Kohlhammer

Forum Systematik

Beiträge zur Dogmatik, Ethik
und ökumenischen Theologie

Herausgegeben von
Johannes Brosseder, Johannes Fischer
und Joachim Track

Band 36

Jean-Daniel Strub

Der gerechte Friede

Spannungsfelder eines
friedensethischen Leitbegriffs

Verlag W. Kohlhammer

Alle Rechte vorbehalten
© 2010 W. Kohlhammer GmbH Stuttgart
Reproduktionsvorlage: Tina Bächi, Künzle Druck AG, Zürich
Gesamtherstellung:
W. Kohlhammer Druckerei GmbH + Co. KG, Stuttgart
Printed in Germany

ISBN 978-3-17-020973-2

Vorwort

Wissenschaftliche Debatten ähneln oftmals einem Mosaik: Sie setzen sich zusammen aus kleineren und grösseren Steinen, Beiträgen aus der Feder verschiedenster Autorinnen und Autoren, die aufeinander Bezug nehmen und gemeinsam ein mehr oder minder strukturiertes Gemälde ergeben. Zu einem solchen Mosaik versucht dieses Buch ein Steinchen hinzuzufügen. Der Band stellt die eingehend überarbeitete und gekürzte Fassung meiner Dissertation dar, die im Sommersemester 2008 von der Theologischen Fakultät der Universität Zürich angenommen worden ist.

Allen, die durch ihre Unterstützung dazu beigetragen haben, dass dieses Projekt zu einem Ende gekommen ist, danke ich von Herzen. Allen voran gilt mein Dank meinem Doktorvater Johannes Fischer, der mir die Möglichkeit gab, mich in einem ebenso intellektuell anregenden wie herzlichen Umfeld wissenschaftlich zu vertiefen. Er hat mir alle Freiheiten gelassen, um die Fragestellungen, die mich umtrieben, auf meine Art zu erkunden. Dabei hat er mich immer darin bestärkt, dass mein steter Versuch, die wissenschaftliche Auseinandersetzung mit friedensethischen Grundsatzfragen mit einer Klärung der eigenen politischen Positionierung und mit entsprechendem Engagement zu verbinden, ersterer nicht im Wege steht, sondern ihr durchaus förderlich sein kann.

Zu grösstem Dank verpflichtet bin ich auch Stefan Grotefeld, der sich nicht nur der Mühe des Zweitgutachtens unterzogen, sondern mich stets ermutigt hat, den eingeschlagenen Weg weiterzuverfolgen und mir dabei durch alle gemeinsamen Projekte stets ein wichtiger Gesprächspartner war. Am Ethik-Zentrum der Universität Zürich, wo meine Dissertation entstanden ist, haben viele Kolleginnen und Kollegen aus Theologie und Philosophie – Christoph Ammann, Susanne Boshammer, Stefan Gruden, Esther Imhof, Matthias Neugebauer, Peter Schaber – in Diskussionen, durch die Lektüre von Textabschnitten und im Rahmen von gemeinsamen (Publikations-)Projekten auf unverzichtbare Weise zu dieser Arbeit beigetragen. Auch ihnen gilt mein herzlicher Dank. Zu danken habe ich auch Michael Haspel für den regen Gedankenaustausch und für die Begegnungen, die er in den zurückliegenden Jahren möglich gemacht hat. Beides hat mich stets entscheidend weitergebracht.

Den Herausgebern der Reihe »Forum Systematik« danke ich, dass mein Buch in ihre Reihe Aufnahme gefunden hat. Dem Kohlhammer-Verlag, namentlich Jürgen Schneider und Florian Specker, bin ich dankbar dafür, dass sie bis zum Schluss Verständnis aufbrachten für die zeitlichen Mühen desjenigen, der nicht nur Wissenschaft und Politik, sondern auch Familie und Beruf unter einen Hut zu bringen hat. Herrn Konstantin Hauck, Praktikant beim Verlag, danke ich für die überaus sorgfältige und hilfreiche Durchsicht des eingereichten Manuskripts. Für den mir gewährten Druckkostenzuschuss danke ich der Emil-Brunner-Stiftung Zürich in Verbindung mit der evangelisch-reformierten Landeskirche des Kantons Zürich.

Tina Bächi und mein Freund John Huizing haben für diesen Band die Druckvorlage erstellt; dass sie trotz unserer unterschiedlichen Betätigungsfelder auf diesem Weg so massgeblich zu diesem Buch beitragen konnten, macht dieses für mich umso wertvoller. Danken möchte ich auch meinen Eltern Madeleine und Hans Strub-Jaccoud und meinen Schwiegereltern Monique und Arnold Bleisch-Bernoulli, ohne deren Unterstützung und ohne die Zeit, die sie immer wieder mit unseren Töchtern zubringen, ich insbesondere die jeweils letzten Schritte auf dem langen Weg zur Vollendung dieses Projekts nicht hätte gehen können.

Ohne meine Partnerin Barbara Bleisch hätte ich mir weder zugetraut, eine Dissertation ins Auge zu fassen, noch wäre ich je in der Lage gewesen, eine solche zu Ende zu bringen. Ihr gilt mein herzlichster und innigster Dank: für alle Unterstützung und fürwahr benötigte Ermutigung beim Abfassen dieser Arbeit, aber vor allem auch für alles, was ich im täglichen geteilten Leben von ihr lernen kann. In meinen Dank einschliessen möchte ich schliesslich unsere Töchter Johanna und Selma, deren Geburten je eine Endphase meiner Arbeit – den Zeitraum der Abgabe der Dissertation und jenen der Fertigstellung des überarbeiteten Manuskripts – geprägt haben. Sie haben mich stets im Blick behalten lassen, dass das Mosaik, dem ich mich gewidmet habe, auch ohne den kleinen Stein, den dieses Buch im besten Fall hinzufügen wird, längst ein zusammenhängendes Bild abgibt.

Zürich, im März 2010

Inhalt

1. Einleitung 9

    1.1 Anlass und Themenstellung 11
    1.2 Zum Stand der Debatte 17
    1.3 Der gerechte Friede zwischen Pazifismus und gerechtem Krieg 26
    1.4 Vorgehen und Aufbau 29

2. Zwei Grundpostulate evangelischer Friedensethik und ihre Relevanz für den ›gerechten Frieden‹ 33

    2.1 Zur These der Interdependenz von Frieden und Gerechtigkeit 35
    2.2 Theologische Friedenstradition und die Rede vom gerechten Frieden 47

3. Der ›gerechte Friede‹ in der gegenwärtigen friedensethischen Diskussion 59

    3.1 ›Gerechter Friede‹: Friedensethisches Leitbild der deutschen katholischen Bischöfe 62
    3.2 Der gerechte Friede als friedensethisches Leitbild bei Hans-Richard Reuter, Wolfgang Huber und in der Friedensdenkschrift der EKD 75
    3.3 Der ›gerechte Friede‹ als ›normative Theorie internationaler Beziehungen‹? Zum Ansatz von Michael Haspel 97
    3.4 Fazit: Profil und Anspruch einer Ethik des gerechten Friedens 109

4. Friedenstheoretische Anfragen an die Rede vom gerechten Frieden 115

4.1 Zum Kontext der jüngeren friedenstheoretischen Diskussion 118
4.2 Gerechter Friede, weiter und enger Friedensbegriff 123
4.3 Der gerechte Friede als redundante Bestimmung des Friedens ›an sich‹ 135
4.4 Trennung von Friedensbegriff und Friedensbedingungen 140
4.5 Fazit: Friedenstheorie und das Konzept des gerechten Friedens 158

5. Die zweifache Eingrenzung des ›gerechten Friedens‹ im ›Genfer Modell‹ 173

5.1 Der gerechte Friede im ›Genfer Modell‹ 176
5.2 Der ›gerechte Friede‹ und die Beschränkung auf das peacemaking 190
5.3 Fazit: Zur Unmöglichkeit eines formalen Begriffs des gerechten Friedens . 202

6. Gerechter Friede und ›menschliche Sicherheit‹ 207

6.1 Der Ansatz der menschlichen Sicherheit 210
6.2 Friedensethische Implikationen des Human Security-Ansatzes 223

7. Schluss: Wofür steht und was leistet das Konzept des gerechten Friedens? 239

7.1 Die Inhaltliche Ebene: Zum Begriff des (gerechten) Friedens 241
7.2 Die funktionale Ebene: Gerechter Friede als politisch-ethisches Leitbild 243
7.3 Gerechter Friede als menschliche Sicherheit: ein Vorschlag 246

Literaturverzeichnis 249

1. Einleitung

> »Der Begriff des Friedens – ganz abgesehen von seiner Abnutzung, die bis zur polemischen Pejorisierung reicht – täuscht eine Einfachheit und Eindeutigkeit vor, denen die Plethora der in ihm eigentlich erfassten Prozesse und Prozessmuster Hohn spricht. Friede ist demgegenüber als einer der schwierigsten dynamischen Zustände eines internationalen Systems anzusehen, der [...] durch das Verhalten von Politischen Systemen und gesellschaftlichen Akteuren sowie ihrer Interaktion auf relative Dauer mit der Tendenz zur Verstärkung eingerichtet werden will. Angesichts der Komplexität geht es zunächst darum, eine sachliche Ordnung zu schaffen, deren begrifflicher Reflex überhaupt erst festzulegen erlaubt, welche Problemkomplexe gerade gemeint sind.«
>
> *Ernst-Otto Czempiel*[1]

> »Mit der notwendigen Überwindung der Institution des Krieges kommt auch die Lehre vom gerechten Krieg, durch welche die Kirchen den Krieg zu humanisieren hofften, an ein Ende. Daher muss schon jetzt eine Lehre vom gerechten Frieden entwickelt werden, die zugleich theologisch begründet und dialogoffen auf allgemeinmenschliche Werte bezogen ist. Dies im Dialog mit Andersglaubenden und Nichtglaubenden zu erarbeiten, ist eine langfristige ökumenische Aufgabe.«
>
> *Ökumenische Versammlung für Gerechtigkeit, Frieden und Bewahrung der Schöpfung, Dresden 1989*[2]

Als im Juni 2005 der erste *Human Security-Report*[3] veröffentlicht wurde, wartete er mit positiven Neuigkeiten auf: Sowohl mit Blick auf die Anzahl offener Kriege als auch mit Blick auf die Anzahl Kriegsopfer konstatiert der Report für die Zeit seit dem Ende der Blockkonfrontation stabil abnehmende Zahlen. Die Abnahme der Opferzahlen gelte gar, so der Report, für die gesamte Periode seit dem Ende des Zweiten Weltkriegs.[4] Der Bericht

---

[1] Czempiel 1998, 28f.
[2] Kirchenamt der EKD 1991, 32.
[3] Vgl. Human Security Centre 2005.
[4] Der Report nennt konkret u.a. die folgenden Zahlen (vgl. Human Security Centre 2005, 1f.): Die Anzahl bewaffneter Konflikte hat bis zum Erscheinungsjahr gegenüber 1991 um mehr als 40% abgenommen; die Anzahl Genozide ist trotz der Grausamkeiten in Rwanda, Srebrenica und andernorts gegenüber dem Höchststand von 1988 um 80% gesunken; die Anzahl internationaler Krisen hat gegenüber 1981 um 70% abgenommen; das Dollar-Volumen des internationalen Waffenhandels ist zwischen 1990 und 2003 um 33% kleiner geworden; die Anzahl Kriegsflüchtlinge ist im nahezu gleichen Zeitraum um 45% gefallen; während 1950 im Durchschnitt noch 38'000 Personen in jedem Krieg ums Leben kamen, waren es 2002 noch deren 600 (wobei die Abnahme durch die Zeit

zog zwar breit angelegte Diskussionen nach sich und rief dabei auch Debatten über die korrekte Interpretation des zugrunde gelegten Datenmaterials bzw. über dessen Stichhaltigkeit insgesamt hervor.[5] Doch die Feststellung, dass die Anzahl Konflikte, die mit kriegerischer Gewalt ausgetragen werden, weltweit gleichbleibend oder gar rückläufig ist, wird weitgehend geteilt. So hält auch das *Yearbook 2008* des *Stockholm International Peace Research Institute (SIPRI)* fest, dass die Anzahl »grosser bewaffneter Konflikte« nicht nur seit den 90er-Jahren abnahm, sondern in jüngster Zeit auch mehrheitlich stabil war (es werden deren 16 gezählt).[6]

Schenkt man diesen Zahlen Glauben, scheinen wir also fast schon in friedvollen Zeiten zu leben. Dies zu behaupten heisst jedoch bereits, zu einer Reihe jener Fragen Stellung zu beziehen, die Ernst-Otto Czempiel im einleitenden Zitat als *friedenstheoretische* Problemstellungen kenntlich macht. Da ist etwa die Kernfrage danach, worin der Friede überhaupt besteht, d.h. wann und unter welchen Umständen Friede gegeben ist. Da ist aber auch die Frage danach, ob der Friede teilbar ist, ob also auch dann berechtigterweise von Frieden gesprochen werden kann, wenn er nur regional oder gar lokal verwirklicht ist. Wie Czempiel andernorts schreibt, würde man berechtigterweise behaupten können, es herrsche seit 1990, »mit allen geschichtlichen Massstäben gemessen, Friede in Europa«[7]. Und doch überwiegt spätestens seit den Ereignissen im Herbst 2001 und den daran anschliessenden Kriegen in Afghanistan und im Irak der Eindruck, der Weltfriede sei heute ebenso fern wie noch vor dem Fall der Berliner Mauer. Dies gilt auch mit Blick auf die anhaltenden und doch zuweilen vergessenen Kriege in Sudan, Somalia oder Pakistan, die seit Jahrzehnten vor allem Zivilistinnen und Zivilisten zu ihren Opfern machen.

Blickt man in die *Friedensgutachten*[8] der letzten Jahre, relativiert sich der optimistische Blick des *Human Security-Report* denn auch rasch. Zwar ist

---

konstant gewesen ist); die Zeit zwischen dem Zweiten Weltkrieg und heute ist die längste Periode ununterbrochenen Friedens zwischen den Grossmächten; und schliesslich ist die Zahl bewaffneter Staatsstreiche seit 1963 kontinuierlich zurückgegangen.

[5] Vgl. exemplarisch die Nummer 2/2006 der Zeitschrift »Die Friedens-Warte«, die gänzlich der Debatte um den *Human Security-Report* gewidmet ist (dazu zusammenfassend Mack/Nicholls 2007).

[6] Vgl. SIPRI 2008. Der SIPRI-Bericht spricht von »major armed conflicts«.

[7] Czempiel 1998, 13.

[8] Vgl. für 2009 Hippler u.a. 2009. Das jährlich publizierte Friedensgutachten wird jeweils gemeinsam von den führenden deutschen Friedensforschungsinstituten herausgegeben.

im Überblick verhältnismässig wenig von offenen Kriegen und akuten Krisen die Rede. Dafür aber umso mehr von seit Langem bestehenden Krisenherden (insbesondere auf dem afrikanischen Kontinent), von der weltweiten Bedrohung durch die unkontrollierte Verbreitung von Atomwaffen, vom Klimawandel und damit einhergehenden Konfliktrisiken sowie von ungelösten Fragen hinsichtlich der Möglichkeiten internationaler Einflussnahme zugunsten der nachhaltigen Befriedung nach Bürgerkriegen und Interventionen. Als zentrale Ursachen gewaltsamer Konflikte finden überdies extreme Armut und zerfallende Staaten eingehende Erwähnung. Wir leben also trotz der hoffnungsvollen Zahlen und Entwicklungen, die ohne Zweifel namhaft zu machen sind, *nicht* in einer Welt des Friedens. Denn wahrer Friede besteht offenbar nicht im blossen Schweigen der Waffen und der Eindämmung offener Konflikte. Doch worin besteht der Friede, mithin der *wahre* Friede, dann?

1.1 Anlass und Themenstellung

In der theologischen Friedensethik, zumindest im deutschsprachigen Raum und auf dem Gebiet der ökumenischen Bewegung, wird die Antwort auf diese Frage inzwischen überwiegend im Rückgriff auf das Konzept des *gerechten Friedens* gesucht. Insbesondere kirchliche Stellungnahmen beider grosser Konfessionen haben sich diesen Begriff zu Eigen gemacht. Gleichwohl ist seine prominente Position im Gesamtrahmen der friedensethischen Reflexion noch jüngeren Datums. Im kirchlichen Diskurs Deutschlands etwa gilt die »Ökumenische Versammlung für Gerechtigkeit, Frieden und Bewahrung der Schöpfung«, die 1989 in Dresden stattfand, als erster Anlass, an dem die Entwicklung einer »Lehre vom gerechten Frieden« offiziell zum friedensethischen Programm erhoben wurde. Zeitgleich finden sich auch in der nordamerikanischen Debatte Beiträge, die ein Konzept des gerechten Friedens (*Just Peace*) als Alternative zu etablierten friedensethischen Paradigmen propagieren.[9]

Die rhetorische Attraktivität und intuitive Plausibilität des Konzepts ›gerechter Friede‹ stehen für eine theologische Friedensethik ausser Zweifel: So erlaubt die Rede vom gerechten Frieden beispielsweise, die im biblischen *shalom*-Begriff betonte konstitutive Verbindung von Frieden und Gerech-

---

[9] Vgl. dazu Abschnitt 1.3.

tigkeit einzufangen.[10] Allerdings ist die Kehrseite dieser Attraktivität, dass sie dazu verleitet, die Unschärfen eines solchen Konzepts auszublenden, sodass sich dessen Profil aufzulösen droht. So ist etwa die erwähnte ›Dresdner Forderung‹ von 1989[11], wonach nicht bloss eine Lehre vom gerechten Frieden erarbeitet werden, sondern diese vor allem die ungeliebte ›Lehre vom gerechten Krieg‹ überwinden soll, als programmatische Forderung zweifellos zu unterscheiden von einer Bezugnahme auf den Begriff des gerechten Friedens als umfassendes friedensethisches Grundparadigma. Wie ich in diesem Buch aufzeigen will, ist es aber gerade eines der Kennzeichen der gegenwärtigen Diskussion um den ›gerechten Frieden‹, dass sie ungenügend zwischen dieser programmatischen Ebene einerseits und der im eigentlichen Sinn friedenstheoretischen Ebene bzw. dem Kontext der friedensethischen Grundsatzreflexion andrerseits trennt. Mit anderen Worten: Es stellen sich mit Blick auf die friedensethische Debatte um den ›gerechten Frieden‹ bis heute grundlegende offene Fragen sowohl mit Blick auf die *inhaltliche*, wie auch mit Blick auf die *funktionale* Ebene.

In *inhaltlicher* Hinsicht ist zu fragen, was eigentlich unter einem gerechten Frieden zu verstehen ist: Wofür steht dieser Begriff? Steht er für die korrekte Bestimmung des *Friedens an sich* oder bezeichnet er eine *besondere Qualität des Friedens*? Falls letzteres der Fall ist: Gäbe es dann auch den *ungerechten Frieden*? Oder ist es gerade ein zentrales Merkmal des Friedensbegriffs schlechthin, dass er immer schon mit der Verwirklichung von Gerechtigkeit verbunden ist – sowohl semantisch als auch in den komplexen Gegebenheiten friedenspolitischer Praxis?

In *funktionaler* Hinsicht stellt sich die Frage, was ein Konzept des gerechten Friedens bzw. eine (friedensethische) Theorie, die dieses in den Mittelpunkt stellt, zu leisten vermag: Beschränkt sich die Leistungsfähigkeit des ›gerechten Friedens‹ auf dessen appellative Einprägsamkeit oder ist das Konzept als umfassendes normatives Leitbild zu verstehen, aus dem sich friedensethische Orientierung im Blick auf aktuelle politische Fragestellungen gewinnen lässt? Welcher Status und welche Rolle kommen den Bedin-

---

[10] Vgl. dazu Rat der EKD 2007, 11 und 50ff. sowie Abschnitt 2.2.
[11] Ich werde den Begriff der ›Dresdner Forderung‹ im Folgenden für die eingangs in voller Länge wiedergegebene Aussage aus den Schlussdokumenten der Dresdner Versammlung verwenden, die den Gedanken von der notwendigen Überwindung der ›Lehre vom gerechten Krieg‹ und deren Ersatz durch die Rede vom gerechten Frieden festhält (vgl. Kirchenamt der EKD 1991, 32). Die Wendung ›Dresdner Forderung‹ findet sich auch in Evangelische Kirche im Rheinland 2005, 7.

gungen und Merkmalen, die in den einzelnen Positionen zum ›gerechten Frieden‹ genannt werden, zu? Sind sie begrifflich-inhaltlicher, empirischer oder normativer Natur? Und wie lässt sich die Rede vom gerechten Frieden als theoretischem Ansatz über die theologisch-friedensethische Debatte hinaus mit aussertheologischen Diskursen vermitteln?

Diesen Fragen widmet sich die vorliegende Untersuchung. Sie nimmt die in der Friedensethik allgegenwärtige Bezugnahme auf den Begriff des gerechten Friedens zum Anlass, um in theoretischer Perspektive und in Rekonstruktion und kritischer Evaluation der aktuellen Debatte zum einen zu fragen, wie der Topos ›gerechter Friede‹ inhaltlich plausibel zu füllen ist, und zum andern zu untersuchen, was ein solches Konzept in der jeweiligen Interpretation zu leisten vermag. Wie ich zeigen will, wirkt eine solche vertiefte Auseinandersetzung mit der friedensethischen Diskussion klärend hinsichtlich des ›Aufgabenprofils‹ gegenwärtiger friedensethischer Reflexion, das sich aus den Problemstellungen, den (politischen) Handlungsoptionen und den Zielvorstellungen, derer sich die Friedensethik im Rückgriff auf den Topos vom gerechten Frieden in der Gegenwart annimmt, ergibt. Dieses ›Aufgabenprofil‹ ist geprägt vom tiefgreifenden Wandel der Wahrnehmung globaler, regionaler und lokaler Friedensgefährdungen, wie er zunächst durch das Ende der Blockkonfrontation, danach in Europa durch die Balkankriege und schliesslich weltweit durch die Ereignisse seit dem 11. September 2001 ausgelöst und bestimmt wurde. Dieses ›Aufgabenprofil‹ zu benennen und an ihm die Leistungsfähigkeit des Konzepts ›gerechter Friede‹ zu messen, ist eines der Anliegen dieses Buches.

Dabei wird deutlich werden, dass die Beantwortung sowohl der inhaltlichen als auch der funktionalen Fragen, die sich mit Blick auf die Rede vom gerechten Frieden stellen, einer vorgängigen Klärung des jeweils zugrunde gelegten Friedensbegriffs bedarf. Deshalb wähle ich die Friedenstheorie – den aussertheologischen, vor allem politikwissenschaftlichen Diskurs über den Friedensbegriff – als zentrale Gesprächspartnerin. In ihr bildete sich seit dem Mauerfall eine neue Debatte um den Begriff des Friedens heraus. Diese vermag für die Bearbeitung der angezeigten Fragen zum Konzept des gerechten Friedens wichtige weiterführende Impulse zu liefern.

Der vorliegende Band verfolgt somit auch das Ziel, innerhalb der gegenwärtigen friedensethischen Debatte einen Beitrag zur Theoriebildung zum ›gerechten Frieden‹ zu leisten und im Sinne von Czempiels einleitend wiedergegebener Aussage zur Schaffung ›sachlicher Ordnung‹ beizutragen.

Czempiel selbst gesteht zu, dass die von ihm in Angriff genommene Aufgabe, das »Prozessmuster Frieden« theoretisch näher zu bestimmen, zwar anspruchsvoll und aufwändig sei. Doch sei sie auch lohnend, denn nur so werde es den Wissenschaften, die sich mit dem Frieden befassen – und zu ihnen gehören die Friedensethik wie die Friedenstheorie –, ermöglicht, zu der grossen Aufgabe, den Frieden ›einzurichten‹, beizutragen:

> »Der Aufwand ist nicht überflüssig und die Umstände, die er bereitet, sind unumgänglich. Der Friede muss aus dem Alltagsverständnis, das ihn verfehlt, weil es ihn verkennt, herausgenommen und auf seinen wissenschaftlichen Begriff gebracht werden. Erst dann kann er auch für die Politik nützlich sein, und kann die Wissenschaft für sich die Ehrfurcht reklamieren, die Friedrich von Gentz schon um 1800 ihr dann in Aussicht gestellt hat, wenn sie ›in ihrer Vollendung den möglichst dauerhaften Frieden begründet‹.«[12]

Ist im Folgenden von einer ›Debatte‹ um den gerechten Frieden die Rede, so ist damit der Kontext der deutschsprachigen theologischen Friedensethik der zurückliegenden 20 Jahre angesprochen.[13] In dieser Zeit hat sich hier die Rede vom Konzept des gerechten Friedens etabliert – nicht bloss in der evangelischen Friedensethik, sondern gerade auch im katholischen sowie im ökumenischen Bereich. Ausserhalb dieses deutschsprachigen Kontexts fungiert der Begriff des gerechten Friedens dagegen nur selten als Grundlage eines eigentlichen friedensethischen Ansatzes.

Diese Debatte ist von einer eigentümlichen Spannung gekennzeichnet: *Auf der einen Seite* geht die Rede vom gerechten Frieden dort, wo dieser als programmatische Leitperspektive einer zeitgemässen Friedensethik vertreten wird, nicht selten mit einem hohen theoretischen Anspruch einher – dies belegt nicht zuletzt die ›Dresdner Forderung‹: In Abgrenzung von der traditionellen ›Lehre‹ vom gerechten Krieg wird wie erwähnt die Entwicklung einer eigentlichen ›Lehre‹ vom gerechten Frieden angemahnt. Hierbei sei die systematische Integration von Fragen der (globalen) Verteilungsgerechtigkeit, der inner- und zwischenstaatlichen Sicherheit sowie der Entwicklungszusammenarbeit zu leisten. Nur in Kombination könnten

---

[12] Czempiel 1998, 29.
[13] Aus diesem Grund verwende ich in den Kapiteln 2 und 3, in denen die hier angesprochene Debatte vertieft dargestellt werden soll, allem voran Literatur aus dem deutschsprachigen Raum. Gleiches gilt – aufgrund des dort leitenden Diskurszusammenhanges der deutschsprachigen Friedensforschung – für das 4. Kapitel.

diese Faktoren den adäquaten Bezugsrahmen friedensethischer Reflexion darstellen. Dabei soll die als grundlegend aufgefasste Interdependenz von Frieden und Gerechtigkeit durch das Konzept des gerechten Friedens in besonderem Masse betont und theoretisch reflektiert werden. Geradezu euphorisch nimmt sich in dieser Hinsicht die von Wolfgang Huber geäusserte Erwartung aus, wonach es mit der Entwicklung einer solchen ›Lehre vom gerechten Frieden‹ darum gehe, »etwas historisch Neues, in die Zukunft Weisendes zu entwerfen, das so bisher nicht existiert hat«[14]. Ich werde im Folgenden aufzuzeigen versuchen, dass sich die vorliegenden Entwürfe zum ›gerechten Frieden‹ bislang entgegen dieser Erwartung vielfach eher als Neuformulierungen bekannter friedenstheoretischer Positionsbezüge zum Friedensbegriff ausnehmen. Um das kategorial Neue, für das ein Konzept des gerechten Friedens stehen soll, beurteilen zu können, erweist sich dagegen gerade die Bezugnahme auf die jüngere friedens*theoretische* Diskussion, als fruchtbar.[15]

Der weit reichende theoretische Anspruch, der meist von jenen erhoben wird, die den ›gerechten Frieden‹ als umfassendes friedensethisches ›Leitbild‹ verstehen, kontrastiert *auf der andern Seite* mit der Tatsache, dass nur wenige Beiträge sich eingehend der inhaltlichen Bestimmung einer ›Lehre vom gerechten Frieden‹ widmen.[16] Zumeist bleibt die Auseinandersetzung bei der Forderung nach der Ausformulierung einer solchen Lehre bzw. Theorie stehen, oder aber sie mündet in eine kritische Abgrenzung gegenüber der Rede vom gerechten Frieden, die den Eindruck erweckt, es liege eine ausformulierte und etablierte ›Lehre‹ bereits vor.[17] Einzelne Beiträge nehmen zwar durchaus auf den gerechten Frieden Bezug, widmen sich aber in erster Linie den herkömmlichen friedensethischen Paradigmen der Theorie des gerechten Kriegs oder des Pazifismus. Im Unterschied zu diesen beiden Paradigmen, denen im Zusammenhang der veränderten friedens- und sicherheitspolitischen Konstellationen der Gegenwart verstärkte Aufmerksamkeit zukommt, offenbart die Diskussion um das Konzept des gerechten Friedens also ein essentielles Manko: Obgleich vorgebracht mit dem Anliegen, einen theoretischen Reflexionsrahmen gerade für realpolitische Probleme der Gegenwart darzustellen, bleibt der ›gerechte Friede‹

---

[14] Huber 2005, 120. Etwas kategorial Neues im Konzept des gerechten Friedens sieht etwa auch Scheffler 2003.
[15] Vgl. dazu im Speziellen Kapitel 4.
[16] Zum Stand der Debatte vgl. Abschnitt 1.2.
[17] Exemplarisch hierfür stehen Honecker 2003 und Körtner 2003a sowie Körtner 2003b.

konzeptionell unterbestimmt, da der Topos bis zum jetzigen Zeitpunkt nur spärlich als systematisches Ganzes entfaltet worden ist. Die eingangs gestellten Fragen, was inhaltlich unter einem gerechten Frieden zu verstehen und wie ein an diesen Begriff anschliessendes friedensethisches Paradigma zu bestimmen ist, sind also noch weitgehend unbeantwortet oder fördern zumindest eine Mehrdeutigkeit der Verwendungsweisen des Begriffs zutage, die nach den angezeigten Klärungen verlangt. Denn nicht zuletzt steht in Anbetracht der gegenwärtigen Debatte auch zur Disposition, inwiefern sich aus dem Paradigma des gerechten Friedens tatsächlich tragfähige Antworten auf aktuelle friedensethische und friedenspolitische Herausforderungen ergeben können.

Aus diesen Beobachtungen zur aktuellen Diskussion ergeben sich die Leitfragen dieser Untersuchung: Auf welche Weise beantworten die wichtigsten Positionsbezüge zum gerechten Frieden die inhaltliche Frage danach, was unter diesem Begriff zu verstehen ist? Wie bestimmen sie die Antwort auf die funktionale Frage danach, was das Konzept leistet bzw. welche Funktion die in ihm namhaft gemachten inhaltlichen Charakteristika erfüllen? Kann der Topos ›gerechter Friede‹ – vor dem Hintergrund gegenwärtiger friedens- und sicherheitspolitischer Herausforderungen – Grundlage eines friedensethischen Leitbilds sein, das die eigenen theoretischen Ansprüche zu erfüllen vermag und stringent als Orientierungsgrösse gegenwärtiger friedensethischer Reflexion, die stets auch praxisgerichtete Reflexion ist, dienen kann? Und: Lässt sich ein solches theologisch-friedensethisches Konzept des gerechten Friedens auch in aussertheologische Diskurse einbringen, sodass die Friedensethik die ihr gestellte Aufgabe der Vermittlung ihres Friedensbegriffs wahrzunehmen vermag, mit der sie sich jedenfalls dann konfrontiert sieht, wenn sie den Frieden als *politischen* Begriff zum Gegenstand hat?[18]

Wie ich zu zeigen versuche, legt sich vor dem Hintergrund der bisherigen Debatte über den gerechten Frieden mit Blick auf alle genannten Leitfragen eine gewisse Skepsis nahe. Die bisherige Rede vom gerechten Frieden ist von einer Tendenz zur inhaltlichen Überfrachtung und zur funktionalen Unterbestimmung geprägt. Demgegenüber werde ich im Folgenden die

---

[18] Diese Vermittlungsaufgabe wird etwa im zweiten Teil der ›Dresdner Forderung‹ prominent zum Ausdruck gebracht, in dem wie erwähnt darauf insistiert wird, dass die Lehre vom gerechten Frieden »zugleich theologisch begründet und dialogoffen auf allgemeinmenschliche Werte bezogen« sein soll und dabei »im Dialog mit Andersglaubenden und Nichtglaubenden zu erarbeiten« sei (vgl. Kirchenamt der EKD 1991, 32).

Auffassung vertreten, dass das Konzept des gerechten Friedens nur dann als plausible Orientierungsgrösse gegenwärtiger friedensethischer Reflexion zu dienen vermag, wenn es im Sinne einer ›qualifizierten Eingrenzung‹ in inhaltlicher Hinsicht sowie – als Korrelat – in funktionaler Hinsicht klarer gefasst wird. Dabei wird die bereits genannte Vermittlung der theologischen mit der friedenstheoretischen Debatte hilfreich sein. Wie ich zu zeigen versuche, rückt die Diskussion um das Paradigma des gerechten Friedens, das wie erwähnt bislang allem voran im Kontext der theologischen Friedensethik Bedeutung entfaltet hat, im Zuge einer solchen Vermittlungsbestrebung in sachliche Nähe zur Diskussion um den Ansatz der *Human Security*, dessen verstärkten Einbezug in die friedensethische Debatte ich zum Schluss vorschlage. Nach meiner Auffassung bietet sich ein solcher Einbezug an, um im Dialog mit einer aussertheologischen Konzeption zu einer Klärung der erwähnten inhaltlichen und funktionalen Unschärfen der Rede vom gerechten Frieden beizutragen.

1.2 Zum Stand der Debatte

Friedensethik ist und war immer schon zu einem wesentlichen Teil eine Konzeptdiskussion. Zu denken ist dabei nicht nur an die Diskussionen um die Theorie des gerechten Kriegs oder an frühere Debatten zum Friedens-[19] und zum Gewaltbegriff.[20] Zu denken ist insbesondere auch an den Ansatz der »Ethik der Rechtsbefolgung«[21], der die jüngere evangelische Friedensethik deutscher Provenienz entscheidend geprägt hat, oder an das Theorem des »Verantwortungspazifismus«[22], das mindestens ebenso prägend und dabei nicht selten mit dem erstgenannten verknüpft war. Auch die Diskussion um den Begriff des gerechten Friedens ist bis heute eine Konzeptdiskussion – als solche wird sie auch in diesem Buch geführt. Dies bedeutet einerseits, dass die spezifischen Fragen zum Konzept des gerechten Friedens nicht zuletzt in der Auseinandersetzung mit anderen theoretischen Paradigmen identifiziert und bearbeitet werden. Dabei treten wie bereits erwähnt vor allem die Theorie des gerechten Kriegs und der Ansatz der

---

[19] Grundlegend hierzu und für den Überblick vgl. nach wie vor Huber/Reuter 1990.
[20] Vgl. dazu etwa Lienemann 1982.
[21] Vgl. dazu grundlegend Delbrück 1984. Dazu auch Haspel 2002, 45ff. und Haspel 2003b, 264f.
[22] Vgl. zu Einordnung und Entstehung des Ansatzes ausführlich Lienemann 2007 sowie im Überblick Huber 1993, 117f. und Haspel 2005a.

Human Security in den Blick. Es bedeutet andrerseits aber auch, dass die Auseinandersetzung mit dem ›gerechten Frieden‹ zur Hauptsache theoretischen Aspekten gewidmet ist, während empirische Gesichtspunkte nur soweit einfliessen, wie sie für die Bearbeitung der theoriebezogenen Fragestellungen von Gewicht sind. Letzteres ist mit Blick auf die Debatte zum gerechten Frieden durchaus der Fall, und zwar insbesondere hinsichtlich zweier Themenkomplexe: Zum einen ist die These der grundsätzlichen Interdependenz von Frieden und Gerechtigkeit, welche wie erwähnt dem Ansatz des gerechten Friedens zugrunde liegt, unter empirischen Gesichtspunkten zu diskutieren. Zum andern gilt es, ein hinreichend deutliches Bild von den gegenwärtigen (friedens-)politischen Problemstellungen und den zentralen aktuellen »Friedensgefährdungen«[23] zu gewinnen, um herauszuarbeiten, auf welche realpolitischen Entwicklungen der Ansatz vom gerechten Frieden reagiert und an welchen faktischen ›Aufgabenfeldern‹ er sich zu bewähren hat.

Die Rede vom gerechten Frieden baut auf dem »friedensethischen Grundkonsens«[24] auf, der schon in der EKD-Denkschrift »Frieden wahren, fördern und erneuern« von 1981 und in der dort geprägten Formel »[i]n der Zielsetzung christlicher Ethik liegt nur der Friede, nicht der Krieg«[25] ausgedrückt ist. Entsprechend, so die Konsequenz, könne sich christliche Friedensethik nicht auf ein Paradigma des gerechten Kriegs stützen, sondern müsse, wie es bereits die ›Dresdner Forderung‹ festhielt, den theologisch inspirierten Begriff des gerechten Friedens ins Zentrum einer gegenwartsbezogenen friedensethischen Theorie setzen. Der sogenannte »Konziliare Prozess« und die Dresdner Ökumenische Versammlung von 1989 werden in den meisten Beiträgen, die sich zur Entstehung der Rede vom gerechten Frieden äussern, wie angedeutet als jene Momente bezeichnet, in denen dieses Konzept in den Mittelpunkt friedensethischen Nachdenkens gerückt wurde.[26] Dagegen weist Michael Haspel darauf hin, dass in den USA die *United Church of Christ* den Begriff des gerechten Friedens gar noch kurze Zeit früher (1986) aufgebracht hat und sich bis heute als »Just

---

[23] Dies ist der Terminus, der in der aktuellen Friedensdenkschrift der EKD – ähnlich wie in den Vorläuferschriften – verwendet wird (vgl. Rat der EKD 2007, 14).
[24] Körtner 2003a, 348.
[25] Kirchenkanzlei der EKD 1981, 48.
[26] Vgl. exemplarisch Huber 2005, 119f.; Haspel 2007a, 210; Reuter 2007, 175. Dass der Gebrauch des Begriffs ›gerechter Friede‹ allerdings noch erheblich weiter, nämlich zumindest bis Augustinus, zurückreicht und sich etwa auch bei Karl Barth findet, zeigt Huber 2005, 118f.

Peace Church« versteht.[27] Götz Planer-Friedrich schliesslich hebt hervor, dass sich im europäischen Kontext als erstes der Lutherische Weltbund die Formel vom gerechten Frieden zu Eigen gemacht habe, auch dies vor der Dresdner Versammlung.[28]

Für die nachstehenden Überlegungen fallen diese unterschiedlichen Positionen zur Entstehungsgeschichte der Rede vom gerechten Frieden meines Erachtens nicht ins Gewicht. Deutlich wird jedoch, dass die Bezugnahme auf diesen Begriff als Grundlage eines eigentlichen friedensethischen Ansatzes eher jüngeren Datums ist.[29] Ebenso fällt auf, dass es sich hierbei um ein Konzept handelt, das seine Ursprünge in der kirchlichen Diskussion hat und erst im Nachhinein Eingang in die wissenschaftlichen Auseinandersetzungen gefunden hat. Gerade im Bereich der deutschsprachigen Friedensethik sind diese beiden Kontexte – Kirche und Wissenschaft – eng verbunden, weshalb es nicht erstaunt, dass die kirchlichen Verlautbarungen zum gerechten Frieden jeweils als die eigentlichen Beschleuniger wissenschaftlicher Repliken auf dieses Theorem wirkten. Insbesondere in der letzten Dekade des zurückliegenden Jahrhunderts blieben wissenschaftliche Beiträge zum gerechten Frieden dennoch weitgehend aus.[30] So erwähnen etwa die »Orientierungspunkte für Friedensethik und Friedenspolitik« der EKD aus dem Jahr 1994 zwar die ›Dresdner Forderung‹ und damit das Konzept des gerechten Friedens, sie widmen sich dann jedoch eher einer Anwendung der Kriterien aus der Tradition des gerechten Kriegs als einer systematischen Entfaltung dessen, was als ›Lehre vom gerechten Frieden‹ gelten könnte.[31] Auch Wolfgang Lienemanns Studie aus dem Jahr 2000, die den Rekurs auf den gerechten Frieden im Untertitel trägt, beabsichtigt nicht, eine zusammenhängende Konzeption des gerechten Friedens zu

---

[27] Vgl. dazu programmatisch Thistlethwaite 1986. Innerhalb dieses Kontexts ist auch der Ansatz des *Just Peacemaking* anzusiedeln (vgl. dazu ausführlich Stassen 2003 und Stassen 2004). Obwohl dieses Konzept durchaus eine eigene Ausprägung der Rede vom gerechten Frieden darstellt, hat es im Kontext der deutschsprachigen Friedensethik, auf die sich dieses Buch bezieht, noch keine Wirkung entfaltet (dies unterstreicht auch Wolbert 2005, 67).
[28] Vgl. Planer-Friedrich 2006, 56 sowie zuvor Planer-Friedrich 1989.
[29] Im Standardwerk zur Friedensethik von Wolfgang Huber und Hans-Richard Reuter (vgl. Huber/Reuter 1990), das im Jahr 1990 erschien und den Stand der Debatte kurz vor dem Fall der Berliner Mauer umfassend wiedergibt, findet sich der Begriff des gerechten Friedens etwa noch nicht. Vielmehr ist dort vom Friedensbegriff schlechthin die Rede, allerdings insistieren die Autoren nachdrücklich auf den in ihren Augen konstitutiven Bezug des Friedens zur Gerechtigkeit.
[30] So etwa Reuter 1996a.
[31] Vgl. Kirchenamt der EKD 2001, 14ff.

entwerfen.³² Vielmehr gibt sie einerseits einen historischen Überblick über die (ökumenischen) friedensethischen Debatten nach dem Zweiten Weltkrieg und formuliert andererseits einen Katalog von friedens- und sicherheitspolitischen Herausforderungen, mit denen die friedensethische Reflexion, so Lienemann, im Sinne unbeantworteter Problemstellungen für eine künftige Friedensordnung, befasst sein muss.

Eine der Herausforderungen, denen Lienemann sich in der genannten Studie widmet, ist die Frage der Legitimität und der Rechtmässigkeit militärischer humanitärer Interventionen sowie friedenserhaltender Interventionen generell. Diese stehen im Spannungsfeld des Schutzes fundamentaler Menschenrechte auf der einen und des Schutzes staatlicher Souveränität auf der andern Seite, wobei nicht nur ersteres, sondern auch letzteres als moralisch hochrangiges Gut zur Disposition steht. Nachdem bereits die Kriege in Somalia (1992) und Bosnien (bis 1995) die Frage, ob und in welchen Fällen solche Interventionen legitim bzw. geboten seien, auf den Plan rief, entspann sich rund um die Kosovo-Intervention der NATO vom Frühjahr 1999 eine intensive, alle Bereiche der Friedensethik sowie der politischen Philosophie und der politischen Ethik erfassende Debatte.³³ Diese Debatte verstärkte, besonders auch in der deutschsprachigen Diskussion, die eigentliche Renaissance, welche die Theorie des gerechten Kriegs, bzw. genauer die Kriterien zur Bewertung der Legitimität militärischer Gewaltanwendung, die in dieser Theorie bereitgestellt werden, bereits zuvor im Zusammenhang mit der Frage der humanitären Intervention erfahren hatte.³⁴ Sie setzte aber auch eine mit neuer Intensität geführte friedensethische Debatte in Gang, in deren Rahmen die enge Verbindung des kirchlichen und des wissenschaftlichen Diskurses, die für die theologische Friedensethik im deutschsprachigen Raum charakteristisch ist, besonders deutlich wurde.³⁵ Bezeichnend ist hierbei, dass die Bezugnahme auf den Begriff des

---

[32] Vgl. Lienemann 2000.

[33] Für die Friedensethik vgl. allem voran Haspel 2002 sowie die Beiträge bei Beestermöller 2003b; für die deutsche Debatte im Anschluss an die Kosovo-Intervention insb. Lutz 1999 und Merkel 2000; für die angelsächsische Debatte bieten die Beiträge bei Holzgrefe/Keohane 2003 einen guten Überblick.

[34] Bereits vor der Diskussion um die Kosovo-Intervention wiesen Mona Fixdal und Dan Smith in einer viel beachteten Literaturstudie nach, dass die Bezugnahme auf das Gedankengut der Theorie des gerechten Kriegs im Zusammenhang der Debatte um die humanitäre Intervention allgegenwärtig ist (vgl. Fixdal/Smith 1998).

[35] Die wesentlichen Stellungnahmen kirchlicher Provenienz zur Kosovo-Intervention, die auch in der wissenschaftlichen Diskussion rezipiert sowie bisweilen von dieser mitgeprägt wurden, und die vom Ringen um eine theologisch vertretbare kirchliche Position zeugen, sind bei Arnold 2001 sowie Buchbender/Arnold 2002 versammelt.

gerechten Friedens in dieser Diskussion eher in den Hintergrund trat. Im Resultat und aus einer gewissen Distanz betrachtet bleibt jedenfalls der Eindruck, dass die Diskussion um die humanitäre Intervention weder mit Blick auf das Verhältnis evangelischer Friedensethik zur Theorie des gerechten Kriegs, noch mit Blick auf die inhaltliche Bestimmung eines Ansatzes des gerechten Friedens Klärung brachte.[36]

Den ›gerechten Frieden‹ dezidiert in den Mittelpunkt gerückt und als Ausgangspunkt eines auf die gegenwärtigen friedenspolitischen Problemstellungen reagierenden umfassenden Ansatzes festgehalten hat schliesslich erst das neuste Hirtenwort der katholischen Bischöfe Deutschlands, das im Jahr 2000 unter dem Titel »Gerechter Friede« erschien.[37] Dessen Veröffentlichung zog eine rege Diskussion nach sich, an der sich kirchliche und akademische Stimmen aller Konfessionen beteiligten.[38] Ausgehend von dieser Schrift werde ich im dritten Kapitel die aus meiner Sicht zentralen jüngeren Positionsbezüge zum Konzept des gerechten Friedens darstellen und diskutieren. Wie ich zeigen möchte, fehlt es dem besagten Hirtenwort an einer hinreichenden Klärung der Frage, was die Spezifizität eines Ansatzes des gerechten Friedens ausmacht. Allem voran lässt das Friedenswort der Bischöfe damit die oben identifizierte funktionale Fragestellung unbeantwortet.

Während die Diskussion um den Ansatz des gerechten Friedens auf katholischer Seite in der Folge wieder in den Hintergrund trat, finden sich im Bereich der Friedensethik evangelischer Prägung zwar vereinzelt Texte aus dem wissenschaftlichen Umfeld[39] sowie einzelne Grundsatzdokumente, die kirchlichen Initiativen entspringen[40] – eine vertiefte und strukturierte Debatte zum gerechten Frieden lässt sich jedoch auch hier nicht namhaft machen. Auf der Grundlage der vorliegenden Veröffentlichungen zum Thema lässt sich allerdings, wie ich im dritten Kapitel ausführen werde,

---

[36] Vielmehr vertreten etwa die aktualisierte Ausgabe der ›Orientierungspunkte‹ (vgl. Kirchenamt der EKD 2001) und Pausch 2001 die Auffassung, die Friedensethik bedürfe vor dem Hintergrund der Interventionsdebatte keiner neuen konzeptionellen Grundlagen.
[37] Vgl. Deutsche Bischofskonferenz 2000.
[38] Ein wichtiger Teil der Beiträge zu dieser Diskussion ist bei Justenhoven/Schumacher 2003 versammelt, weitere finden sich in Katholische Akademie Rabanus Maurus 2002.
[39] Zu denken ist an Hofheinz/Plasger 2002; Haspel 2003b; Honecker 2003; Körtner 2003a; Scheffler 2003 sowie später Huber 2005 und die Beiträge in Strub/Grotefeld 2007. Vgl. ebenso die in Kapitel 3 über diese Aufzählung hinaus diskutierten Texte.
[40] Vgl. v.a. Evangelische Kirche im Rheinland 2005.

durchaus ein Bild der bestimmenden Charakteristika der bisherigen Diskussion zeichnen, vor dessen Hintergrund sich die bereits angesprochenen und hier auszuführenden kritischen Anfragen stellen lassen.

Neue Dynamik erhielt die Auseinandersetzung um den Begriff und das Konzept des gerechten Friedens freilich durch die im November 2007 veröffentlichte neue Friedensdenkschrift der Evangelischen Kirche Deutschlands (EKD). Diese stellt – ähnlich wie das Hirtenwort der deutschen Bischöfe – den Begriff und das Konzept des gerechten Friedens in den Mittelpunkt der Überlegungen. Bislang hat sich jedoch auch zu dieser Schrift keine eingehende Debatte ergeben, was auch am weiterhin begrenzten Umfang einschlägiger Publikationen abzulesen ist.[41] Im Resultat jedoch bleiben auch im Anschluss an die Friedensdenkschrift zentrale Aspekte der inhaltlichen und der funktionalen Leitfragen, denen hier nachgegangen werden soll, offen.[42]

In allen Entwürfen und Positionsbezügen zum gerechten Frieden, von denen die Rede sein wird, tritt deutlich zutage, dass das Konzept nicht nur in Abgrenzung von der Theorie des gerechten Kriegs vorgebracht wurde, sondern dass die Rede vom gerechten Frieden auch geeignet schien, auf die veränderten empirischen Rahmenbedingungen und Herausforderungen friedenspolitischen Handelns und friedensethischen Nachdenkens nach dem Ende der Blockkonfrontation zu reagieren.[43] Da diese Rahmenbedingungen die Rede vom gerechten Frieden entscheidend beeinflussen, sind sie hier in der gebotenen Kürze zu benennen.[44] Zentral sind dabei die folgenden Aspekte:

Der ›traditionelle‹, zwischenstaatliche Krieg ist schon längst nicht mehr der primäre Gegenstand friedenswissenschaftlicher Reflexion. Vielmehr sind es in zunehmendem Mass die Zusammenhänge und Kausalketten zwischen sozioökonomischen Verwerfungen sowie (globalen) Asymmetrien einerseits und (gewaltsamen) Konflikten bzw. Zuständen des Unfriedens

---

[41] Teile der Diskussion um die EKD-Denkschrift sind wiedergegeben bei Reuter 2008; Hauswedell 2009 und in Evangelischer Pressedienst 2008.
[42] Vgl. dazu Abschnitt 3.2.
[43] Eine ausführliche Auseinandersetzung mit den Problemstellungen der friedensethischen Debatte nach dem Ende der Blockkonfrontation findet sich bei Haspel 2002, insb. 12-34.
[44] Vgl. dazu in grösserer Ausführlichkeit, als sie für den vorliegenden Zusammenhang angezeigt ist, u.a. Baumann 2007, 110ff. Eingehender beleuchtet werden die hier genannten Aspekte auch in der Friedensdenkschrift der EKD, vgl. Rat der EKD 2007, 14ff.

andrerseits.⁴⁵ Gerade hier scheint die Rede vom gerechten Frieden mit ihrem Insistieren auf die Interdependenz von Gerechtigkeit und Frieden besonders plausibel, beinhaltet diese Interdependenzthese doch auch den steten Verweis darauf, dass friedens- und sicherheitspolitische Massnahmen verstärkt integrativ anzulegen und strukturell mit entwicklungspolitischen Anliegen zu verbinden sind.⁴⁶ In einer Welt, in der 95% aller gewaltsamen Konflikte innerstaatlich sind,⁴⁷ hat das friedenspolitische Augenmerk allem voran diesen Konfliktdynamiken zu gelten. Dabei kommt zum einen jenes Phänomen in den Blick, das Mary Kaldor und Herfried Münkler als »Neue Kriege« bezeichnet haben:⁴⁸ Diese sind unter anderem gekennzeichnet durch eine Ökonomisierung der Gewalt und durch eine Dauerhaftigkeit, die insbesondere auf dem afrikanischen Kontinent dazu führt, dass sich die entstandenen Kriegsökonomien zusehends verstetigen. In Verbindung mit dem Phänomen der Neuen Kriege (allerdings zunehmend auch da, wo keine derartige Konstellation gegeben ist) sticht zum anderen die mittlerweile weit reichende Privatisierung der Gewalt ins Auge – zu denken ist etwa an das zuvor ungekannte Ausmass der Verbreitung privater Sicherheitsfirmen im heutigen Irak, die nicht nur Schutzfunktionen wahrnehmen, sondern auch hoheitliche Aufgaben ausführen. Diese Privatisierung untergräbt zusehends die Monopolisierung legitimer Gewalt durch den Staat, die deshalb als zentrale Errungenschaft gelten kann, weil sie mit einer Zivilisierung der Gewalt verbunden ist.⁴⁹ Beide Phänomene – ›Neue Kriege‹ und Privatisierung der Gewalt – treten mitunter dort mit besonderer Virulenz auf, wo Staaten zerfallen oder sich keine Staatenbildung zu vollziehen vermag, wo also sogenannte *failed states* anzutreffen sind. Dass diese zusammengebrochenen Staaten eine Friedensbedrohung regionalen und in gewissen Fällen gar globalen Ausmasses darstellen können, trat erst nach dem Ende der Ost-West-Konfrontation vollumfänglich ins Bewusstsein der weltweiten Öffentlichkeit – ebenso wie der Umstand, dass in solchen Konflikten massiven Menschenrechtsverletzungen (insbesondere gegenüber Personen, die nicht an Kampfhandlungen beteiligt sind) besonderer Nährboden geboten wird. Entsprechend gilt es, den zentralen und zugleich prekären Charakter

---

⁴⁵ Vgl. dazu unten, Abschnitt 2.1.
⁴⁶ Diese Verknüpfung steht, wie ich in Kapitel 6 zeigen werde, auch im Hintergrund der *Human Security*-Diskussion.
⁴⁷ Vgl. dazu die Aussagen des *Human Security Report* (Human Security Centre 2005, VIII).
⁴⁸ Vgl. Kaldor 1999 und Münkler 2002.
⁴⁹ Vgl. dazu eingehend Eppler 2002.

geordneter Staatlichkeit hervorzuheben, fungieren Staaten doch nach wie vor als primäre Garanten des Friedens, stellen gleichzeitig aber auch dessen grösste Bedrohung dar – sei es, weil sie zu dessen Bewahrung und zur Förderung der Sicherheit ihrer Bürgerinnen und Bürger nicht in der Lage sind, sei es, weil sie diese Funktionen nicht wahrzunehmen gewillt sind.

Im Weiteren ist hervorzuheben, dass sich in der jüngeren Zeit – mitunter im Zusammenhang mit der Reaktion auf den verstärkt international auftretenden Terrorismus und in der Folge der Anschläge des 11. September 2001 – eine Schwächung des Multilateralismus und der multilateralen Institutionen ergeben hat. Dies kommt auch darin zum Ausdruck, dass der Proliferation nuklearer und anderer Massenvernichtungswaffen kein glaubwürdiger Riegel vorgeschoben werden konnte, sondern gerade im Bereich der Rüstungskontrolle eine Schwächung bestehender Instrumente zu beobachten ist.[50] Schliesslich sind die durch den Klimawandel verstärkten und in vielen Fällen anthropogenen Umweltrisiken zu nennen, die nicht nur sozioökonomische Spannungen zu vergrössern drohen – etwa durch Migrationsdruck aufgrund zunehmender Verwüstung ehedem fruchtbaren Bodens –, sondern auch an sich als Bedrohungen menschlicher Sicherheit wahrzunehmen sind.

Wie diese gewiss unvollständige und kursorische Auflistung veränderter Rahmenbedingungen zeigt, traten im Nachgang zum Fall der Berliner Mauer und im Anschluss an die Jahrtausendwende verstärkt asymmetrische Konstellationen anstelle vorgängig bekannter Symmetrien in den Vordergrund.[51] Ausserdem ergab sich ein genereller Verlust an Trennschärfe zwischen den Phänomenen und Zuständen, der sich, wie Mary Kaldor jüngst festhielt, bis auf die Abgrenzung von Krieg und Frieden erstreckt:

> »The blurring of the distinction between external and internal, state and non-state, combatant and non-combatant also implies the blurring of the distinction between war and peace. ›New wars‹ do not have decisive beginnings or endings. Nor are they clearly delineated in geographical space; they spread through refugees and displaced persons, organized crime, diaspora groups and so on.«[52]

---

[50] Vgl. dazu auch UN 2004, 21-56.
[51] So Münkler 2002, 239.
[52] Kaldor 2007, 266.

Anliegen und Anspruch der Rede vom gerechten Frieden ist es, ein Paradigma zur Verfügung zu stellen, das diesen friedens- und sicherheitspolitisch relevanten Gegebenheiten der Gegenwart Rechnung zu tragen vermag. Ob und inwiefern der ›gerechte Friede‹ dazu in der Lage ist, ist Gegenstand der vorliegenden Erörterungen.

Vor dem Hintergrund dieser die Gegenwart prägenden friedens- und sicherheitspolitischen Problemstellungen und Bedrohungslagen sowie angesichts der Tatsache, dass um die inhaltliche Bestimmung des Friedensbegriffs seit je und bis heute intensiv gerungen wird, könnte es naheliegend scheinen, die Festlegung dessen, was unter einem gerechten Frieden bzw. unter dem Frieden schlechthin zu verstehen ist, ausschliesslich *ex negativo* vorzunehmen.[53] Die Suche nach einer Antwort auf die inhaltliche Fragestellung vollzöge sich dann darin, dass nach jenen Konstellationen, Vorgängen und Faktoren gefragt würde, bei deren Vorliegen wir keinesfalls von Frieden bzw. von einem gerechten Frieden reden würden. Dieses Vorgehen mag sich für die Bestimmung verschiedener »Grossbegriffe«[54], etwa auch jenen der Gerechtigkeit, anbieten. Ich wähle im Folgenden eine Herangehensweise, die demgegenüber nach der positiven Bestimmung von Elementen des gerechten Friedens und deren funktionaler Bedeutung fragt. Einerseits, so meine ich, offenbart sich das Vorgehen ex negativo in letzter Konsequenz als Scheitern der Bemühungen um eine positive Festlegung der genannten Begriffe, ein Scheitern, von dem für den vorliegenden Debattenzusammenhang nicht ausgegangen werden muss. Andererseits scheint mir dieses nach einer positiven Bestimmung suchende Vorgehen auch deswegen notwendig, weil sich ein umfassendes Leitbild des gerechten Friedens nicht darauf beschränken kann, in der Praxis auf Situationen bezogen zu sein, deren Vermeidung geboten ist. Vielmehr muss ein Leitbild gerade dann, wenn es im Sinne einer ›regulativen Idee‹ aufgefasst wird,[55] darauf angelegt sein, positiv jene Zielbestimmungen anzugeben, auf die hin ein Handeln im Geiste des gerechten Friedens zu richten ist.

---

[53] Vgl. dazu auch Lienemann 2000, 25f.
[54] Für den Terminus vgl. Meyers 1994, 68.
[55] Vgl. dazu Abschnitt 3.2.4.

1.3 Der gerechte Friede zwischen Pazifismus und gerechtem Krieg

Die bereits in der Wortwahl mitschwingende Abgrenzung gegenüber der Theorie des gerechten Kriegs stellt ein wesentliches Charakteristikum der Debatte um den gerechten Frieden dar.[56] Allerdings blieb stets umstritten, in welchem Verhältnis das Konzept des gerechten Friedens zu jenem des gerechten Kriegs steht.[57]

Eine Möglichkeit besteht darin, die beiden Ansätze als einander ausschliessend zu sehen und die Denkfigur des gerechten Kriegs als durch das Konzept des gerechten Friedens überwunden zu verstehen. Die Theorie des gerechten Kriegs hat dieser Sichtweise zufolge aufgrund ihrer Wirkungsgeschichte sowie ihrer verkürzten Ausrichtung auf die Frage der Anwendung militärischer Gewalt ihre Berechtigung verloren. Als legitime Grundorientierung, so die Vertreter dieser Position, bleibe allein die *pazifistische* Option, die in der Überwindung des Kriegs als Institution und in der konsequenten Ausrichtung an gewaltfreien Konfliktlösungs- und Konfliktpräventionsmechanismen ihren Ausdruck finde. Entsprechend gelte es, auch eine allfällige Theorie des gerechten Friedens als grundsätzlich pazifistische Theorie zu entwickeln.

Eine andere Art der Verhältnisbestimmung zwischen dem Konzept des gerechten Friedens und jenem des gerechten Kriegs ist die Auffassung, die Kriterien des gerechten Kriegs müssten in die ›Lehre‹ vom gerechten Frieden integriert werden. Nur so könne diese ›Lehre‹ auch für Fragen der legitimen Androhung und Anwendung rechtserhaltender und rechtsdurchsetzender Gewalt taugen und so die Tradition des gerechten Kriegs fortschreiben. Unabhängig davon, für welche Verhältnisbestimmung Position bezogen wird, wird deutlich, dass die Diskussion um das Konzept des gerechten Friedens in einen Kontext eingebettet ist, in dem dieses sich in Auseinandersetzung mit den etablierten Paradigmen des *Pazifismus* auf der einen Seite und der *Theorie des gerechten Kriegs* auf der andern Seite zu bewähren hat.

---

[56] Vgl. für die jüngere Auseinandersetzung mit der Tradition des gerechten Kriegs exemplarisch Johnson 1999, Janssen/Quante 2002, Evans 2005b sowie jüngst die Beiträge bei Reed/Ryall 2007. Ein Blick in die Literatur der zurückliegenden Jahre macht deutlich, dass die Rezeption und der Umgang mit der Theorie des gerechten Kriegs im aussereuropäischen theologischen Diskurs sowie in weiten Teilen der politischen Philosophie und Ethik wesentlich unverkrampfter geschieht, als es etwa im deutschsprachigen friedensethischen Kontext der Fall ist.

[57] Vgl. auch hierzu Abschnitt 3.2.4.

Ist von einer solchen Einbettung des ›gerechten Friedens‹ die Rede, so stellt sich die Frage, auf welche Weise auf die etablierten Paradigmen Bezug genommen wird. Auf die Theorie des gerechten Kriegs und insbesondere zeitgenössische Lesarten derselben werde ich im weiteren Verlauf meiner Überlegungen verschiedentlich zurückkommen. Zum Pazifismusbegriff, den ich in diesem Buch zugrunde lege, sollen die folgenden Anhaltspunkte genügen:[58]

In Übereinstimmung mit dem *Mainstream* der theologischen Friedensethik gehe ich im Folgenden von einem differenzierten Pazifismusbegriff aus. Dieser unterscheidet zwischen einem *kategorischen* und einem *konditionalen* Pazifismus. Der kategorische Pazifismus, als der sich der Begriff im alltäglichen Sprachgebrauch vornehmlich etabliert hat und als der er in weiten Teilen der akademischen Diskussion vorherrschend ist,[59] steht für die prinzipielle Ablehnung der Anwendung von Gewalt unter allen Umständen. Positionen, die dem konditionalen Pazifismus zuzuordnen sind, verstehen sich dagegen nicht deshalb als pazifistisch, weil sie jeder Form der Gewaltanwendung entgegenstehen, sondern deshalb, weil sie konsequent darauf abzielen, Institutionen zu schaffen und Mechanismen der internationalen Beziehungen zu etablieren, die zu einer dauerhaften Überwindung der Institution »Krieg« führen.[60] Blickt man auf die Geschichte pazifistischer Bewegungen, war dies auch das ursprüngliche Anliegen jener, die

---

[58] Vgl. Strub u.a. 2005 sowie vor allem Strub/Bleisch 2006, 15ff. für die ausführlichere Auseinandersetzung mit dem Pazifismus als theoretischer Position. Das Folgende schliesst an diese Ausführungen an.

[59] So etwa Haspel 2006a, 181. Allerdings bemühen sich gerade in der jüngeren Diskussion im Bereich der philosophischen Ethik auch angelsächsischer Provenienz nicht wenige Autoren um eine Differenzierung des Pazifismusbegriffs. Vgl. z.B. Sterba 1992; Cady 1994; Cochran 1996; Reader 2000; Fiala 2004; Smith 2006; Sterba 2006 oder Fiala 2007.

[60] Als eine eigenständige Ausprägung des konditionalen Pazifismus ist freilich auch der sogenannte ›technologische Pazifismus‹ zu nennen. Der technologische Pazifismus geht davon aus, dass in Anbetracht der Möglichkeiten moderner Waffentechnik kein Krieg mehr denkbar sei, der nicht (lokal oder global) unermesslich viel mehr Leid hervorbringe, als durch ihn zu verhindern oder einzudämmen intendiert wäre. Am deutlichsten wird diese Überlegung in der ›nuklearpazifistischen‹ Position (sie war in den 70er- und 80er-Jahren des 20. Jahrhunderts verbreitet), die in der Annahme gründet, jeder Krieg könne angesichts der herrschenden weltweiten Loyalitäten und Bündnisse in eine mit nuklearen Waffen ausgetragene Konfrontation zwischen den Atommächten abgleiten und damit zur totalen Zerstörung führen. Weil keine rationale Abwägung eine solche Eskalation rechtfertigen könne, ist der Krieg dieser Position zufolge unter keinen Umständen moralisch akzeptabel (vgl. zum ›technologischen Pazifismus‹ Cady 1989, 66ff. und Cady 1996, 43f. sowie für eine prominente nuklearpazifistische Position Holmes 1989).

als Pazifisten bezeichnet wurden.[61] Während etwa Martin Ceadel, Richard Norman oder Andrew Alexandra vorschlagen, für diese differenzierte Version des Pazifismus den Begriff »Pazifizismus«[62] zu verwenden, hat sich hierfür im Deutschen die Bezeichnung »Verantwortungspazifismus«[63], »verantwortungsethischer Pazifismus«[64] bzw. »institutionalistischer Pazifismus« eingebürgert.

Die Diskussion um die Angemessenheit der Begriffsverwendung gehört gleichsam zum Inventar der Auseinandersetzungen mit dem Pazifismus, welche die Möglichkeit einer differenzierten Begrifflichkeit in Betracht ziehen. Sie soll im Weiteren jedoch nicht geführt werden.[65] Zum Nachvollzug der Differenzierung scheint es aber angezeigt, den Umstand hervorzuheben, dass der Begriff des Pazifismus eben nicht bloss eine Aussage über die rechtfertigbaren Mittel (wobei die Anwendung von Gewalt prinzipiell negativ beurteilt und von kategorischen Pazifisten unter allen Umständen ausgeschlossen wird), sondern auch eine Aussage über die obersten Ziele, welche in einer bestimmten Situation die Anwendung von Gewalt leiten, darstellen kann. Dies ist der Grund dafür, dass mithin auch zwischen einem »Mittel-Pazifismus« und einem »Ziel-Pazifismus« unterschieden wird.[66] Beide Interpretationen der pazifistischen Position – die ›ziel-‹ und die ›mittel-pazifistische‹ – wurden in unterschiedlichen Schattierungen vertreten, wobei der Blick auf die Ideengeschichte des Pazifismus meines Erachtens zeigt, dass beide Interpretationen gleichermassen legitimerweise als genuin pazifistische Positionen verstanden werden können.

Wenn ich im Folgenden sowohl mit Blick auf die Rede vom gerechten Frieden als auch mit Blick auf den *Human Security*-Ansatz die Meinung

---

[61] Vgl. dazu u.a. Brock 1972; Holl 1988; Ceadel 1989; Brock/Young 1999 sowie Kater 2006. Gemeinsames Merkmal aller pazifistischen Positionen ist also, wie Jenny Teichman festhält, ihr fundamentaler »anti-war-ism« (vgl. Teichman 1986, 1 u.ö.).

[62] Engl. »pacificism«. Vgl. dazu Ceadel 1989, 101ff.; Norman 1995, 237ff.; Alexandra 2003 und Alexandra 2006.

[63] Vgl. dazu eingehend Lienemann 2007.

[64] So etwa Mayer 2005, 394. Bei Jürgen Habermas findet sich für diese Position die Bezeichnung »Rechtspazifismus«, vgl. Habermas 2000, 52ff.

[65] Vgl. dazu beispielsweise Grotefeld 2007.

[66] Vgl. etwa Kater 2006 und Narveson 2006. Der »Mittel-Pazifismus« kann in einem zweifachen Sinne interpretiert werden: Zum einen kann der Mittel-Pazifismus so verstanden werden, als stelle der Pazifismus gleichsam selbst ein Instrument zur Erreichung des pazifistischen Ziels dar. Zum andern kann er sich aber auch darauf beziehen, dass die Anwendung militärischer Gewalt als solche als illegitimes Mittel der Politik aufgefasst wird.

vertrete, sie seien ›strukturell pazifistisch‹, nämlich konstitutiv auf die Zielbestimmung der dauerhaften Überwindung direkter Gewalt im Leben der Menschen und auf die Schaffung sowie Rechtfertigung von Institutionen, die diesem Ziel zu dienen vermögen, angelegt, so habe ich eine ziel-pazifistische Grundorientierung im Blick. Folgt man dieser Bestimmung des Pazifismusbegriffs, so kann meines Erachtens für beide Ansätze, denen im Folgenden das Hauptaugenmerk gilt, festgehalten werden, dass sie dem pazifistischen Erbe der theologischen Friedensethik gerecht zu werden vermögen.

1.4 Vorgehen und Aufbau

Wie oben erwähnt werde ich im Folgenden die Auffassung vertreten, dass das Konzept des gerechten Friedens nur dann eine tragfähige Grundlage friedensethischer Reflexion darstellen kann, wenn es einer ›qualifizierten Eingrenzung‹ unterzogen und entsprechend ausdifferenziert wird. Hierfür bietet sich besonders die enge Anlehnung des gegenwärtigen friedensethischen Diskurses an die Debatte um den *Human Security*-Ansatz an, in der das Postulat einer solchen Eingrenzung ebenfalls eingehend diskutiert und bisweilen auch gefordert wird. Ohne diese Eingrenzung wird der Ansatz des gerechten Friedens in inhaltlicher Hinsicht überfrachtet und redundant, was wiederum wesentlich dazu beiträgt, dass er in funktionaler Hinsicht unterbestimmt bleibt. Dies hat zur Konsequenz, dass die Bezugnahme auf den Topos vom gerechten Frieden für die theologische Friedensethik zwar rhetorisch durchaus attraktiv bleibt, mit Blick auf die Analyse und Bewertung politischer Prozesse einerseits sowie auf die Vermittelbarkeit mit dem aussertheologischen Diskurs andererseits aber ohne ausreichendes Profil bleibt. Das Konzept des gerechten Friedens würde somit aber weder der konstatierten Notwendigkeit einer neuen Grundlage friedensethischer Reflexion, noch dem hohen Anspruch, mit dem es von seinen Verfechtern bisweilen verbunden wird, gerecht. Ein Konzept hingegen, das wie vorgeschlagen eingegrenzt wird, steht auch nicht mehr in Opposition zu pazifistischen Positionen oder zur Theorie des gerechten Kriegs, sondern ist – wie es das Anliegen der Rede vom gerechten Frieden ist – in dem Sinne integrativ angelegt, als es einerseits in der Konsequenz ›strukturell pazifistisch‹ ist, andererseits die zentrale Unterscheidung zwischen moralisch legitimer und illegitimer sowie rechtsgebundener und widerrechtlicher Gewalt einbezieht und moralisch begründete Kriterien zu ihrer Evaluation zur Anwendung kommen lässt.

Um zur genannten These zu gelangen, verfahre ich in den ersten beiden Kapiteln auf dem Weg der Rekonstruktion. In *Kapitel 2* sollen zunächst zwei zentrale inhaltliche Grundpostulate, die für die friedensethische Diskussion charakteristisch sind, in ihrer Bedeutung für die Diskussion um den gerechten Frieden beleuchtet werden: Das Insistieren auf die These von der Interdependenz von Frieden und Gerechtigkeit einerseits und die Orientierung an einem Friedensbegriff, der eng an die biblisch-theologische Tradition angelehnt ist, andrerseits. Ziel der Diskussion dieser beiden Grundpostulate ist es, die Bandbreite der Verständnisweisen der Interdependenzthese aufzuzeigen und die aus meiner Sicht bedeutsamen Spannungsfelder, in denen sich eine an die theologische Friedenstradition anknüpfende friedensethische Grundsatzposition bewegt, sichtbar zu machen.

Daran anschliessend werfe ich in *Kapitel 3* einen ausführlichen Blick auf fünf bestimmende Positionen der gegenwärtigen friedensethischen Debatte, aus denen sich sowohl die Grundcharakteristika der Rede vom gerechten Frieden herausarbeiten lassen als auch das ›Aufgabenprofil‹ einer am Begriff des gerechten Friedens orientierten Friedensethik näher verdeutlichen lässt. Deutlich werden soll dabei auch, wie in diesen Positionen zum gerechten Frieden auf die Fragestellungen, die ich als inhaltliche und funktionale Leitfragen dieser Arbeit bezeichnet habe, geantwortet wird und welche Defizite sich hinsichtlich dieser Leitfragen ausmachen lassen.

Die drei daran anschliessenden Kapitel verfolgen das Anliegen, die theologisch-friedensethischen Verständnisse des gerechten Friedens angesichts der in ihnen ausgemachten theoretischen Schwierigkeiten zu alternativen Konzeptionen in Beziehung zu setzen und aufzuzeigen, in welcher Form der Begriff des gerechten Friedens eine tragfähige Grundlage gegenwärtiger friedensethischer Reflexion abgeben kann. Hierfür bringe ich die friedensethische Rede vom gerechten Frieden in *Kapitel 4* mit der jüngeren Debatte im Bereich der Friedenstheorie ins Gespräch. Dabei gilt mein zentrales Augenmerk der Trennung von Friedens*begriff* und Friedens*bedingungen* (bzw. Friedens*ursachen*), die in der friedenstheoretischen Diskussion zunehmend vertreten wird. Wie ich dabei argumentieren werde, lässt sich dieser Weg auch für einen theologisch eingebetteten Begriff des gerechten Friedens beschreiten, der genau durch die Trennung dieser beiden Bereiche zu der genannten ›qualifizierten Eingrenzung‹ findet, für die ich optiere. Ein solches eingegrenztes Verständnis des gerechten Friedens vermag der inhaltlichen Überfrachtung und der funktionalen Unterbestimmung, die ich als konzeptionelle Schwierigkeiten der theologischen Positionen zum gerechten Frieden bezeichne, zu begegnen. Zugleich erlaubt es diese Eingrenzung, dem Erfordernis der Vermittelbarkeit des propagierten Friedensbegriffs mit aussertheologischen Diskursen, das sich der Friedensethik stellt und das ich in diesem Kapitel explizieren werde, nachzukommen.

In *Kapitel 5* wird der Weg der inhaltlichen und funktionalen Eingrenzung der Rede vom gerechten Frieden, der zuvor als möglicher Weg zur Klärung der Leitfragen dieser Arbeit aufgezeigt wurde, weiter verfolgt. Dies geschieht, indem mit dem ›Genfer Modell‹ – der Position zum gerechten Frieden, die im Zusammenhang mit der ›Genfer Initiative‹ für Frieden im Nahen Osten erarbeitet wurde – eine Konzeption dargestellt und diskutiert wird, die entgegen der theologischen Positionen keinen *materialen*, sondern einen rein *formalen* Begriff des gerechten Friedens propagiert. Wie ich zu zeigen versuche, führt diese Eingrenzung zu weit: Weder die im ›Genfer Modell‹ angestrebte inhaltliche Voraussetzungslosigkeit (und, damit zusammenhängend, ihre Pluralismusoffenheit), noch die im ›Genfer Modell‹ intendierte Anspruchslosigkeit der notwendigen Friedensbedingungen, lassen sich mit einer gehaltvollen Konzeption des *gerechten* Friedens verbinden. Dennoch lässt sich die Diskussion dieses Modells für die Debatte um den ›gerechten Frieden‹ fruchtbar machen, indem dessen Fokus auf den Übergang vom Konflikt zum Frieden verstärkt in die friedensethische Reflexion einbezogen wird.

Für die theologisch-friedensethische Debatte aussichtsreicher ist die enge Verknüpfung der Rede vom gerechten Frieden mit dem Ansatz der *Human Security*, die ich in *Kapitel 6* vorschlagen werde. Wie ich es für die Rede vom gerechten Frieden anrege, ist hierfür allerdings auch der Begriff ›Human Security‹ auf eingegrenzte Weise zu verstehen, wie dies die enge Auslegung, die in der akademischen Debatte um diesen Begriff vertreten wird, empfiehlt. Auf der Grundlage dieser begrifflichen Verortung werde ich die aus meiner Sicht bedeutsamsten friedensethischen Implikationen des *Human Security*-Ansatzes diskutieren und die vorgeschlagene Verknüpfung mit dem ›gerechten Frieden‹ verdeutlichen.

Kapitel 7 schliesslich führt meine Überlegungen in drei Schritten einem abschliessenden Fazit zu.

2. Zwei Grundpostulate evangelischer Friedensethik und ihre Relevanz für den ›gerechten Frieden‹

In den folgenden beiden Kapiteln ist es mein Ziel, die Diskussion um den Topos vom gerechten Frieden, wie sie im Zentrum der gegenwärtigen friedensethischen Reflexion steht, darzustellen und kritisch zu diskutieren. Dabei soll deutlich werden, worauf die bereits angedeuteten inhaltlichen und funktionalen Rückfragen an die Rede vom gerechten Frieden gründen. Meine Suche nach einem spezifischen Profil der Rede vom gerechten Frieden beginnt dabei mit der Suche nach gemeinsamen Ausgangspunkten der verschiedenen in der theologischen Diskussion vorgeschlagenen Ansätze. Zumindest *zwei Grundcharakteristika*, die für das Folgende von Bedeutung sind, sind all diesen Entwürfen eigen. Ihnen ist dieses Kapitel gewidmet.

Zum einen meine ich die zentrale Stellung, die in den darzustellenden Entwürfen dem Postulat von der ›konstitutiven Interdependenz‹ von Frieden und Gerechtigkeit eingeräumt wird. Diesen grundlegenden Zusammenhang von Frieden und Gerechtigkeit werde ich anhand einiger ausgewählter empirischer Befunde zu präzisieren und in seiner Bedeutung für die Debatte um den gerechten Frieden zu diskutieren versuchen. Mit Blick auf dieses Postulat rede ich im Folgenden von der ›Interdependenzthese‹ bzw. ›Interdependenzfeststellung‹. In der friedensethischen Diskussion wird die Interdependenzfeststellung einerseits als normative These vertreten, indem untermauert wird, dass ein Verständnis des Friedens, das diese Interdependenz ausklammert, notwendig defizitär ist. Evidenterweise verbindet sich mit der Interdependenzthese zumindest implizit aber auch eine deskriptive Aussage, die zumindest insofern von Relevanz ist, als sie die traditionelle theologische Sicht des unhintergehbaren Bezugs der Gerechtigkeit auf den Frieden empirisch zu verdeutlichen vermöchte.

Als zweites Grundpostulat, habe ich *zum andern* das Insistieren darauf im Blick, dass der Rede vom gerechten Frieden ein weiter, im biblischen *shalom*-Begriff verwurzelter Friedensbegriff zugrunde zu legen sei. Dies wird in der aktuellen Diskussion bislang weitgehend im Konsens vertreten und kann daher im vorliegenden Zusammenhang durchaus kurz abgehandelt werden. Dieses an die Grundgehalte der theologischen Friedenstradition anknüpfende Postulat soll in diesem Buch jedoch gleichwohl nicht unhinterfragt übernommen werden. Vielmehr ist mir im Folgenden darum zu tun, einige der in theologischer Hinsicht zentralen Spannungsfelder kenntlich zu machen, denen die Rede vom gerechten Frieden begegnet.

Wie sich zeigt, sind mit dem Nachweis der deskriptiven These von der Interdependenz von Frieden und Gerechtigkeit nicht unerhebliche Schwierigkeiten verbunden. Im ersten Abschnitt dieses Kapitels sollen einige empirische Aspekte aus jüngeren Studien wiedergegeben werden, um aufzuzeigen, auf welche Weise der in der theologischen Friedensethik zumeist ausgeklammerte Versuch, die Interdependenzthese auch empirisch nachzuweisen, sich vollziehen könnte. Dabei lohnt sich insbesondere der Blick auf den Frieden bzw. den (bewaffneten) Konflikt als innerstaatliches respektive innergesellschaftliches Geschehen (2.1).

Dieser Blick auf einige empirische Anhaltspunkte soll es auch erlauben, in einem nächsten Abschnitt drei Intepretationsweisen der These vom konstitutiven Bezug der Gerechtigkeit auf den Frieden zu differenzieren, deren Unterscheidung für die friedensethische Theoriebildung aus meiner Sicht von Bedeutung ist. Alle drei Interpretationen der These dieses konstitutiven Zusammenhangs spielen im Kontext der gegenwärtigen friedensethischen Debatte eine Rolle: *Zum einen* die primär *deskriptive* Interpretation eines *instrumentellen* Bezugs der Gerechtigkeit auf den Frieden, *zum zweiten* die *begrifflich-inhaltliche* Interpretation, die Frieden und Gerechtigkeit gleichsam begrifflich verschränkt sieht sowie *zum dritten* die *normative* Interpretation, die das Moment der Gerechtigkeit als Grundbedingung des ›wahren‹ Friedens sieht, sei dies, weil nur ein Friede, der auch Gerechtigkeit verwirklicht, ein gerechter Friede sein kann, sei dies, weil das Moment der Gerechtigkeit als unerlässliche Voraussetzung der Herausbildung eines nachhaltigen Friedens hervorgehoben werden muss.[67] Alle drei Interpretationen der These von der konstitutiven Interdependenz von Frieden und Gerechtigkeit sind für die theologische Rede vom Frieden (wie auch für die Rede vom gerechten Frieden) von Bedeutung. Dies soll im zweiten Abschnitt dieses Kapitels nachvollzogen werden (2.2).

Dabei ist angesichts der hier vor allem interessierenden und in der Debatte weitgehend geteilten *Übereinstimmungen* noch einmal zu betonen, dass es sowohl im vorliegenden als auch im folgenden Kapitel darum geht, die zentralen Postulate der *aktuellen* friedensethischen Diskussion anhand der hier dominierenden Positionen zu *rekonstruieren*, um sie der angestrebten kritischen Diskussion zuzuführen. Entsprechend ist es in den folgenden Abschnitten weder meine Absicht, eine eigenständige Position zur

---

[67] Die Trennung der begrifflich-inhaltlichen und der instrumentellen Interpretation der Gerechtigkeit als Bedingung nachhaltigen Friedens wird im 4. Kapitel unter friedenstheoretischen Gesichtspunkten wieder aufgenommen und diskutiert.

Frage des Zusammenhangs von Frieden und Gerechtigkeit zu entwickeln, noch einen eingehenden Einblick in die exegetische oder die systematische Forschungsliteratur zu vermitteln.

2.1 Zur These der Interdependenz von Frieden und Gerechtigkeit

Die Interdependenzthese ist innerhalb der theologischen Friedensethik unbestritten. So bezeichnet etwa Hans-Richard Reuter diese »unauflösliche Interdependenz von Frieden und Gerechtigkeit«[68] als geradezu evident. In der Tat lässt sich hierin eine Art friedensethischer Konsens festhalten, der gerade auch in ökumenischer Perspektive gilt.[69] Mit dieser Akzentsetzung verweist die Rede vom gerechten Frieden in Übereinstimmung mit den traditionellen Festlegungen theologischer Friedensethik auf einen erweiterten, ›qualifizierten‹ Friedensbegriff, der über das Moment der blossen Beendigung von Konflikten hinausreicht.

Das »Beharren auf einem erweiterten Friedensbegriff, der den Zusammenhang von Frieden und Gerechtigkeit betont«[70], wie Michael Haspel es ausdrückt, ist jedoch nicht ohne Probleme. Wenngleich in allen Entwürfen zum gerechten Frieden in Übereinstimmung mit einer friedensethischen Grundausrichtung seit dem Zweiten Weltkrieg eine »streng institutionalistische Perspektive«[71] eingenommen wird und staatliche, zwischenstaatliche oder supra-staatliche *Institutionen* als die primären Instanzen der Friedenssicherung ausgewiesen werden, bleibt das Friedensverständnis, das hier den gerechten Frieden bezeichnet, doch nicht auf den Frieden zwischen Gesellschaften bzw. Staaten beschränkt. Der Topos vom gerechten Frieden bezieht sich ebenso sehr auf die innergesellschaftlichen Bedingungen der Herausbildung eines Friedens in Gerechtigkeit, was nicht zuletzt aus der zentralen Stellung hervorgeht, die in den darzustellenden Positionen der Geltung und der Garantie der Menschenrechte zugewiesen wird. Staatliche Institutionen sind gemäss den Vertretern des Konzepts des gerechten

---

[68] Vgl. Reuter 2007, 175.
[69] Die Betonung dieser These findet sich an prominenter Stelle auch in der neuen Friedensdenkschrift der EKD, vgl. Rat der EKD 2007, 11, 50 und 52.
[70] Haspel 2002, 23. Dass dieser Zusammenhang auch in den Debatten der (politikwissenschaftlichen) Friedensforschung thematisiert wird, macht exemplarisch Moltmann 2006, 359 deutlich: »Frieden als normativer Begriff lebt von den Bezügen auf Freiheit und Gerechtigkeit und umgekehrt.«
[71] Haspel 2002, 31.

Friedens gerade mit Blick auf die Menschenrechte, die, wie Hans-Richard Reuter schreibt, »nicht an staatlich organisierten Gemeinwesen vorbei, sondern nur *in* ihnen und *durch* sie zu verwirklichen sind«[72], zwar als Akteure des gerechten Friedens unerlässlich. Staaten werden aber durchweg primär als die relevanten Pflichtenträger bestimmt, derweil als eine zentrale Entwicklung im Bereich des Völkerrechts hervorgehoben wird, dass durch dessen menschenrechtliche Orientierung zunehmend Individuen als Rechtsträger in den Blick kamen und die Nationalstaaten als die primären Schutzbefohlenen des Völkerrechts in den Hintergrund traten.[73]

Diese Betonung auch der innerstaatlichen und innergesellschaftlichen Dimension des Friedens ist, so scheint mir, zunächst im Sinne einer Gemeinsamkeit der unterschiedlichen in der Debatte vertretenen Positionen festzuhalten. In den verschiedenen Konzepten des gerechten Friedens ist diese Akzentsetzung deshalb von Bedeutung, weil sie einen ersten Blick freigibt auf die Problemkonstellationen, auf die sich das Postulat von der Interdependenz von Frieden und Gerechtigkeit mitunter beziehen kann, wenn letztere primär als Forderung nach zunehmender Verteilungsgerechtigkeit betont wird. Direkt greifbar wird die friedenszersetzende Auswirkung fehlender Verteilungsgerechtigkeit nämlich insbesondere da, wo sie zur Perpetuierung *innergesellschaftlicher Konflikte* und Bürgerkriege beiträgt. Blickt man auf die relativ stabile friedliche Ordnung, welche die »Friedenszonen«[74] der sogenannten »OECD-Welt«[75] prägt, mag deren scheinbare Unerschütterlichkeit angesichts der schreienden weltweiten Asymmetrien erstaunen. Dies gilt umso mehr, je stärker die – durchaus verbreitete und spätestens seit Kant hervorgehobene – These von der *Un*teilbarkeit *des Friedens*, wonach dieser als nur als *Welt*friede vorgestellt wer-

---

[72] Reuter 2007, 185; vgl. auch schon Reuter 1996a, 254.
[73] Insofern erstaunt es wenig, dass sich im Rahmen der deutschsprachigen theologischen Friedensethik, wie ich meine, zunehmend ein »institutionalistischer Kosmopolitismus« (Haspel 2007a und Haspel 2007c) als gemeinsame Ausgangsposition etabliert hat.
[74] Vgl. zum Begriff Senghaas 2000a.
[75] Vgl. dazu Senghaas 2004, 162ff., für den Begriff und den Bezug auf globale Asymmetrien ebenso Kohler 1999, 257f. Gemeint ist die seit dem Ende des Zweiten Weltkriegs entstandene, auf friedlicher Interaktion basierende Gemeinschaft der in der OECD zusammengeschlossenen Staaten und Staatenverbünde, namentlich der EU, den USA und Kanadas, Australien und Neuseelands sowie Japans und den zwischen diesen Einheiten jeweils in unterschiedlichen Konfigurationen bestehenden Interaktionen. Vgl. für die verschiedenen Faktoren, welche die Europäische Union in den Augen vieler Beobachter als »Friedensprojekt« erscheinen lassen, jüngst Cheneval 2007.

den könne, gemacht wird.⁷⁶ Noch zu Zeiten der Blockkonfrontation versuchte man, wie Lothar Brock in Erinnerung ruft, das Bewusstsein dafür zu schärfen, dass das Überleben der Menschheit nur gemeinsam zu bewerkstelligen sei und somit Unfrieden in Teilen der Welt stets auch eine Friedensbedrohung für andere Teile der Welt darstelle.⁷⁷ Zunehmend, so Brock, zeige sich aber, dass massive Zustände des Unfriedens in vielen Teilen der Welt existieren könnten, »ohne dass *dadurch* das materielle Wohlbefinden der Menschen in den Industrieländern beeinträchtigt wird«⁷⁸ und, so ist anzufügen, ohne dass alle diese Ereignisse eigentliche Friedensgefährdungen für die stabilen ›Friedenszonen‹, etwa die europäische, darstellen.⁷⁹ Man kann Brock nur beipflichten darin, dass die Frage der Teilbarkeit des Friedens keineswegs einfach zu beantworten ist und die Diskussion dieser Fragen letztlich auf empirische Fakten angewiesen ist, die nicht Gegenstand der vorliegenden Untersuchung sind. Die offenkundig begründete Anfrage an die These von der Unteilbarkeit des Friedens, die bei Brock greifbar wird, sowie die zumindest relative Immunität des stabilen Friedens, gerade in Europa, gegenüber der im globalen Massstab vorherrschenden eklatanten (Verteilungs-)Ungerechtigkeit lassen aber doch erkennen, dass sich der Zusammenhang von Frieden und Verteilungsgerechtigkeit nicht so sehr an zwischenstaatlichen Asymmetrien, sondern besser noch am innerstaatlichen Geschehen empirisch nachweisen lässt.⁸⁰ Dabei ist etwa an die vieldiskutierte

---

[76] Vgl. dazu zusammenfassend Bonacker/Imbusch 2005, 132.
[77] Vgl. Brock 1995, 333. Brock nennt in diesem Zusammenhang den »Brandt-Bericht« (1980; »Das Überleben sichern – Gemeinsame Interessen der der Industrie- und Entwicklungsländer«) und den Bericht der Brundtlandt-Kommission (1987), der unter dem Titel steht »Unsere gemeinsame Zukunft«.
[78] Brock 1995, 334 (kursiv im Original).
[79] Wie die Begründungen für das militärische Eingreifen der NATO im Kosovo 1999, die von den verschiedenen Staats- und Regierungschefs der nordatlantischen Allianz vorgetragen wurden, exemplarisch deutlich machen, gibt es aber selbstverständlich eine ganze Reihe von Beispielen, in denen die internationale Gemeinschaft gerade deshalb aktiv wurde, weil sie eine Gefährdung für Frieden und Stabilität im überregionalen Sinne vermutete – dies ist bekanntlich auch die *raison d'être* des Art. 42 der Charta der Vereinten Nationen. Wie das Beispiel der unterbliebenen Intervention in Rwanda 1994 zeigt, lassen sich aber in der jüngeren Zeit auch eine Reihe von Fällen benennen, in denen gerade deshalb seitens der internationalen Gemeinschaft nichts unternommen wurde, weil regionale Krisen *nicht* als überregionale Friedensgefährdungen eingeschätzt wurden und die entsprechend nicht der politischen Prioritätensetzung derjenigen Staaten entsprach, die zur Intervention in der Lage gewesen wären (vgl. dazu aus moralphilosophischer Sicht eindringlich Schaber 2006).
[80] Vgl. auch dazu schon Brock 1995, 328f.

Situation der »Neuen Kriege«[81] sowie generell an das Phänomen der kaum ausrottbaren Konflikte in ehemaligen Bürgerkriegsgesellschaften zu denken.

Dies kann hier nur in exemplarischer Weise geschehen. Wenn im Folgenden doch einige empirische Gesichtspunkte zur Interdependenzthese kenntlich gemacht werden, so geht es mir lediglich darum, im Hinblick auf die Aufgabenbestimmung einer zeitgenössischen Friedensethik einerseits, und mit Blick auf die verschiedenen Ansätze zum gerechten Frieden andrerseits, Anhaltspunkte zu geben, in welcher konkreten Ausprägung die Interdependenz von Frieden und Gerechtigkeit in den bestimmenden Konflikten der Gegenwart sichtbar wird.

2.1.1 »Greed« und »Grievance«: Empirische Anhaltspunkte zum Zusammenhang zwischen Frieden und Gerechtigkeit

In der Debatte um den ›gerechten Frieden‹ kommt der Frage, ob und wie die Interdependenzthese *empirisch* zu belegen ist, bislang (zu) wenig Aufmerksamkeit zu.[82] Wie Patricia Justino in einer empirischen Überblicksstudie schreibt, ist es auch alles andere als einfach, gesicherte empirische Daten zum Zusammenhang zwischen Ungerechtigkeit – empirisch messbar in Form von Armut und materieller Asymmetrie – und gewaltsamen Konflikten aufzubringen. Der Einfluss von Krieg und Zuständen massiver Unruhe auf armutsverstärkende Faktoren etwa im Bereich der Bildung und der Gesundheitsversorgung lässt sich zwar durchaus verlässlich belegen.[83] Zur Frage, wie sich Armut und materielle Asymmetrien auf die Konfliktwahrscheinlichkeit auswirken, existiert jedoch gemäss Justino aus empirischer Sicht nicht nur kein Konsens, sondern finden sich auch eklatante Forschungslücken:

> »No consensus has [...] been established on whether poverty is effectively a cause of violent conflict, nor whether chronic poverty is in any way associated with the onset or escalation of violent conflicts. Much more empirical evidence is needed before this debate can move further.«[84]

---

[81] Vgl. für den Begriff Abschnitt 1.2.
[82] Mir ist jedenfalls kein Beitrag aus der jüngeren theologischen Friedensethik bekannt, der in diesem Bereich versucht, den entscheidenden Zusammenhängen nachzugehen.
[83] Vgl. Justino 2006, 4-9.
[84] Justino 2006, 10.

Mit der Frage der Interdependenz von Gerechtigkeit und Frieden im weiteren Sinn befasst sich eine von Paul Collier geleitete ökonometrische Studie, die das Phänomen der markant erhöhten Konfliktpersistenz in Bürgerkriegsgesellschaften als »*Conflict Trap*« zu erklären versucht. Mit diesem Begriff bezeichnen sie Autoren den Umstand, wonach Gesellschaften, in denen einmal ein Bürgerkrieg ausgebrochen ist, mit einer statistisch signifikanten Häufigkeit in einer Art Falle gefangen bleiben, die sie stets von Neuem in kriegerische Zustände abgleiten lässt. Wie die Studie zeigt, spielen zentrale Aspekte, auf die sich Fragen der Verteilungsgerechtigkeit beziehen, dabei eine wesentliche Rolle.

Die Wahrscheinlichkeit, dass ein Land, in dem einmal ein Bürgerkrieg ausgebrochen ist, in den fünf Jahren nach einer Friedensregelung wieder im Bürgerkrieg versinkt, liegt laut der Studie bei 44%. Damit liegt sie gut 20% höher als bei einem Land mit vergleichbaren konfliktfördernden Faktoren, das noch keinen Bürgerkrieg erlitten hat.[85] Die Faktoren, welche die ›Konfliktfalle‹ begünstigen und erklären, sind von denjenigen Ursachen, die ein Land generell dem Risiko eines Bürgerkriegs aussetzen, nicht wesentlich verschieden. Die Studie zeigt jedoch, dass die Verschärfung dieser Faktoren, die sich im Verlauf eines Bürgerkriegs in der Regel ergibt, diese zu einem fast doppelt so grossen Hindernis eines Übergangs zum stabilen Frieden werden lässt. Blickt man auf die Interdependenzfeststellung von Frieden und Gerechtigkeit, deren Bedeutung hier erörtert werden soll, und interpretiert man diese konfliktgenerierenden Faktoren als eigentliche Gerechtigkeitsprobleme, so unterstreicht die Studie die wichtige Rolle, die der Beseitigung ungerechter Verhältnisse sowohl für die Beendigung als auch für die Prävention von Bürgerkriegen zukommt. Sie stützt damit aus empirischer Sicht das Grundpostulat der Relevanz einer gerechtigkeitsorientierten friedensethischen Reflexion.

Colliers Studie benennt vier hauptsächliche Faktoren, die zur Konfliktfalle führen, die aber allesamt auch schon die Wahrscheinlichkeit des ursprünglichen Ausbruchs eines Bürgerkriegs erhöhen. Zwei davon scheinen mir unter dem Aspekt der Gerechtigkeit besonders bedeutsam. Es sind dies

---

[85] Vgl. Collier u.a. 2003, 83. Die Studie von Collier u.a. wird hier nicht deshalb herangezogen, weil sie explizit und im Detail die Interdependenz von Frieden und Gerechtigkeit bzw. Ungerechtigkeit und Krieg analysiert, sondern weil sie auf dem Weg von Wahrscheinlichkeiten des Kriegsausbruchs das Risiko eines Bürgerkriegs bei Vorliegen entsprechender Faktoren in Zahlen zu fassen sucht. Dies erlaubt es, die in der friedensethischen Debatte um das Konzept des gerechten Friedens hervorgehobene Bedeutung des Gerechtigkeitsaspekts für die Friedensthematik ansatzweise quantitativ zu erfassen.

zum einen die für Länder mit einem hohen Bürgerkriegsrisiko typische extreme Armut und, meist zugleich vorliegende, grosse Ungleichheiten hinsichtlich der Verteilung von Einkommen und Wohlstand (i) und *zum andern* die in solchen Kontexten besonders virulenten Defizite hinsichtlich der gesellschaftlichen Aufarbeitung und Verarbeitung früherer Konflikte (ii).

Zu (i): Ausgeprägte Armut und extreme materielle Asymmetrien innerhalb eines Landes werden von Collier als Grundvoraussetzung einer erhöhten Konfliktwahrscheinlichkeit ausgewiesen:

> »Empirically, the most striking pattern is that civil war is heavily concentrated in the poorest countries. War causes poverty, but the more important reason for the concentration is that poverty increases the likelihood of civil war. Thus our central argument can be stated briefly: the key root cause of conflict is the failure of economic development. Countries with low, stagnant, and unequally distributed per capita incomes that have remained dependent on primary commodities for their exports face dangerously high risks of prolonged conflict.«[86]

Jeder Bürgerkrieg bewirke daher, so die Studie, »development in reverse«[87]. In der Regel verstärke sich dadurch mit der Fortdauer dieser Kriege, die gemäss Collier im Verlauf der zurückliegenden Jahrzehnte im Durchschnitt markant länger geworden seien, die vorherrschende Armut. Dadurch werde in diesen bereits in der Bürgerkriegsfalle gefangenen Ländern eine grundlegende Ursache weiterer kriegerischer Auseinandersetzungen zusätzlich verschärft. Allerdings fällt auf, dass Collier nicht trennscharf zwischen Armut als Ausdruck mangelnder Verteilungsgerechtigkeit einerseits und materiellen Asymmetrien andrerseits unterscheidet. Der Unterschied bestünde freilich darin, dass Armut als ›absolute Ungerechtigkeit‹ als Ursache für Unfrieden nach anderen Mechanismen der Abhilfe verlangen könnte, als gefühlte oder effektive materielle oder immaterielle Ungleichheiten, die im Sinn einer ›relativen Ungerechtigkeit‹ aufgefasst werden können.

Folgt man der bereits genannten Untersuchung von Patricia Justino, die einen konzisen Überblick über die Thesen der jüngeren empirischen Studien zur Frage, inwiefern Armut und Ungleichheit Ursache von Konflik-

---

[86] Collier u.a. 2003, 53.
[87] Collier u.a. 2003, 33.

ten sein können, gibt, so lässt sich in der Tat für beides, die Konfliktträchtigkeit absoluter und relativer Armut, Evidenz anführen. Gier (*greed*) auf der einen sowie der Drang nach der Beseitigung gesellschaftlicher Missstände (*grievance*) auf der andern Seite lauten hierbei die entscheidenden Erklärungsansätze:

> »Existing literature has mostly concentrated on two explanations for the origin of conflict. They are, respectively, *greed* and *grievance*. Although in practice both motivations may co-exist simultaneously [...], the greed explanation emphasises the role of lootable rents in producing inter-group rivalry for their control [...], while the grievance concept refers to historical injustices, poverty and inter-group inequalities.«[88]

Manche Autoren, unter ihnen Collier und sein Team sowie der Grossteil der Theoretiker der ›Neuen Kriege‹,[89] haben in jüngerer Zeit die *greed*-Erläuterung in den Vordergrund gerückt und letztlich einer Depolitisierung der Erklärungsmuster insbesondere von Bürgerkriegen das Wort geredet. Mit dieser Erklärung, die Bürgerkriege also allem voran als Folge ökonomischer Interessen von ›Gewaltunternehmern‹[90] versteht und deren persönliche Habgier als »Ursache und Movens heutiger Bürgerkriege«[91] in den Vordergrund rückt, werden diese konzeptionell stärker in den Bereich der organisierten Kriminalität als in den eigentlichen Bereich des Kriegs eingeordnet.[92] Damit treten Armut und Ungleichheit allerdings als erklärende Faktoren der *Ursache* eines Konflikts in den Hintergrund; insbesondere die Armut potentieller Milizionäre gerät verstärkt als Erklärung der *Motivation* und als Grund für die *einfache Mobilisierung* dieser Kämpfer in den Blick, nicht aber direkt als Konfliktursache.

Allerdings, so führt Justino aus, findet sich in jüngerer Zeit auch empirische Evidenz für die *grievance*-Erklärung, also die Tatsache, dass das Streben nach Gerechtigkeit selbst ein Motiv gewaltsamer politischer Konflikte

---

[88] Justino 2006, 10 (Hervorhebung hinzugefügt).
[89] Vgl. dazu und zur Kritik auch Daase 2005, 262f. und Jung 2005.
[90] Dies ist der Terminus, den Collier u.a. als Sammelbegriff für die Anführer der verschiedenen kollektiven Akteure in diesen Kriegssituationen verwenden (»violence entrepreneurs«).
[91] Daase 2005, 262.
[92] Vgl. Jung 2005, 272.

ist.⁹³ Dies gilt insbesondere mit Blick auf »horizontale Ungleichheiten«, d.h. Ungleichheiten zwischen – nicht selten ethnischen – Gruppen innerhalb der Bevölkerung.⁹⁴ Diese Ungleichheiten seien, so Justino, zumindest ein entscheidender Faktor der Perpetuierung von offenen Konflikten. Deren Ausbruch, so ist anzufügen, kann in aller Regel ohnehin nicht monokausal erklärt werden.⁹⁵ Dass Ungerechtigkeit für sich einen Konfliktfaktor darstellt, scheint, wie auch Justino einräumt, allerdings schwieriger aufzuzeigen sein als der Umstand, dass Armut im Generellen wie erwähnt der Mobilisierung gewaltbereiter, allem voran jugendlicher Kämpfer zuträglich sei. Letzteres, der Umstand also, dass Perspektivenlosigkeit und verlockende Verdienstmöglichkeiten im Speziellen junge Männer vermehrt dazu führen, sich bewaffneten Gruppen anzuschliessen, kann zum Beispiel mit Blick auf die Kriege in Sierra Leone und Liberia besonders deutlich nachvollzogen werden.⁹⁶ Letztlich ist im vorliegenden Zusammenhang aber allem voran bedeutsam, dass sich offenkundig zeigen lässt, dass beide Faktoren – Armut und Asymmetrien – oft gewichtige Ursachen von Gewalt sind und dass überdies eine signifikante Tendenz aufgezeigt werden kann, dass sich diese im Sinne des Theorems von der ›Konfliktfalle‹ in einer Art Teufelskreis verselbständigen.

Zu (ii): Colliers Studie führt darüber hinaus, als zweiten durchaus gerechtigkeitsrelevanten Faktor, den Umstand an, dass jeder Bürgerkrieg »a legacy of atrocities« zurücklasse; Wunden, Narben und ungesühnte Verbrechen, welche die Rückkehr vom Krieg zu einem stabilen Frieden zusätz-

---

[93] Vgl. Justino 2006, 11. Erhellend scheint mir auch, dass Justino Evidenz dafür anführt, dass Massnahmen zur Prävention bzw. Eindämmung solcher Konflikte, die betont und gezielt bei Faktoren der sozialen Gerechtigkeit ansetzten, positive Wirkung entfaltet hätten: »[S]ome literature has shown that improvements in variables often bundled within the ›grievance‹ heading may contribute towards decreasing the likelihood of violent conflicts taking place. For instance [...] prioritising investment in education and health may signal a government's commitment to peace by keeping the population content. On the other hand, increases in equal opportunities in the access of excluded groups to education may decrease social tensions.«

[94] Vgl. zum Konzept und zu seiner Bedeutung als Faktor gewaltsamer Konflikte u.a. Langer 2004; Mancini 2005; Stewart u.a. 2007 sowie Stewart 2008.

[95] Darauf insistiert auch Daase 2005, 263.

[96] Vgl. Justino 2006, 12 sowie bereits Münkler 2002, 136ff. Je ausgeprägter die Armut der Bevölkerung ist, desto einfacher ist die Rekrutierung insbesondere junger Männer für irreguläre Armeen und desto ausgeprägter das Desinteresse bedeutender Teile der Bevölkerung an der Herausbildung einer Friedensökonomie (vgl. dazu Collier u.a. 2003, 81 sowie für die Bedrohung, die von der Verfestigung von Kriegsökonomien in Bürgerkriegsgebieten ausgeht, u.a. Münkler 2002, 159ff.).

lich erschweren.[97] Der adäquate Umgang mit diesen Vermächtnissen von Bürgerkriegen, Kriegsverbrechen und anderen kriegerischen Gewalttaten wird unter dem Stichwort »*transitional justice*« und damit explizit unter dem Aspekt der Gerechtigkeit sowohl in politischen wie auch in wissenschaftlichen Kontexten zunehmend breit diskutiert. Anders als im Zusammenhang der *Conflict Trap*, wo der Gerechtigkeitsaspekt allem voran als mangelnde Verteilungsgerechtigkeit in den Blick kommt, drehen sich Prozesse der *transitional justice* dabei wesentlich um Fragen der Strafgerechtigkeit, wobei insbesondere auch internationale Strafgerichtsinstitutionen und deren Wirksamkeit im Vergleich mit lokalen Konfliktbewältigungsstrategien debattiert werden.[98]

Wenngleich die Studie von Collier (ebenso wie die »*greed vs. grievance*-Debatte« insgesamt) den Gerechtigkeitsaspekt primär auf ökonomische Faktoren bezieht und ihn am Gesichtspunkt der Verteilung von Einkommen und Wohlstand festmacht, erlaubt sie es meines Erachtens dennoch, den konstitutiven Zusammenhang von Krieg, Frieden und Gerechtigkeit empirisch nachzuvollziehen.[99] Die Studie liefert damit eine auf Bürgerkriege fokussierende Ergänzung zu Festlegungen, wie sie sich in Friedenskonzeptionen wie etwa dem »zivilisatorischen Hexagon« Dieter Senghaas'[100] oder in Ernst-Otto Czempiels Bestimmung des Friedens als Prozess »abnehmende[r] Gewalt und zunehmende[r] Verteilungsgerechtigkeit«[101] finden: Beide Autoren benennen zwar explizit den Aspekt der Gerechtigkeit als Bestandteil dessen, was unter Frieden zu verstehen ist, rücken je-

---

[97] Vgl. Collier u.a. 2003, 85.
[98] Vgl. zum Thema u.a. Teitel 2000; De Greiff/The International Center for Transitional Justice 2006 sowie im theologischen Kontext und mit einem Fokus auf das Problem der Versöhnung Beestermöller/Reuter 2002.
[99] Wie oben erwähnt sind es vier hauptsächliche Faktoren, die gemäss den Autoren der Studie die Konfliktfalle erklären. Zusätzlich zu den beiden bereits ausgeführten Gründen nennt die Studie von Collier u.a. *als drittes* die durch den Krieg verstärkten volkswirtschaftlichen Abhängigkeiten, etwa vom vergleichsweise unerschütterlichen Handel mit Rohstoffen. *Als viertes* macht die Studie geltend, dass der Bürgerkrieg selbst und seine ökonomischen Folgen in erheblichem Masse die Emigration grosser Bevölkerungskreise befördern, wodurch wiederum Diaspora-Gruppen entstehen, die eine statistisch auffällige Tendenz haben, extremistische und dadurch konfliktbereite Gruppierungen in den Herkunftsländern zu unterstützen.
[100] Auf diese Friedenskonzeption wird unten, 4.2 und 4.4, zurückzukommen sein – vgl. zum Aspekt der Gerechtigkeit innerhalb der Hexagon-Theorie u.a. Senghaas 1995a, 201ff.; Senghaas 1997, 572f. und Senghaas 2004, 35ff.
[101] Czempiel 1998, 59; auch auf diese Konzeption wird in Kapitel 4 zurückzukommen sein.

doch die empirische Grundlage, aufgrund derer sie dem Gerechtigkeitsaspekt eine so zentrale Stellung einräumen, nicht ähnlich prominent ins Zentrum.[102]

2.1.2 Drei Deutungsmöglichkeiten der Interdependenzthese

Das gegenseitige Bedingungsverhältnis, in dem Gerechtigkeit und Frieden gemäss dem Leitbild vom gerechten Frieden stehen, formuliert Thomas Hoppe folgendermassen: »Wo die Gerechtigkeit verletzt wird, steht auch der Friede auf dem Spiel – wo umgekehrt der Friede verloren wird, herrschen rasch auch Verhältnisse tiefer Ungerechtigkeit.«[103] So eingängig sich diese Formulierung allerdings ausnimmt, so viele Fragen lässt sie offen. Insbesondere bleibt in dieser generellen Aussage die genauere Verhältnisbestimmung von Frieden und Gerechtigkeit, soweit sie über die blosse Feststellung des konstitutiven Zusammenhangs hinausgeht, unscharf. Zumindest *drei* Arten, wie eine solche Verhältnisbestimmung gedacht werden kann, lassen sich, wie ich meine, auseinanderhalten.

Erstens kann die Interdependenzthese so gedeutet werden, dass die Verwirklichung von Gerechtigkeit eine Implikation des Friedens darstellt, dass sie also als Teil seines »sachlichen und normativen Gehalt[s]«[104] zu verstehen ist. Das Postulat vom konstitutiven Zusammenhang zielt hier auf die reziproke Implikation der beiden Dimensionen und stellt daher eine *begrifflich-inhaltliche* These dar. Negativ formuliert hiesse dies, dass die Ansicht vertreten wird, es könne ohne die Verwirklichung von Gerechtigkeit – die freilich noch näher zu qualifizieren wäre – nicht von Frieden die Rede sein. Positiv gewendet würde es bedeuten, dass die wechselseitige Implikation darin zum Ausdruck käme, dass der Friede, soll er als solcher angesprochen werden können, immer auch die Verwirklichung von Gerechtigkeit einschliesst. Der ›gerechte Friede‹ wäre dann der eigentlich ›wahre‹

---

[102] Es ist seit Erscheinen der Studie von Collier u.a. – aber auch schon in Zusammenhang mit publizierten Vorarbeiten dazu – eine wissenschaftliche Diskussion darüber entstanden, die einerseits deren Methodologie, andrerseits aber auch deren Resultate anzweifelt. Die Kritiker der ›Konfliktfallen‹-Theorie ziehen zwar die Bedeutung bzw. die Existenz dieses Phänomens in Zweifel, verneinen aber nicht die Bedeutung, die mangelnder Verteilungsgerechtigkeit für den Ausbruch und die Verstetigung von Konflikten zukommt (auf die Debatte kann im vorliegenden Zusammenhang nicht näher eingegangen werden, vgl. dazu aber z.B. Suhrke/Samset 2007).
[103] Hoppe 2007a, 31; vgl. auch Hoppe 2007b, 71.
[104] Bonacker/Imbusch 2005, 128.

Friede, einen ›ungerechten Frieden‹ könnte es vor dem Hintergrund dieser Interpretation streng genommen nicht geben. Vielmehr würde ein solcher Zustand eben nicht mehr als Frieden, sondern als andere Form der sozialen Ordnung bezeichnet werden müssen.

Zum zweiten kann das Verhältnis von Gerechtigkeit und Frieden so interpretiert werden, dass die Verwirklichung von Gerechtigkeit – deren genaue Bedeutung auch hier näher zu bestimmen bliebe – nicht schon begrifflich zum Frieden hinzugehört, sondern im Sinne einer Bedingung der Legitimität einer bestimmten Friedensordnung verstanden wird. Die These wäre dann genuin *normativer* Natur.

Als drittes wiederum kann der Bezug der Gerechtigkeit auf den Frieden so gedeutet werden, als müsse erstere sowohl als Bedingung der Möglichkeit eines als ›gerecht‹ qualifizierten Friedens und zugleich als Garant für dessen Beständigkeit verstanden werden – was vice versa selbstverständlich auch gälte. Die Interdependenzthese wäre dann insofern *instrumenteller* Natur, als sie Gerechtigkeit und Frieden auch in ein Zweck-Mittel-Verhältnis zueinander stellt.

Anders als bei der ersten Deutungsmöglichkeit, der begrifflich-inhaltlichen These, erscheint Gerechtigkeit mit Blick auf die zweite und die dritte Deutung also nicht als eine sachliche Implikation des Friedensbegriffs, sondern in normativer und empirischer Hinsicht als Sammelbegriff für jene »Konstitutionsfaktoren«, die, um eine Formulierung Wolfgang Hubers aufzunehmen, »Frieden in einem *qualitativ gehaltvollen Sinne* [...] erst möglich machen«[105]. Die Existenz eines *un*gerechten Friedens ist in dieser Perspektive theoretisch denkbar; dieser ungerechte Friede wäre dann eine Realität, die etwa in politischer Rhetorik oder verstanden als erster Schritt zur Beendigung eines offenen Konflikts sehr wohl als ›Frieden‹ bezeichnet würde, zumindest im Erleben der Einzelnen aber erhebliche Defizite in sich trüge. Blickt man auf die faktischen Gegebenheiten, in denen viele Menschen selbst auf unserem Kontinent leben – zu denken wäre an die zwar befriedeten, aber nicht nachhaltig friedlichen Regionen in Südosteuropa –, so scheint diese Interpretation des Zusammenhangs von Gerechtigkeit und Frieden unserem alltagssprachlichen Verständnis zumindest ebenso zu entsprechen wie die erstgenannte.

Auf die letztlich friedens*theoretische* Dimension dieser hier nur kurz angesprochenen Deutungsmöglichkeiten des im Topos des gerechten

---

[105] Huber 2005, 120 (Hervorhebung hinzugefügt).

Friedens betonten Zusammenhangs von Frieden und Gerechtigkeit wird unten zurückzukommen sein. In knapper Form kann bereits hier festgehalten werden, dass die erste Deutungsweise die Rede vom gerechten Frieden letztlich nicht über den etablierten und in der Friedensethik zumeist unstrittigen weiten bzw. positiven Friedensbegriff hinausführt, somit aber auch keinen im eigentlichen Sinne innovativen Charakter besitzt. Die zweite Interpretation, die ich als normative These zur Interdependenz von Frieden und Gerechtigkeit bezeichnet habe, verweist meines Erachtens auf den zentralen Aspekt der Anknüpfungsfähigkeit der theologisch-friedensethischen Rede vom (gerechten) Frieden an aussertheologische Diskurse. Die dritte, instrumentelle Deutungsmöglichkeit dagegen ist gerade mit Blick auf die in theologischer Hinsicht leitende Friedenstradition umstritten. Ihr kommt im Folgenden daher gesonderte Aufmerksamkeit zu.

Zunächst sollen an dieser Stelle aber die Grundlage dieser Interdependenzfeststellung sowie die theoretischen Ambitionen darauf aufbauender friedensethischer Reflexion näher betrachtet werden. Denn: Auf der theoretischen Ebene geht der Anspruch derer, die den Topos des gerechten Friedens als friedensethisches Leitbild vertreten, weit über die blosse Feststellung eines normativ zu interpretierenden gegenseitigen Bedingungsverhältnisses von Frieden und Gerechtigkeit hinaus, wenngleich dieses für das Konzept doch von entscheidender Bedeutung ist. Wie ich in Kapitel 3 zeigen möchte, greifen in der gegenwärtigen theologisch-friedensethischen Debatte diese drei Ebenen der Deutung der Interdependenzthese nicht selten ineinander. Ihr Defizit scheint mir zu sein, dass analytisch oft nicht hinreichend zwischen diesen drei Ebenen differenziert wird.

Im Bereich der christlich-theologischen Friedensethik wird die Interdependenzthese auch deshalb so prominent hervorgehoben, weil sie Kontinuität herstellt zum Friedensverständnis der biblischen Tradition: Wird der Friede, wie eingangs erwähnt und wie in der Formel vom gerechten Frieden vorausgesetzt, als Grundbegriff und Zielbestimmung christlicher Friedensethik verstanden, so stellt sich meines Erachtens nicht nur die Frage nach der gegenwärtigen Bedeutung des Begriffs ›Friede‹, sondern auch nach den Impulsen, die aus der theologischen Tradition für dieses aktuelle Verständnis gewonnen werden können.

2.2 Theologische Friedenstradition und die Rede vom gerechten Frieden

Historisch betrachtet ist zunächst die im biblischen Friedensverständnis zum Ausdruck kommende und in der Friedensethik gemeinhin betonte *Ausweitung* des Bedeutungsumfangs gegenüber jenen insbesondere in der griechischen und römischen Antike tradierten Auffassungen des Friedens, die diesen allein als Unterbrechung des Krieges und somit in erster Linie als dessen Gegensatz verstanden, von Bedeutung. Wirkmächtigster Ausdruck einer solchen Friedensvorstellung, die sich gerade nicht in der Gegenüberstellung zum Krieg bestimmt, ist sicherlich der *shalom*-Begriff, von dem die jüdische Antike geprägt war und der in neutestamentlicher Zeit in das christliche und nunmehr religiös aufgeladene Verständnis der *eirene* einfloss. Für diese Friedensvorstellung ist die enge Verschränkung von Frieden und Gerechtigkeit – die zumindest als begrifflich-inhaltliche und als normative These zu deuten ist – bezeichnend.[106] Diese Festlegung ist jedoch in verschiedenen Hinsichten mit Schwierigkeiten behaftet.[107] Für eine theologische Friedensethik, die den Anspruch hat, mit Blick auf politische Fragen auch im aussertheologischen Zusammenhang rezipierbar zu sein, ist hierzu sicherlich die begrenzte Reichweite jeder biblisch-theologisch inspirierten Argumentation zu zählen. Dabei trägt die Tatsache, dass mit dem weiten Friedensverständnis der theologischen Tradition stets eine *eschatologische Dimension* verbunden ist, nicht nur – wie ich im Folgenden hervorheben möchte – zu dieser erschwerten Rezeption bei. Vielmehr bietet sie traditionellerweise auch Ansatzpunkte für eine solche Rezeption, wenn dadurch nämlich die kritisch-regulative Funktion einer genuin ethischen Rede vom Frieden betont wird. Freilich bleibt zu fragen, ob nicht der eschatologische Bezug die friedensethische Theoriebildung insofern auf problematische Wege führen kann, als er die Spannung zur konkreten Friedenspolitik, auf welche die Friedensethik bezogen ist, zu weit aufreisst. Zugleich muss näher nach der leitenden Auffassung gefragt werden, die sich für die friedensethische Diskussion aus der theologischen

---

[106] Vgl. dazu exemplarisch Huber/Reuter 1990, 35: »Im hebräischen Schalom greifen Gerechtigkeit und Frieden fast ununterscheidbar ineinander und nichts könnte den elementaren biblischen Zusammenhang von Frieden, Gerechtigkeit und Freude schöner illustrieren als die Erwartung von Psalm 85,11, dass ›Gerechtigkeit und Frieden sich küssen‹.«

[107] Auf die Kritik, die an der Ausweitung des Friedensbegriffs aus dem Blickwinkel der Friedenstheorie geäussert werden kann, gehe ich in Kapitel 4 ausführlich ein.

Friedenstradition hinsichtlich der Verhältnisbestimmung sowie mit Blick auf Kausalbeziehungen zwischen Frieden und Gerechtigkeit ergeben. Auf den eschatologischen Bezug der Rede vom gerechten Frieden und auf die in der Debatte leitende Interpretation der Interdependenzthese soll in den beiden folgenden Punkten nun eingegangen werden.

2.2.1 Zum eschatologischen Bezug der theologischen Rede vom Frieden

»Frieden im umfassenden Sinne des Wortes«, so gibt Ulrich Körtner den Kern dessen wieder, was mit dem eschatologischen Bezug theologischer Rede vom Frieden gemeint ist, »bleibt eine die Grenzen des Machbaren transzendierende Gabe.«[108] So weist etwa die umfassende Wohlordnung der Dinge, die mit dem Begriff des *shalom* bezeichnet ist, letztlich über die diesseitige Welt hinaus und wird in vielen alttestamentlichen Texten mit der zukünftigen messianischen Herrschaft assoziiert.[109] Frieden im vollen Sinn des Wortes bleibt, pointiert ausgedrückt, dem menschlichen Friedenshandeln entzogen; Frieden im vollen Sinn des Wortes ist mit den uns Menschen verfügbaren Mitteln prinzipiell nicht zu erreichen. Aus dieser, die theologische Friedenstradition prägenden Friedenseschatologie ergibt sich für eine auf dieser Tradition aufbauende Friedensethik zweifellos die Notwendigkeit der Auseinandersetzung mit der unvermeidlichen Spannung, die sich zwischen realer – und das heißt auch: erlebter – und verheißener Wirklichkeit auftut.[110]

Eberhard Jüngel hat den kritischen Aspekt einer Friedensvorstellung, die allzu strikt unterscheidet zwischen dem, was menschlicher Gestaltungskraft zugänglich ist und jenem, das diese transzendiert, schon vor Jahren prägnant benannt. Jüngel betont, dass eine Herabsetzung irdischen Friedenswirkens riskiert wird, wenn das menschlich Mögliche in einen zu drastischen Kontrast zum eigentlichen Ideal des Friedens gesetzt wird:

---

[108] Körtner 2006, 13.

[109] Vgl. in dieser Hinsicht etwa Ps 72,3 oder Jes 9,2-7 (Zählung der Zürcher Bibel), wo der messianische Verheissungscharakter der Friedensvisionen deutlich zum Ausdruck kommt.

[110] Am konsequentesten und am prominentesten hat sicherlich Augustinus – in »De civitate die« – diese Spannung verarbeitet, indem er pointiert zwischen dem irdischen und dem himmlischen, mithin dem ewigen Frieden unterschied (vgl. De civ. Dei XIX, 14 (Augustinus 1991 [1955], 555) sowie zu Augustinus' Friedenslehre sehr ausführlich Weissenberg 2005.

> »Glücklich kann und darf der Glaubende und Hoffende dann in seiner Welt nicht werden. Nennt man ihn dennoch glücklich, dann mehr durch die Hoffnung auf den ewigen Frieden als durch den gegenwärtigen Wirklichkeitsbezug. Indessen, diese theologische Relativierung des gegenwärtigen Lebens durch die Entfernung von Glück und Genuss in ein jetzt nur erst zu erhoffendes Reich *bedroht* das Dasein des Menschen in der Welt. Wie soll, so wird man doch wohl gegen Augustinus und die ihm folgende Tradition geltend machen müssen, die Welt wirklich befriedet sein oder werden können, wenn man mit ihr selbst letztlich keinen Frieden machen kann?«[111]

Jüngels Sorge gilt einer theologisch begründeten »Entwertung des – freilich keineswegs verneinten – irdischen Friedens«[112], die mit einer unvermeidlichen Hierarchisierung unterschiedlicher Friedensverständnisse einhergehe. Für die Theologie, und damit auch für die theologische Friedensethik, die nach einer angemessenen Wesensbestimmung des Friedens suche, stelle sich damit aber die Frage,

> »ob man nicht gerade das Wesen des Friedens unterläuft, wenn man *wertend* zwischen himmlischem und irdischem Frieden, zwischen dem Frieden Gottes und dem Frieden der Welt, zwischen ewigem und zeitlichem Frieden – und wie immer die Distinktionen sonst lauten mögen – unterscheidet. […] Solche Entwertung einer Gestalt des Friedens gegenüber einer anderen Gestalt des – und sei es des himmlischen – Friedens widerspricht doch wohl dem, was in Wahrheit Frieden zu heissen verdient.«[113]

Ähnlich formuliert dies Wolfgang Lienemann, der Johan Galtungs Begriff der ›strukturellen Gewalt‹ auf entsprechende Weise kritisiert hat. Die Problematik einer, bei Galtung die Gewalt betreffende, Überbetonung der Unterscheidung von Wirklichkeit und Möglichkeit ist es laut Lienemann, dass dann keine Situation mehr denkbar bleibe, in der die Gewalt ein Ende nehmen und Frieden sich einstellen könne, »weil dieses Ziel eben nur immer als ein noch ausstehendes Hoffnungsziel verstanden werden kann«[114]. Dadurch würden aber, so Lieneman, »zwangsläufig sowohl die hier und

---

[111] Jüngel 1983, 35.
[112] Jüngel 1983, 36.
[113] Jüngel 1983, 36.
[114] Lienemann 2000, 25.

jetzt möglichen kleinen Schritte zum Frieden als auch die unverzichtbaren Grundbedingungen des Friedens entwertet, so dass dieses überzogene Friedensverständnis letztlich nur zu leicht neuen Unfrieden hervorbringt.«[115]

Zweifellos ist damit ein Aspekt angesprochen, dem es gerade auch im Rahmen der Reflexion über gegenwärtige friedensethische Herausforderungen und das leitende Ideal des gerechten Friedens Beachtung zu schenken gilt. Denn der Grat, auf den sich begibt, wer in friedensethischen Zusammenhängen auf den eschatologischen Bezug der theologischen Rede vom Frieden baut, scheint mir durchaus schmal: Der Schritt von der kritisch-inspirierenden Funktion dieses Bezugs, wie er etwa dem Begriff der ›regulativen Idee‹ innewohnt,[116] zur überzeitlich-utopischen Verbannung des gerechten Friedens aus der Sphäre des Politischen ist klein. Daher wird es von der Intention, mit der die Betonung des *gerechten* Friedens gegenüber dem Frieden schlechthin einhergeht, abhängen, ob nicht auch hier zwei oder mehrere qualitativ unterschiedene Kategorien von Frieden eingeführt werden, von denen die eigentlich leitende – eben der ›gerechte‹ Friede – letztlich auf einen überzeitlichen und zum innerweltlichen Friedenshandeln stets in Abgrenzung verbleibenden Zusammenhang fixiert wird.

Für den gegenwärtigen, auch aussertheologischen Diskurs fruchtbar zu machen ist diese Spannung aber sicherlich in ihrer kritischen Funktion. Denn in theologischer Perspektive kommt ihr nicht zuletzt die Aufgabe zu, immer von Neuem den Impuls zu sichern, dass die christliche Gemeinschaft bereit bleibt, wie etwa die deutschen Bischöfe in ihrem Hirtenwort erläutern, aus dem Glauben heraus »innerhalb der herrschenden Ordnung Vorgriffe auf den messianischen Frieden zu wagen und auf diese Weise die Welt vernünftiger und menschlicher zu gestalten«[117].

Diese auch von Körtner angemahnte »kritische Funktion«[118] des eschatologischen Bezugs der biblisch-theologischen Friedensvorstellung riefe auf diese Weise *einerseits* nach einer stetigen Vergewisserung darüber, dass es der christlichen Friedensethik in der Tat vorgegeben ist, nach einem insofern ›qualifizierten‹ Friedensbegriff zu suchen, als dem Moment der Gerechtigkeit in adäquater Weise Raum zu schaffen ist. Dieser Aspekt ist, wie bereits

---

[115] Lienemann 2000, 25.
[116] Vgl. dazu unten, Abschnitt 3.2.4.
[117] Deutsche Bischofskonferenz 2000, 33.
[118] Dazu Körtner 2006.

festgehalten, zumindest in der deutschsprachigen Friedensethik gänzlich unbestritten. In der kritischen Funktion bzw. der Spannung zwischen Gabe und Verheissung, in der menschliches Friedenshandeln theologisch gesprochen immer steht, kann *andererseits* jedoch auch eine Einschränkung dessen begründet sein, was ebendiesem menschlichen Friedenshandeln als Aufgabe vorgegeben ist: Ist in der theologischen Tradition ein die menschlichen Fähigkeiten letztlich stets transzendierender Friedensbegriff im Blick, so muss eine auf diese Friedenstradition rekurrierende friedensethische Position, die mit dem Anspruch verbunden ist, dass ihr Friedensbegriff auf die realen politischen Prozesse bezogen werden kann, stets jene Friedensbedingungen in den Blick nehmen, die in institutioneller und in individueller Hinsicht menschlichem Vermögen überhaupt zugänglich sind. Vor dem Hintergrund der gegenwärtigen Problemstellungen, mit denen die friedensethische Reflexion konfrontiert ist, ist diese zweite Konsequenz des eschatologischen Bezugs theologischen Friedensdenkens, so scheint mir, von grösserer Tragweite: Zu fragen ist, ob dieser Aspekt innerhalb des umfangreichen Spektrums der angezeigten, friedensethisch und friedenstheoretisch bedeutsamen Fragestellungen der Gegenwart nicht eine Hierarchisierung und Priorisierung nahe legt. Vorrangiger Reflexionsgegenstand einer auf politische Operationalisierbarkeit ausgerichteten friedensethischen Theorie bliebe dann das, was auch Hans-Richard Reuter als einen zentralen Bestandteil der – die theologische Friedenstradition reflektierenden – Rede vom gerechten Frieden bezeichnet, nämlich »die Distanzierung von kriegerischer Gewalt«[119] sowie, dies gilt es zu unterstreichen, deren *dauerhafte* Überwindung. Dies käme, so meine ich, einer auch in theologischer Sicht plausiblen Eingrenzung der Rede vom gerechten Frieden gleich.[120]

2.2.2 *Zur Interdependenzthese in theologischer Sicht*

Die These von der konstitutiven Interdependenz von Frieden und Gerechtigkeit stellt wie erwähnt ein zentrales Element der theologischen Friedenstradition dar. Für die Debatte um das Konzept des gerechten Friedens stellt sich aber *zum einen* die Frage, inwiefern sich aus dieser Friedenstradition Anstösse dazu erkennen lassen, in welchem Verhältnis Frieden und Gerechtigkeit in theologischer Perspektive stehen. Damit verbunden ist

---
[119] Reuter 2007, 177.
[120] Ich komme in den Kapiteln 4 und 7 auf diese Eingrenzungsforderung zurück.

zum andern die Frage, ob eine aktuelle theologische Friedensethik ihren leitenden Friedensbegriff im Wesentlichen im Rückgriff auf diese theologische Friedenstradition und speziell auf den äusserst voraussetzungsreichen biblischen Friedensbegriff zu konstituieren vermag, oder ob sie vielmehr konstitutiv auf die Auseinandersetzung mit aussertheologischen, namentlich friedenstheoretischen Diskurssträngen verwiesen ist. Angesichts des Anspruchs der Rede vom gerechten Frieden, ein politisch rezipierbares Leitbild in die Debatte einzubringen, gilt, wie ich im Folgenden unterstreichen will, letzteres. Rekonstruiert man die bisherige Debatte um den gerechten Frieden zeigt sich jedoch, dass beide Fragen weiterhin einer vertieften Klärung zu unterziehen sind, welche der Schärfung des Konzepts ›gerechter Friede‹ gewiss zuträglich wäre.

Mit Blick auf die biblische Verankerung der Interdependenzthese lässt sich als *locus classicus* – nebst der bereits genannten Stelle im 85. Psalm[121] – sicherlich Jes 32,17 bezeichnen. Dort ist in dem berühmten Diktum des Propheten festgehalten: »Das Werk der Gerechtigkeit wird Friede sein und die Frucht des Rechtes Sicherheit auf ewig.« Abgekürzt ausgedrückt ist es diese Betonung des Zusammenhangs von Frieden und Gerechtigkeit, die die theologische Friedenstradition geprägt hat und den oft unhinterfragten Positionsbezug für einen weiten Friedensbegriff erklärt. Denn gerade im Anschluss an die hier zum Ausdruck kommende Friedensauffassung hat sich die theologische Friedensethik die *begrifflich-inhaltliche* Interpretation der Interdependenzthese zu Eigen gemacht. Zumeist speist sich aus denselben Traditionsbezügen auch die – ebenfalls weiterum unstrittige – Akzeptanz der *normativen* Lesart der genannten These. Exemplarisch formuliert der Exeget Frank Crüsemann in Anschluss an die zitierte Jesaja-Stelle:

> »[I]ch denke, der prophetische Text des Jesajabuches formuliert in Übereinstimmung mit breiten biblischen Traditionen eine eindeutige und nicht umkehrbare Reihenfolge: Frieden entsteht aus Recht, Recht und Gerechtigkeit sind dem Frieden vor- und übergeordnet. Friede unter Verzicht auf Recht und Gerechtigkeit ist fragwürdig. [...] Sicher bedingen sich Recht und Frieden letztlich gegenseitig, aber trotz derartiger Wechselbeziehungen zwischen beiden ist das Gefälle eindeutig.«[122]

---

[121] Vgl. oben, Fussnote 106.
[122] Crüsemann 2003, 130.

In normativer Hinsicht erkennt Crüsemann also gleichsam eine Vorordnung von Recht und Gerechtigkeit vor dem Frieden, aus der sich eine ebenso eindeutige Sicht des grundlegenden *kausalen* Zusammenhangs ergibt:[123] Ohne die Verwirklichung zumindest einiger gerechtigkeitsrelevanter Momente ist an die Herausbildung tragfähigen Friedens nicht zu denken. Im Feld der jüngeren Positionsbezüge zum gerechten Frieden ist diese Auffassung, welche also auch die dritte oben genannte Verstehensweise der Interdependenzthese, die ich als *instrumentelle* Interpretation bezeichnet habe, anerkennt, hingegen umstritten. Deutlich wird dies etwa bei Hans-Richard Reuter und, daran anschliessend, in der aktuellen Friedensdenkschrift der EKD. So hebt Reuter hervor, dass es einem Missverständnis gleichkäme, wenn das gegenseitige Bedingungsverhältnis von Gerechtigkeit und Frieden in einer die theologische Friedenstradition zugrunde legenden Perspektive so verstanden würde, dass Gerechtigkeit leidglich instrumentell als ›Mittel zum Frieden‹ aufzufassen wäre. Vielmehr gilt gemäss Reuter:

> »Frieden und Gerechtigkeit stehen nicht in einem einfachen Zweck-Mittel-Verhältnis zueinander. […] Der Frieden als ›Werk‹ oder ›Frucht‹ der Gerechtigkeit ist nicht äusserliches Resultat eines davon unabhängigen Handelns, vielmehr kann das friedensstiftende gerechte Handeln seinerseits nur im Frieden geschehen und aus ihm hervorgehen. In Kategorien der aristotelischen Handlungstheorie ausgedrückt: Frieden ist nicht Resultat von *poiesis*, vielmehr finden Frieden und Gerechtigkeit zur Einheit in einer *praxis*.«[124]

Diese Präzisierung sei, so Reuter, etwa in der Aussage von Jak 3,18, exemplarisch ausgedrückt. Dort heisst es: »Die Frucht der Gerechtigkeit wird gesät im Frieden denen, die Frieden halten.«[125] Hingewiesen sei damit auf den Umstand, dass »[d]ie Praxis des gerechten Friedens […] Einheit von Vollzug und Resultat«[126] sei, wobei dadurch nicht nur eine ›perspektivische‹, in erster Linie den Schwachen und Benachteiligten zugewandte Form der Gerechtigkeit in den Blick komme,[127] sondern diese darüber hinaus ›tugend-

---

[123] Vgl. exemplarisch zur hier anklingenden Kausalfolge das frühere Hirtenwort der deutschen Bischöfe, das den programmatischen Titel trägt: »Gerechtigkeit schafft Frieden« (vgl. Deutsche Bischofskonferenz 1981).

[124] Reuter 2007, 177.

[125] So die Luther-Übersetzung.

[126] Reuter 2007, 177.

[127] Vgl. dazu auch Deutsche Bischofskonferenz 2000, 23 (Ziff. 33): »Gerechtigkeit ist nach dem biblischen Recht erst dann erreicht, wenn die Starken den Schwachen aufhelfen, und zwar ohne dass dabei abstrakte Rechtstitel aufgerechnet würden.«

ethisch‹ gewendet werde und zumindest auch als Ausdruck »personaler Qualität und Haltung«[128] erscheine. Freilich steht ein solches personales und tugendbezogenes Verständnis der Gerechtigkeit damit in einer gewissen Spannung zu jener stärker institutionalistischen Perspektive, die in der Betonung der für den Frieden stets zentralen Bedeutung einer verlässlichen Rechtsordnung zum Ausdruck kommt. Für Reuter ist es denn auch folgerichtig, den biblisch inspirierten Gerechtigkeitsbegriff dahingehend zu interpretieren, dass »bei der Arbeit am Begriff des gerechten Friedens« ein ›integratives‹ Verständnis von Ethik angezeigt sei, das es erlaube, eine institutionalistische mit einer individualistisch-tugendbezogenen Sichtweise zu verbinden.[129]

In seinen Ausführungen zum Leitbild des gerechten Friedens macht allerdings auch Reuter deutlich, dass der – theologisch inspirierte – Friedensbegriff auch eine instrumentell-empirische Lesart des Zusammenhangs von Gerechtigkeit und Frieden nicht ausschliesst. Zwar betont Reuter, dass Gerechtigkeit – im institutionalistischen Sinne interpretiert als »›Tugend‹ sozialer Institutionen« – falsch verstanden wäre, wenn sie als *Ausgangs*punkt politischer Bemühungen um den Frieden aufgefasst würde. Vielmehr betont Reuter:

> »Der Prozess politischer Friedensstiftung beginnt nicht mit der Gerechtigkeit, sondern er vollendet sich durch sie. Die Verwirklichung von politischer und sozialer Gerechtigkeit gehört nicht zu den Anfangsbedingungen, sondern zu den Konsolidierungs- und Optimierungsbedingungen des Friedens.«[130]

Folgt man dieser Position, die hier nicht zuletzt deshalb wiedergegeben wird, weil ihr Traditionsbezug in der gegenwärtigen friedensethischen Debatte als eigentlicher *Mainstream* gelten kann, kann Gerechtigkeit in theologischer Perspektive also nicht als Grund allen Friedens verstanden werden, sondern ist vielmehr als eine Bedingung der nachhaltigen Sicherung und Festigung des Friedens aufzufassen. Erste und oberste Bedingung der Herausbildung elementaren Friedens, seine »conditio sine qua non«,

---

[128] Reuter 2007, 178.
[129] Vgl. Reuter 2007, 176 sowie dazu ausführlich Abschnitt 3.2.
[130] Reuter 2007, 179.

so Reuter, sei dagegen die Beendigung der Gewalt, Friede also »*zuerst* das Werk des Gewaltverzichts«[131]. Hierfür habe gerade die urchristliche Gemeinschaft mit ihrem auf den Geboten der Feindesliebe und des Gewaltverzichts beruhenden Friedensethos, wie es allem voran in der Bergpredigt konkrete Gestalt fand, bedeutende Impulse gesetzt. Die biblische und theologische Tradition legt somit gemäss Reuter zwar nahe, Gerechtigkeit nicht in einen primären Kausalbezug zum ›negativen‹, als Abwesenheit direkter Gewaltanwendung bestimmten Frieden zu setzen. Gerechtigkeit – wie es die Rede von den Konsolidierungs- und Optimierungsbedingungen des Friedens insinuiert – als notwendige und unabdingbare Voraussetzung eines Friedens aufzufassen, der die Qualifizierung ›gerecht‹ verdient, bedeutet aber auch, dass Gerechtigkeit auch in theologischer Perspektive nicht lediglich in einem begrifflich-inhaltlichen und in einem normativen Zusammenhang zum Frieden gesehen werden kann. Vielmehr macht eine solche Verhältnisbestimmung deutlich, dass politische und soziale Gerechtigkeit gerade auch aus theologischem Blickwinkel ebenso in ihrer kausalen bzw. instrumentellen Bedeutung für die Herausbildung und Festigung eines gehaltvollen Friedens herausgestrichen werden kann, der über das hinausreicht, was mit dem ›negativen‹ Friedensbegriff bezeichnet ist.

2.2.3 Ertrag

Es ist wie erwähnt nicht das Ansinnen dieser Studie, eine eigenständige Antwort auf die Frage nach der genauen Verhältnisbestimmung von Gerechtigkeit und Frieden, wie sie in der theologischen Friedenstradition leitend ist, zu liefern. Ebenso wenig ist es meine Ambition, einen eingehenden Blick auf das biblische Friedenszeugnis zu werfen und dieses hinsichtlich seiner Konsequenzen für die gegenwärtige theologische Friedensethik darzustellen. Vielmehr geht es mir mit diesen Bemerkungen zur Interdependenzthese in theologischer Sicht darum, die aus meiner Sicht wichtigsten Aspekte der Art und Weise, wie im Kontext der Rede vom gerechten Frieden auf die theologische Friedenstradition Bezug genommen wird und wie diese auf die Debatte um den gerechten Frieden einwirkt, explizit zu machen. Im Zentrum stehen hierbei allem voran zwei wichtige Impulse: *Zum einen* der gerade in der Tradition theologischer Friedensethik omnipräsente, einem an die biblisch-theologische Friedenstradition

---

[131] Reuter 2007, 179 (Hervorhebung im Original).

rückgebundenen Friedensbegriff einzig adäquate Ruf nach einer Korrektur verengter Verständnisse des Friedens als blossem Gegensatz zum Krieg und nach einem Insistieren auf den inhärenten Bezug zur Gerechtigkeit. *Zum andern* manifestiert sich der spezifisch theologische Impuls auch dort, wo beispielsweise mit Blick auf das Konzept des gerechten Friedens betont wird, dass dessen Praxis stets im Spannungsverhältnis zwischen Verheissung und Wirklichkeit steht, dass er aber gerade daraus als »Gabe und Aufgabe«[132] in einer theologisch sich verstehenden Friedensethik wirksam zu werden verspricht.

Mit Blick auf diese beiden vorrangigen Impulse, welche die friedensethische Debatte um den gerechten Frieden in Anknüpfung an die theologische Friedenstradition prägen, gilt es aus meiner Sicht drei Konsequenzen, die für das Weitere bedeutsam sind, hervorzuheben: *Zum ersten* ist es der Umstand, dass der Verweis auf die eschatologische Dimension des theologischen Friedensverständnisses stets auch die Gefahr einer ›Entwertung‹ des irdischen Friedenswirkens und damit der Sphäre der Friedenspolitik mit sich führt. Eine Konzeption des gerechten Friedens, die das Moment des Utopischen überbetont, scheint mir im Kontext gegenwärtiger friedensethischer Herausforderungen jedenfalls weder plausibel noch hinsichtlich ihrer Implikationen für eine daran orientierte Friedenspolitik dienlich. Überdies akzentuierte dies auch die beschränkte Vermittelbarkeit einer theologisch-friedensethischen Konzeption des gerechten Friedens mit aussertheologischen Diskursfeldern.

Zum zweiten lässt sich darauf hinweisen, dass die Rede vom gerechten Frieden durch die Rückbindung an die theologische Friedenstradition und die biblische Semantik vor eine bedeutende Herausforderung gestellt wird. Dies manifestiert sich besonders dann, wenn sie in einer Art und Weise wiedergegeben wird, in der Gerechtigkeit und Frieden aufs engste begrifflich verbunden sind. Denn: Verdient nur der Friede, der dem *shalom* entspricht, wahrhaft ›Friede‹ genannt zu werden, so ist im Begriff des ›gerechten Friedens‹ zumindest eine pleonastische Struktur angelegt – ›Friede‹ und ›gerechter Friede‹ tendieren dann dazu, inhaltlich ineins zu fallen. Gerade die in der Debatte beliebte Rückbindung an den *shalom*-Begriff und die häufige Betonung einer begrifflichen Verschränkung von Frieden und Gerechtigkeit nötigen in der Diskussion um den gerechten Frieden meines Erachtens also dazu, näher zu bestim-

---

[132] Vgl. mit gleichnamigem Titel Ammermann u.a. 2005.

men, was den *gerechten* Frieden gegenüber dem *Frieden schlechthin* spezifisch qualifiziert.[133]

Aus den dargestellten Anhaltspunkten zur Verhältnisbestimmung von Frieden und Gerechtigkeit sollte schliesslich *zum dritten* erkennbar geworden sein, dass der enge Bezug von Frieden und Gerechtigkeit, den die theologische Friedenstradition unterstreicht, hinsichtlich eines partikulären Fokus friedensethisch reflektierter Praxis keine eindeutigen Implikationen aufweist. Die theologische Friedenstradition jedenfalls scheint nicht bloss die begrifflich-inhaltliche Interpretation des Zusammenhangs von Frieden und Gerechtigkeit zu stützen. Vielmehr lässt auch der theologische Friedensbegriff alle drei oben genannten Interpretationen der Interdependenzthese – also sowohl die begrifflich-inhaltliche als auch die normative und die instrumentelle – zu. Diesem Gesichtspunkt kommt für die weiteren Überlegungen besonders deshalb grosses Gewicht zu, weil ich im Rahmen der grundlegenden friedenstheoretischen Überlegungen die These vertreten werde,[134] dass die Friedensethik dann an Klarheit zu gewinnen vermag, wenn sie pointierter zwischen Friedens*begriff* und Friedens*bedingungen* trennt, und dabei das Moment der Gerechtigkeit verstärkt zweiterem zuordnet. Entsprechend bin ich der Auffassung, dass die gegenwärtige theologische Friedensethik auch für das theologische Nachdenken über den Frieden und den Zusammenhang von Frieden und Gerechtigkeit eine vermehrte Beachtung der normativen und der instrumentellen Interpretation der Interdependenzthese nahelegt. Es ist, wie im Folgenden auszuführen ist, gerade ein Faktor der angemahnten Unschärfen, dass diese Interpretationen zumeist gegenüber der begrifflichen-inhaltlichen Auslegung der Interdepenz von Frieden und Gerechtigkeit zurückgedrängt werden.

Wird der ›gerechte Friede‹ als spezifische Orientierungsgrösse theologisch-friedensethischer Reflexion konturiert, sind diese drei Gesichtspunkte, so meine ich, für die Theoriebildung im Hinblick auf den Rückbezug auf die theologische Friedenstradition von Bedeutung. Entsprechend werden sie im weiteren Verlauf die theologische Grundlage meiner Überlegungen zu den inhaltlichen und funktionalen Leitfragen dieser Arbeit darstellen – dies allerdings in unterschiedlich expliziter Weise. Im folgenden Kapitel werde ich einige zentrale Entwürfe diskutieren, die im Rückgriff auf die

---

[133] Vgl. dazu den Abschnitt 5.2 (ich bezeichne diese Rückfrage dort als ›Redundanz-Einwand‹) sowie generell Kapitel 4.

[134] Vgl. dazu Kapitel 4.

theologische Friedenstradition eine Konzeption des gerechten Friedens als Leitbild oder als ›Zielperspektive‹ einer gegenwärtigen Friedensethik zu entfalten suchen.

3. Der ›gerechte Friede‹ in der gegenwärtigen friedensethischen Diskussion

Das Konzept des gerechten Friedens war im deutschsprachigen Raum bis heute zu einem wesentlichen Teil ein Thema *kirchlicher* Friedensethik. Von der ›Dresdner Forderung‹ über die Stellungnahmen der EKD in den neunziger Jahren bis zum Hirtenwort der deutschen katholischen Bischöfe aus dem Jahr 2000[135], der »Argumentationshilfe zur Friedensarbeit« der Evangelischen Kirche im Rheinland[136] und natürlich der aktuellen Friedensdenkschrift der EKD[137] waren es wie gezeigt immer wieder kirchliche Verlautbarungen, die diesen Begriff in den Vordergrund rückten. Die Impulse, die von dem kirchlichen Insistieren auf das Konzept ausgingen, fielen im wissenschaftlichen Bereich aber auf durchaus fruchtbaren Boden. So wurde das Theorem des gerechten Friedens im wissenschaftlichen Kontext friedensethischer Reflexion nicht nur aufgenommen, sondern von Anbeginn auch als nicht unproblematische Formel ausgewiesen. Worin die Attraktivität des Konzepts für seine Vertreter liegt und woran sich die Kritik daran festmacht, wird im Verlauf dieses Kapitels hauptsächlicher Gegenstand der Untersuchung sein. Generell gesprochen trifft jedoch Ulrich Körtners Beobachtung zu, wonach sich die Kontroversen um den gerechten Frieden im Kern oftmals um die Frage drehen, »wie *tragfähig* die Idee des ›gerechten Friedens‹ ist, die heute als ökumenischer Grundkonsens gilt«.[138] Mit der Frage der Tragfähigkeit, die ich oben als die *funktionale Leitfrage* dieser Arbeit bezeichnet habe, sind jene Ebenen der Diskussion angesprochen, welche die mit Blick auf die zentralen Konfliktkonstellationen der Gegenwart zu bestimmende *Leistungsfähigkeit* des Konzepts hinterfragen.

Genau hier setzt die Kritik in manchen Fällen an: Allein schon seit der Jahrtausendwende präsentierten sich die Rahmenbedingungen friedenswissenschaftlicher Arbeit und friedensethischer Reflexion stark verändert. Angesichts dessen sei die Frage zu stellen, ob das Konzept des gerechten Friedens mit seiner Betonung des Friedensbegriffs und seiner Abgrenzung gegenüber dem Gedanken des gerechten Kriegs nicht auf Unterscheidun-

---

[135] Vgl. Deutsche Bischofskonferenz 2000.
[136] Vgl. die Evangelische Kirche im Rheinland 2005.
[137] Vgl. Rat der EKD 2007. Davor nahm auch die Stellungnahme der EKD zu »gewaltsamen Konflikten und zivilen Interventionen« auf diesen Begriff Bezug (vgl. Kirchenamt der EKD 2002).
[138] Körtner 2006, 12 (Hervorhebung hinzugefügt).

gen beruhe, die gerade aufgrund der zunehmend verloren gegangenen Trennschärfe zwischen den Phänomenen des Friedens und des Kriegs in dieser Form nicht mehr leitend sein könnten. Nicht zuletzt deshalb leide der Begriff des gerechten Friedens, so die Kritik, an einer konstitutiven Unschärfe, was umso gravierender erscheint, als man, wie etwa Körtner weiter zu bedenken gibt, mit Blick auf die politische Inanspruchnahme des Begriffs zumindest in der Lage sein sollte, »das Gemeinte […] in die Sprache des Völkerrechts zu übersetzen«[139].

Eine Schwierigkeit dieses Verweises auf ›das‹ Konzept des gerechten Friedens besteht freilich darin, dass noch immer nur wenige Entwürfe vorliegen, die den inhaltlichen Charakteristika eines solchen Konzepts oder gar einer eigentlichen ›Lehre‹ vom gerechten Frieden ein eindeutiges Profil verleihen. Dennoch lassen sich im Durchgang durch die in der deutschsprachigen Friedensethik bis anhin verfügbaren Beiträge zum gerechten Frieden inhaltliche Gesichtspunkte und Grundcharakteristika dieses friedensethischen Leitbegriffs herausarbeiten, wie sie für dessen Verständnis im genannten Debattenrahmen bezeichnend sind. Diese Aspekte stehen in diesem Kapitel im Zentrum.

In den beiden ersten Abschnitten soll auf die zwei im deutschsprachigen Raum prominentesten Positionen eingegangen werden, die das Konzept des gerechten Friedens als materiale ›Leitperspektive‹ bzw. als ›Leitbild‹ einer zeitgemässen Friedensethik auffassen, nämlich jene der katholischen Bischöfe Deutschlands und jene der EKD. In die Darstellung dieser Entwürfe werden im Folgenden jeweils auch verwandte Beiträge zum gerechten Frieden aus dem wissenschaftlichen Diskurs einfliessen. Die grundlegende funktionale Bestimmung, wonach der ›gerechte Friede‹ in diesem Sinn als umfassendes friedensethisches Leitbild verstanden werden soll, ist in der Diskussion bislang am weitesten verbreitet. Nuanciert und in theologischer Hinsicht entscheidend präzisiert wird dieses Verständnis wiedergegeben in der Rede vom gerechten Frieden als ›regulativer Idee‹, der ein eigener Unterabschnitt gewidmet sein wird (3.1 und 3.2). Wie bei all diesen Konzeptualisierungen deutlich werden wird, stehen sie für eine nicht nur anspruchsvolle, sondern ebenso umfassende Bestimmung der Bereiche, auf die sich friedensethische Theoriebildung zu beziehen hat. Das Bemühen um eine solche Aufgabenbestimmung einer zeitgemässen Friedensethik ist auch für die daran anschliessend auszuführende Lesart des Topos vom ge-

---

[139] Körtner 2006, 14.

rechten Frieden leitend, die danach fragt, inwiefern dieser als Grundbegriff einer umfassenden ›normativen Theorie internationaler Beziehungen‹ in den Blick genommen werden kann (3.3). Daran lässt sich nicht zuletzt der in hohem Masse integrative Charakter einer an diesem Konzept ausgerichteten Friedensethik verdeutlichen. In systematisierender Absicht soll zum Ende des Kapitels schliesslich auf die konzeptionellen Schwierigkeiten, die mit einem dergestalt breit angelegten Theorieanspruch einhergehen, eingegangen und Konsequenzen für den Friedensbegriff aufgezeigt werden (3.4).

Auf diese Weise soll der gegenwärtigen Debatte um das Konzept des gerechten Frieden zunächst eine Struktur gegeben werden, die drei Dinge leisten soll: *Zum einen* geht es darum, den Nachvollzug der inhaltlichen Grundentscheidungen, welche die gegenwärtige friedensethische Debatte prägen, zu erlauben und dadurch, *zum zweiten*, den Blick auf die mit diesen Grundentscheidungen verbundenen konzeptionellen Schwierigkeiten und Limitationen des Konzepts ›gerechter Friede‹ freizustellen. Dabei ist es mir auch darum zu tun, die in der Einleitung vorgebrachten Kritikpunkte der inhaltlichen Überfrachtung und der funktionalen Unterbestimmung an den dargestellten Entwürfen nachzuweisen. *Zum dritten* soll sichtbar werden, welche inhaltlichen Aussagen zum Aufgabenfeld[140] und den zentralen Problemstellungen einer zeitgemässen Friedensethik aus den Ansätzen, die in der deutschsprachigen Friedensethik mit dem Begriff des gerechten Friedens operieren, gewonnen werden können.

Die Abfolge der Darstellung, die zunächst mit der katholischen Position einsteigt und sich daraufhin mit Beiträgen aus dem Bereich der evangelischen Friedensethik befasst, verfolgt keine ›qualitative‹ Systematik. Sie folgt lediglich chronologischen Gesichtspunkten, indem sie mit der ersten ausführlichen theologisch-friedensethischen Auseinandersetzung mit dem Topos des gerechten Friedens einsetzt.

---

[140] Hier und im Folgenden sind mit diesem Begriff jeweils die Problemfelder, Konfliktkonstellationen und Handlungsoptionen gemeint, die innerhalb eines Ansatzes als die zentralen friedensethischen Herausforderungen angesehen werden.

3.1 ›Gerechter Friede‹: Friedensethisches Leitbild der deutschen katholischen Bischöfe

3.1.1 Darstellung

Das Hirtenwort ›Gerechter Friede‹ der deutschen Bischöfe[141] weist eine dreiteilige Struktur auf, in der auf einen ersten Abschnitt, der die biblisch-theologische Grundlegung des Leitbilds ›gerechter Friede‹ wiedergibt, ein zweiter Abschnitt über »Elemente innerstaatlicher und internationaler Friedensfähigkeit« sowie ein dritter über die »Aufgaben der Kirche« folgen. Zu Beginn des zweiten Teils der Veröffentlichung geben die Autoren eine kurze Bestimmung dessen, wofür das ›Leitbild‹ des gerechten Friedens steht: Angesichts der Gefahr, das Evangelium politisch zu vereinnahmen, sei es, so die Bischöfe, zwar nicht Aufgabe kirchlicher Stellungnahmen, politische Programme zu formulieren. Doch stünden Evangelium und Politik gleichwohl nicht einfach ohne Bezug nebeneinander, worin in einer pluralistischen Welt der eigentliche Ansatzpunkt eines Leitbildes des gerechten Friedens liege. Denn dieses Leitbild fasse zusammen, »worin sich die biblische Botschaft vom Reich Gottes und die politische Vernunft treffen« und formuliere angesichts der Tatsache, dass politische Programme stets mehr als bloss einzelne Massnahmen und Entscheidungen beschrieben, ein »gesellschaftliches *Leitbild*, an dem sich das konkrete Entscheiden und Handeln orientieren soll.«[142] Grundlage dieses Leitbilds ist für die Bischöfe die Menschenwürde, deren Wahrung ihnen zufolge gleichsam »im Schnittpunkt zwischen kirchlichem Auftrag und politischer Aufgabe«[143] stehe:

> »Das Leitbild des gerechten Friedens beruht auf einer letzten Endes ganz einfachen Einsicht: Eine Welt, in der den meisten Menschen vorenthalten wird, was ein menschenwürdiges Leben ausmacht, ist nicht zukunftsfähig. Sie steckt auch dann voller Gewalt, wenn es keinen Krieg gibt.«[144]

---

[141] Vgl. Deutsche Bischofskonferenz 2000. Das Hirtenwort hat zum Zeitpunkt seines Erscheinens eine breite Diskussion innerhalb der (nicht bloss katholischen) Friedensethik ausgelöst. Teile dieser – bisweilen auch als Kontroverse verlaufenen – Debatte sind wiedergegeben in Justenhoven/Schumacher 2003, wesentliche kritische Gesichtspunkte formuliert ebenfalls Spieker 2001. Vgl ebenfalls Katholische Akademie Rabanus Maurus 2002.

[142] Deutsche Bischofskonferenz 2000, 34 (Ziff. 57).

[143] Deutsche Bischofskonferenz 2000, 34 (Ziff. 57), kursiv im Original.

[144] Deutsche Bischofskonferenz 2000, 35 (Ziff. 59).

Den Bischöfen schwebt also, wie Gerhard Beestermöller formuliert, eine Verpflichtung der Politik auf dieses Leitbild vor, wodurch die dem Staat zugewiesene Aufgabe, allen Menschen menschenwürdige Lebensumstände zu ermöglichen, »in eine normative, handlungsleitende Perspektive für politisches Handeln«[145] übersetzt wird. Dabei ist es die zentrale Aufgabe des Topos ›gerechter Friede‹, den auch im biblisch-theologischen Teil des Hirtenwortes betonten »tiefen und unaufhebbaren Zusammenhang zwischen Gerechtigkeit und Frieden«[146] in der politischen Aufgabe, die dem Leitbild zukommt, erfassbar und operationalisierbar zu machen. Gerechtigkeit, so heben die Bischöfe hervor, ist dabei nicht allein als Verteilungsgerechtigkeit in den Blick zu nehmen, sondern gerade vor dem Hintergrund der zuvor erarbeiteten biblisch-theologischen Grundlagen ebenfalls als konsequente Ausgestaltung einer umfassenden Rechtsgemeinschaft, also auch im Sinne legaler Gerechtigkeit. Primäre Gerechtigkeitsforderung, so halten die Bischöfe fest, ist die Schaffung »einer internationalen Rechtsordnung mit Strukturen, die es ermöglichen, das Recht durchzusetzen«[147]. Gleichzeitig betonen sie aber auch die zentrale Stellung von Fragen der Verteilungsgerechtigkeit, die insbesondere in den Menschenrechten und in der Orientierung am (Welt-)Gemeinwohl ihren vorrangigen Konkretisierungsrahmen finden.[148] Ebenso unterstreichen die Bischöfe den zentralen Stellenwert der Solidarität als »Leitprinzip«[149] für die Verwirklichung eines gerechten Friedens.

Mit Blick auf die Konkretionen, die sich gemäss den Bischöfen aus dem Leitbild des gerechten Friedens für die Sphäre des Politischen ergeben, sind meines Erachtens insbesondere die folgenden hervorzuheben: Die

---

[145] Beestermöller 2003a, 59.

[146] Deutsche Bischofskonferenz 2000, 38 (Ziff. 62).

[147] Deutsche Bischofskonferenz 2000, 39 (Ziff. 64).

[148] So unterstreicht etwa Thomas Hoppe, der an der Ausarbeitung des Hirtenwortes massgeblich beteiligt war (vgl. etwa die Dokumentation in Hoppe 2000), dass die ›kollektiven Güter‹, um die es bei der Schaffung dauerhaft friedlicher und friedensfähiger Verhältnisse gehe – Hoppe nennt nebst der Förderung des Friedens als solchem die Herausbildung gerechter ökonomischer und sozialer Strukturen sowie die nachhaltige Nutzung natürlicher Ressourcen (vgl. Hoppe 2007b, 71) – zu ihrer effektiven und zuverlässigen Beförderung die Orientierung an einem kollektiv gültigen und anerkannten Massstab erfordern. Ähnlich wie das Hirtenwort der deutschen Bischöfe sieht Hoppe diesen Massstab in der Kategorie des übernationalen Gemeinwohls gegeben, wobei er, wie auch die Bischöfe im Hirtenwort, die Erläuterungsbedürftigkeit des Gemeinwohlbegriffs unterstreicht (vgl. Hoppe 2007a, 31).

[149] Deutsche Bischofskonferenz 2000, 38, Überschrift.

Friedensordnung, die den Bischöfen vorschwebt, wird auf einer übergeordneten Ebene in erster Linie als Rechtsordnung gedacht. Dadurch materialisieren die Bischöfe die bereits zuvor an den Texten der hebräischen Bibel verdeutlichte Einsicht, dass das ominpräsente, die Wirklichkeit des Menschen bestimmende Moment der Gewalt auf die wirksame Bändigung durch Recht angewiesen ist. Der gerechte Friede meint hier also nicht die Eliminierung von Konflikten, sondern vielmehr deren Zivilisierung im Medium des für alle gültigen, egalitären Rechts. Allerdings, so lässt sich mit Hans-Richard Reuter konstatieren, fehlt es dem Hirtenwort an einer näheren Bestimmung der Frage, in welchem Modell – Staatenbund, Weltrepublik oder internationale Organisation – sich eine Weltfriedensordnung als Weltrechtsordnung zu vollziehen hätte.[150]

Mit der Konzentration auf die Friedensordnung als Rechtsordnung geht auf der spezifischeren Ebene die Forderung nach einem generellen Vorrang für die »gewaltpräventive Konfliktbearbeitung«[151] einher. Da die Anwendung von Gewalt – ganz im Sinne einer rechtsstaatsanalogen Konzeptualisierung des Gewaltgebrauchs – gemäss den Bischöfen überhaupt nur und ausschliesslich für den Fall in Betracht zu ziehen ist, dass gewaltfreie Schlichtungsbemühungen versagt haben, ergibt sich die »Verpflichtung« auf gewaltpräventives und gewaltfreies Handeln im Sinne des Leitbilds des gerechten Friedens von selbst. Aus dem Umstand, dass die strikte Pflicht zur Gewaltfreiheit mit der Pflicht kollidieren könne, Menschen davor zu schützen, von massiver Gewalt und brutalem Unrecht betroffen oder akut bedroht zu sein, folgt einerseits die im Hirtenwort zumindest implizit vorfindliche Abgrenzung gegenüber der Position des unbedingten Pazifismus. Andererseits ergibt sich die Notwendigkeit der Überlegungen zu »Bedeutung und Grenzen militärischer Mittel«[152], womit auf der einen Seite Aussagen zu den Aufgaben und der Rolle der Streitkräfte verbunden sind, auf der andern Seite aber auch die Frage nach der Legitimität bzw. dem Pflichtcharakter humanitärer Interventionen zum Schutz grundlegender Menschenrechte gestellt wird.

---

[150] Vgl. Reuter 2001, 302. Allerdings ist in Ziff. 87 des Hirtenwortes die Rede davon, dass das nationalstaatliche Modell »zunehmend zugunsten pluraler und föderaler Formen staatlichen Lebens zurücktreten« soll.
[151] Deutsche Bischofskonferenz 2000, 41ff. (Ziff. 66ff.). Zur Einordnung der diesbezüglichen Aussagen im Hirtenwort und zu einer eingehenden Kritik vgl. Matthies 2003.
[152] Deutsche Bischofskonferenz 2000, 75, Überschrift.

Den Menschenrechten wird von den Bischöfen im Rahmen ihres Leitbildes des gerechten Friedens fundamentaler Charakter zugemessen. Sie sind laut den Bischöfen zum einen für die Konkretisierung der innerhalb des Konzepts des gerechten Friedens zentralen Gerechtigkeitsthematik leitend. Zum andern betonen die Bischöfe mit Verweis auf die Menschenrechte auch die Notwendigkeit von Bemühungen um nachhaltige Entwicklung und um die Bewahrung natürlicher Lebensgrundlagen sowie um Generationengerechtigkeit, welche sich aus dem Leitbild ›gerechter Friede‹ ergebe.[153] Schliesslich unterstreichen sie auch die besondere Bedeutung, die der Zivilgesellschaft mit ihren unterschiedlichen Akteursgruppen für die Verwirklichung eines gerechten Friedens zukomme.[154]

In dieser kurzen Zusammenschau der wichtigsten Ebenen politischer Handlungsfelder, die in der Perspektive des Hirtenwortes vom Leitbild des gerechten Friedens tangiert sind, wird deutlich, dass in diesem Text eine Art »Appell an eine moralbestimmte Politik«[155] ergeht. Zugleich handelt es sich um ein anspruchsvolles Programm zur Gestaltung der internationalen Politik, das es sich zur Aufgabe gemacht hat, der ›Dresdner Forderung‹ in Form einer umfassenden, die welt- und regionalpolitischen Entwicklungen nach 1989/90 verarbeitenden Konzeption zur »Neuorientierung der Friedenspolitik«[156] konkrete Gestalt zu verleihen.[157]

3.1.2 Diskussion

Welche funktionale Bestimmung der Rede vom gerechten Frieden ist in diesem Text mit der Rede vom ›Leitbild‹ bzw. der ›Zielperspektive‹ des gerechten Friedens verbunden? Laut den Bischöfen fungiert der gerechte Friede als Zielvorgabe, an der sich einerseits das Friedenshandeln und die politischen Stellungnahmen seitens der Kirche zu orientieren haben,

---

[153] Vgl. Deutsche Bischofskonferenz 2000, 43ff. (Ziff. 70ff.).
[154] Vgl. Deutsche Bischofskonferenz 2000, 71 (Ziff 122ff.).
[155] Beestermöller 2003a, 61.
[156] Deutsche Bischofskonferenz 2000, 5ff. (Ziff. 1ff.).
[157] Es ist in diesem Kapitel nicht meine Absicht, das Hirtenwort und andere Entwürfe eingehend hinsichtlich ihrer Inhalte zu befragen. Vielmehr ist es mir um die Frage zu tun, inwiefern die Rede vom gerechten Frieden als ›Leitbild‹ der Friedensethik – oder gar, wie es die Bischöfe beabsichtigen, der internationalen Politik – dieses Konzept in einer Art und Weise konturiert, dass es für die tatsächliche Orientierung gegenwärtiger friedensethischer Positionen leitend werden kann. Entsprechend werden jeweils nur die in dieser Hinsicht entscheidenden inhaltlichen Gesichtspunkte hervorgehoben.

die aber andrerseits auch – im Sinne einer »umfassenden Zielperspektive« – »der Politik eine überzeugende Richtung«[158] weisen soll. Wie erwähnt gehen die Bischöfe dabei von einer Konvergenz der ›politischen Vernunft‹ und ihrer biblisch und theologisch hergeleiteten Vorstellung einer Friedensordnung aus, die es möglich mache, dass das Konzept des gerechten Friedens auch im Bereich der konkreten Politik rezipiert werde und Wirkung entfalte. Während die Bischöfe jedoch – im ersten Teil ihres Friedenswortes – grossen Wert auf das Herausarbeiten der biblischen Grundlage dieses Leitbildes legen, fehlt ein entsprechendes Bemühen mit Blick auf diese Konvergenzthese.

Vielmehr lässt sich zwischen dem ersten Teil, der das Leitbild des gerechten Friedens im Rückgriff auf distinkt theologische Überlegungen begründet, und dem zweiten Teil, der dieses als politisch-ethisches Grundgerüst profiliert, eine erhebliche Spannung erkennen. In ersterem wird das Bild einer gewaltbestimmten Welt und einer zu dieser Wirklichkeit durch ihre Gewalttätigkeit stetig beitragenden Menschheit gezeichnet. Dagegen führt das »hohe[] Mass an Moralität in der Politik«[159], das der zweite Teil zugleich als Grundlage und als Konsequenz einer Orientierung am Leitbild des gerechten Friedens fordert, zur Frage, ob diese beiden Sichtweisen überhaupt kompatibel sind. Gerhard Beestermöller sieht darin die Problematik angelegt,

> »ob nicht mit dem ersten Teil gerade begründet wird, dass es unmöglich ist, Politik unter das Leitbild des gerechten Friedens zu stellen. [...] Mit der Anthropologie, die das Dokument im ersten Teil zeichnet, kommt man gewiss nicht über ein krudes realpolitisches Verständnis von Politik hinaus und ganz sicher nicht zu dem Leitbild des gerechten Friedens, das Gerechter Friede im zweiten Teil hochgemut entwirft. Die beiden Teile führen also auch auf der normativen Ebene zu miteinander in Konflikt stehenden Konsequenzen, was sich zeigt, wenn man die Linie des ersten Teils nur ein wenig in Richtung einer politischen Ethik weiterzieht.«[160]

Ähnlich sieht Hans-Richard Reuter eine Unklarheit des Hirtenwortes darin, wie sich der gerechte Frieden als ›gesellschaftliches Leitbild‹ mit dem

---

[158] Deutsche Bischofskonferenz 2000, 10 (Ziff. 8).
[159] Beestermöller 2003a, 62.
[160] Beestermöller 2003a, 62f.

gerechten Frieden als ›Leitbild der Kirche‹ vermitteln lasse. Für Reuter stellt sich die Frage, ob »die biblische Grundlegung nicht letztlich auf eine Konzeption der Kirche als Kontrastgesellschaft hinaus[läuft], die sich mit dem Gedanken des Friedens als internationaler Rechtsordnung [...] nicht zureichend vermitteln lässt«[161]. Mit anderen Worten: Der Topos des gerechten Friedens erschiene dann zwar als nachvollziehbar begründete Orientierungsgrösse *kirchlicher* Friedensethik, könnte aber dem dargestellten Anspruch, auch *gesellschaftlich* – und damit politisch – kommunikabel und verwertbar zu sein, nur schwer entsprechen.

Im Resultat scheint hier eine generelle Problematik der Rede vom gerechten Frieden als ›Leitbild‹ friedensethischer Reflexion und friedenspolitischer Praxis auf, auf die vor dem Hintergrund der Auseinandersetzung mit dem Hirtenbrief eingegangen werden kann: Zwar beinhaltet die Position der katholischen Bischöfe in mancher Hinsicht konkrete Handlungsanweisungen und Bewertungsmassstäbe, was in besonderer Weise in den wirtschaftspolitischen Aussagen deutlich wird. Doch letztlich bleiben das Leitbild und seine Bestandteile in inhaltlicher und in funktionaler Hinsicht gleichwohl zu unspezifisch, als dass die »Neuorientierung« in friedenspolitischen Belangen,[162] die mit dem Konzept des gerechten Friedens transportiert und im zweiten Teil des Wortes ausdifferenziert werden soll, in der intendierten Deutlichkeit sichtbar und operationalisierbar würde. Dies zeigt sich vor allem daran, dass die Funktion und der Zusammenhang der Elemente eines gerechten Friedens, wie sie im Leitbild, das vom Hirtenwort entworfen wird, dargelegt sind, letztlich nicht thematisiert werden und somit die eigentlich friedens*theoretische* Reflexion unterbleibt.

Welches, so ist mit anderen Worten zu fragen, ist die Rolle dieser ›Elemente‹ eines gerechten Friedens, welche die Bischöfe benennen? Stellen sie *normative Bedingungen* dar, etwa in dem Sinne, dass erst dann von einem gerechten – und damit zumindest vor dem Hintergrund eines theologischen Verständnisses *legitimen* – Frieden gesprochen werden darf, wenn die genannten Kriterien erfüllt und den angesprochenen Gesichtspunkten Geltung verschafft ist? Oder besteht der Anspruch darin, eine Art ethische Kriteriologie zu entwickeln, an der sich beispielsweise Stellungnahmen zu friedenspolitischen Programmen und Beschlüssen politischer Entschei-

---

[161] Reuter 2001, 295.

[162] Der Begriff der Neuorientierung, der zweifellos einen eminent hohen Anspruch wiedergibt, findet sich in Deutsche Bischofskonferenz 2000, 5 (Ziff. 1).

dungsträger bzw. Instanzen abarbeiten sollen, um zu einem friedensethisch abgestützten Urteil zu gelangen? Oder besser noch: die von Beginn an in die Meinungsbildungs- und Entscheidungsprozesse gerade auch dieser politischen Entscheidungsträger einfliessen sollten?[163] Oder aber handelt es sich bei den dargelegten Momenten eines gerechten Friedens vielmehr um deskriptiv-empirisch zu verstehende Aussagen darüber, welche Bedingungen gegeben sein müssen, damit eine Friedensordnung nachhaltig und tragfähig ist?

Selbstverständlich schliessen sich diese Interpretationsmöglichkeiten keineswegs aus. Vielmehr entspräche es dem Anliegen, innerhalb der Konzeption des gerechten Friedens die zentrale Interdependenz von Frieden und Gerechtigkeit in ihrer praktischen Relevanz sichtbar zu machen, wenn herausgestellt würde, dass etwa die Achtung zumindest der grundlegenden Menschenrechte in empirischer Hinsicht ebenso als Friedensbedingung anzusehen ist,[164] wie sie in ethisch-normativer Hinsicht als *conditio sine qua non* des legitimen Friedens schlechthin gelten muss. Im Rahmen einer friedensethischen Konzeption, die nicht zuletzt auch biblisch-theologische Einsichten mit politischen Handlungsfeldern vermitteln will, scheint es mir aber bedeutsam, dass der Status und die Funktion der genannten Elemente geklärt werden. Hier, so meine ich, unterlässt es das Hirtenwort, die im vorangehenden Kapitel herausgearbeitete Frage zu klären, ob die Interdependenzthese – deren Bedeutung im Bischofswort ja auch bekräftigt wird – im Sinne der begrifflich-inhaltlichen, der normativen oder der instrumentellen Interpretation aufgefasst werden soll, bzw. welche genannten Interpretationen in der Auslegung der Bischöfe wie zum tragen kommen.

Damit verbunden ist die Schwierigkeit, dass die Konzeption entweder beim Postulat unbestrittener Verbindungslinien stehen bleibt oder aber, dass damit ein Programm entworfen wird, das zwar unter dem *Label* gerechter Friede firmiert, sich dabei aber in einer Art und Weise umfassend ausnimmt, dass über den Bereich der Friedenspolitik hinaus nachgerade alle Ebenen aussenpolitischen Handelns sowie die meisten Felder innenpolitischer Aktivität mit der Friedensaufgabe verschmelzen.[165]

---

[163] So moniert etwa Körtner, dass der Rückgriff auf das Leitbild ›gerechter Friede‹ in den Argumentationen, die zur Ablehnung des Irak-Kriegs seitens der Kirchen vorgebracht wurden, zu weit reichenden Inkohärenzen geführt habe (vgl. Körtner 2003a, 361 ff.).

[164] In diesem Sinne würde also die Ansicht vertreten, dass ohne deren Achtung Frieden schlechterdings nicht möglich ist.

[165] In friedenstheoretischer Hinsicht gründet hier die Anfrage, inwiefern eine an einem ausgeweiteten Friedensverständnis orientierte Friedensforschung – aber, wie meines Erach-

Dieser Fokus auf ein Verständnis friedens- und sicherheitspolitischer Aufgabenstellungen, das die verschiedensten Handlungs- und Politikfelder integriert, ist sicherlich zutreffend und es stellt – wie es auch von katholischen Sozialethikern hervorgehoben worden ist – eine der grossen Leistungen des Hirtenworts dar, dieser Entwicklung Rechnung zu tragen.[166] So betont etwa Thomas Hoppe, dass dieses umfassende Anforderungsprofil die Friedensethik letztlich an ihren eigentlichen Ausgangspunkt zurückbringe, an dem bereits die klassische Theorie des gerechten Kriegs nach Bedingungen der Eindämmung und Verhinderung von (kriegerischer) Gewalt suchte.[167] In diesem Kontext sei der – auch gegenwärtig noch plausible – systematische Ausgangspunkt der ›Dresdner Forderung‹ »beachtenswert genau«[168]: Die ›Dresdner Forderung‹ habe nämlich den Ruf nach einer dauerhaften Überwindung des Kriegs und die damit zusammenhängende Feststellung, dass die Lehre vom gerechten Krieg an ihr Ende gekommen sei, mit der Forderung nach einer adäquaten Erweiterung des ethischen Reflexionsrahmens verknüpft. Dies ganz besonders auch deshalb, weil damit die Erwartung verbunden gewesen sei, dadurch zur ursprünglichen Intention friedensethischer Theoriebildung zurückzufinden:

tens in der Verlängerung gilt, auch eine auf einen entsprechenden Begriff rekurrierende Friedensethik – »Allzuständigkeit« (Müller 2003, 211) für sich beanspruchen (vgl. dazu unten, 4.5.2). Für Ernst-Otto Czempiel ist die Antwort auf die Frage, ob herkömmliche Konzepte, in denen Friedens- und Sicherheitspolitik vornehmlich als zwischen*staatliche* Angelegenheit interpretiert und angegangen wird, weiterhin eine tragfähige Grundlage darstellen können, deutlich negativ. In seinen Augen erfordert gegenwärtiges friedensethisches Nachdenken – gerade seitens der Kirchen – dezidiert die Abkehr vom staatenzentrierten Sicherheitsparadigma und ein neues Denken im Sinne der »Betonung des Einzelnen als dem Objekt und dem Subjekt der Politik und eine entsprechende Relativierung des Staates, gerade mit Hilfe und zugunsten der Demokratisierung« (Czempiel 2000, 41). Dies, so Czempiel, verlange nach Strategien, die mit denjenigen, »die traditionell auch heute noch in der Aussenpolitik eingesetzt werden, nur noch wenig gemeinsam haben werden«. Vgl. ähnlich auch Deutsche Bischofskonferenz 2000, 9 (Ziff. 6).

[166] Vgl. dazu z.B. Spieker 2001, 467; Merks 2003, 11; Rosenberger 2003, 43f.

[167] Gemäss Hoppe krankt die Theorie des gerechten Kriegs allerdings an einem systematischen Ungenügen, das sich darin manifestiere, dass die Anwendung der Theorie in der Geschichte oftmals geradezu »verhängnisvoll« gewesen sei, nämlich in jenen Fällen, »wo ein nur selektiver Rückbezug auf diese Lehre dazu führte, dass sie nicht als Gewalteingrenzungskonzept perzipiert, sondern in ihrem Namen der Entgrenzung der Gewalt das Wort geredet wurde« (vgl. Hoppe 2007a, 27).

[168] Hoppe 2007a, 29.

»Because of the aporia of any use of force, the concept of just peace puts the work on processes of a sustainable prevention of violence in the first place. This change of perspective uncovers the original ethical intention of the traditional position: not primarily to serve as an instruction for the use of force, but to emphasise that violence has to be avoided if possible.«[169]

Hierfür gelte es, unter Inanspruchnahme der Leitperspektive des gerechten Friedens, gewaltpräventives Handeln zu institutionalisieren und hierfür auch die Weiterentwicklung internationaler Institutionen und Organisationen mitzugestalten. Auch bei Hoppe ergibt sich also ein sehr umfassendes Anforderungsprofil an friedensethische Konzeptionen, das er konsequenterweise in die Nähe einer eigentlichen Ethik der internationalen Politik rückt.[170]

Die Friedensethik macht es sich damit zur Aufgabe, eine lange Liste von Debattenfeldern zusammenzuführen, die in sich freilich bereits von hoher Komplexität sind und auch in einer solchen diskutiert werden. Zu denken ist dabei an die Debatte um globale Gerechtigkeit[171], an den Menschenrechtsdiskurs, an das bereits genannte Themenfeld der *transitional justice*[172] und an die klassische Frage nach der legitimen Anwendung von Gewalt. Geradezu idealtypisch wird hierin die Ausweitung des friedensethischen Themenspektrums manifest, die für die Rede vom gerechten Frieden charakteristisch ist. Allerdings bleibt fraglich, ob die Konzeption in der Lage ist, mit Bilck auf das Leitbild ›gerechter Friede‹ das intendierte »›Mehr‹ an Klarheit, Fassbarkeit und ›Verwertbarkeit‹«[173] einzubringen.

---

[169] Hoppe 2007b, 70; vgl. auch ebd., 73: »In the perspective of ›just peace‹, measures have to be taken to prevent the use of force, because of the danger of uncontrollable escalation and other counterproductive effects with which war is inescapably intertwined.«

[170] So auch schon Hoppe 2000.

[171] Wie das Hirtenwort auf zentrale Positionen dieser Debatte bezogen werden kann macht Gillner 2003 exemplarisch deutlich.

[172] Das Friedenswort der deutschen Bischöfe nimmt sich dieses Themenfelds an, indem es – unter den Stichworten »Vertrauen« und »Versöhnung« – den Umgang mit dem »Gedächtnis von Leiderfahrungen« als wichtiges Element von Konfliktvorsorge und Konfliktnachsorge profiliert (vgl. Deutsche Bischofskonferenz 2000, 63ff., Ziff. 108ff.).

[173] So formulieren Hofheinz/Plasger 2002, 17 die Erwartung, die mit der Ausarbeitung einer Lehre vom gerechten Friede zumeist verknüpft wird.

3.1.3 Ertrag

Ich habe im zweiten Kapitel als Ertrag drei Gesichtspunkte benannt, die mir für die inhaltliche Diskussion der theologischen Positionsbezüge zum gerechten Frieden besonders bedeutsam scheinen. Der erste Aspekt betrifft die Frage, welche Stellung der eschatologischen Dimension theologischen Friedensdenkens beigemessen wird. Mit Blick auf das Hirtenwort hat Manfred Spieker in dieser Hinsicht angemerkt, dass der Text letztlich die Frage offen lasse, ob die gemäss der ›Dresdner Forderung‹ im Rahmen einer ›Lehre vom gerechten Frieden‹ anzustrebende *Überwindung des Kriegs* von den Bischöfen realiter überhaupt für möglich gehalten wird. Im Kontext der ›Dresdner Forderung‹ jedenfalls, so Spieker, »war die Hoffnung auf eine Überwindung des Krieges keine eschatologische, sondern eine politische Vision«[174], deren Konkretisierung folglich nicht als Utopie, sondern als politische Aufgabe verstanden war. Trifft die in Anlehnung an Beestermöller und Reuter geäusserte Interpretation, wonach im Hirtenwort eine Diastase von kirchlicher Friedenshoffnung und politischem Konzept angelegt ist, zu, so erweckt dieses den Eindruck, als bliebe diese im Leitbild des gerechten Friedens mitgedachte Überwindung des Kriegs doch eher eine utopische Idee als eine konkrete politische Option. Soll die ›Zielperspektive‹ des gerechten Friedens aber, wie vom Hirtenwort intendiert, die Wirkung erzielen, die »Logik von Gewalt und Gegengewalt« zu unterlaufen und eine auf die Vermeidung des Kriegs abzielende »vorausschauende Politik«[175] anzuleiten, wäre in dieser Hinsicht eine eindeutigere Positionierung vonnöten.

Dies führt zum zweiten oben angesprochenen Gesichtspunkt: der begrifflichen Ebene. Die Bischöfe führen keine eigentliche begriffliche Reflexion und lassen damit, wie angedeutet, die Frage, wofür der Begriff des gerechten Friedens konkret steht, mehrheitlich unberührt. Damit stellt sich allerdings die Frage, ob es dem Hirtenwort gelingt, den Begriff des gerechten Friedens wirklich als eigenständige Grösse zu konturieren oder ob nicht vielmehr bloss der etablierte, weite Friedensbegriff der theologischen Friedenstradition eine Bestätigung erfährt. Von diesem herkömmlichen Begriff aus insistiert das Hirtenwort, so scheint es, auf die Notwendigkeit einer breit angelegten Integration der relevanten Politikbereiche und unterstreicht die defizitäre Erscheinungsform des Friedens, die ein blosses Schweigen der Waffen darstellt. Was die Frage nach der Spezifität des Be-

---

[174] Spieker 2001, 469.
[175] Deutsche Bischofskonferenz 2000, 37 (Ziff. 60).

griffs ›gerechter Friede‹ gegenüber den etablierten Friedensbegriffen der theologischen Tradition betrifft, bleibt das Hirtenwort damit aber ebenso unbestimmt, wie es aufgrund der angezeigten Aufgabenstellungen einer zeitgemässen Friedensethik zu einer inhaltlichen Überfrachtung des friedensethischen Reflexionsrahmens neigt.

Mit Blick auf den dritten Gesichtspunkt, die Frage der Verhältnisbestimmung zwischen Gerechtigkeit und Frieden, finden sich gerade im Hirtenwort nicht bloss die begrifflich-inhaltliche und die normative Interpretation, sondern durchweg auch die instrumentelle Auslegung, dergemäss das Verhältnis von Gerechtigkeit und Frieden also durchaus auch in Richtung eines Kausalzusammenhangs verstanden werden darf.[176] Dies verdeutlicht auch die Position von Thomas Hoppe, der festhält, dass die Vokabel ›gerecht‹ in der Leitperspektive ›gerechter Friede‹ selbstredend nicht zufällig sei, sondern als Gradmesser für die ethische Bewertung jeder politischen Ordnung zu stehen habe. Die Verwirklichung von Gerechtigkeit ist dabei, so Hoppe, selbst als Schritt hin zur Schaffung eines gerechten und somit dauerhaften Friedens zu verstehen: »The call for justice does not add to the demand that conditions of violence must be overcome, but the endeavour for justice is itself a necessary step on the way to a less violent world.«[177]

So wird der gerechte Friede im Hirtenwort einerseits durchgängig durch gerechtigkeitsrelevante, inner- und zwischenstaatliche Elemente bestimmt. Andrerseits gilt den Bischöfen die Welt auch dann als »gewaltgeladen und gewaltträchtig«[178], wenn nicht Krieg, sondern Zustände schwerster Ungerechtigkeit herrschen. Wie Matthias Gillner die hier aufscheinende Interpretation des Bedingungszusammenhangs von Gerechtigkeit und Frieden auslegt, verlangt entsprechend »[e]ine solche Lesart des Friedens […] von einer gewaltpräventiven Politik vorrangig die Bekämpfung von Ungerechtigkeiten«[179]. Trifft diese Interpretation zu, fiele die Friedensethik allerdings mehrheitlich mit der Gerechtigkeitsthematik ineins. Dies jedoch scheint nicht nur im Blickwinkel verkürzt, sondern es stellt sich die Frage, ob durch die damit implizierte Bedingungsrichtung – Gerechtigkeit, z.B.

---

[176] Wie ich im 4. Kapitel ausführen werde, hängt in friedenstheoretischer Perspektive von dieser Zuordnung insofern einiges ab, als erst diese instrumentelle Interpretation des konstitutiven Zusammenhangs von Gerechtigkeit und Frieden die durch eine Trennung von Friedensbegriff und Friedensbedingungen intendierte ›Entschlackung‹ des Friedensbegriffs auch für die theologische Friedensethik zugänglich macht.

[177] Hoppe 2007b, 71.

[178] Deutsche Bischofskonferenz 2000, 36 (Ziff. 59).

[179] Gillner 2003, 162.

in Form der Armutsbekämpfung, schafft Frieden – die Interdependenzfeststellung im vollen Sinne aufrechterhalten wird. Überdies lässt sich auch aus empirischer Sicht die Frage formulieren, ob eine gänzlich auf den Ausgleich ungerechter Verhältnisse ausgerichtete Implementierung der hier leitenden Friedensvorstellung zu leisten vermag, was sich die Bischöfe davon versprechen.[180] Unzweifelhaft ist aber, dass das Leitbild ›gerechter Friede‹ in der bischöflichen, dezidert theologisch begründeten Interpretation einen eindeutigen instrumentellen Zusammenhang zwischen Gerechtigkeit einerseits und Frieden andererseits namhaft macht.

Anhand der Auseinandersetzung mit dem Hirtenwort und seiner Rede vom gerechten Frieden als ›Leitbild‹ bzw. ›Zielperspektive‹ einer zeitgemässen Friedensethik und Friedenspolitik lassen sich zusammenfassend sowohl bestimmende Gesichtspunkte des Anforderungsprofils einer solchen ethischen Konzeption als auch Schwierigkeiten bezüglich des Konzepts des gerechten Friedens darstellen: Was die Bischöfe vorlegen, liest sich als umfassendes und anforderungsreiches Programm für eine moralgeleitete Politik in den internationalen Beziehungen, deren Fluchtpunkt eine Ausgestaltung dieser Beziehungen ist, in der gleichsam die klassische Friedens- und Entwicklungspolitik zu einem Ganzen finden. Damit ist – und dies ist für den gesamten Hintergrund der friedensethischen Debatte um den gerechten Frieden charakteristisch – der Rahmen benannt, innerhalb dessen sich die gegenwärtige friedensethische Reflexion diesem Verständnis zufolge vollziehen muss: Leitend bleibt die vorrangige Frage, wie sich Gewalt und damit Unfrieden verhindern oder, wo sie ausgebrochen sind, beenden lassen. Die Bischöfe unterstreichen dabei die Auffassung, dass die nachhaltige Schaffung und Sicherung friedlichen Zusammenlebens aber nicht auf die Frage beschränkt bleiben darf, wie Gewalt und offene Konflikte beendet werden können. Vielmehr steht das Konzept des gerechten Friedens aus

---

[180] So hat der Entwicklungsökonom Stephan Klasen jüngst festgehalten, dass ein stärkeres militärisches Engagement des Westens zur Befriedung der Konflikte auf dem afrikanischen Kontinent in seinen Augen entwicklungspolitisch geboten sei: Es seien verstärkt Massnahmen zu ergreifen, welche »die Chance für Entwicklung überhaupt erst ermöglichen. Zum einen muss viel mehr getan werden, um Frieden und Sicherheit in afrikanischen Ländern herbeizuführen. Dazu gehört ein viel grösseres politisches und zur Not auch militärisches Engagement reicher Länder bei der nachhaltigen Beendigung von Konflikten. [...] Engagement für Frieden und Sicherheit ist in manchen Teilen Afrikas die beste Entwicklungspolitik und macht nachhaltige Entwicklung erst möglich.« (Klasen 2007, 178f.) Diese, durchaus auch kritisch hinterfragte Einsicht konzeptionell weiterzuführen ist ein Anliegen des *Human Security*-Ansatzes, auf den in Kapitel 6 eingegangen wird.

Sicht der Bischöfe für eine systematische Bezugnahme friedensethischer Überlegungen auf Fragen der *Konfliktprävention* sowie auf den weiten Bereich des *peacebuilding* (ein Begriff, der sich im Hirtenwort jedoch erstaunlicherweise nicht findet).

Letzteres – der Fokus auf den Bereich des *peacebuilding* – ist mit Blick auf die Bestimmung des ›Aufgabenfelds‹ bzw. des Anwendungsbereichs einer am Begriff des gerechten Friedens orientierten Friedensethik, aber auch mit Blick auf die Frage nach dessen Vermittelbarkeit mit aussertheologischen Diskursen, von Bedeutung. Er stellt ein wichtiges Charakteristikum dar, das den Positionen zum gerechten Frieden, die in der theologischen Friedensethik bislang vorgebracht wurden, gemeinsam ist. Innerhalb des Begriffs-Quartetts *peace-enforcement, peacemaking, peacekeeping* und *(post conflict-)peacebuilding* verbindet sich mit dem letztgenannten Terminus das weiteste Feld friedenspolitischer Aufgaben, das die Schaffung und Sicherung nachhaltigen Friedens und stabiler sowie legitimer Institutionen bezeichnet, die diesen zu garantieren vermögen. Mein Verständnis dieses Begriffs folgt dabei den Definitionen von Roland Paris und David Little: Während Paris den Begriff des *peacebuilding* bestimmt als »action undertaken [...] to consolidate peace and prevent a recurrence of fighting«[181], gibt Little das etablierte Verständnis des Begriffs *peacebuilding* etwas umfassender wieder als »the design and creation over time of practices and institutions capable of replacing the conditions of hostility and violence with social harmony and civil unity«[182].

Um als eine eigentliche Vorstellung der Prozesse und Interaktionsmuster wahrgenommen zu werden, die gegeben sein müssen, damit ein *gerechter* Friede herrscht, fehlt dem Hirtenwort allerdings letztlich das Bestreben, die anspruchsvollen programmatischen Elemente, die in ihm benannt werden, zueinander in Beziehung zu setzen. Das Leitbild des gerechten Friedens erscheint damit letztlich als Etikett für einen Grossteil der Betätigungsfelder der internationalen Beziehungen – von der Armutsbekämpfung bis zur zivilen Konfliktbearbeitung –, ohne dass die inhaltlichen Eckpunkte dieses Leitbildes funktional verknüpft würden. Undeutlich bleibt dabei letztlich, ob und wie diese Konzeption die ethische Urteilsbildung in Fragen von Krieg und Frieden tatsächlich anzuleiten vermag.[183]

---

[181] Paris 2004a, 38.
[182] Little 2006, 169.
[183] Eine Ausnahme ist freilich noch einmal zu betonen: Für die Thematik bewaffneter humanitärer Interventionen formuliert das Hirtenwort nämlich unter Rückgriff auf die

3.2 Der gerechte Friede als friedensethisches Leitbild bei Hans-Richard Reuter, Wolfgang Huber und in der Friedensdenkschrift der EKD

Nach diesem ausführlichen Blick auf das Leitbild ›gerechter Friede‹, wie es im Hirtenwort der deutschen Bischöfe ausformuliert ist, werde ich im Folgenden darlegen, wie in der jüngsten Friedensdenkschrift der EKD und in einem damit verbundenen Entwurf von Hans-Richard Reuter dieses Leitbild charakterisiert ist (3.2.1). Dabei werde ich zum einen nachzuvollziehen versuchen, in welcher Weise hier die *begrifflichen Fragen* zum Friedens- und zum Gerechtigkeitsbegriff mit der inhaltlichen Füllung der Konzeption verknüpft werden und welche (später wieder aufzunehmende) Rückfragen sich daraus ergeben (3.2.2). Zum andern werde ich herauszustellen versuchen, inwiefern auch bei Reuter nach der *Funktion* der im Leitbild des gerechten Friedens verbundenen Bestandteile eines solchen Friedens zu fragen ist (3.2.3). Im Sinne einer Konkretion werde ich sodann zum Schluss dieses Abschnitts auf Wolfgang Hubers Verortung des Leitbilds vom gerechten Frieden als ›regulative Idee‹ eingehen (3.2.4).

3.2.1 Darstellung

In der evangelischen Friedensethik stellt die Ende 2007 erschienene neue Friedensdenkschrift der EKD den gewichtigsten Beitrag zur aktuellen Debatte um den Topos des gerechten Friedens dar. Wie in der Einleitung festgehalten[184], entspann sich im Anschluss an die durchaus breit beachtete Publikation dieser Schrift eine eher zurückhaltende Diskussion.[185] Für die

---

klassischen Kriterien des gerechten Kriegs klare Legitimitätsprinzipien, die verdeutlichen, dass auch ein Leitbild des gerechten Friedens die Frage zu thematisieren hat, ob und unter welchen Umständen die Anwendung militärischer Gewalt aus ethischer Sicht rechtfertigbar ist. Allerdings ist es in gewisser Weise bezeichnend, dass es letztlich die Kriteriologie aus der doch eigentlich zu überwindenden Tradition des gerechten *Kriegs* ist, die dazu führt, dass das Hirtenwort zur Frage der Erlaubtheit bzw. Gebotenheit humanitärer Interventionen die klarsten Antworten bereitzuhalten vermag.

[184] Vgl. dazu Fussnote 41.
[185] Vgl. zur Diskussion etwa Fischer/Strub 2007; Evangelischer Pressedienst 2008; Reuter 2008 oder Hauswedell 2009. Meines Erachtens gilt es, die Friedensdenkschrift in ihrer Gesamtheit allem voran positiv zu würdigen. Sie stellt den äusserst umfassend angelegten Versuch dar, das Leitbild ›gerechter Friede‹, das sie theologisch einbettet, auszudifferenzieren und auf die bestimmenden (friedens-)politischen Handlungsfelder der Gegenwart zu beziehen. Entsprechend richtet sie die Aufmerksamkeit auf ein überaus weites Feld an Friedensgefährdungen (Teil 1) und an Friedensaufgaben (Teil 4). In der

Zwecke dieser Untersuchung konzentriere ich mich auf die Rezeption jener Teile der Denkschrift, die sich der Grundlegung des Leitbilds ›gerechter Friede‹ widmen, da dort die zentralen Fragen (friedens-)theoretischer Natur erörtert werden. Inhaltlich konvergieren diese Abschnitte der Denkschrift zu weiten Teilen mit den Ausführungen, die sich in einem etwas früher erschienenen Beitrag von Hans-Richard Reuter finden. Entsprechend werden diese beiden Positionen im Folgenden parallel diskutiert.

Auch Reuter und die Friedensdenkschrift schlagen vor, den gerechten Frieden als ›politisch-ethisches Leitbild‹ zu verstehen. Anders als die bis hierher dargestellten Positionen macht Reuter aber deutlich, dass die Interdependenzthese nach einer Spezifizierung nicht nur des zugrunde liegenden Gerechtigkeits-, sondern auch des Friedensverständnisses verlangt. Denn, so Reuter:

> »Wer ein materiell verstandenes Gerechtigkeitspostulat verabsolutiert, kann auch Gefahr laufen, das friedliche Zusammenleben zur Disposition zu stellen [...]. Und wer den Frieden verabsolutiert, der kann – wie das imperiale Modell der altrömischen *pax* zeigt – auch eine zentralistische, gewaltförmig erzwungene Herrschaftsordnung legitimieren, die lediglich nach innen Sicherheit garantiert.«[186]

Gegenüber dieser Gefahr, dass das wechselseitige Bedingungsverhältnis von Frieden und Gerechtigkeit in die eine oder die andere Richtung verabsolutiert würde, betont Reuter in Aufnahme der bereits genannten Formulierung Wolfgang Hubers, dass die Rede vom gerechten Frieden darauf abziele, die ›Konstitutionsfaktoren‹, die einen ›qualitativ gehaltvollen‹ Frieden ermöglichen, zu identifizieren.[187]

Konsequenz lässt sich aber auch fragen, inwiefern ein solch weit gespannter Bogen nicht auf eine Preisgabe eines spezifischen Reflexionsrahmens der Friedensethik hinausläuft, umfasst er doch von der klassischen Frage nach der Verhütung bewaffneter Konflikte bis hin zur Frage nach einem Insolvenzrecht für Staaten nahezu die gesamte Palette möglicher Themenstellungen Politischer Ethik. Wie ich in der folgenden Auseinandersetzung mit der Denkschrift zu zeigen versuche, bin ich der Auffassung, dass in Anbetracht dieser ›Allzuständigkeit‹, welche sich die Friedensethik damit zuschreibt, die spezifische Erschließungskraft des Begriffs ›gerechter Friede‹ besonders im Vergleich mit dem herkömmlichen Friedensbegriff der theologischen Friedensethik undeutlich wird.

[186] Reuter 2007, 175.
[187] Vgl. Reuter 2007, 175. Zur Formulierung bei Huber vgl. Huber 2005, 120.

Wie Reuter ausführt, kann in drei Richtungen nach solchen Konstitutionsfaktoren eines gerechten Friedens gefragt werden: Erstens gehe es um die Rechtfertigungsbedingungen einer globalen Friedensordnung, verstanden im Sinne von »Legitimationsprinzipien einer Friedensordnung als Rechtsordnung«[188]. Zweitens lasse sich die Frage nach der Zielbestimmung (friedens-)politischen Handelns stellen, wodurch im eigentlichen Sinne auf den Begriff des gerechten Friedens als ›politisch-ethisches Leitbild reflektiert‹ werde. Zum dritten schliesslich könne die Thematik als Suche nach »subjektiven Konstitutionsbedingungen«[189] des Friedens angegangen werden. Die friedensethische Reflexion über das Konzept des gerechten Friedens müsse alle drei Fragerichtungen einbeziehen, wobei Reuter selbst sich vor allem den beiden ersten widmet.[190]

Im Durchgang durch die biblische Rede vom Frieden rekonstruieren die Friedensdenkschrift ebenso wie Reuter nicht nur den unauflöslichen Bezug der Gerechtigkeit zum Frieden, wie er in den biblischen Friedenstexten begegnet, sondern konturieren auch den Friedensbegriff als konstitutiv mehrdimensionalen Begriff. In der Verbindung dieser biblisch-theologischen Grundlegung des Friedensbegriffs mit der weltlich-politischen Sphäre, in der das Konzept des gerechten Friedens wirksam werden soll, begeben sie sich damit in eine gewisse Nähe zum Friedenswort der deutschen Bischöfe, die von einer Konvergenz der biblischen Sicht mit der ›politischen Vernunft‹ ausgingen. Selbstverständlich könne, wie Reuter schreibt, die »Praxis des gerechten Friedens, die von Christinnen und Christen als Merkmal ihrer weltweiten Gemeinschaft […] betrachtet werden muss«, zwar nicht die eigentliche friedenspolitische Arbeit ersetzen.[191] Doch konvergiere diese Praxis des gerechten Friedens »mit einem mehrdimensionalen Friedensbegriff, der sich als sozialethisches Leitbild und Kern eines *overlapping consensus* in die politische Friedensaufgabe einbringen lässt«[192]. Was hier als politisch-ethisches Leitbild begegnet, geht also mit dem Anspruch einher, im Sinne der Rawls'schen Figur des überlappenden Konsenses allgemein zustimmungsfähig zu sein.

---

[188] Reuter 2007, 176 (im Original kursiv).
[189] Reuter 2007, 176.
[190] Reuter präzisiert mit Blick auf die Denkschrift, dass diese den subjektiven Bedingungen des gerechten Friedens breiteren Platz einräumt, indem sie in Abschnitt 2.5.1 nach deren »Begründung im christlichen Glauben« fragt (vgl. Reuter 2008, 164).
[191] Eine analoge Formulierung findet sich auch in der Denkschrift, vgl. Rat der EKD 2007, 53.
[192] Reuter 2007, 178.

Ausgehend von der Überlegung, dass der Friede stets auf der Achtung und dem Schutz der Menschenwürde aufbauen muss, umfasst dieser gemäss Reuter und der Denkschrift gleichsam als Minimum »den Schutz von Leib und Leben, die Achtung der Subjektstellung und Autonomie jedes Menschen sowie die Gewährleistung einer subsistenzsichernden Mindestausstattung mit Gütern«[193]. Vor diesem Hintergrund entwirft Reuter den gerechten Frieden als *Prozess*, der – wie er im Rückgriff auf Georg Pichts Bestimmung des Friedensbegriffs[194] schreibt – erstens auf die *Vermeidung von und den Schutz vor Gewalt*, zweitens die *Förderung von Freiheit* und drittens den *Abbau von Not* abziele.[195] Jede dieser drei »Dimensionen« des Friedens verweist, wie Reuter festhält, auf eine im Rahmen rechtsethischer Überlegungen zu leistende Konkretisierung:

Zum ersten findet sich mit Blick auf den *Schutz vor Gewalt* die Frage nach der legitimen Weltfriedensordnung. Dabei gelte es allem voran nach der Art und Weise zu fragen, wie der Erfolg des innerstaatlichen Gewaltmonopols auf die überstaatliche Ebene übertragen werden könne, sowie nach Mechanismen der friedlichen Konfliktbearbeitung:

> »Grundproblem einer zwischenstaatlichen Friedensordnung bleibt die Frage, welches globale Ordnungsmodell als legitime Analogie zur zivilisatorischen Errungenschaft der einzelstaatlichen Gewaltmonopolisierung anzusehen ist, und wie militärische Gewaltanwendung durch nicht-gewaltsame Instrumente der Konfliktregulierung ersetzt werden kann.«[196]

Zum zweiten rufe, so Reuter und die Friedensdenkschrift, die Dimension der *Förderung von Freiheit* nach einer vertieften Auseinandersetzung mit der Problematik, wie die rechtsstaatliche Kontrolle des Gewaltmonopols, die für dessen Erfolg als ›zivilisatorische Errungenschaft‹ auf innerstaatlicher Ebene unabdingbar ist,[197] auf der internationalen Ebene institutio-

---

[193] Reuter 2007, 179 sowie leicht modifiziert Rat der EKD 2007, 53f.
[194] Vgl. dazu etwa Picht 1971. Picht hat diejenigen Elemente, die Reuter als ›Dimensionen‹ des Friedens bezeichnet, als dessen »Parameter« verstanden.
[195] So auch die EKD-Denkschrift, vgl. Rat der EKD 2007, 54ff. Die Denkschrift fügt dieser Aufzählung allerdings eine vierte Dimension hinzu, die sie als *Anerkennung kultureller Verschiedenheit* bezeichnet, ohne die, so die Denkschrift, ein auf der Basis der gleichen personalen Würde beruhender gerechter Friede nicht möglich sei.
[196] Reuter 2007, 180.
[197] Auch Dieter Senghaas unterstreicht in seinem Modell des zivilisatorischen Hexagons mit Nachdruck die Bedeutung, die der rechtsstaatlichen Kontrolle und Einhegung des

nalisiert werden könne. Nur so könne es gelingen, auch hier das »Recht des Stärkeren durch die Stärke des Rechts«[198] zu ersetzen. Im Sinne eines materialen Gerechtigkeitspostulats müsse eine solche »rechtsstaatsanaloge Implementierung der *rule of law* in den internationalen Beziehungen«[199] die Garantie der Menschenrechte einschliessen, womit auch hier die Thematik der Verhältnisbestimmung von Staatensouveränität und Menschenrechtsschutz, und damit die omnipräsente Frage legitimer militärischer, aber auch gewaltfreier Interventionen in den Blick kommt.

Zum dritten schliesslich verlange die Dimension des *Abbaus von Not* nach einer Auseinandersetzung mit den grundlegenden Knappheitsproblemen der Menschheit – knapper Lebensraum und knappe Ressourcen –, die als zentrale Ursachen gewaltsamer Konflikte wirken.[200] Auf der einen Seite erfordere der Gesichtspunkt des Abbaus von Not deshalb den Schutz der natürlichen Lebensgrundlagen, auf der anderen Seite verlange diese Dimension nach einer gerechteren Verteilung materieller Güter. Als rechtsethische Konkretisierung ergibt sich daraus gemäss Reuter die Notwendigkeit einer auf den globalen Bezugsrahmen angelegten Reflexion über die Frage, welchen Akteuren welche Pflichten hinsichtlich der Erfüllung politischer und sozialer Gerechtigkeit zukommen.

Übertragen auf die Frage nach der Gestaltung der Weltfriedensordnung unterstreicht Reuter zunächst, dass sich die »Orientierung an der Idee des gerechten Friedens realpolitisch über einen international vereinbarten Rechtszustand vermitteln«[201] müsse, weshalb das Konzept des gerechten Friedens mit einer eigentlichen Ethik des Völkerrechts zu verbinden sei, nicht zuletzt deshalb, weil »jede Interpretation und Fortbildung des Völkerrechts immer einen Vorgriff auf den projektierten Sollzustand einer Weltfriedensordnung voraussetzt«[202]. Ein Vorgriff, der in der Perspektive des gerechten Friedens und aufgrund der dargestellten Dimensionen eines solchen Friedens wiederum auf die rechtsethisch begründete Not-

---

Gewaltmonopols zukommt, damit dieses überhaupt als Friedensbedingung wirken könne, indem er diese als einen der sechs Eckpunkte des Hexagons bestimmt (vgl. dazu etwa Senghaas 1997, 572; Senghaas 2004, 31f.; Senghaas/Senghaas 1996, 246ff. sowie ausführlich unten, Abschnitt 4.4).

[198] Reuter 2007, 180. Vgl. ebenfalls Rat der EKD 2007
[199] Reuter 2007, 180.
[200] Vgl. zur Problematik der zuweilen umstrittenen empirischen Evidenz solcher Annahmen oben, 2.1.1.
[201] Reuter 2007, 181, vgl. ähnlich Rat der EKD 2007, 57.
[202] Reuter 2007, 181 und Rat der EKD 2007, 57.

wendigkeit der Ausgestaltung einer »kooperativ verfassten Weltgesellschaft ohne Weltregierung«[203], die Reuter als dritten Weg zwischen einem Ordnungsmodell vollsouveräner Staaten und einem Weltstaat bezeichnet, verweise.

Eine solche, am Leitbild des gerechten Friedens orientierte Friedensordnung müsse drei Komponenten umfassen: *Erstens* müsse sie ein Sicherheitsregime innerhalb der Grundannahmen des Systems kollektiver Sicherheit institutionalisieren. In diesem System sei auch die Frage nach der legitimen Anwendung militärischer Gewalt als kollektiver Zwangsmassnahme zu regeln ist.[204] *Zweitens* habe sie die universelle Konkretisierung der Menschenrechte zu gewährleisten. Daraus ergebe sich eine für die Reflexion über den gerechten Frieden bezeichnende Ambivalenz: Werde nämlich auf der einen Seite mit der Forderung nach zwischenstaatlicher Kooperation und Integration partieller *Souveränitätsverzicht* – gerade im hochsensiblen militärischen Bereich – verlangt, so gehe mit dem Ruf nach einer Garantie der Menschenrechte auch der Ruf danach einher, den *Schutz staatlicher Souveränität* nicht zu untergraben. Denn diese sei »in normativer Hinsicht vor allem als Schutzmantel für die Selbstbestimmung des Volkes als politisch verfasster Gesellschaft zu verstehen«[205], sodass sich die politische Konkretisierung der Idee des gerechten Friedens letztlich stets in diesem Spannungsfeld von Souveränitätsschutz und Souveränitätsverzicht bewegt, und dabei die Kategorie der *Staatlichkeit* als zentralen Bestandteil friedensethischer Reflexion einzubeziehen hat. *Drittens* schliesslich kommt der Weltfriedensordnung gemäss Reuter die Aufgabe zu, im Rahmen eines

---

[203] Reuter 2007, 182, vgl. ähnlich Rat der EKD 2007, 58.

[204] Dass Reuter bei der Frage nach – ethischen – Kriterien, an denen sich die Entscheidung über die Anwendung solcher Gewalt sowie deren konkreter Vollzug zu orientieren hätte, von der Sache her auf die Kriterien der Theorie des gerechten Kriegs zurückgreift, wird von ihm nicht bestritten (dazu auch Reuter 1996b, 281). Diese Kriterien werden von ihm jedoch so aufgefasst, dass sie nicht auf den Begründungsrahmen der Theorie des gerechten Kriegs angewiesen sind.

[205] Reuter 2007, 184; vgl. zu diesen Aspekten auch Reuter 1996b, 287ff. Zur Herleitung legitimer staatlicher Souveränität aus der (kollektiven) Selbstbestimmung des Volkes vgl. prägnant auch Walzer 2006 [1977], 53ff. Robert Keohane legt jedoch die zunehmend debattierte Feststellung dar, dass gerade die, wie ich meine, für den ›gerechten Frieden‹ besonders relevante Dimension der Konfliktnachsorge nach einer Vorstellung graduell abgestufter Souveränität verlangt, die den »Westphalian fetish« der absoluten Autonomie souveräner Staaten nicht zuletzt aus Gründen des Menschenrechtsschutzes für überholt erklärt (vgl. Keohane 2003 [Zitat 298]; sowie zur neueren Debatte um die staatliche Souveränität auch Krasner 1999; Krasner 2001; ICISS 2001 sowie UN 2004 und UN 2005). Einige Aspekte der neueren Debatte um die Konzeption von Souveränität als »Verantwortung« werden im sechsten Kapitel diskutiert.

Regimes transnationaler sozialer Gerechtigkeit dem ›Recht auf Entwicklung‹ zum Durchbruch zu verhelfen.

Dieses Recht auf Entwicklung ist Ausdruck eines ›suffizienztheoretischen‹ Verständnisses transnationaler sozialer Gerechtigkeit, das Fragen der Verteilung daran misst, »ob sie jedem Menschen Ressourcen bereitstellt, die ihm Existenz, dauerhafte Subsistenz und […] ausreichende Verwirklichungschancen sichert«[206]. In ihrer Institutionalisierung ginge diese Position, so Reuter, mit einer Pflicht wohlhabender Staaten einher, den schlechtestgestellten Staaten vollumfängliche Partizipation in der Staatengemeinschaft zu ermöglichen und ihnen zugleich die Möglichkeit zu geben, »ihren Bevölkerungen diejenigen Grundgüter zur Verfügung zu stellen, die zu einem Leben in Würde und Selbstachtung befähigen«[207].

3.2.2 Diskussion

Überblickt man die in der Friedensdenkschrift und bei Reuter dargelegte inhaltliche Ausdifferenzierung des Konzepts des gerechten Friedens, so sticht ins Auge, dass auch die Friedensdenkschrift und Reuter unter dem Leitbegriff des gerechten Friedens ein voraussetzungsreiches Programm zur Gestaltung der internationalen Beziehungen entwerfen, das auf der einen Seite die *institutionellen* Voraussetzungen zur Herausbildung dauerhaft gewaltfreier Konfliktbewältigung im Blick hat. Leitend sind dabei einerseits das Insistieren auf das System der kollektiven Sicherheit mit seinen Instrumenten und Kriterien der Ausübung von Zwang auf sicherheitsbedrohende Staaten, andererseits die Forderung nach einer möglichst rechtsstaatsanalogen Bindung der Gewalt an das Recht, auch im Bereich der zwischenstaatlichen Verhältnisse. Auf der andern Seite ist es einer Ausgestaltung der

---

[206] Reuter 2007, 187. Reuter sieht das Konzept des gerechten Friedens damit ähnlich wie Gillner (vgl. Gillner 2003, 169) verbunden mit einem nicht primär auf Gleichheit, sondern auf Suffizienz bezogenen Verständnis sozialer Gerechtigkeit (vgl. zum Begriff des suffizienztheoretischen Verständnisses sozialer Gerechtigkeit Kersting 2000, 385ff.). Die neuere Debatte um den gerechtigkeitstheoretischen Egalitarismus, die den Hintergrund der hier anklingenden Unterscheidungen bildet, kann in diesem Band nicht ausführlich dargestellt werden (vgl. zu den Abgrenzungen und zu den zentralen Positionen Krebs 2000 sowie Gosepath 2004). Hervorzuheben ist jedoch, dass sich Reuters Eintreten für ein suffizienzbezogenes Verständnis auch aus seiner Skepsis gegenüber einem weltbürgerlichen Kosmopolitismus ergibt, der in seinen Augen für die Garantie von »gleiche[r] soziale[r] Teilhabe über den einzelstaatlichen Kontext hinweg« (Reuter 2007, 187) vonnöten wäre.

[207] Reuter 2007, 188 und Rat der EKD 2007, 64.

internationalen Beziehungen, die im Sinne Reuters einer Konzeption des gerechten Friedens entspricht, auch darum zu tun, die *materiellen* Ursachen von Unfrieden und Gewalt zu beseitigen. Dabei ist es die Aufgabe einer Weltfriedensordnung, im Sinne eines suffizienzorientierten Verständnisses von Verteilungsgerechtigkeit eine (Re-)Distribution von Ressourcen zu ermöglichen, als deren Resultat nicht zuletzt globale Wohlstandsasymmetrien ausgeglichen würden. Kontinuität zur vorangehend dargestellten Position besteht überdies in der unbestrittenen Forderung, wonach eine am Leitbild des gerechten Friedens orientierte (Welt-)Friedensordnung stets im Rahmen einer (Welt-)Rechtsordnung zu konkretisieren sei. Und in ähnlicher Weise wie die deutschen Bischöfe stellen auch Reuter und die Denkschrift schliesslich Menschenwürde und Menschenrechte sowohl als inhaltliche Grundlage als auch als Kriterien eines Friedens in Gerechtigkeit ins Zentrum der Überlegungen.[208]

Allerdings erweisen sich die Denkschrift und Reuters Entwurf meines Erachtens als differenzierter als die zuvor besprochene Konzeption. Dies ergibt sich aus der speziell bei Reuter eingangs erwähnten Unterscheidung der drei Hinsichten, in denen nach der inhaltlichen Füllung des Konzepts ›gerechter Friede‹ gefragt werden könne. Wie Reuter schreibt, führt die in der Perspektive einer »Ethik des Guten auf Gerechtigkeit und Frieden als elementare *Ziele und Güter* politischen Handelns«[209] bezogene Frage zur Identifizierung rechtsethisch begründeter Legitimationsprinzipien jener Rechtsordnung, die dem Leitbild des gerechten Friedens als Friedensordnung Gestalt verleiht. Diese Legitimationsprinzipien einer Friedensordnung wiederum seien »im Rahmen einer Ethik des moralisch Richtigen bzw. Gerechten – also im Rahmen einer auf Institutionen bezogenen Rechtsethik«[210] zu thematisieren. Anders als bei den deutschen Bischöfen und, wie ich meine, durchaus zentral, erscheint damit etwa das Erfordernis globaler sozialer Gerechtigkeit nicht selbst als Mittel zur Herstellung eines gerechten Friedens. Sie stellt vielmehr eine ethisch begründete Legitimitätsbedingung einer Friedensordnung dar, die beansprucht, dem Abbau von Not als einer ihrer vorgängig genannten inhaltlichen Bestimmungsgrössen zu entsprechen. Gleiches gälte für das Erfordernis der kollektiven Sicherheit und für die durchgängige Achtung der Menschenrechte. Vor dem Hintergrund des Leitbildes ›gerech-

---

[208] So schon Reuter 2000, 78; »Gewiss: Es gibt keinen gerechten Frieden ohne Anerkennung der Menschenrechte.«
[209] Reuter 2007, 176 (kursiv im Original).
[210] Reuter 2007, 176.

ter Frieden‹ könnte keine Friedensordnung Legitimität beanspruchen, die eine dieser Bedingungen unerfüllt lässt.

Diese Differenzierung führt allerdings zur Rückfrage nach der präzisen Funktion der Bedingungen eines gerechten Friedens, die Reuter und die Denkschrift nennen. So gibt Reuter etwa nicht explizit zu erkennen, ob die rechtsethischen Konkretionen, die sich seines Erachtens aus den drei ›Dimensionen‹ eines gerechten Friedens ergeben, im Sinne einer abgeschlossenen oder einer offenen Liste von Legitimitätsbedingungen zu verstehen sind, die also – beispielsweise kontextspezifische – Zusätze erlauben oder gar verlangen könnten. Ebenso bleibt in beiden Konzeptionen unausgesprochen, ob den Bedingungen *ausschliesslich* die Funktion von Legitimitätskriterien eines gerechten Friedens zukommt. Mit Blick auf die ethische Urteilsbildung wären diese dann analog etwa zu den Kriterien der Theorie des gerechten Kriegs als Prüfsteine dafür zu sehen, in einer bestimmten politischen Situation eine den normativen Massgaben des Leitbilds entsprechende Ordnung vorliegt. Allerdings liessen sich diese Bedingungen auch so verstehen, dass sie darüber hinaus *auch* als Bedingungen gedacht sind, die jene Prozesse, die den gerechten Frieden ausmachen, überhaupt erst ermöglichen. Meines Erachtens wird diese Differenz bei Reuter ebenso wie in der Friedensdenkschrift jedoch eingeebnet. Sie ist mit Blick auf den theoretischen Anspruch, den das Konzept des gerechten Friedens erhebt, aber von zentraler Bedeutung.

Mit der – deskriptiven – Aussage, es handle sich auch um dergestalt verstandene Voraussetzungen ginge der Anspruch einer solchen, am Leitbild des gerechten Friedens orientierten Konzeption nämlich sicherlich weiter, als eine rein normative Auffassung entsprechender Bedingungen, wie sie beispielsweise oft für die Kriterien des ›gerechten Kriegs‹ vorausgesetzt wird.[211] Gemeint wären damit dann auch solche Bedingungen, die im Sinne von *Voraussetzungen* für die Herausbildung eines gerechten Friedens unverzichtbar sind, die also auch in deskriptiv-empirischer Hinsicht für einen auf das *peacebuilding*[212] bezogenen Ansatz Gültigkeit beanspruchten. Je eher solch ein Anspruch geltend gemacht werden kann, desto besser wiederum dürfte es um die Operationalisierbarkeit der Konzeption des gerechten Friedens in der friedenspolitischen Praxis bestellt sein.[213]

---

[211] Vgl. dazu etwa Mayer 2005.
[212] Vgl. zum Begriff oben, Abschnitt 3.1.3.
[213] Die Anforderung der Operationalisierbarkeit und das heisst: der Rezipierbarkeit des Leitbilds ›gerechter Friede‹ gerade etwa auf der Ebene politischer Entscheidungsfindung,

Reuter und die Friedensdenkschrift schliessen in friedenstheoretischer Hinsicht wie erwähnt an die Friedenskonzeption von Georg Picht an. Dieser hat die von Reuter als ›Dimensionen‹ eines gerechten Friedens bezeichneten Elemente als ›Parameter‹, die den Frieden bestimmen, verstanden hat.[214] Für diese Parameter – den Schutz vor Gewalt, die Förderung der Freiheit und den Abbau von Not – gilt gemäss Picht, dass sie derart zusammenhängen, »dass jede politische Ordnung friedlos sein muss und Gewalt erzeugt, die einen dieser Parameter unterschlägt«[215]. Gerade in dieser von Picht vorgezeichneten Linie scheint es also nahe zu liegen, auch bei Reuter diese Dimensionen als Bedingungen zu verstehen, die erfüllt sein müssen, soll von einem *gerechten* Frieden die Rede sein können. So gilt denn für ihn auch, dass die Stossrichtung der Rede vom gerechten Frieden durch den expliziten Einbezug der Gerechtigkeitsdimension als nicht nur auf die Ebene der Anfangs-, sondern gerade auch auf jene der ›Optimierungs- und Konsolidierungsbedingungen‹ des Friedens bezogen ist.[216]

Mit Sicherheit stellt jedoch die erste Dimension, die Vermeidung von und der Schutz vor Gewalt, darüber hinaus auch eine Voraussetzung dafür dar, dass solche Prozesse überhaupt möglich werden. Denn ohne die Abwesenheit direkter Gewalt kann weder nachhaltiger Friede entstehen, noch sind die Bedingungen dafür gegeben, dass die rechtsethisch begründeten Regelungsbereiche etwa des globalen sozialen Ausgleichs wirkungsvoll institutionalisiert werden können. Weniger deutlich erscheint mir dies bei den anderen Bedingungen, die Reuter einführt, zählt er doch etwa die Gerechtigkeit gerade *nicht* zu den ›Anfangsbedingungen‹ und damit auch nicht zu den Voraussetzungen für die Herausbildung von Frieden im elementaren Sinn. Friede sei vielmehr zunächst auf Gewaltverzicht angewiesen.[217] Zu fragen wäre also, zu welchem Zeitpunkt in der Perspektive einer am hier skizzierten Leitbild des gerechten Friedens orientierten friedenspolitischen Praxis die Garantie der Menschenrechte oder die Durchsetzung des Rechts

---

scheint für Reuter ebenso wie für die Denkschrift gegeben, gehen sie doch davon aus, dass das Anliegen des gerechten Friedens und damit die Aufgabe der Friedensethik nicht etwa auf die kirchliche Praxis beschränkt bleiben dürfe, sondern in die konkrete Friedenspolitik einzubringen sei.

[214] Vgl. auch Huber/Reuter 1990, 22ff., wo sich die identische Bestimmung des Friedensbegriffs findet, wobei dort allerdings nicht von ›Dimensionen‹, sondern von »Indikatoren« des Friedens die Rede ist.

[215] Picht 1971, 33.

[216] Vgl. Reuter 2007, 179.

[217] Vgl. Reuter 2007, 179.

auf Entwicklung ihre volle Bedeutung entfalten. Entsprechend müsste vermehrt die Frage Beachtung finden, in welcher Weise verknüpft die genannten Bedingungen zu denken sind.

Mit Blick etwa auf die zu Beginn erwähnte *Conflict Trap* legt sich der Eindruck nahe, dass auch ein gewisses Mass an sozialer Gerechtigkeit – d.h. bestimmte Massnahmen institutionalisierter Umverteilung – nicht selten ebenso unabdingbar wie die Beendigung direkter Gewalt ist, um Prozesse hin zu einem dauerhaften Frieden überhaupt erst auszulösen. Teile der Mechanismen einer (auch globalen) Umverteilung sind damit, so scheint es, zumindest *auch* als Bedingungen dafür zu verstehen, dass der Prozess hin zu einem gerechten Frieden in Gang gesetzt werden kann. *Peacebuilding* (etwa in Zusammenhang mit der langfristigen Befriedung bürgerkriegsversehrter Regionen) impliziert überdies oft die Präsenz externer ziviler oder militärischer Akteure. Nicht zuletzt deshalb kann die Unterscheidung zwischen Bedingungen, welche die Entstehung eines gerechten und damit dauerhaften Friedens *ermöglichen* und denjenigen, die das *Erreichen dieses Ziels* anzeigen und somit eine graduelle Beendigung externer Interventionen angezeigt erscheinen lassen, für das Unterfangen von erheblicher Bedeutung sein.[218]

---

[218] Dass die Denkschrift durchaus stärker hierauf eingehen könnte, hat auch Reuter so festgehalten (vgl. Reuter 2008, 165). Hier scheint nun auch bei Reuter wie in allen Beiträgen zur bisherigen Debatte um das Konzept des gerechten Friedens die Thematik humanitärer Interventionen auf: Gerade wenn das Leitbild des gerechten Friedens auf Prozesse der Schaffung ›qualitativ gehaltvollen‹ Friedens und damit auf das peacebuilding fokussiert, bleibt es auf eine ihm eingeschriebene Reflexion über Faktoren, Mittel, Akteure und Legitimitätsbedingungen des peacemaking angewiesen (vgl. dazu ausführlich unten, Kapitel 5). Ob und wie etwa in Situationen einer Conflict Trap oder angesichts anhaltender massiver Menschenrechtsverletzungen innerhalb eines Staates die offene Gewalt zu einem Ende gebracht werden kann, ist auch für eine am Konzept des gerechten Friedens orientierte Reflexion von Bedeutung. Damit stellt sich, wenngleich in sicherlich nur wenigen Fällen, auch in diesem Zusammenhang die notorisch umstrittene Frage der legitimen Anwendung militärischer Zwangsgewalt als ultima ratio. Auch für die Friedensdenkschrift und für Reuter ist dies der Ort, an dem das Konzept des gerechten Friedens mit den Kriterien, die in der Theorie des gerechten Kriegs leitend sind, in Berührung kommt. Allerdings wiederholt Reuter an dieser Stelle seine Ablehnung eines Rückbezugs dieser Kriterien auf die Theorie des gerechten Kriegs, seien diese doch unter gegenwärtigen Bedingungen – etwa unter dem Vorzeichen der Verrechtlichung insbesondere der Bestimmungen des klassischen ius in bello – »aufgehoben« (Reuter 2007, 183). Gemäss Reuter beruhen die Kriterien des gerechten Kriegs auf »moralischen Intuitionen« (Reuter 2007, 183), wie sie nicht nur mit Blick auf den Krieg, sondern auch mit Blick gerade auf die legitimen (innerstaatlichen) Formen des Gewaltgebrauchs, insbesondere des polizeilichen, Geltung beanspruchen könnten (vgl. mit dieser Position auch schon Reuter 1994, 86; Reuter 1996a, 247; Haspel 2002, 57f.). Reuter thematisiert allerdings nicht, inwiefern hier auch Kriterien einzubeziehen wären, die in neueren Ent-

3.2.3 Ertrag
Führt man die bis hierher angestellten Überlegungen zu der bei Reuter und in der Denkschrift vorfindlichen Leitbild-Konzeption zusammen und blickt zunächst auf die drei oben ausgeführten Anknüpfungspunkte an die theologische Friedenstradition[219], so wird deutlich, dass sie alle im Blick sind: Der eschatologische Bezug christlich-theologischen Friedensdenkens tritt kritisch-motivational gewendet in Erscheinung; hinsichtlich der engen Verschränkung von Frieden und Gerechtigkeit wurde die Privilegierung der begrifflich-inhaltlichen und der normativen Interpretation, die Reuter und die Denkschrift gerade im Rückgriff auf die biblische Semantik betonen, deutlich. Schliesslich wurde auch sichtbar, inwiefern hier unter Aufnahme von Georg Pichts Friedenstheorie eine genuin begrifflich orientierte Reflexion vorliegt.

Zugleich Stärke und Schwäche der bei Reuter und in der Denkschrift skizzierten Bedingungen eines gerechten Friedens ist letztlich allem voran, dass sie sehr allgemein gehalten sind. Offen bleibt damit, worin letztendlich die spezifische Erschliessungskraft des Begriffs ›gerechter Friede‹ liegt. Wird allem voran auf den semantischen Zusammenhang von Frieden und Gerechtigkeit insistiert und dabei ins Zentrum gerückt, dass sich diese Einsicht bereits in biblischer Perspektive nachweisen lässt, so bliebe es ausreichend, auf ein hinreichend komplexes Verständnis des Friedens als solchem zu pochen. Soll hingegen vorrangig gezeigt werden, dass die nachhaltige Friedenssicherung nicht nur in empirischer, sondern auch in normativer Hinsicht vor allem die Verringerung von Ungerechtigkeiten und den globalen Ausgleich von Asymmetrien erfordert, so verschiebt sich der Rahmen der Debatte hin zur *global justice*-Diskussion und wird über den genuinen Bereich der Friedensethik ausgedehnt. Um ferner zu einer Konzeption zu werden, welche die faktische friedensethische Urteilsbildung entscheidend zu stützen erlaubt, wären Konkretisierungen an verschiedenen Stellen angezeigt. So käme ein handlungs- und politikleitendes Konzept etwa nicht ohne eine vertiefte Reflexion darüber aus, welche Kategorien von Menschenrechten bei der Bestimmung des gerechten Frie-

---

würfen, die mit Vorschlägen zu einem ius post bellum auch die Frage der Interventionsbeendigung bedenken, Erwähnung finden. Denn ähnlich wie die Konzeptionen des ius post bellum zu verdeutlichen versuchen, dass auch die Theorien des gerechten Kriegs auf ein bestimmtes, als legitim erachtetes Resultat hin zu konkretisieren sind, bezeichnet ja auch das Konzept des gerechten Friedens eine »Zielperspektive« (Reuter 2007, 182), auf die hin die Prozesse eines solchen Friedens zu richten sind.

[219] Vgl. Abschnitt 2.2.

dens vorrangig sind[220] und welche Positionen der Debatte um die globale Gerechtigkeit – insbesondere hinsichtlich der Frage der Begründung und der inhaltlichen Spezifizierung der von Reuter genannten Hilfspflichten gegenüber Entwicklungsländern – über die non-egalitaristische Festlegung hinaus konzeptionell leitend sind. Dabei müsste ebenfalls verstärkt zur Sprache kommen, dass Friedenssicherung, wie es Gillner betont hat, nicht nur mit Fragen der sozialen Gerechtigkeit verknüpft ist, sondern auch die Ebene politischer Gerechtigkeit – etwa die Frage der politischen Partizipation – berührt.[221]

Schliesslich und allem voran ist aber zu fragen, inwiefern sich aus dem in der Denkschrift und bei Reuter Dargelegten ein spezifischer Begriff eines *gerechten* Friedens ergibt, der über die rhetorisch-programmatische Ebene hinaus spezifische Gesichtspunkte zu erschliessen vermag, die ein gerade theologisch angemessen qualifiziertes Verständnis des *Friedens schlechthin* nicht vermittelt.[222] Der ›qualitativ gehaltvolle‹ Frieden, dessen Konstitutionsfaktoren der ›gerechte Frieden‹ gemäss Reuter bezeichnet, scheint jedenfalls bei Georg Picht, auf dessen Bestimmung des Friedensbegriffs Reuter zurückgreift, bereits im Blick zu sein. Denn die blosse Abwesenheit von Gewalt – also die negative, qualitativ ›elementare‹ Gestalt des Friedens – bezeichnet bei ihm ja nur einen der drei Parameter des Friedens. Die beiden anderen Parameter aber machen deutlich, dass die Picht'sche Konzeption, an die Reuter anknüpft, in sich bereits einen weiten bzw. ›positiven‹ Friedensbegriff zugrunde legt, der mithin dadurch gekennzeichnet ist, dass er die Verwirklichung zumindest eines gewissen Masses an sozialer Gerechtigkeit zum Wesen des Friedens *an sich* hinzuzählt.[223]

Damit wird ein Aspekt sichtbar, den ich in den Überlegungen zur Friedenstheorie im nächsten Kapitel wieder aufnehmen werde, nämlich die Skepsis

---

[220] Mit Blick auf die Frage der Rechtfertigung humanitärer Interventionen findet sich bei Reuter eine entsprechende Kategorisierung etwa noch in Reuter 1996b, 288.

[221] Vgl. Gillner 2003, 169f.

[222] Vgl. mit einer in diese Richtung gehenden, allerdings nicht auf Reuter im Speziellen, sondern auf die gegenwärtige Rede vom gerechten Frieden insgesamt gemünzten kritischen Spitze Körtner 2006, 13.

[223] Georg Picht schrieb dazu etwa: »Definiert man Frieden als einen Weltzustand, in dem die Menschheit biologisch existieren kann, so ist der Gegensatz zum Frieden nicht mehr der Krieg, sondern die Not: die physische Not von Menschen, die um ihr Existenzminimum kämpfen müssen, und die unendliche Kette von seelischen und moralischen Nöten, die mit dieser physischen Not verbunden sind. *Wir sind dann gezwungen, den Frieden innerhalb der Weltgesellschaft in Kategorien der sozialen Gerechtigkeit zu beschreiben.*« (Picht 1971, 27, Hervorhebung hinzugefügt).

gegenüber der mit einer solchen Begrifflichkeit einhergehenden Ausweitung des Friedensbegriffs, die dessen Operationalisierbarkeit sowohl mit Blick auf die Erforschung von Friedensursachen als auch mit Blick auf die Implementierung friedenspolitischer Postulate letztlich an seinen eigenen Unschärfen scheitern lässt. Dass dies, wie ich meine, auch mit Blick auf die Möglichkeiten, die friedensethische Urteilsbildung durch ein Leitbild des gerechten Friedens hinreichend anleiten zu können, fraglich ist, sollte in den vorangehenden Überlegungen deutlich geworden sein. Auf der andern Seite zeigt der Blick auf die begrifflichen Festlegungen Reuters, dass das Konzept des gerechten Friedens mit einer tendenziell pleonastischen bzw. redundanten Struktur behaftet ist, insofern sich die entscheidende Differenz zwischen einer – gerade theologisch angeleiteten – Bestimmung des Friedens an sich und der inhaltlichen Füllung des Begriffs ›gerechter Friede‹ zu verwischen droht.

Wie ich meine, wird in den bis hierher diskutierten Positionen die Tendenz zur inhaltlichen Überfrachtung auf der einen und zur funktionalen Unterbestimmung der Bestandteile des gerechten Friedens auf der andern Seite augenfällig. *Ersteres* bezieht sich zum einen auf den zugrunde gelegten Friedensbegriff: Die Interdependenz von Frieden und Gerechtigkeit, die im Leitbild ›gerechter Friede‹ betont ist, scheint gerade in der Denkschrift allem voran im Sinne der begrifflich-inhaltlichen Interpretation verstanden, wodurch die Verwirklichung von Gerechtigkeit gleichsam als Bestandteil dessen, was mit dem Begriff des Friedens bezeichnet wird, fungiert. Der Eindruck der inhaltlichen Überfrachtung bezieht sich zum andern aber auch auf die grosse Bandbreite an ›Aufgabenfeldern‹, auf die der Topos vom gerechten Frieden in diesen Entwürfen bezogen wird. *Zweiteres* wiederum bezieht sich allem voran auf die funktionale Bestimmung der Bedingungen und Voraussetzungen eines gerechten Friedens, die jeweils benannt werden.

Ein Element ist allen Überlegungen zum gerechten Frieden gemeinsam: Sie beinhalten alle – in mehr oder minder expliziter Form – jene oben hergeleitete, theologisch begründete Bezugnahme auf den »eschatologische[n] Vorbehalt«[224], wonach zwischen dem irdisch realisierbaren und der in normativer Hinsicht leitenden Vorstellung des Friedens eine Spannung besteht. Jene Positionen, die das Leitbild des gerechten Friedens im Sinne

---

[224] Körtner 2003a, 376.

einer ›regulativen Idee‹ verstehen, geben dieser Spannung, so meine ich, kohärente theoretische Gestalt. Denn die Vorstellung eines gerechten Friedens als regulativer Idee betont im Besonderen das kritische Potential, das dieser Begriff für die friedensethische Analyse faktisch bestehender (Friedens-)Ordnungen bereithält. Dieser Interpretation, die aus meiner Sicht einer Konkretisierung der Rede vom gerechten Frieden als friedensethischem ›Leitbild‹ entspricht, ist der nächste Abschnitt gewidmet.

3.2.4 Der ›gerechte Friede‹ als ›regulative Idee‹

Sowohl das Hirtenwort der deutschen Bischöfe als auch die aktuelle EKD-Denkschrift und explizit auch Reuter halten fest, dass die Idee des gerechten Friedens theologisch gesprochen stets auch in einer Art Spannungsverhältnis zwischen ›Gabe‹ und ›Verheissung‹ steht. Die Idee des gerechten Friedens umfasst damit – wie das biblisch-theologische Friedensdenken schlechthin – gleichsam einen ›eschatologischen Überschuss‹. Aus diesem können sich für eine theologische Friedensethik, so meine ich, ein wiederum auf die friedenspolitische Praxis zu beziehender kritischer Impetus, aber auch der generelle Antrieb zum Handeln für den Frieden ergeben – mit Blick auf ersteres *wegen*, mit Blick auf zweiteres *trotz* des Wissens um die für menschliches Vermögen »prinzipiell bloss fragmentierte[] Realisierbarkeit«[225] des idealen Friedens.

Wie Wolfgang Huber konstatiert, ist es letztlich dieser ‚eschatologische Überschuss, dessetwegen Skeptiker in der gegenwärtigen Debatte um den gerechten Frieden die Auffassung vertreten, ein solcher Begriff bzw. eine solche Idee gehöre ins Reich der Utopien und sei gerade deshalb ungeeignet, zum friedensethischen Leitbegriff zu werden, weil sie in der politischen Realität nicht zu verwirklichen sei.[226] Demgegenüber ist Huber der Ansicht, dass die Idee des gerechten Friedens und die in ihr verkörperte Vorstellung einer dauerhaften Überwindung des Kriegs gerade nicht als eine ins Reich des Wunschdenkens zu verbannende Utopie, sondern als eine menschliches Handeln und Entscheiden leitende »regulative Idee« zu verstehen seien:

---

[225] Nothelle-Wildfeuer 2003, 192.
[226] Huber 2005, 123.

»Nun ist es ja denkbar, dass derzeit die Überwindung von Kriegen nicht möglich ist, dass dies aber eines Tages in ferner Zukunft einmal Wirklichkeit werden könnte. Aber selbst wenn dies nicht einmal denkbar wäre, so kann dennoch die Idee dieser Überwindung als eine regulative Idee dem moralischen Handeln und der ethischen Orientierung von Menschen zu Grunde liegen.«[227]

Mit dem kantischen Begriff der regulativen Idee gibt Huber der Rede vom Leitbild des gerechten Friedens einen philosophischen Ankerpunkt. Denn nicht nur die Überwindung des Kriegs, die eine wichtige inhaltliche Bestimmung des gerechten Friedens darstellt, sondern dieser insgesamt sei, so Huber, »eher eine regulative Idee als ein[] unter irdisch-weltlichen Bedingungen identifizierbare[r] Gegenstand«[228]. Damit wird der gerechte Friede von Huber zum Massstab und Korrektiv jedes Friedenshandelns erklärt, ohne dass dieses Friedenshandeln selbst schon die umfassende Verwirklichung eines solchen Friedens anzustreben hätte. Gemäss Kant sind »Ideen [...] auf menschliches Handeln als deren kritisches Regulativ bezogen, können aber niemals Gegenstand der Erfahrung sein, da sie immer nur angenähert, nie aber voll eingeholt werden können.«[229]

Verstanden als regulative Idee ist das Konzept des gerechten Friedens für Wolfgang Huber also eine normative Zielvorgabe, die zwar nicht in der empirisch erfahrbaren Realität ihren Anhaltspunkt finden kann, aber doch immer auf diese Realität bezogen ist und dieser gegenüber auch Allgemeingültigkeit beanspruchen kann.[230] Wie Ursula Nothelle-Wildfeuer, für die freilich der Friede schlechthin und nicht ein spezifischer Begriff des gerechten Friedens im Blick ist, schreibt, dienen regulative Ideen

---

[227] Huber 2005, 123.
[228] Huber 2005, 128.
[229] Walter 1998, 118. Vgl. bei Kant (Kant 1956 [1787], A327/B384, 331): »Wenn man eine Idee nennt: so sagt man dem Objekt nach (als von dem Gegenstande des reinen Verstandes) *sehr viel*, dem Subjekt nach aber (d.i. in Ansehung seiner Wirklichkeit unter empirischer Bedingung) eben darum *sehr wenig*, weil sie, als der Begriff eines Maximum, in concreto niemals kongruent kann gegeben werden.« Vgl. auch Kant 1968 [1788], 259, Anm., wo Kant schreibt, er verstehe »unter einer Idee eine Vollkommenheit [...], der nichts in der Erfahrung adäquat gegeben werden kann«. Entsprechend dienen diese Ideen »als Urbilder der praktischen Vollkommenheit, zur unentbehrlichen Richtschnur des sittlichen Verhaltens«.
[230] Zur Allgemeingültigkeit vgl. Walter 1998, 119.

»der Beurteilung von Handlungsoptionen und sind als solche unverzichtbar, auch wenn die konkreten, individuellen wie kollektiven Handlungsresultate, gemessen an der regulativen Idee, immer begrenzt und mangelhaft sind und damit revisionbedürftig [sic] bleiben. Sie haben mithin eine heuristische Funktion als Richtungsindikatoren für moralisch rechtfertigbare Entscheidungen unter hoch- und hyperkomplexen Realitätsbedingungen, die eine Eindeutigkeit der Beurteilung und der Lösungsfindung per se nicht zulassen.«[231]

Dementsprechend gehe die Sichtweise des Friedens als regulative Idee nicht davon aus, dass eine bestimmte friedenspolitische Praxis in der Lage wäre, Verhältnisse durchgehend friedlicher Koexistenz hervorzubringen.[232] Vielmehr leite sie dazu an, jedes friedenspolitische Handeln und Denken darauf anzulegen, sich einem solchen Frieden anzunähern, »auch wenn die konkrete Praxis dem Ideal immer hinterherhinkt«[233]. Gerade theologisch gesprochen sei es die Stärke dieses Blicks auf den Frieden, dass die Realität dem als Regulativ benannten Ideal auch »hinterherhinken darf«[234]. Dies gilt zum einen aufgrund der eschatologischen Spannung, auf die das theologische Friedensverständnis konstitutiv verweist. Zum andern gewinnt es seine Berechtigung aber auch dann, wenn man mit Ulrich Körtner anerkennt, dass es »[z]ur humanen Selbstbegrenzung im Sinne des christlichen Glaubens gehört«, einer »ideologischen Überfrachtung des Friedensbegriffs« entgegenzuwirken und stattdessen, entgegen der etwa in Kants Friedensschrift zum Ausdruck kommenden Hoffnung, wonach sich der ewige Frieden in einem Reich der praktischen Vernunft von selbst einstellen werde,[235] »eine realistische Friedenspolitik« anzumahnen.[236]

Hubers Verweis auf den nicht-utopischen Charakter eines als regulative Idee verstandenen Leitbildes ist genau auf diesen Kritikpunkt gemünzt,

---

[231] Nothelle-Wildfeuer 2003, 192.
[232] Dies sah auch Kant so, in dessen Schrift »Zum ewigen Frieden«, wie Günther Patzig schreibt, deutlich zutage tritt, dass es sich bei der Idee des ›ewigen Friedens‹ als ›kategorischem Friedensimperativ‹ (Höffe 1995a, 19) nicht um »einen Vorschlag zur sofortigen Realisierung, sondern um die Skizzierung einer unbefristeten, ja unendlichen Aufgabe der Menschheit handelt, einer für die Praxis und Politik regulativen Idee, von der wir höchstens annehmen dürfen, dass wir uns ihr allmählich annähern, aber nicht, dass wir sie in endlicher Zeit voll realisieren können.« (Patzig 1996, 16)
[233] Nothelle-Wildfeuer 2003, 192.
[234] Nothelle-Wildfeuer 2003, 192.
[235] Vgl. Kant 1964 [1795], A85/B90, 240.
[236] Für die Zitate vgl. Körtner 2003a, 376.

wonach der ›gerechte Friede‹ eine allzu idealistische und realitätsferne friedensethische Ausgangsposition darstelle. Weil sie etwa – im Unterschied zum absoluten Pazifismus – die Möglichkeit der Gewaltanwendung als *ultima ratio* nicht ausschliesse, stelle die ›Lehre‹ vom gerechten Frieden durchaus eine realistische Konzeption dar, obwohl sie, so Huber, »in ihrem Kern mit der Hoffnung auf die Überwindung von destruktiver Gewalt und Krieg verbunden ist«[237]. Die ›Lehre‹ vom gerechten Frieden darf für Huber folglich nicht in »Diskontinuität« zur Theorie des gerechten Kriegs gesehen werden. Vielmehr ist sie als deren »Fortentwicklung« zu konzipieren,[238] in deren Zentrum jedoch nicht (mehr) die Orientierung am Kriegsbegriff, sondern die durchgängige Orientierung an der regulativen Idee ›gerechter Friede‹ als Grundbegriff jeder Friedensethik steht.

In inhaltlicher Hinsicht verweist die skizzierte ›Lehre‹ vom gerechten Frieden gemäss Huber einerseits gerade auf diese vorbehaltlose Orientierung am Frieden, andrerseits auf die auch hier hervorgehobene wechselseitige Angewiesenheit von Frieden, Recht und Gerechtigkeit.[239] Damit, so scheint mir, ist aber auch gegenüber Hubers Ausführungen die Rückfrage zu formulieren, ob die von ihm profilierte ›Lehre‹ in sich ausreichend spezifizierbar ist, um dem – jedenfalls mit dem Begriff der regulativen Idee gewiss transportierten – Anspruch, der friedensethischen *Urteilsbildung* eine Grundlage zu geben, entsprechen zu können, ohne letztlich in ihren einzelnen Bestandteilen gänzlich in anderen, differenzierteren Debattensträngen aufzugehen.

Zwar betont Huber mehrfach, dass die eigentliche ›Lehre‹ vom gerechten Frieden, also ein systematisches theoretisches Konzept, erst in Entwicklung stehe und schärfere inhaltliche Konturen erst noch erlangen müsse. Gerade vor dem Hintergrund dieser Beteuerung erstaunt aber zum einen die immerhin bereits rund 20 Jahre währende ›Geschichte‹, die dieses Konzept spätestens seit der ›Dresdner Forderung‹ kennt. Ist deren inhaltliche Unbestimmtheit über so lange Zeit nicht selbst schon ein Gesichtspunkt, den es im Sinne einer kritischen Anfrage an die Leistungsfähigkeit und an die Erschliessungskraft des Konzepts zu thematisieren gilt? Zum andern entsteht in Hubers Ausführungen der Eindruck einer gewissen Spannung, da nebst dem Verweis auf die Unabgeschlossenheit und den Weiterentwicklungs-

---

[237] Huber 2005, 124.
[238] Vgl. Huber 2005, 128.
[239] Huber 2005, 127.

bedarf der Lehre vom gerechten Frieden insbesondere ihr systematischer Bezug zur Theorie des gerechten Kriegs in einer Art und Weise geklärt erscheint, als liege eine solche Lehre in einer inhaltlich differenzierten Form bereits vor. Es ist jedoch problematisch, wenn – wie es bei Huber der Fall ist – beispielsweise die ›Orientierungspunkte‹ der EKD, einfach zum Nennwert für eine ›Lehre‹ vom gerechten Frieden genommen werden. Dort ist gewiss die Rede von der notwendigen Ausformulierung einer solchen Lehre (was im Anschluss an die ›Dresdner Forderung‹ nur konsequent ist); in der Ergänzung von 2001 wird die geltende friedensethische Position auch explizit unter die Orientierung am Leitbegriff des gerechten Friedens gestellt[240]. Allerdings geschieht dies, indem die Forderung nach einem ›erweiterten Friedensbegriff‹, die im ursprünglichen Dokument zentral hervorgehoben wurde, mit der Orientierung am Leitbegriff ›gerechter Friede‹ ineins gesetzt wird. Damit allerdings wird das, was zunächst – gerade vor dem Hintergrund theologischer Überlegungen – als adäquates Verständnis des *Friedens an sich* bestimmt wurde, auch hier mit dem Begriff des gerechten Friedens kongruent gesetzt, wodurch dessen spezifischer Gehalt zumindest undeutlich wird.

Zweifellos ist aber mit der von Huber gewählten Bestimmung des gerechten Friedens als regulative Idee der theoretische Anspruch, der mit einem so verstandenen Leitbild assoziiert wird, eindeutiger benannt. Die Prozesse, Interaktionsmuster und institutionellen Regelungen, die eine an dieser Idee orientierte Friedensordnung kennzeichnen, sind an der Idee zu messen, ohne dass deren vollständige Erfüllung bzw. Realisierung durch sie garantiert werden müsste. Dies macht die Rede vom friedensethischen Leitbild des gerechten Friedens als regulative Idee besonders anschlussfähig für eine theologische Friedensethik, die ein Friedensverständnis zugrunde legt, dem zufolge, wie Körtner schreibt, innerweltlicher Friede stets »nur als ein relativer Zustand erreichbar [ist], in welchem bestenfalls ein Vorschein des endzeitlichen Gottesfriedens sichtbar wird«[241]. Allerdings geht mit einer solchen Sicht auf die Friedensthematik stets auch die oben benannte Gefahr einher, dass das, was an innerweltlichem Frieden erreichbar ist, vor dem Hintergrund des Absoluten, das einem theologisch geprägten Friedensbegriff innewohnt, eine Entwertung erfährt. Umso zentraler er-

---

[240] Vgl. Kirchenamt der EKD 2001, 67f.
[241] Körtner 2003a, 351.

scheint in der Konsequenz die Anforderung an eine als regulative Idee vertretene Leitbild-Konzeption, dass die sich aus ihr ergebenden normativen Forderungen an eine weltliche Friedensordnung systematisch hinreichend differenziert werden, um *handlungsleitend* werden zu können.[242] Für Huber legt die regulative Idee eines gerechten Friedens diesbezüglich einen durchaus eindeutigen Fokus der Bemühungen um den Frieden nahe: Er hält fest, dass diese in der Optik des gerechten Friedens allem voran auf die dauerhafte Überwindung von destruktiver Gewalt und Krieg zu richten seien – entgegen der inhaltlichen Überfrachtung der Rede vom gerechten Frieden, die ich zuvor jeweils kritisch hinterfragt habe, liegt hierin, so meine ich, eine Eingrenzung derselben, auf die ich in den nachfolgenden friedenstheoretischen Überlegungen nachdrücklich zurückkommen werde.

Allerdings ist hier auch festzuhalten, dass die wesentlichen inhaltlichen Aspekte der ›Lehre‹ vom gerechten Frieden bei Huber insbesondere in ihren gegenüber etablierten friedenstheoretischen *und* friedensethischen Entwürfen innovativen Zügen noch gänzlich unterbestimmt bleiben. Vielmehr bleibt sein Plädoyer letztlich beim Ruf nach einer Ausbildung bzw. Weiterentwicklung einer solchen Lehre stehen. Es ist denn auch nicht verwunderlich, dass Hubers Ausführungen dort, wo sie am elaboriertesten erscheinen, die Frage des Verhältnisses einer ›Lehre vom gerechten Frieden‹ zur Theorie des gerechten Kriegs thematisieren. Denn zweifellos ist die Debatte an dieser, allerdings nicht besonders innovativen Stelle am weitesten fortgeschritten:

Mit Blick auf den Schutz und die Durchsetzung der grundlegenden Menschenrechte im Sinne der humanitären Intervention anerkennen die meisten Positionen, einschließlich der bis hierher dargestellten, dass ein Konzept des gerechten Friedens zumindest *for the time being* nicht um Reflexionen über legitime Formen der Anwendung militärischer Gewalt herumkomme. Während dabei *in der Sache* stets auf Kriterien zurückgegriffen wird, die in der Tradition der Theorie des gerechten Kriegs debattiert werden, ist es vor allem die Frage nach dem *Begründungszusammenhang*[243], aus

---

[242] Vgl. mit der entsprechenden Anfrage an die bisherigen friedensethischen Positionsbezüge zum gerechten Frieden Haspel 2007a, 212.

[243] Mit dem Begriff ›Begründungszusammenhang‹ meine ich die Art und Weise, wie die verschiedenen Positionen mit der Einordnung der Kriterien, die sie zur Bewertung der Frage legitimer Gewaltanwendung heranziehen, umgehen. Während die einen die Theorie des gerechten Kriegs als stets unabgeschlossene Tradition verstehen, die bis in die heutige Zeit hinsichtlich ihrer Grundlagen und ihres Umfangs modifiziert und weiterentwickelt werden kann, sehen die andern in ihr eine Theorie, die zu einer bestimmten

dem Legitimitätskriterien militärischer Gewaltanwendung in humanitären Interventionen gewonnen werden, die in der Diskussion umstritten um das Konzept des gerechten Friedens umstritten ist. So wird dieses von den einen als *Ablösung und Ersatz* der Theorie des gerechten Kriegs angesehen,[244] während es von den andern gerade in Kontinuität zu letzterer gerückt wird und dabei entweder als deren *Fortschreibung*[245] oder als *komplementäre Konzeption*[246] verstanden wird.[247] Vertreter der ersten Position gelangen dabei nicht selten allem voran deshalb zu ihrer ablehnenden Haltung, weil sie der Theorie des gerechten Kriegs Unvollständigkeit oder Missbrauchsanfälligkeit vorhalten,[248] oder aber weil sie auf der Unmöglichkeit insistie-

---

Zeit – allem voran im Mittelalter – entstand und auf die speziellen historischen Voraussetzungen jener Zeit, insbesondere die Einheit von Moral und Recht unter dem Dach der römischen Kirche, angewiesen ist.

[244] Vgl. mit dieser Position etwa Delbrück 2003 und die aktuelle Friedensdenkschrift der EKD, wo an die Stelle der Rede vom gerechten Krieg der Terminus der »rechtserhaltenden Gewalt« tritt (vgl. Rat der EKD 2007, 65ff.). Die Problematik des Begründungszusammenhangs der Kriterien legitimer Gewaltanwendung ist dort prägnant benannt: »Nicht gegen Kriterien dieser Art als solche, wohl aber gegen die überkommenen Rahmentheorien des gerechten Kriegs, in die sie eingefügt waren, bestehen prinzipielle Einwände. Denn die Theorien des bellum iustum entstammen politischen Kontextbedingungen, in denen es eine rechtlich institutionalisierte Instanz zur transnationalen Rechtsdurchsetzung ebenso wenig gab wie eine generelle Ächtung des Krieges.« (Rat der EKD 2007, 66) Insgesamt bezieht die Denkschrift auf dieser Grundlage weit unverkrampfter als dies in früheren Verlautbarungen geschah die nicht auszuschliessende Notwendigkeit der Anwendung militärischer Zwangsgewalt – als humanitäre Intervention oder im Rahmen friedenserhaltender Massnahmen der Staatengemeinschaft – ausdrücklich in den Reflexionsrahmen des Konzepts ›gerechter Friede‹ ein. Zugleich äussert sie sich aber in einer ihrer wichtigsten Passagen auch eingehend zu den Grenzen der rechtserhaltenden Anwendung von Zwangsgewalt sowie zur unverzichtbaren Einbettung friedensfördernder Massnahmen in eine langfristige, von einem Primat ziviler Mittel geleitete Strategie.

[245] Explizit etwa Huber 2005, 128.

[246] In diesem Sinne Pausch 2001; Honecker 2003 oder auch Körtner 2003a.

[247] Vgl. zur Problematik, dass – wie etwa in den ›Orientierungspunkten‹ der EKD von 1994 erkennbar – insbesondere im deutschen Protestantismus zwar weiterhin die inhaltlichen Kriterien der Theorie des gerechten Kriegs übernommen und zur Anwendung empfohlen werden, dass aber deren systematische Kohärenz mit der Verabschiedung des Begründungszusammenhangs der Theorie des gerechten Kriegs ebenfalls verabschiedet wurde, Haspel 2002, 45-77 und Haspel 2003b, 265-269.

[248] Dieser Position wäre in der Konsequenz Thomas Hoppe zuzuordnen. Vgl. dazu ebenfalls Verstraeten 2004, 99, der sowohl die Missbrauchsanfälligkeit als auch die Unvollständigkeit zum Anlass nimmt, eine substantielle Neuinterpretation der Theorie des gerechten Kriegs zu fordern: »Just-war arguments continue to be misued in public discourse and even ›revised‹ by some ethicists in order to justify national interests […]. This misuse is not a coincidence, but an unavoidable consequence of the complexity of this tradition and of its inherent conflict of interpretation […]. Classic just-war thought has no *ius post bellum* and fails to take into account the problem of sustainable peace building.« (Kursiv im Original.) In der Stossrichtung ähnlich auch Hofheinz 2005a, 44.

ren, die Anwendung von Gewalt unter heutigen Bedingungen als im Sinne der klassischen Theorie des gerechten Kriegs objektiv gerechtfertigt zu erweisen.[249] Demgegenüber sind diejenigen, die den Referenzrahmen der Theorie des gerechten Kriegs als nach wie vor gültig erachten, trotz eines oftmals durchaus skeptischen Blicks auf deren Tradition der Meinung, dass eine gegenwärtige Rezeption der in dieser Tradition erarbeiteten Kriterien auch ohne Verabschiedung des Begriffs ›gerechter Krieg‹ möglich ist. Nicht selten sind sie dabei mitunter von der Art und Weise, wie die Theorie des gerechten Kriegs in der (auch theologischen) Ethik angelsächsischer Prägung und in der gegenwärtigen Politischen Philosophie zur Anwendung gelangt, beeinflusst.[250]

Was innerhalb der Diskussion um den Topos des gerechten Friedens folglich als Streit um die Frage erscheint, ob einer ›Rückkehr‹ zum gerechten Krieg das Wort geredet werden soll, erweist sich im Kern vielfach als Streit um die Frage, ob der Begründungszusammenhang der Kriterien, wie sie insbesondere mit Blick auf das Themenfeld ›humanitäre Intervention‹ als unerlässlich erachtet werden, als in direkter Kontinuität zur Theorie des gerechten Kriegs stehend anerkannt werden soll. Die inhaltlichen Differenzen scheinen dabei geringer zu sein, als es die Diskussion vermuten lässt. Wenn beispielsweise Ulrich Körtner schreibt, es stelle sich in der Debatte um das Konzept des gerechten Friedens die Frage, »ob nicht auch weiterhin eine christliche Lehre vom gerechten Krieg notwendig bleibt und entsprechend den friedenspolitischen Herausforderungen am Beginn des 21. Jahrhunderts weiterentwickelt werden muss«[251], so ist dies nicht als Forderung zu lesen, es sei der Krieg als Grundbegriff oder primärer Bezugspunkt der theologischen Friedensethik zu etablieren.[252] Ebenso wenig scheint damit

---

[249] So lautet eine bis heute dominierende Position evangelischer Friedensethik, vgl. dazu etwa Kirchenamt der EKD 2001, 19f. sowie Reuter 1994, 85; Reuter 1996a, 245f.; Reuter 2000, 78; Bedford-Strohm 2001, 213; Reuter 2007, 183.

[250] Vgl. dazu z.B. Haspel 2002, 30-33; Huber 2005, 128 und jüngst den Band Beestermöller u.a. 2006, der gezielt die friedensethische Debatte mit dem gegenwärtigen angelsächsischen *Mainstream* zu vermitteln sucht und dabei der Frage des Umgangs mit der Theorie des gerechten Kriegs eine zentrale Stellung zuweist.

[251] Körtner 2003a, 352.

[252] Vielmehr schreibt Körtner (Körtner 2006, 14): »[A]uch die Befürworter einer Rückbesinnung auf die Lehre vom gerechten Krieg sind weit davon entfernt, eine theologische Friedensethik auf dem Begriff des Kriegs aufzubauen oder die gravierenden militärhistorischen Veränderungen zu verkennen, die es nicht mehr erlauben, im Krieg die Fortsetzung der Politik mit anderen Mitteln zu sehen. Es geht nicht um die Legitimation von Kriegen, sondern des Einsatzes militärischer Mittel im Rahmen einer umfassenden Friedenspolitik.«

die von Michael Haspel als »psychosematische[s] Argument«[253] bezeichnete Festlegung, wonach in theologischer Perspektive einzig der Friede Zielperspektive der ethischen Reflexion und des politischen Handelns sein könne, verworfen. Vielmehr wird damit die auch von mir geteilte Position verbunden, dass das Unterfangen, den »ethischen Erfahrungsschatz«[254] der Theorie des gerechten Kriegs innerhalb eines Konzepts des gerechten Friedens weiterzutransportieren, auch gelingen kann, ohne dass aus semantischen Gründen der Begründungszusammenhang dieses ›Erfahrungsschatzes‹ verschwiegen werden müsste.[255] Michael Haspel, dessen Position im folgenden Abschnitt dargestellt und mit Blick auf ihren Beitrag zur Theoriebildung zum gerechten Frieden diskutiert werden soll, hat diesen Zugang zum Begründungszusammenhang der Kriterien legitimer militärischer Gewaltanwendung am konsequentesten für die jüngere friedensethische Diskussion fruchtbar gemacht.

3.3 Der ›gerechte Friede‹ als ›normative Theorie internationaler Beziehungen‹? Zum Ansatz von Michael Haspel

Michael Haspel hat in jüngerer Zeit ganz besonders das breit angelegte Profil, das einer zeitgemässen Friedensethik eignen müsse, hervorgehoben. Es scheint mir aus mindestens drei Gründen angezeigt, seinen Ansatz an dieser Stelle gesondert zu erwähnen. Zum einen konturiert Haspels Position in spezifischer Weise den integrativen Charakter einer friedensethischen Theorie, die sich dezidiert an einem weiten, durch die theologisch-friedensethische Tradition inspirierten Friedensbegriff und der darin betonten Verbindung von Frieden und Gerechtigkeit orientiert. Daran anschliessend lässt sich an Haspels Position zum zweiten deutlich machen, dass eine Interpretation dieses Bezugs der Gerechtigkeit auf den Frieden, die den Frieden »als Folge und nicht als Korrelat«[256] der Gerechtigkeit ansieht, auch in theologischer Perspektive ihre Berechtigung hat. Zum dritten schliesslich schlägt Haspel mit Blick auf die Rede vom gerechten Frieden einen anderen

---

[253] Haspel 2007a, 211.
[254] Bedford-Strohm 2001, 213.
[255] Es ist hier nicht meine Absicht, diesen Streit um den Begriff des gerechten Kriegs bzw. um die Rezeption und Einordnung der Kriterien dieser Theorie für hinfällig zu erklären. An dieser Stelle geht es mir lediglich darum aufzuzeigen, dass und in welchen Bahnen die Debatte um Terminus und Konzept des gerechten Kriegs in der gegenwärtigen Friedensethik zu den Standardthemen gehört.
[256] Haspel 2006d, 140.

Weg ein als jene Ansätze, die mehr oder minder explizit auf die ›Dresdner Forderung‹ reagieren: Statt von der Unverzichtbarkeit einer ›Lehre des gerechten Friedens‹ auszugehen und diese als Ethik der internationalen Beziehungen zu profilieren, fordert er umgiokehrt ein Verständnis von Friedensethik ein, das einer solchen umfassenden normativen Theorie internationaler Beziehungen entspricht, und geht dabei unter anderem auch der Frage nach, inwiefern eine Ethik des gerechten Friedens diesem Postulat Genüge zu tun vermag. Im Folgenden soll die Aufmerksamkeit deshalb nach einer Darstellung der zentralen Gehalte von Haspels Position insbesondere einem jüngeren Beitrag gelten, in dem er die Rede vom gerechten Frieden zu seinem Ansatz in Beziehung setzt.[257]

3.3.1 Darstellung

In seiner Studie zur evangelischen Friedensethik nach dem Kosovo-Krieg, in der er sich kritisch resümierend mit der Debatte um die humanitäre Intervention und mit den veränderten Gegebenheiten der Friedensethik nach dem Ende der Blockkonfrontation befasst, hat Michael Haspel seine Grundforderung an eine zeitgemässe evangelische Friedensethik pointiert festgehalten. Er fordert, dass »evangelische Friedensethik auf eine normative Theorie internationaler Beziehungen hin entfaltet werden muss, in der die Kriterien der Verwirklichung von Gerechtigkeit, Frieden und Bewahrung der Schöpfung ausgearbeitet werden.«[258] Haspel hat sich zunächst primär mit der Frage auseinandergesetzt, ob und unter welchen Bedingungen sich innerhalb einer solchen umfassenden friedensethischen Konzeption die Anwendung militärischer Gewalt rechtfertigen lässt. Die Stossrichtung der von ihm angemahnten umfassenden Ethik internationaler Beziehungen wird dabei vornehmlich in Abgrenzung zu den zuvor leitenden Paradigmen friedensethischer Theoriebildung deutlich. Dabei nahm er insbesondere das Konzept der ›Ethik der Rechtsbefolgung‹[259] kritisch in den Blick, innerhalb deren, so Haspel, davon ausgegangen werde, dass über die völkerrechtlich kodifizierten Legalitätsstandards hinaus keine »eigenständige ethische Reflektion [sic] der normativen Aspekte der internationalen

---

[257] Vgl. Haspel 2007a.
[258] Vgl. Haspel 2002, 29.
[259] Vgl. Haspel 2002, 45-60.

Beziehungen«²⁶⁰ mehr notwendig sei. Demgegenüber verweist Haspel vor dem Hintergrund der Diskussion um die humanitäre Intervention auf das systematische Ungenügen des internationalen Rechts bzw. auf dessen fortwährende Gestaltungsnotwendigkeit, die von ihm als einer der gewichtigsten Aufgabenbereiche ethischer Reflexion im Bereich der internationalen Politik und der friedensethischen Arbeit herausgestellt wird. Die insbesondere im deutschen Protestantismus vertretene Position, wonach das Völkerrecht als normativer Bewertungsrahmen für den Bereich der zwischenstaatlichen Beziehungen vorrangige Geltung beanspruchen sollte,²⁶¹ blende also aus,

> »dass das Völkerrecht als *lex imperfecta* zum einen lückenhaft ist und zu einer umfassenden normativen, mithin ethischen Bewertung möglicherweise nicht ausreicht, zum anderen ja als politisches Recht auch permanenter Umgestaltung und Entwicklung unterliegt, für die wiederum normative Prinzipien als Orientierungsvorgaben hilfreich sein können.«²⁶²

Entsprechend gelte es, Friedensethik so zu betreiben, dass sie »eine notwendige Ergänzung zum fragil gewordenen internationalen Recht und eine Perspektive für dessen Weiterentwicklung, für die *lex ferenda*, bereitstellen«²⁶³ könne.

Friedensethik als integrative normative Theorie internationaler Beziehungen muss gemäss Haspel notwendig vier Kernelemente umfassen (i-iv):

(i) *Zum ersten* verlange eine solche Theorie nach einem »komprehensiven, [...] umfassenden Menschenrechtsverständnis«²⁶⁴, das sowohl den formalen Prinzipien der Universalität, Unteilbarkeit und Interdependenz der Menschenrechte als auch den substantiellen Menschenrechtsprinzi-

---

²⁶⁰ Haspel 2003b, 264.
²⁶¹ Genau genommen geht es Haspel bei seiner Kritik um die »Begründungsrichtung«, in der das Völkerrecht zur ethischen Reflexion internationaler Beziehungen ins Verhältnis gesetzt wird: »Nur wenn geltendes Recht ethisch zu rechtfertigen ist, kann aus ethischen Gründen Rechtsbefolgung geboten sein.« (Haspel 2002, 69, FN 119). Die ›Ethik der Rechtsbefolgung‹, so Haspel, insinuiere das Umgekehrte.
²⁶² Haspel 2003b, 266 (kursiv im Original).
²⁶³ Haspel 2003b, 276 (kursiv im Original).
²⁶⁴ Haspel 2007a, 216.

pien von Freiheit, Gleichheit und Teilhabe Nachachtung verschafft.[265] Als inhaltliche Ausformung eines solchen Menschenrechtsverständnisses zieht Haspel die von Henry Shue vertretene Konzeption der *Basic Rights*[266] bei. Diesem Ansatz gelinge es, so Haspel, »die unfruchtbare Trennung von einerseits politisch-bürgerlichen und andererseits sozial-wirtschaftlich-kulturellen und schliesslich noch Drittdimensionsrechten systematisch überzeugend zu überwinden«[267]. Demgegenüber gehe Shues Ansatz vom fundamentalen Gedanken aus, dass gewisse Rechte daher vorrangig seien, weil sie die Grundlage dafür darstellen, »dass alle anderen Menschenrechte überhaupt in Anspruch genommen werden können«[268]. Laut Shue handelt es sich dabei um die Rechte auf Subsistenz, Sicherheit und Freiheit – sie alle stellen eine notwendige Bedingung für die Inanspruchnahme aller anderen Rechte dar.

Erst ein solcher *Basic Rights*-Ansatz erlaubt gemäss Michael Haspel eine in friedensethischer Hinsicht plausible Differenzierung zwischen grundlegenden und nicht-grundlegenden Menschenrechten. Diese Kategorisierung ist friedensethisch nicht zuletzt insofern bedeutsam, als sie auf die Rechtfertigung der Anwendung militärischer Gewalt zurückwirkt.[269] Werde nämlich dieses ›komprehensive‹ Verständnis der Menschenrechte zugrunde gelegt, hätten gemäss Haspel etwa Verletzungen des Rechts auf Nahrung unter Umständen in der gleichen Weise behandelt zu werden wie andere Menschrechtsverletzungen, die das Leben der Menschen direkt bedrohen. Dies wiederum müsse mit Blick auf die genuin friedensethische

---

[265] Vgl. dazu etwa Haspel 2006d, 140ff.; Haspel 2007b, 54 und Haspel 2007c, 111.
[266] Vgl. Shue 1996.
[267] Haspel 2006d, 143.
[268] Haspel 2007a, 217. Zu Haspels Interpretation des *Basic Rights*-Ansatzes vgl. auch Haspel 2005b, 33ff.
[269] Nach einer in dieser Hinsicht fruchtbaren Differenzierung wurde freilich auch schon in früheren Beiträgen zur Friedensethik gesucht. In Anlehnung an Wolfgang Kerstings Unterscheidung zwischen *elementaren* und *programmatischen* Menschenrechten, hat etwa Hans-Richard Reuter eine ähnliche, auf die friedensethische Frage legitimer humanitärer Interventionen bezogene Figur der Unterscheidung zwischen verschiedenen Kategorien der Menschenrechte eingebracht. Die elementaren Rechte, so Reuter, umfassten das Recht auf Leben und das Recht auf Rechtssubjektivität, welche die »Voraussetzung für die Verwirklichung aller weiteren menschenrechtlichen Ansprüche« (Reuter 1996b, 288) darstellten. Shues Ansatz, den Haspel als in friedensethischer Perspektive weiterführend erachtet, erweist sich hinsichtlich der als grundlegend eingestuften Rechte zumindest insofern als anspruchsvoller, als er auf der Ebene der Subsistenz über die blosse Sicherung des lebensnotwendigen Minimums hinausgeht (vgl. dazu die Formulierung bei Shue 1996, 23) und nebst der blossen Anerkennung als Rechtssubjekt die Möglichkeit aktiver Partizipation und Freizügigkeit einbezieht.

Frage der Rechtfertigung militärischer Gewaltanwendung zum Schutz bzw. zur Durchsetzung entsprechender Rechte einschränkende Folgen zeitigen. Denn wenn die massive Verletzung der Subsistenzrechte breiter Teile der Weltbevölkerung – wie dies gegenwärtig gewiss der Fall ist – fortwährend zugelassen und hingenommen werde, werde aus Konsistenzgründen, wie Haspel schreibt, die Schwelle für ein militärisches Eingreifen in Fällen, wo Bevölkerungsgruppen der direkten Gewalt ausgesetzt seien, besonders hoch anzulegen sein:[270] »The result may be that the threshold for the use of force might be increased in order to avoid an inflation of uses of force justified on humanitarian grounds.«[271] Damit verbunden ist für Haspel die Aussicht, dass dieses Menschenrechtsverständnis den Irrungen der »mediale[n] Wahrnehmungsökonomie«[272] entgegenzuwirken vermöchte, die Fragen der militärischen Gewaltanwendung und entsprechender humanitärer Pflichten in überproportionalem Masse Beachtung schenke, während die Folgen der globalen Armut und deren Kosten unbeachtet bleiben.[273]

(ii) In Michael Haspels Augen ist letztlich ein solches »umfassendes Verständnis der Menschenrechte als Gerechtigkeitstheorie im internationalen Rahmen zu verstehen«[274]. Eine Theorie internationaler Gerechtigkeit ist denn auch das *zweite* Element, das eine friedensethische Theorie als Ethik

---

[270] Vgl. Haspel 2006d, 144. Zu dem von ihm so benannten »Komprehensionsprinzip«, wonach »*alle massiven* Menschenrechtsverletzungen« aufgrund der Unteilbarkeit und der Interdependenz der Menschenrechte Interventionsgrund sein können sowie zu der sich daraus in normativer Hinsicht ergebenden verstärkten Zurückhaltung gegenüber dem Einsatz militärischer Gewalt vgl. überdies Haspel 2002, 101-104, Zitat 101 (kursiv im Original).

[271] Haspel 2007c, 115. Demgegenüber ist freilich festzuhalten, dass ebenso intensiv die Frage diskutiert wird, ob die Konsequenz einer Ausweitung von Interventionsgründen gerade auf der Grundlage von Gerechtigkeitsüberlegungen nicht einen eigentlichen Interventionismus provozieren würde. Ein solcher würde zwar – aufgrund der Beschränktheit materieller und personeller Ressourcen – möglicherweise nicht in der Menge tatsächlicher militärischer Interventionen, aber jedenfalls in der dadurch drohenden zunehmenden Willkür der Interventionsentscheidungen problematische Konsequenzen zeitigen. Vgl. dazu etwa grundlegend Zanetti 2001 sowie mit Blick auf den *Human Security*-Ansatz unten, Kapitel 6.

[272] Haspel 2003b, 273.

[273] Vgl. dazu etwa Haspel 2006a, 187-189 sowie mit der Feststellung, dass die »Behauptung einer Pflicht zur humanitären Intervention aus Konsistenzgründen mit einem Plädoyer für andere, weitreichende Hilfspflichten einhergehen muss«, die der effektiven Bekämpfung der globalen Armut dienen, Bleisch 2007, Zitat 139.

[274] Haspel 2007a, 218.

internationaler Beziehungen im Sinne Haspels beinhalten muss. Angesichts der von ihm konstatierten faktischen weltweiten Verflechtung unter den Bedingungen der Globalisierung nimmt Haspel die Position eines »gemässigten institutionalistischen Kosmopolitismus«[275] ein. Diesem Verständnis zufolge lassen sich genuine Gerechtigkeitsverpflichtungen jenseits des institutionellen Verteilungsrahmens der Nationalstaaten geltend machen, wobei insofern eine institutionalistische Perspektive vertreten wird, als nicht die Individuen als die relevanten Akteure gesehen werden, sondern auf der Ebene der bestehenden und der zu schaffenden Institutionen des globalen Austauschs angesetzt wird.

Als gemässigt versteht Haspel seine Position, weil sie zum einen nicht auf (Ergebnis-) Gleichheit als zentrales Postulat globaler Verteilungsgerechtigkeit bezogen wird, sondern die Grundbedürfnisbefriedigung als vorrangig sieht,[276] und zum andern auch in ihrem Universalismus nur auf der Ebene grundlegender Gerechtigkeitsprinzipien ansetzt, die »kontextuelle Ausformungen von umfassenderen Gerechtigkeitskonzeptionen«[277] erlauben. Allerdings hat sich Haspel bislang nicht in einer über den Rahmen von Shues Konzeption der basalen Menschenrechte hinausgehenden Weise darauf festgelegt, welches die grundlegenden Gerechtigkeitsprinzipien sind, auf die sich die friedensethische Theoriebildung zu beziehen hätte. Von der – bei Haspel sowohl deskriptiv als auch normativ bedeutsamen – Auffassung, dass »die gegenwärtige internationale ökonomische Ordnung die Entstehung von Armut ursächlich begünstigt«[278] und folglich ungerecht ist bzw. zur Perpetuierung von Ungerechtigkeit beiträgt, bleibt der Schritt zur inhaltlichen Ausformulierung zentraler Prinzipien globaler Gerechtigkeit jedenfalls noch zu vollziehen.

Auf die klassisch *friedensethischen* Themenstellungen bezogen ist das Moment internationaler Gerechtigkeit in Haspels Konzept einer Ethik internationaler Beziehungen insbesondere deshalb bedeutsam, weil Gerechtigkeit für die Prävention und die Bearbeitung (auch gewaltsamer) Konflikte schlicht von zentraler Bedeutung sei:

---

[275] So etwa Haspel 2006d, 147.
[276] Vgl. Haspel 2006d, 148. Wie es vor dem Hintergrund von Shues Konzept nahe liegt, vertritt also auch Haspel im Kern ein suffizienzorientiertes Gerechtigkeitsverständnis.
[277] Haspel 2007a, 220.
[278] Haspel 2006d, 149.

> »[I]t is obvious that conflict prevention must first and foremost include perspectives for development, be they based on aid or even more favourably on fair access to world market by altering the terms of trade. [...] it is important to note that the avoidance of war starts with the provision of fair chances for a decent life for the two thirds of the world population who are so far deprived of it.«[279]

Die exakte Bestimmung der kausalen Verknüpfung von Verteilung, Armut und gewaltsamen Konflikten, die gegenwärtig, wie oben mit Blick auf die Figur der *Conflict Trap* angedeutet, kontrovers diskutiert wird, bedarf jedoch im Hinblick auf Haspels Konzeption in empirischer wie auch in normativer Hinsicht weiterer Differenzierung.[280]

(iii) Die Betonung der institutionalistischen Ausprägung internationaler Gerechtigkeit sowie ihrer gewaltpräventiven Dimension lässt jedoch Haspels *drittes* Kernelement einer normativen Theorie internationaler Beziehungen ins Blickfeld treten: Das Erfordernis einer fortwährenden Institutionalisierung der internationalen Konfliktregelung insbesondere auf dem Weg der fortschreitenden Verrechtlichung der internationalen Beziehungen. Dieser »Institutionalismus kantisch-liberaler Provenienz«[281] übersetzt sich gemäss Haspel in friedensethischer Perspektive in eine »*presumption against war*«[282] bzw. in die etablierte Forderung der ›vorrangigen Option für die Gewaltfreiheit‹[283], die den strengen Primat gewaltfreier Konfliktlösung postuliert. Damit verbunden betont Haspel die Notwendigkeit der Stärkung von Instrumenten ziviler Konfliktbearbeitung.

---

[279] Haspel 2006b, 394.

[280] Gerade die These von der Ökonomisierung der Gewalt und des Kriegs bzw. von der zunehmend ökonomischen Logik insbesondere innerstaatlicher Kriege wird im Zusammenhang der Diskussion um das Theorem der ›Neuen Kriege‹ und der ökonomistischen Erklärungsversuche gewaltsamer Konflikte, die kriegerische Auseinandersetzungen mithin ihrer politischen Motive zu entledigen neigen, kontrovers diskutiert. Für einen Überblick über die diesbezügliche Debattenlage sowie für friedenstheoretische Konsequenzen vgl. etwa Daase 2005, 262f. und Jung 2005. Wenngleich ökonomische Erklärungsmuster, wie Jung betont, mit Blick auf die Entstehung, die Perpetuierung und die Beendigung von Kriegsökonomien »nur eine komplementäre Rolle spielen« sollten (Jung 2005, 286), scheint der Umstand, dass Armut und Perspektivenlosigkeit – wie es etwa die Theoretiker der Neuen Kriege beschreiben – einen wesentlichen Faktor der *Mobilisierung* zur Beteiligung gerade junger Kämpfer an gegenwärtigen Kriegen darstellen, unbestritten.

[281] Haspel 2003b, 275 (im Original kursiv).

[282] Haspel 2007a, 216 (kursiv im Original).

[283] Vgl. etwa Haspel 2002, 142.

(iv) Weil eine ethische Theorie internationaler Beziehungen, wie sie Haspel vor Augen steht, auch die Mechanismen bedenken müsse, derer es zur Durchsetzung und Implementierung der genannten Elemente bedarf, sei eine solche Theorie *viertens* auf die Reflexion über Legitimitätsbedingungen der Anwendung von Zwang bzw. Zwangsgewalt angewiesen. Folglich sind »normative Kriterien zur Prüfung der Legitimität militärischer Gewalt«[284] ein eigener, »notwendiger, wenn auch kein hinreichender Teil einer normativen Theorie der internationalen Beziehungen«[285]. Für die Entwicklung solcher Kriterien greift auch Haspel auf die Theorie des gerechten Kriegs zurück, die seines Erachtens ein systematisch kohärentes Set von Legitimitätskriterien der Anwendung von Gewalt bereithält. Allerdings betont er, dass die Rezeption dieser Theorie im Sinne des neueren, angelsächsisch geprägten Diskurses über die »Just and Limited War-Theorie« zu geschehen hat.[286] Entsprechend kritisch evaluiert er die Bezugnahme auf das Gedankengut der Tradition des gerechten Kriegs, wie sie sich etwa in der jüngeren evangelischen Friedensethik findet. Dort werde vielfach zwar sachlich auf die Kriterien des gerechten Kriegs rekurriert, diese würden aber aus ihrem systematischen Zusammenhang gerissen, wodurch der im Grunde äusserst restriktive Charakter der Theorie des gerechten Kriegs aus dem Blick gerate. Denn dieser sei auf den Gesamtzusammenhang der Theorie des gerechten Kriegs angewiesen, der die kumulative Erfüllung der Kriterien einfordere.[287] Statt die jüngere Debatte um die Just and Limited War-Theorie zurei-

---

[284] Haspel 2007a, 216.
[285] Haspel 2006d, 155, vgl. auch Haspel 2002, 29.
[286] Mit diesem Begriff versieht Haspel den Diskussionsstrang, dem von ihm gefolgt wird (so seit Haspel 2002, 31ff. u.ö., vgl. auch Haspel 2006b, 410ff.). Dieser Diskursstrang unterscheidet sich insbesondere dadurch von einem Rekurs auf die *herkömmliche* Konzeption des gerechten Kriegs und damit auch von dem Verständnis derselben, das die deutschsprachige Friedensethik, dass er, so Haspel, die klassisch-naturrechtlichen Kriterien aus der Tradition des gerechten Kriegs weiterentwickelt und differenziert habe und diese dadurch ihrer ursprünglichen metaphysischen Voraussetzungen entledigt habe. Ebenso beziehe sich der Diskurs hier im Speziellen auf die Kriterien des *ius in bello* (vgl. Haspel 2002, 52). Dabei beruft sich Haspel, nebst einigen älteren Autoren wie Paul Ramsey oder William V. O'Brien insbesondere auf James T. Johnson und dessen jüngste Gesamtdarstellung einer zeitgenössischen Theorie des gerechten Kriegs (vgl. Johnson 1999; vgl. abgekürzt auch Johnson 2002). Johnson hat stets darauf hingewiesen, dass die Rede vom gerechten Krieg nicht im Sinne einer abgeschlossenen Lehre richtig verstanden sei, sondern als – ebenso reichhaltige wie modifizierbare – *Tradition* aufgefasst werden müsse (vgl. etwa schon Johnson 1984, 12).
[287] Dazu ausführlich Haspel 2002, 35-77 und Haspel 2003b, 267-269. Haspels Kritik bezieht sich insbesondere auch auf den Gebrauch der Kriterien des gerechten Kriegs, der in der vorletzten Friedensdenkschrift der EKD zu finden ist (vgl. Kirchenamt der EKD 2001).

chend zu rezipieren und für die friedensethische Urteilsbildung in dieser zentralen Frage fruchtbar zu machen, sei der *Mainstream* der friedensethischen Diskussion, so Haspel, bei der angestammten Ablehnung der Theorie des gerechten Kriegs stehen geblieben.[288]

Haspel selbst entwickelt unter Rückgriff auf diesen zeitgenössischen Theoriediskurs ein differenziertes Kriterienset, das nebst der Frage der Intervention auch mit Blick auf die Verteidigung der Souveränität (als legitime Selbstverteidigung) und mit Blick auf die Erlangung von Souveränität (insbesondere im Befreiungskampf) Orientierung bieten sollte.[289] Es würde zu weit führen, diese Kriterien hier im Einzelnen zu diskutieren. Festzuhalten ist, dass alle drei zuvor genannten Elemente seiner normativen Theorie internationaler Beziehungen Haspels Interpretation und inhaltliche Füllung der Kriterien legitimer Anwendung von Gewalt leiten. Dies wird etwa darin deutlich, dass das Prinzip der *causa iusta* nicht mehr ausschliesslich als Anwendung von Gegengewalt gegen physische Primärgewalt aufgefasst wird, sondern dass der Bereich möglicher Interventionsgründe wie dargestellt ausgeweitet wird. Es wird auch daraus ersichtlich, dass in Anbetracht der von Haspel vertretenen institutionalistischen Position Überlegungen zur Verhältnismässigkeit der Güter stets »die Vereinten Nationen und das internationale Recht selbst als schützenswerte Güter anzusehen sind«[290] und jede Verletzung oder Beschädigung derselben zur Erreichung eines – auch humanitär begründeten Ziels – unzulässig ist. Allerdings bleibt darin doch undeutlich, inwiefern die Theorie des gerechten Kriegs durch diese Interpretation der einzelnen Kriterien wirklich – wie Haspel dies betont – transformiert wird.[291] Vielmehr erfährt sie, so scheint es, eine eingehende Auslegung und Konkretisierung, in der jedoch, wie ebenfalls deutlich

---

Dort würden die Kriterien zwar herangezogen und als zentral dargestellt, deren Rückbindung an den Theorierahmen des gerechten Kriegs aber explizit ausgeschlossen.

[288] Vgl. die in dieser Hinsicht jüngst von Haspel formulierte Konsequenz (Haspel 2007a, 211): »Diskursstrategisch scheint es in der gegenwärtigen Situation zumindest in Kontinentaleuropa unklug, am Terminus der Lehre vom gerechten Krieg festzuhalten.« Dass dies lange auch für die deutsche Friedensforschung galt und die Ablehnung der Theorie des gerechten Kriegs auch dort noch immer verbreitet ist, zeigen die Analysen von Peter Mayer (vgl. Mayer 2005) und von Hajo Schmidt (vgl. Schmidt 2006, insb. 41ff.), die vom deutsch-amerikanischen Dissens ausgingen, wie er in der Debatte um das »Intellektuellen-Manifest« mit dem Titel »What we're fighting for...« vom Februar 2002 zum Ausdruck kam (vgl. zum deutsch-amerikanischen Dissens insgesamt die Beiträge bei Beestermöller u.a. 2006).

[289] Vgl. Haspel 2002, 92ff., mit synoptischer Darstellung 144f.

[290] Haspel 2002, 129.

[291] So etwa Haspel 2006b, 421 und Haspel 2007a, 222.

wird, unterbestimmt bleibt, welchen eigenständigen, nicht bereits durch die komprehensive Konzeption der grundlegenden Menschenrechte abgedeckten Einfluss das Element der ›Theorie internationaler Verteilungsgerechtigkeit‹ aufweist.

3.3.2 Diskussion

Setzt man diese zentralen Aspekte einer normativen Theorie internationaler Beziehungen und die bis hierher dargestellten Grundtendenzen der Rede vom gerechten Frieden zueinander in Beziehung, so vermag nicht zu erstaunen, dass Haspel deutliche Affinitäten sowie inhaltliche Konvergenz zwischen den beiden Diskursfeldern sieht. Damit wird auch einsichtig, inwiefern er in Betracht zu ziehen vermag, eine eigentliche ›Theorie des gerechten Friedens‹ im Sinne der von ihm dargelegten Ethik internationaler Beziehungen auszudifferenzieren.[292] Allerdings konstatiert Haspel auf beiden Seiten – also im Feld jener Debatten, die »unter dem Rubrum einer Ethik der internationalen Beziehungen«[293] fungieren, und im Bereich der friedensethischen Diskussion um den Topos des gerechten Friedens – ähnliche Mankos: Es fehle an einer systematischen Integration der verschiedenen, von der Reflexion berührten Themenfelder. Zwar sei in der Friedensethik ebenso wie in den Diskussionen um ethische Fragen in den internationalen Beziehungen das Bewusstsein dafür vorhanden bzw. zumindest gewachsen, dass die bearbeiteten Probleme zueinander in Beziehung stehen. Gerade in der Friedensethik ist diese Bewegung als einer der Kernaspekte, die in der Rede vom Paradigma des gerechten Friedens zum Ausdruck kommen, unübersehbar, kann aber bereits in Beiträgen, die diesem Debattenkontext zeitlich vorgelagert sind, nachvollzogen werden.[294] Allerdings stünden die Themengebiete der Diskussion, so Haspel, in beiden Diskursfeldern weiterhin in einer Art und Weise unvermittelt nebeneinander, dass deren Integration zu einem systematischen Ganzen nicht gelungen zu sein scheint.[295] Für die Friedensethik bedeute dies eine doppelte Dynamik: Um die notwendige Spezifizität und ein ausreichend differenziertes Problembewusstsein in den einzelnen Gebieten zu errei-

---

[292] So lautet etwa die Schlussfolgerung bei Haspel 2007a, 222.
[293] Haspel 2007a, 212.
[294] Am deutlichsten, wie auch von Haspel unterstrichen, etwa bei Huber/Reuter 1990.
[295] Dass dies in seinen Augen auch für die aktuelle EKD-Friedensdenkschrift gilt, macht Haspel 2008 deutlich.

chen, müsse sie sich stärker »ausdifferenzieren«. Um aber die gewünschte zusammenhängende Theorie abzugeben, müsse sie »zugleich die Einzelaspekte systematisch reintegrieren«[296].

Daran ist sicherlich richtig, dass wohl alle Themenbereiche, auf die sich eine solcherart breit konzeptualisierte friedensethische Reflexion bezieht, je für sich bereits Gegenstand weitläufiger Debatten sind, etwa im Bereich des Völkerrechts oder mit Blick auf die Thematik globaler Gerechtigkeit. Allerdings erscheint es gerade von daher fraglich, ob es gelingen kann, all diese Debattenstränge in der erforderlichen Komplexität innerhalb einer umfassenden normativen Theorie zusammenzufassen, die das distinkte Profil einer *Friedens*ethik behielte.[297] Haspels Vorschlag liesse sich ebenso sehr als Plädoyer für einen Abschied von der Friedensethik im herkömmlichen Sinne lesen – und als Plädoyer dafür, dass die theologische Ethik von ihrem spezifischen, weiten Friedensbegriff her eine eigene Sicht auf die Struktur internationaler Beziehungen aber auch der innerstaatlichen Rechtsordnungen gewinnen sollte, innerhalb derer die von Haspel genannten Elemente die zentrale Position einnehmen. Dass diese dann tatsächlich innerhalb eines einzigen theoretischen Gerüsts zusammenzuführen wären, scheint nicht notwendig. Ebenso plausibel, in der Gesamtheit aber differenzierter, könnten sie als Sachbereiche der Forschung verschiedener Disziplinen nebeneinander bestehen, wodurch die Friedensethik – ebenso wie die Friedensforschung – fortwährend auf den interdisziplinären Dialog verwiesen bliebe.

3.3.3 Ertrag

Entscheidender ist die Frage, ob dieses Resultat wirklich auf den Ausgangspunkt eines spezifischen Begriffs des *gerechten* Friedens angewiesen ist bzw. als Zielvorgabe die Formulierung eines an diesem Begriff orientierten, eigentlichen Theorieganzen verfolgen muss. Ist es nicht ausreichend, dass – durchaus theologisch angeleitet – auf die Mehrdimensionalität des *Friedensbegriffs schlechthin* insistiert wird und damit auch auf diesem Ge-

---

[296] Haspel 2007a, 216.
[297] Bezeichnenderweise fragt Haspel denn auch, ob die in der Friedensethik seiner Meinung nach zu beobachtende Tendenz, Forschungsergebnisse aus der ganzen Breite der behandelten Bereiche »im eigenen *inner*disziplinären Diskurs zu bearbeiten […] nicht mit einer Überschätzung der eigenen Kapazitäten« einhergehe (Haspel 2007a, 214f., kursiv im Original).

biet der Anschluss an verwandte Forschungsgebiete, etwa die Friedensforschung und die Friedenstheorie im Speziellen, wiederhergestellt wird? Für Haspel jedenfalls ist sowohl der Diskurs um das Konzept des gerechten Friedens als auch die in der Friedensethik etablierte Position eines weiten Pazifismus ohne Weiteres unter das Dach der Ethik internationaler Beziehungen einordenbar. Mit Blick auf die Position des Pazifismus hat er dies thetisch zugespitzt, indem er von den Vertreterinnen und Vertretern eines institutionalistischen Pazifismus fordert, das diese Position bestimmende Ziel der Überwindung des Kriegs systematischer mit weiteren Fragen der internationalen Beziehungen – etwa der »Kosten überproportionaler Rüstung« und der Effekte, die mit den entsprechenden Mitteln im Bereich der Armutsbekämpfung erzielt werden könnten – in Zusammenhang zu bringen. Der Pazifismus verlöre damit, so ergibt sich aus Haspels Überlegungen, wohl an Kategorizität[298], doch könnte er im Rahmen der gegenwärtigen Entwicklungen der internationalen Beziehungen auch an Plausibilität und Beachtung gewinnen: »Das hiesse, dass de facto der pazifistische Diskurs in die Gestalt einer (umfassenden) Ethik der internationalen Beziehungen transformiert würde.«[299]

Diese Einordnung ist insofern bedeutsam, als hier der eigentliche Fokus friedensethischer Reflexion, nämlich der nicht bloss zeitweilige, sondern dauerhafte, ›qualitativ gehaltvolle‹ Friede und mit ihm die dauerhaft gewaltfreie Konfliktbearbeitung als Zentrum der Überlegungen zu einer Ethik internationaler Beziehungen sichtbar wird. Die Elemente einer entsprechenden normativen Theorie, wie Haspel sie ausformuliert, erscheinen dabei in ihrer funktionalen Bestimmung als notwendige Bedingungen eines solchen Friedens, ohne die sich dieser nicht herausbilden kann, aber auch nicht sichern liesse. Nicht zwingend ist allerdings die Folgerung, dass diese Elemente deshalb zu einer eigentlichen umfassenden Theorie zusammengeführt werden müssen. Sie können, so scheint mir, ebenso plausibel als ihren jeweiligen Diskursfeldern entstammende und überlassene Bereiche thematisiert werden, die bedacht sein müssen, wenn unter ethischen Gesichtspunkten auf die Struktur zwischenstaatlicher aber auch innerstaatlicher Friedensordnungen und auf die Mittel und Wege zu deren Herstellung reflektiert wird.

---

[298] Vgl. zur Kategorizität als Unterscheidungsmerkmal verschiedener Konzeptionen des Pazifismus Strub/Bleisch 2006, insb. 19ff.

[299] Haspel 2006a, 189.

Wie im letzten Kapitel gezeigt werden, ist Michael Haspels Entwurf einer normativen Theorie internationaler Beziehungen jedoch auch deshalb für die friedensethische Theoriebildung weiterführend, weil er durch die leitende Orientierung an dem Konzept der *Basic Rights* zu einer Verbindung friedensethischer Theoriebildung mit der aktuellen Debatte um das Konzept der *menschlichen Sicherheit (Human Security)* gelangt.[300] Haspel konstatiert grosse sachliche Nähe zwischen einer Position, für welche das Konzept der *Basic Rights* leitend ist auf der einen, und dem Paradigma der *Human Security* auf der andern Seite. Dies allem voran deshalb, weil sie anstelle der Nationalstaaten zunehmend Individuen als relevante Völkerrechtssubjekte in den Blick rücken. Gerade auch im *Human Security*-Diskurs stelle der Übergang von einem auf den Nationalstaat fokussierten Sicherheits- und Friedensbegriff zu einem individuenzentrierten Verständnis derselben die massgebliche inhaltliche Bewegung dar,[301] was in der auch von Haspel zitierten Formulierung aus dem ICISS-Bericht »*The Responsibility to Protect*« besonders deutlich wird: »The emphasis in the security debate shifts, with this focus, from territorial security, and security through armaments, to security through human development with access to food and employment, and to environmental security.«[302] In einem solchen Verständnis menschlicher Sicherheit als zentraler materialer Bezugsgrösse der ethischen Reflexion in den internationalen Beziehungen werden, wie ich meine, entscheidende Gesichtspunkte der Debatte um das Konzept des gerechten Friedens berührt. Dies soll in einer vorläufigen Zusammenschau der zentralen Gesichtspunkte der bis hier ausgeführten Konzeptionen des gerechten Friedens im Folgenden noch einmal deutlich gemacht werden.

3.4 Fazit: Profil und Anspruch einer Ethik des gerechten Friedens

Als inhaltliche Charakteristika und als Aufgabenprofil zeitgenössischer friedensethischer Reflexion ergeben sich aus der aktuellen Debatte allem voran die folgenden Aspekte:

Entworfen wird jeweils das Profil einer eigentlichen Ethik der internationalen Beziehungen, die – und dies ist zumindest auf der programmatischen

---

[300] Vgl. Haspel 2006d, 44f. und Haspel 2007a, 218.
[301] Vgl. zum Konzept der *Human Security* ausführlich unten, Kapitel 6.
[302] ICISS 2001, 15.

Ebene entscheidend – grundlegend vom Frieden her gedacht wird.[303] Dies übersetzt sich, wie es besonders explizit im Hirtenwort der deutschen Bischöfe und bei Michael Haspel sichtbar wird, in eine nachdrückliche Bestätigung der durchgängig zentralen Stellung, die der ›vorrangigen Option für die Gewaltfreiheit‹ in einem christlich-friedensethischen Zusammenhang zukommt. Eine solche Ethik der internationalen Beziehungen beschränkt die Reflexion zum ›gerechten Frieden‹ jedoch nicht auf den zwischenstaatlichen Bereich, sondern bezieht unter den Bedingungen zunehmender globaler Verflechtungen stets auch die Ebene innerstaatlicher (Friedens-)Ordnungen ein. Kennzeichen einer Ethik des gerechten Friedens als Ethik der internationalen Beziehungen ist ihr grundlegend integrativer Charakter: In allen dargestellten Positionen wird deutlich, dass sich die Friedensethik unter dem Signum ›gerechter Friede‹ einen überaus weit gespannten Bogen von Themenstellungen zu eigen macht. Dies trägt der Tatsache Rechnung, dass die weltweiten Bemühungen um die Schaffung nachhaltigen Friedens allem voran in der Zeit seit dem Ende der Blockkonfrontation die Tatsache zu Tage treten liessen, dass nur eine enge Kombination von friedens- und entwicklungspolitischen Massnahmen zu dauerhaft friedlichen Verhältnissen führen kann.[304] Es ist allerdings dieser weite Bogen an Themenstellungen, der zugleich dazu führt, dass die spezifischen inhaltlichen Konturen des Leitbilds ›gerechter Frieden‹ so weit zu verwischen drohen, dass dieses an ethischer Orientierungskraft einbüsst.

Der Begriff ›gerechter Friede‹ rückt freilich nicht bloss die Frage nach dem zugrunde gelegten *Friedens-*, sondern auch jene nach dem leitenden *Gerechtigkeits*verständnis in den Blick. Diese Frage stellt sich, wie ich meine, auch dann, wenn der Friedensbegriff derart aufgefasst wird, dass er eine begriffliche Verschränkung von Frieden und Gerechtigkeit impliziert. Wie ich in der Diskussion der dargestellten Positionen zu zeigen versuchte, bleibt der Gerechtigkeitsbegriff, den diese Positionen voraussetzen, zumeist unscharf. Wenngleich deutlich wird, dass in allen Entwürfen vorrangig von Erfordernissen im Bereich der sozialen Gerechtigkeit die Rede ist, deren ungenügende Verwirklichung allen auch als zentrale Ursache gewaltsamer Konflikte gilt, fehlt zumeist die genauere Klärung der Frage, welche Gerechtigkeitsansprüche mit dem Topos ›gerechter Friede‹ verknüpft sind. Dies scheint mir auch hinsichtlich der politischen Orientierung, die aus dem

---

[303] Vgl. dazu auch Dicke 2003, 140.
[304] Vgl. dazu aus kirchlicher Perspektive Kirchenamt der EKD 2002.

Konzept gewonnen werden soll, von Bedeutung – je nach Position ergeben sich hier nämlich unterschiedliche Sichtweisen auf die Pflichten staatlicher und internationaler Institutionen und an deren entsprechende Ausgestaltung. Die genannte Unschärfe besteht in der Debatte, wie ich meine, nicht zuletzt hinsichtlich der Frage, ob soziale Gerechtigkeit an absoluten oder an relativen, also an Suffizienz- oder an Gleichheitskriterien festgemacht wird. Wie ich im zweiten Kapitel unter Rückgriff auf empirische Studien festgehalten habe, ist diese Unterscheidung aber von zentraler Bedeutung, wenn nach der Rolle von Gerechtigkeit als Konfliktursache und damit nach der Förderung sozialer Gerechtigkeit als Friedensursache gefragt wird.

Die dargestellte Position Hans-Richard Reuters und deren Pendant in der EKD-Denkschrift legen sich hinsichtlich des Gerechtigkeitsverständnisses ungleich genauer fest als die andern genannten Ansätze, indem sie wie erwähnt eine suffizienzbezogene Auffassung (*globaler*) Verteilungsgerechtigkeit zugrunde legen. Wie die Denkschrift festhält, ist diese auf die Sicherung der Grundbedürfnisse *aller* Menschen zu beziehen, also daran zu messen, »ob sie jedem Menschen Mittel bereitstellt, die ihm Existenz, dauerhaften Unterhalt und (unter den Bedingungen des jeweiligen soziokulturellen und politischen Kontextes) ausreichende Verwirklichungschancen sichert.«[305] Wird das Gerechtigkeitsverständnis in dieser Weise präzisiert, so wird deutlich, dass die Friedensethik als Ethik des gerechten Friedens eine kosmopolitanistische Prägung aufweist – wobei sowohl ein moralischer Kosmopolitismus als auch ein politisch-institutionalistischer Kosmopolitismus erkennbar werden.[306] Denn sowohl Reuter als auch die

---

[305] Rat der EKD 2007, 63.
[306] Die Vielfalt der Positionen kosmopolitanistischer Prägung kann im Rahmen der vorliegenden Überlegungen nicht dargestellt werden – zum Begriff des Kosmopolitismus müssen die folgenden Ausführungen genügen: Der *moralische Kosmopolitismus* bezeichnet jene – verschieden begründbaren – Positionen, die darauf bauen, dass Menschen bloss aufgrund ihres Menschseins als gleichwertig und einer universellen moralischen Gemeinschaft zugehörig zu betrachten sind. Für den moralischen Kosmopolitismus gilt, dass er die Verantwortung für Mitmenschen nicht mit Mitbürger innerhalb eines bestimmten Gemeinwesens begrenzt sieht, sondern – womit auch seine universalistische Grundprägung deutlich wird – mit Hilfspflichten, die über die Grenzen dieses Gemeinwesens hinausreichen, rechnet (vgl. Kleingeld/Brown 2006; diese Pflichten können wiederum in striktem Sinne verstanden werden, wonach sie keine Vorordnung spezieller Pflichten gegenüber Nahestehenden zulassen, oder in moderatem Sinne, womit die Zulässigkeit einer Privilegierung solcher spezieller Pflichten, allerdings wiederum in unterschiedlichem Ausmass, vertreten wird). Als *politischer Kosmopolitismus* werden jene Positionen bezeichnet, die aus den Annahmen des moralischen Kosmopolitismus Konsequenzen in politisch-institutioneller Hinsicht für die Struktur des internationalen Systems ziehen. Entscheidend ist dabei in erster Linie, dass Staatsgrenzen in diesem An-

Denkschrift – in gleicher Weise aber auch Michael Haspel – vertreten die Auffassung, dass sich die Prinzipien sozialer Gerechtigkeit über den nationalstaatlichen Rahmen hinaus ausdehnen und anwenden lassen. Mit Blick auf die Ausgestaltung der eigentlichen, dem Leitbild des gerechten Friedens nachempfundenen Friedensordnung wird bei allen denn auch die elementare Bedeutung der Friedensordnung als *Rechts*ordnung betont, wodurch auch die Notwendigkeit eines – für die Rechts*durchsetzung* unerlässlichen – gewaltbewehrten Rechts unterstrichen wird. In Kombination mit der in allen Konzeptionen betonten, grundlegenden Bedeutung der Menschenrechte führen diese inhaltlichen Füllungen des Leitbildes schliesslich zum Erfordernis der Formulierung von Kriterien der legitimen Anwendung militärischer Gewalt, die jeweils unter dem Stichwort der humanitären Intervention und in kritischer Auseinandersetzung mit dem Gedankengut der Theorie des gerechten Kriegs diskutiert werden.

Die Konsequenz dieser geforderten Orientierung am Leitbild bzw. an der regulativen Idee ›gerechter Friede‹ liegt in funktionaler Perspektive und in Anknüpfung an die ›Dresdner Forderung‹ in dem Hinwirken auf eine *dauerhafte Eliminierung des gewaltförmigen Konfliktaustrags*. Diese Überwindung kann in der Optik dieses Leitbildes nur gelingen, wenn – wie es das Insistieren auf den konstitutiven Zusammenhang von Frieden und Gerechtigkeit fordert – nicht bloss auf der Ebene der Symptome, also der Bändigung der Gewalt durch das Recht, sondern auch auf der Ebene der Ursachen, und das heisst: bei der Verringerung von (globalen) Verteilungsasymmetrien und bei der Verwirklichung sozialer und politischer Gerechtigkeit angesetzt wird. Primäre Bezugspunkte und Anwendungsbereiche friedensethischer Reflexion sind somit stets der umfassende Bereich des *peacebuilding* und die Ebene der Konfliktprävention. Entsprechend zielt die Rede vom gerechten Frieden also auf ein Friedensverständnis, das in einer durch Gerechtigkeit gewährleisteten *Dauerhaftigkeit der Überwindung von Gewalt* seine hauptsächliche Wesensbestimmung findet. Zugleich fragt dieses Friedensverständnis aber stets auch nach den Bedingungen, die gegeben sein müssen, damit sich ein Friede in solcher Dauerhaftigkeit herausbilden kann. Wie aus den dargelegten Entwürfen zum gerechten Frieden somit ersichtlich wird, wird die Bedeutung der Interdependenzthese, die für den biblisch-theologischen Friedensbegriff zentral ist, allseits unter-

---

satz keine endgültige moralische Relevanz aufweisen. Freilich ergibt sich hieraus nicht zwingend eine Position, die – wogegen sich etwa Reuter ablehnend äussert (vgl. Reuter 2007, 182) – der Schaffung eines Weltstaates das Wort redet.

strichen. Allerdings wird ebenso deutlich, dass diese Interdependenzthese jeweils nicht bloss als begrifflich-inhaltliche, sondern durchaus auch als instrumentelle These vorgebracht wird.

Insgesamt fällt auf: In allen dargestellten Positionen wird der Begriff des *gerechten* Friedens in engem Anschluss zu oder – eher noch – in inhaltlicher Übereinstimmung mit dem in der theologischen Diskussion zumeist unstrittigen[307] *weiten* Friedensbegriff formuliert, wie er in den entsprechenden Debatten der Friedensforschung spätestens seit den 1970er-Jahren verbreitet ist und dort wieder vermehrt kontrovers diskutiert wird. Damit tritt die aus meiner Sicht bedeutsame inhaltliche Frage auf den Plan, inwiefern das in dieser Weise verstandene Konzept des gerechten Friedens den selbst deklarierten und etwa von Wolfgang Huber untermauerten Anspruch einzulösen vermag, etwas ›historisch Neues‹ in die Debatte einzubringen.[308] Inwiefern, so liesse sich demgegenüber fragen, wird hier nicht viel eher im Anschluss an eine theologisch als zwingend herausgestellte Akzentsetzung *ein* bestimmendes Element eines schon länger vertretenen Friedensbegriffs hervorgehoben und in theoretischer Perspektive privilegiert, der seinerseits gerade im Blick auf die Suche nach politik- und forschungsbezogenen Folgerungen nicht unproblematisch ist?

Diese Frage verweist auf die Einordnung der theoretischen Auseinandersetzung mit der Konzeption ›gerechter Friede‹ in den Zusammenhang der friedenstheoretischen Frage nach der Konstitution einer eigentlichen Theorie des Friedens. Denn um im Feld der gängigen friedenstheoretischen Positionen wirklich etwas konstitutiv Neues zu bezeichnen, müsste sich der gerechte Friede entweder in seinem Begriffs*gehalt* von dem abheben, was mit jenen Konzepten benannt ist, die als positiver Friede oder als weiter Friedensbegriff in der Debatte vertreten werden. Oder aber es gälte zu zeigen, inwiefern der ›gerechte Friede‹ in *normativer Hinsicht* etwas Zusätzliches aussagt.

Dieser Einordnung in die friedenstheoretische Auseinandersetzung werde ich mich im nun folgenden Kapitel annehmen. Dabei ist es mein Ziel aufzuzeigen, dass die Diskussion um den ›gerechten Frieden‹ davon profitieren kann, sich eine zentrale Tendenz, mit der im Bereich der Friedens-

---

[307] Zur Unstrittigkeit des weiten Friedensbegriffs in der Theologie vgl. etwa Kinkelbur 1995; Walter 1998, 177ff.
[308] Vgl. Huber 2005, 120; Scheffler 2003, 142.

theorie die Aporien der begriffstheoretischen Diskussion zu überwinden versucht werden, zu eigen zu machen: Die eindeutigere Differenzierung zwischen dem Friedens*begriff* einerseits und den Friedens*bedingungen* bzw. Friedens*ursachen* andererseits. Dieser Differenzierung gilt im folgenden Kapitel mein hauptsächliches Augenmerk.

4. Friedenstheoretische Anfragen an die Rede vom gerechten Frieden

Noch 1995 konstatierte Dieter Senghaas eine »Ferne des Friedens im Denken«[309], die ihm zufolge für die Zeit der verschärften Blockkonfrontation in den 1980er-Jahren symptomatisch war. In den zurückliegenden Jahren, und somit zeitgleich mit dem Aufkommen der Diskussion um den ›gerechten Frieden‹, findet sich nun jedoch zumindest im Bereich der deutschsprachigen Friedensforschung ein wieder aufkeimendes Interesse an klassischen friedenstheoretischen Fragestellungen.[310] Der Friedenstheorie ist es darum zu tun, den eigentlichen Untersuchungsgegenstand der Friedenswissenschaften – den Frieden – theoretisch zu erfassen und dabei stets auch die Frage nach der »Theoriefähigkeit«[311] des Friedens schlechthin zu stellen. Christoph Weller nennt drei vorrangige Ebenen, mit denen sich die friedenstheoretische Debatte in der jüngeren Vergangenheit hauptsächlich befasst hat: Erstens die begrifflichen Grundfragen der Friedensforschung, also die eigentliche Frage nach dem jeweils vertretenen *Friedensbegriff*, zweitens theoretisch-analytische Konzepte, die ein vertieftes Verständnis von *Friedensbedingungen* zu befördern versuchen, sowie drittens Auseinandersetzungen mit *erkenntnistheoretischen Aspekten der friedenswissenschaftlichen Arbeit*.[312]

Angesichts der bis hierher dargelegten Kernfragen der Debatte um den gerechten Frieden sollte die Nähe zu den damit aufscheinenden Brennpunkten der neueren friedenstheoretischen Reflexion evident sein: Wie im vorangehenden Kapitel ausgeführt, verlangen begriffliche Grundfragen – in Entsprechung zur *ersten* von Weller identifizierten Ebene friedenstheoretischer Reflexion – im Kontext gegenwärtiger friedensethischer Theoriebildung nach besonderer Aufmerksamkeit. Gleiches gilt auch für das *zweite* von Weller genannte Aufgabenfeld der Friedenstheorie, die Identifizierung empirischer Friedensbedingungen und deren Integration in die Theoribil-

---

[309] Senghaas 1995b, 9; vgl. insbesondere mit Blick auf die deutsche Philosophie des 20. Jahrhunderts auch Kater 2006, 90.

[310] Vgl. hierzu allem voran die Beiträge in Calließ/Weller 2004; Jahn u.a. 2005b oder Sahm u.a. 2006 sowie zuvor Jopp 1992; Meyers 1994; Senghaas 1995c; Vogt 1994/95b; Mader u.a. 1996; Senghaas 1995a; Schwerdtfeger 2001; Brücher 2002 und Weller 2003. Einen Überblick über die neuere friedenstheoretische Diskussion geben Bonacker/Imbusch 2005.

[311] Vgl. dazu grundlegend Senghaas-Knobloch 1992.

[312] Vgl. Weller 2003, 5.

dung. Jede zeitgemässe Friedensethik sieht sich mit der Aufgabe konfrontiert, nicht bloss nacht normativen Legitimitätsbedingungen bestimmter (Friedens-)Ordnungen zu fragen, sondern ebenso sehr nach deskriptiven Voraussetzungen für deren Herausbildung. Auch mit Blick auf die erkenntnistheoretischen Aspekte friedenswissenschaftlicher Forschung, dem *dritten* von Weller bezeichneten Themengebiet friedenstheoretischer Arbeit, ergeben sich Berührungspunkte zur aktuellen theologisch-friedensethischen Debatte. Offensichtlich sind Parallelen jedenfalls dort, wo aufgrund des Bewusstseins um die Kontextgebundenheit von Konstruktionen des Friedens sowie legitimer und illegitimer Gewalt nach der Rezipierbarkeit spezifisch religiöser normativer Vorstellungen zur Friedensthematik gefragt wird. Die Berührungspunkte finden sich ebenso in jenen Studien, die dem friedensstiftenden respektive gewaltfördernden Potential religiöser Orientierungen gewidmet sind.[313]

Insgesamt vollzieht sich die Debatte um den gerechten Frieden, so meine ich, also nicht nur zeitlich parallel zur jüngeren friedenstheoretischen Debatte, sondern sie ist vielmehr selbst genuin friedenstheoretischer Natur.[314] Angesichts der im vorangehenden Kapitel herausgearbeiteten offenen Fragen in funktionaler und in inhaltlicher Hinsicht ist es das Anliegen dieses Kapitels aufzuzeigen, inwiefern die Auseinandersetzung mit dem Konzept des gerechten Friedens gerade aufgrund ihres eigenen friedenstheoretischen Charakters davon profitieren kann, an den gegenwärtig leitenden Tendenzen im Bereich der Friedenstheorie gemessen zu werden.

Die Diskussion um begriffliche Grundfragen, Wellers erstgenanntem Forschungsfeld, wurde in jüngeren friedenstheoretischen Auseinandersetzungen insofern wieder aufgenommen, als – in mitunter selbstkritischer Absicht – vermehrt nach dem Umgang der Friedensforschung mit ihren eigenen Begriffen gefragt wird. Gerade weil die theologische Friedensethik die begrifflich-theoretischen Debatten zuletzt nicht eingehend rezipiert hat

---

[313] Vgl. mit dem Verweis auf diese Dimension friedensethischer Aufgabenstellungen u.a. Körtner 2003a, 371 und Körtner 2003c sowie aus dem Kreis der jüngeren Publikationen zu dieser Thematik Weingardt 2007.

[314] Dass eine Reihe von bedeutsamen Beiträgen zur Friedenstheorie bis zum Ende der Blockkonfrontation aus dem Bereich der theologischen Friedensforschung und Friedensethik stammten, macht Kinkelbur 1995 deutlich (zu denken ist dabei etwa an die an der FEST in Heidelberg entstandenen Arbeiten [dabei u.a. die Studientrias Liedke 1978 oder Lienemann 1982] sowie natürlich an Huber/Reuter 1990). Mit der Einordnung in die Friedenstheorie fände die theologische Friedensethik also auch zu einem angestammten Arbeitsfeld zurück.

und ihren Friedensbegriff zumeist unhinterfragt lässt, ist diese neuerliche Hinwendung der Friedenstheorie zum Begriff des Friedens für sie von Interesse. Im zweiten Abschnitt dieses Kapitels soll daher ein Blick auf die in begrifflicher Hinsicht zentrale Wendung, die in aktuellen friedenstheoretischen Positionsbezügen vollzogen wird geworfen werden. Gemeint ist das Eintreten für einen *engen* Friedensbegriff, als dessen zentrales Definitionsmerkmal gleichwohl die *dauerhafte Überwindung* kriegerischer Gewalt betont wird (4.2). Im Kontext dieser friedenstheoretischen Überlegungen zum Friedensbegriff drängt sich die bereits im vorangehenden Kapitel angeschnittene Frage auf, ob und inwiefern der Begriff des ›gerechten Friedens‹, der in der Friedensethik profiliert wird, nicht letztlich eine redundante Bestimmung dessen angibt, was der Begriff ›Frieden‹ schon für sich genommen bezeichnet. Dieser Frage werde ich in einem weiteren Abschnitt nachgehen (4.3). In Auseinandersetzung mit zwei spezifischen Ansätzen – demjenigen von Ernst-Otto Czempiel sowie demjenigen von Dieter Senghaas – soll schliesslich jener Lösungsvorschlag zur Überwindung begrifflicher Aporien diskutiert und zur Rede vom gerechten Frieden in Beziehung gesetzt werden, der einer expliziten Trennung der Behandlung von Friedens*begriff* und Friedens*bedingungen* das Wort redet (4.4). Nimmt die Friedensethik die Impulse auf, die sich aus der gegenwärtigen friedenstheoretischen Diskussion für die Diskussion zum ›gerechten Frieden‹ gewinnen lassen, wird es ihr – wie ich in einem abschliessenden Fazit darlegen werde – nicht zuletzt besser gelingen, ihren Leitbegriff ›gerechter Friede‹ in die aussertheologischen wissenschaftlichen und (friedens-)politischen Diskurse einzubringen. Diese Aufgabe stellt sich der Friedensethik deshalb, weil sie, wie anhand der dargestellten Entwürfe gezeigt, den Begriff des gerechten Friedens als *politischen* Begriff konturiert und dabei mit dem Anspruch auftritt, ihn in den friedenspolitischen Debatten zur Geltung bringen zu können und so einen eigenen Beitrag zu den drängenden Fragen auf diesem Gebiet zu leisten (4.5).

Es ist in diesem Kapitel mein Ziel, die gegenwärtig leitenden Tendenzen friedenstheoretischer Reflexion auf die friedensethische Debatte um den ›gerechten Frieden‹ zu beziehen und dadurch einige der als theoretische Schwierigkeiten kenntlich gemachten Merkmale der Rede vom gerechten Frieden kritisch zu hinterfragen. Den vier genannten Abschnitten, in denen dies geschehen soll, ist ein einleitender Abschnitt vorgelagert. Dessen Absicht ist es, vier Entwicklungen aufzuzeigen, in denen sich das in den zurückliegenden 15 Jahren wieder erstarkte Interesse an friedenstheoretischen Fragestellungen allem voran zeigt. Auf diese Weise soll der Kontext der gegenwärtigen friedenstheoretischen Auseinandersetzungen skizziert und dabei verdeutlicht werden, dass auf die gleichen zeitgeschichtlichen Entwicklungen und Problemlagen reagiert wird, wie dies im Kontext der friedensethischen Hinwendung zum Topos ›gerechter Friede‹ der Fall ist (4.1).

4.1 Zum Kontext der jüngeren friedenstheoretischen Diskussion

Für das Wiederaufkommen friedenstheoretischer Debatten in der Friedensforschung sind die veränderten Gegebenheiten nach dem Ende des Kalten Kriegs, aber auch seit dem Übergang vom 20. ins 21. Jahrhundert entscheidend. So stellt sich der Friedensforschung die friedenstheoretische Frage nach dem Wesen des Friedens und seinen Ursachen unter anderem vor dem Hintergrund der seit 1989/1990 zunehmend ins Bewusstsein getretenen Tatsache von Neuem, dass über 95% aller Kriege der jüngeren Zeit *innerstaatlicher* Natur sind. Dies insbesondere auch deshalb, weil diese Kriege allenthalben Formen der Gewalt zum Vorschein gebracht haben, die von einer zuvor nicht in diesem Ausmass wahrgenommenen Brutalität waren.[315] Dabei sind es zumindest vier Entwicklungen und Akzentverschiebungen, die für die Rückbesinnung auf die friedenstheoretische Fragestellung in der Friedens- und Konfliktforschung leitend sind:

Die beiden ersten dieser vier Entwicklungen verweisen auf einen gewissen Bedarf an Selbstklärung und Selbstthematisierung friedenswissenschaftlicher Arbeit. Sie betreffen (i) jüngere Bilanzierungsversuche innerhalb der Friedensforschung und (ii) die disziplinentheoretische Frage nach dem eigentlichen Erkenntnisinteresse dieses Wissenschaftszweigs. Die dritte und die vierte Akzentverschiebung stehen in Verbindung mit inhaltlichen Fokussierungen der friedenswissenschaftlichen Arbeit, nämlich (iii) mit den friedenstheoretischen Implikationen der Debatte um den demokratischen Frieden und schliesslich (iv) mit der Verlagerung des Fokus

---

[315] Vgl. dazu exemplarisch auch Brock 2004c, 513, der feststellt, die Friedensforschung sei auf die mit den ›Neuen Kriegen‹ und der Debatte um die humanitäre Intervention in den Blick geratenden Dimensionen von Gewalt »schlecht vorbereitet« gewesen, denn sie beharre weiterhin darauf, »dass der Abbau von Gewalt den Kern jenes zivilisatorischen Prozesses ausmache, dessen Möglichkeit für die Friedensforschung konstitutiv ist, sieht sich aber mehr und mehr gezwungen, sich mit der öffentlichen Inanspruchnahme von Gewalt als Mittel der Friedenssicherung und -durchsetzung auseinander zu setzen«. Vgl. dazu auch Fischer/Sahm 2005.

auf die Gewalt-Thematik angesichts der zunehmend sichtbar werdenden innerstaatlichen Dimension kollektiver Gewalt und ihrer damit verbundenen Entgrenzung.

Zu (i): In jüngerer Zeit wurde im Bereich der Friedensforschung ein *Bilanzierungsbedarf* hinsichtlich des Erreichten deutlich, der wesentlich damit zusammenhängt, dass dieser Forschungszweig als akademische Disziplin zumindest im deutschen Kontext nicht nur mit einem distinkt politischen Erkenntnisinteresse, sondern auch mit dem Anspruch, politisch wirksam zu werden, angetreten war und gefördert wurde.[316] Gerade vor dem Hintergrund der verstärkten Institutionalisierung, welche die Friedensforschung im Zuge der erstmaligen Regierungsbeteiligung der traditionell pazifistischen Grünen Partei Deutschlands Ende der neunziger Jahre erlebte, stellte sich die Frage nach dem von der Friedensforschung Erreichten besonders prominent. Nicht zuletzt drängte sich dabei auch die Frage auf, ob es der Friedens- und Konfliktforschung gelungen sei, ihren Forschungsgegenstand ausreichend zu verdeutlichen, um die anvisierte politische Gestaltungskraft entwickeln zu können.[317] Hiermit verbunden manifestierte sich auch ein ›interner‹ Klärungsbedarf hinsichtlich der eigentlichen Ausrichtung einer Disziplin, deren Interdisziplinarität zuweilen den Preis einer umstrittenen Stellung innerhalb der etablierten wissenschaftlichen Disziplinen mit sich brachte.[318]

Zu (ii): Es ist auch dieses *disziplinentheoretische* Bemühen um die Eingrenzung der distinkten Forschungsfelder und -fragen der Friedensforschung, das zu einer Rückbesinnung auf die friedenstheoretische Frage geführt hat. Auf dem Spiel stand für manch einen Exponenten der Friedenswissenschaften nicht zuletzt die akademische Berechtigung einer Disziplin insgesamt, deren Selbstbesinnung nach dreissig Jahren wissenschaftlicher Rollenfindung gemäss Czempiel zu der ernüchternden Folgerung nötige, dass sie einerseits noch immer »keinen geklärten Friedensbegriff« habe und ihr andrerseits zwar durch ein spezifisches Erkenntnisinteresse zuzubilligen sei, dieses aber letztlich doch »diffus« bleibe.[319] Dies mag nicht

---

[316] Vgl. zu Geschichte und Selbstverständnis der deutschen Friedensforschung u.a. Wasmuht 1998 und Koppe 2005.
[317] Vgl. dazu u.a. Czempiel 2006, 84ff.
[318] So etwa Weller 2003, 34.
[319] Vgl. Czempiel 2006, 83.

von allen Stimmen in der Debatte so gesehen und auch nicht von allen als problematisch empfunden werden,[320] doch stellt die Auffassung, die Friedensforschung habe sich ihren Forschungsgegenstand von der politischen Programmatik abspenstig machen und verwässern lassen,[321] sicherlich eine wesentliche Triebfeder neuerer friedenstheoretischer Auseinandersetzungen dar.

Zu (iii): Die dritte Entwicklung – sie entspricht einer Akzentverschiebung – vollzieht sich mit einem genuinen Forschungsfokus der Friedensforschung, wie er sich im Verlauf der neunziger Jahre des 20. Jahrhunderts herausgebildet hat. Gemeint ist die Debatte um das *Theorem des ›demokratischen Friedens‹*, die eine vertiefte Klärung des Untersuchungsgegenstandes zur Voraussetzung hatte. Dies nicht zuletzt deshalb, weil der Forschung in diesem Bereich, wie Lothar Brock schreibt, in der Regel »eine eng begrenzte Definition der Friedensproblematik zugrunde liegt, nämlich die Vermeidung und Überwindung internationaler Kriege«[322].

Das Theorem des demokratischen Friedens besagt im Kern, dass Demokratien gegeneinander keine Kriege führen. Diese These lässt sich, so die Vertreter des Theorems, empirisch belegen und ist, sucht man aus diesem Befund Konsequenzen für die Friedensförderung abzuleiten, auch normativ von Bedeutung.[323] Die Verbindung des empirischen und des normativen Gehalts der These vom demokratischen Frieden wird bereits in den beiden ersten Definitivartikeln in Kants Friedensschrift deutlich, an welche die Theorie oft rückgebunden wird. In diesen Artikeln vertritt Kant die Auffassung, dass im Dienste des ewigen Friedens die Verfassungen aller Staaten republikanisch sein sollen und das Völkerrecht auf einen Föderalismus freier Staaten zu gründen sei (der *foedus pacificum*). Zentral für die Anknüpfung der These vom demokratischen Frieden an Kants Traktat ist

---

[320] So weist etwa Johannes Schwerdtfeger darauf hin, dass es stets ein Dilemma gebe zwischen »definitorischer Vereinseitigung und faktischer Mehrdimensionalität des Friedens« (Schwerdtfeger 2001, 15). Vgl. dazu auch unten, Fussnote 347.

[321] So schon Daase 1996, 457ff., aber auch Brock 2006, 96.

[322] Brock 2006, 101.

[323] Die im angelsächsischen Sprachraum gelegentlich auch unter dem Stichwort »liberal peace« firmierende Theorie des demokratischen Friedens wurde insbesondere von Michael W. Doyle in die Debatten der Internationalen Beziehungen eingebracht (vgl. etwa Doyle 1983 und für die Debatte Brown u.a. 1996). Für den deutschen Sprachraum, wo die These zuerst von Czempiel (vgl. Czempiel 1981) diskutiert wurde, vgl. etwa Müller 2002; Rauch 2005 und Geis u.a. 2006.

mitunter jene Stelle, an der Kant deutlich macht, dass es in seinen Augen die demokratische Kontrolle über die Entscheidungen zum Krieg ist, die Demokratien kriegsaverser werden lässt als andere Staatsformen.[324]

Allerdings sieht sich die These vom demokratischen Frieden einem »empirischen Doppelbefund«[325] ausgesetzt: Dessen erster Teil, dass nämlich Demokratien in der Tat seit dem beginnenden 19. Jahrhundert keine Kriege gegeneinander geführt haben, bezeichnet Ernst-Otto Czempiel als »empirische[s] Gesetz«[326]. Der zweite Teil des Doppelbefundes hingegen, der aufzeigt, dass demokratische Staaten insbesondere gegen autoritäre Regime keineswegs kriegsavers sind[327] und dabei hinsichtlich der eingesetzten Mittel und der Beachtung des Völkerrechts oft sogar mit weniger Rücksicht vorgehen als nicht-demokratische Staaten, stellt einen der Hauptansatzpunkte für Kritik an diesem Theorem dar.[328] Es ist hier nicht der Ort, eine eingehende Auseinandersetzung mit dem Theorem des demokratischen Friedens zu führen. Das vermehrte Interesse friedenswissenschaftlicher Forschung an diesem Theorem, das eine enge Bestimmung des Friedensbegriffs zumindest impliziert, hat gerade auch angesichts der angedeuteten Rückfragen entscheidend zur Neuauflage friedenstheoretischer Diskussionen beigetragen.[329]

---

[324] Vgl. Kant 1964 [1795], BA 23f., 205f.: »Wenn [...] die Beistimmung der Staatsbürger dazu erfordert wird, um zu beschliessen, ›ob Krieg sein solle, oder nicht‹, so ist nichts natürlicher, als dass, da sie alle Drangsale des Krieges über sich selbst beschliessen müssten (als da sind: selbst zu fechten; die Kosten des Krieges aus ihrer eigenen Habe herzugeben; die Verwüstung, die er hinter sich lässt, kümmerlich zu verbessern; zum Übermasse des Übels endlich noch eine, den Frieden selbst verbitternde nie (wegen naher immer neuer Kriege) zu tilgende Schuldenlast selbst zu übernehmen), sie sich sehr bedenken werden, ein so schlimmes Spiel anzufangen[.]«

[325] Vgl. dazu Geis 2001 und Rauch 2005, 22-24.

[326] Czempiel 2000, 38. Vgl. für Czempiels Auseinandersetzung mit dem ›demokratischen Frieden‹ auch Czempiel 1981; Czempiel 1996 sowie auch Czempiel 1998, insb. Kapitel 3.

[327] Vgl. dazu Rauch 2005, 22f. Roland Paris hat überdies verschiedentlich auf die Notwendigkeit hingewiesen, zwischen der Friedensfähigkeit etablierter Demokratien und dem oft äusserst konfliktträchtigen Prozess der Herausbildung einer solchen auch analytisch und gerade bezogen auf die Aufgabenstellung der nachhaltigen Friedenssicherung ausreichend zu unterscheiden (vgl. u.a. Paris 2004a, 40ff., insb. 44-46).

[328] Vgl. dazu Cheneval 2007, 245f., der u.a. darauf hinweist, dass in der Tat bisher nur ein *demokratischer* Staat die Atombombe eingesetzt hat. Die »Tendenz, dass [demokratische Staaten, jds] Kriegsmittel einsetzen, die eigene Truppen schonen, ungeachtet der sehr hohen Verluste, die womöglich auf der anderen Seite entstehen«, erklärt sich gemäss Cheneval aus dem Umstand, dass demokratische Regierungen zwar der eigenen Bevölkerung gegenüber in hohem Masse rechenschaftspflichtig sind, gegenüber derjenigen der bekriegten Staaten aber gerade nicht.

[329] So auch Müller 2003.

Zu (iv): Als weitere Triebkraft der Rückbesinnung auf friedenstheoretische Fragestellungen ist schliesslich *viertens* die vor allem unter jüngeren Friedensforscherinnen und -forschern anzutreffende *Hinwendung zum Begriff der Gewalt* als zentralem Begriff der Friedens- und Konfliktforschung[330] und die damit einsetzende Akzentverschiebung zu nennen, die von der gängigen Fixierung der Friedenstheorie auf den Frieden wegführt.[331] Es sind neben den Aporien der grundsätzlichen Debatte um den Friedensbegriff speziell die Entwicklungen nach dem Ende des Kalten Kriegs, die der Friedensforschung die Vielschichtigkeit und gleichzeitig die grundlegende Problematik des Phänomens ›Gewalt‹ – wobei zumeist die kollektive organisierte Gewalt gemeint ist – wieder deutlicher ins Blickfeld gerückt haben. Dazu gehört ganz entscheidend die genannte Tatsache, dass zunehmend das Ausmass innerstaatlicher Gewaltanwendung ins Zentrum der Aufmerksamkeit geriet sowie der Umstand, dass neue Formen organisierter Gewalt – etwa in Form des transnationalen Terrorismus – die Trennschärfe zwischen den Phänomenen ›Krieg‹ und ›Frieden‹ zusätzlich verwässerten.[332] Diese Entwicklungen lassen etwa Thorsten Bonacker dafür plädieren, »den Gewaltbegriff zum Kernbegriff der Friedens- und Konfliktforschung zu machen und sich dabei stärker auf die Eigendynamik von Gewaltverläufen als auf Gewaltursachen zu konzentrieren«[333].

Trotz des letztlich friedenstheoretischen Kerns der Diskussion um den gerechten Frieden ist die friedenstheoretische Debatte, wie sie in Verbindung mit diesen vier Entwicklungen mit neuer Intensität geführt wird, nur sehr zaghaft in die aktuellen friedensethischen Positionsbezüge eingeflossen. Im Folgenden soll versucht werden, diesen Bezug mit Blick auf die Kernpostulate der friedenstheoretischen Reflexion herzustellen.

---

[330] Vgl. dazu etwa Jahn u.a. 2005a, 17 und Weller 2004a, 14ff.
[331] Dafür plädiert eingehend auch Brücher 2002. In gewisser Weise liesse sich diese Akzentverschiebung selbstverständlich auch als Rückkehr zu einem zentralen Leitthema der frühen Friedensforschung darstellen, war die Gewaltthematik doch auch schon ursprünglich einer der hauptsächlichen Untersuchungsgegenstände friedenswissenschaftlicher Arbeit (vgl. dazu ausführlich Kinkelbur 1995).
[332] Vgl. dazu Abschnitt 1.2.
[333] Bonacker 2005, 74. Ich komme unten, in Abschnitt 4.5.1, hierauf zurück.

4.2 Gerechter Friede, weiter und enger Friedensbegriff

4.2.1 »Vom Ruinieren der Begriffe« – Zur Kritik am weiten Friedensbegriff

Der erste und zentrale friedenstheoretische Gesichtspunkt, den ich im Folgenden für die friedensethische Diskussion zum gerechten Frieden fruchtbar machen will, betrifft die eigentliche begriffliche Frage nach dem in der Diskussion zugrunde gelegten Friedensverständnis. Wie bereits eingangs betont, besteht in der theologischen Friedensethik hinsichtlich der Notwendigkeit eines weiten Friedensbegriffs weitherum Konsens. Als Ausdruck davon ist es die mit dem Leitbild ›gerechter Friede‹ verbundene Absicht aufzuzeigen, dass Friede aus ethischer Sicht erst dann gegeben sei, wenn die mit dem Begriff des Friedens immer schon verbundenen Gerechtigkeitsaspekte verwirklicht sind. Dementsprechend ist die Rede vom gerechten Frieden mit jenem Friedensverständnis in Verbindung zu bringen, das in der klassischen Distinktion als *weiter Friedensbegriff* bzw. als Begriff des *positiven Friedens* vertreten wird. Kennzeichen dieses Verständnisses ist es, dass zum Erfordernis der Abwesenheit direkter Gewalt Gerechtigkeitspostulate, verstanden als soziale Gerechtigkeit, hinzutreten. Friede, so die Vertreter dieser Sichtweise, sei nur dann gegeben, wenn nicht bloss die Waffen schweigen, sondern wenn darüber hinaus durch die Verwirklichung bestimmter – jeweils durchaus unterschiedlich gefasster – Gerechtigkeitserfordernisse auch die Abwesenheit indirekter ›struktureller‹ Gewalt[334] sichergestellt sei. Friede, so diese Auffassung weiter, impliziere die Eliminierung der Ursachen von Unfrieden und sei überdies unteilbar, ein bloss regional verwirklichter Friede also nicht Frieden im vollen Sinne.[335] Demgegenüber wird als *enger Friedensbegriff* respektive als Begriff des *negativen Friedens* jene Auffassung bezeichnet, die in der Abwesenheit direkter kriegerischer Gewalt das bestimmende Moment des Friedens sieht.

Im Kontext der jüngeren friedenstheoretischen Diskussion wurde von verschiedenen Autoren, etwa von Lothar Brock und Ernst-Otto Czempiel,[336] darauf hingewiesen, dass ein weiter Friedensbegriff, wie ihn der positive Friede darstellt, in mehrfacher Hinsicht problematisch sei. Auf die Positionen dieser beiden Autoren wird gleich zurückzukommen sein. Die mitunter prägnanteste Kritik am Programm der Ausweitung des Friedensbegriffs,

---
[334] Vgl. dazu und zur Begrifflichkeit ursprünglich Galtung 1969 (in der von Johan Galtung geprägten Terminologie ist Friede die Abwesenheit direkter *und* ›struktureller Gewalt‹).
[335] Vgl. dazu prägnant Bonacker/Imbusch 2005, 131f.
[336] Vgl. Brock 2006 oder Czempiel 2006.

wie er nicht nur im Rahmen der theologischen Friedensethik, dort aber wie erwähnt zumeist im Konsens, vertreten wird, hat Christopher Daase in einem 1996 erschienenen Beitrag geübt.[337] Der Text apostrophiert die – nicht zuletzt durch die politischen Gegebenheiten des Ost-West-Konflikts motivierte – Tendenz zur inhaltlichen Überfrachtung des Friedens-, in der Folge aber auch des Sicherheitsbegriffs[338], als ein »Ruinieren der Begriffe«. Wie Daase folgert, sei der Umstand, dass die Friedensforschung bis zu jenem Zeitpunkt überhaupt empirische Resultate habe vorweisen können, nicht etwa einer vorgängigen begrifflichen Klärung ihres leitenden Erkenntnisinteresses zu verdanken. Im Gegenteil: Wo die Friedensforschung Erfolge habe erzielen können, seien diese »weitgehend auf das Ignorieren ihrer eigenen Leitbegriffe zurückzuführen«[339]. Auslöser der kritisierten Ausweitung der Begrifflichkeit war laut Daase nicht zuletzt das Wissen darum, dass ein enger, auf den Nicht-Krieg konzentrierter Friedensbegriff die Situation der nuklearen Abschreckung zu legitimieren und somit einen völlig unhaltbaren Zustand als Frieden zu adeln drohte. Auch aus diesem Grund propagierte die sogenannte Kritische Friedensforschung[340] die Alternative, den Friedensbegriff weiter zu fassen und die genannten Elemente, insbesondere die Verwirklichung eines gewissen Masses an sozialer Gerechtigkeit, als bestimmende Charakteristika des Friedens herauszustellen.[341]

---

[337] Vgl. Daase 1996. In diesem Beitrag wird deutlich, dass die theologische Friedensethik – was Daase im Unterschied zu anderen Beiträgen aus dem politikwissenschaftlichen Umfeld zumindest implizit erkennen lässt – auf frühe friedenstheoretische Diskussionen anders als in der Gegenwart durchaus Einfluss hatte.

[338] Vgl. zum Sicherheitsbegriff Kapitel 6.

[339] Daase 1996, 483.

[340] Mit dem Begriff der Kritischen Friedensforschung wird jene Richtung der deutschen und skandinavischen Friedensforschung bezeichnet, die sich in den späten sechziger Jahren des 20. Jahrhunderts herausbildete und sich später zum *Mainstream* der deutschsprachigen Friedensforschung entwickelte (so etwa Daase 1996, 459). Entgegen der traditionellen Friedensforschung, die unter den Bedingungen des Kalten Kriegs überwiegend an »Konflikt*kontrolle* und Konflikt*management* orientiert« war und deshalb als wissenschaftlich unzulänglich und konservativ kritisiert wurde (vgl. Senghaas 1971a, Zitat 9, kursiv im Original), trat die Kritische Friedensforschung mit der Zielsetzung an, als wissenschaftliche Richtung, der es um die Realisierung des Friedens geht, gesellschaftskritisch wirken und auf Veränderung angelegt sein zu können (vgl. dazu ausführlich die Beiträge in Senghaas 1971b). Hier bot sich die Ausweitung des Gewalt- sowie in unmittelbarer Verbindung damit auch des Friedensbegriffs, wie sie durch das von Galtung eingebrachte Konzept der strukturellen Gewalt ausgelöst wurde, als Ansatzpunkt an (vgl. Koppe 2005, 43-46).

[341] Vgl. Daase 1996, 468.

Allerdings, so Daase, sei diese Operation im Sinne einer an ihrer eigenen Wissenschaftlichkeit interessierten Disziplin wenig hilfreich gewesen, denn damit »war für die Explikation des Begriffes nicht viel gewonnen, weil ein Wertbegriff mit anderen, ebenso diffusen Wertbegriffen bestimmt wurde«[342]. Deshalb sei auch vielfach so vorgegangen worden, dass der erweiterte Friedensbegriff über die Erweiterung seiner Gegenbegriffe zu bestimmen versucht wurde – nicht mehr der Krieg, sondern beispielsweise die ›Not‹ sei dadurch zum relevanten Abgrenzungsbegriff avanciert.[343] In der Konsequenz habe die in durchaus definitorischer Absicht vorgenommene Ausweitung des Friedensbegriffs zwei kritische Folgen gezeigt: Zum einen – dies ist für die vorliegende Abhandlung allerdings von geringerer Bedeutung – habe dies zu einer wissenschaftsinternen Polemik und zur Ausgrenzung jener Positionen geführt, die an der Bestimmung des Friedens als Abwesenheit des Kriegs festhielten.[344] Zum andern habe diese Ausweitung, so Daase, ein Aussetzen der theoretischen Debatte um den Friedensbegriff nach sich gezogen, denn dieser sei aufgrund des Verlustes an analytischer Stringenz wissenschaftlich beinahe wertlos geworden: »Die empirische Erweiterung führte dazu, dass der Friedensbegriff zu einem ›Totalbegriff‹ aller wünschbaren Zustände wurde und seine empirische Unterscheidungsfähigkeit verlor.«[345] Der Begriff des Friedens sei so, wie Daase schildert, in seiner ›doppelten Wertigkeit‹, in der er einerseits als wissenschaftlicher Begriff und andrerseits als politisches Schlagwort fungieren müsse, in der »Übererfüllung der von ihr [der Friedensforschung, jds] erhobenen Forderung nach Praxisorientierung«[346] aufgerieben worden. Für eine Friedensethik, die sich mit dem Begriff des gerechten Friedens zwischen wissenschaftlicher Differenzierung, politisch-normativer

---

[342] Daase 1996, 468.

[343] Vgl. etwa das oben stehende Zitat von Georg Picht, Fussnote 223. Schwerdtfeger 2001, 44-48 und 78-104 macht exemplarisch deutlich, wie der Frieden in dieser Tradition im Sinne eines »Reflexionsbegriffes« vorrangig über die Verhältnisbestimmung zu seinen Gegenbegriffen inhaltlich zu fassen versucht wird (vgl. dazu auch Bonacker 2005, 73).

[344] Hieraus erklärt sich etwa die bei Ernst-Otto Czempiel zu findende Formulierung, die Friedensforschung »sollte sich durch die unwissenschaftliche *Diskriminierung* des Nicht-Kriegs als einem nur ›negativen Frieden‹ nicht davon abhalten lassen, die Eliminierung des Kriegs zu ihrem zentralen Forschungsthema zu erklären.« (Czempiel 2006, 84). Es ist denn auch Czempiels Versuch, das Missverständnis zu widerlegen, wonach daraus ein weniger anspruchsvolles Verständnis des Friedens resultiere, der seine neueren Äusserungen zum Friedensbegriff prägt und meines Erachtens für die Diskussion um das Konzept des gerechten Friedens besonders bedeutsam macht (vgl. etwa Czempiel 1998).

[345] Daase 1996, 469.

[346] Daase 1996, 463.

Orientierung und kirchlicher Praxis zu bewegen beansprucht, ist diese Kritik am Unterfangen der Ausweitung des Begriffs ›Frieden‹, so meine ich, von erheblicher Bedeutung.

Wie bei Daase ausgeführt sind es jeweils sowohl die Sorge um die wissenschaftliche Konzeptualisierbarkeit und Erforschbarkeit des Friedens als Gegenstand der Friedenswissenschaften als auch die eigentliche inhaltliche Differenz über das Wesen des Friedens, welche die Vorbehalte gegenüber dem weiten bzw. positiven Friedensbegriff leiten.[347] So vertritt etwa auch Lothar Brock die Auffassung, dass der positive Friedensbegriff dazu beitrage, die Friedensproblematik bis zur Unkenntlichkeit ausufern zu lassen: »Das Forschungsfeld ist dann kaum noch abgrenzbar. Friedensforschung bzw. Theoriebildung über Frieden wäre für alles und das heisst im Umkehrschluss für nichts zuständig.«[348] Ähnlich fordert Ernst-Otto Czempiel, dass die Friedensforschung im Interesse ihrer eigenen Wissenschaftlichkeit ihren Erkenntnisgegenstand enger zu fassen habe. Daraufhin könne sie sich »dem eigentlichen Problem zuwenden, nämlich der Frage, wie der Krieg zu vermeiden und damit der Friede herzustellen sei«[349]. Für Brock wiederum besteht sonst die Gefahr, dass den Friedenswissenschaften die eigene Domäne verloren geht und sich diese »mit allem Übel der Welt beschäftigen«[350] sollten.[351]

Gravierender noch sei aber, so Lothar Brock, dass der weite Friedensbegriff die Tendenz aufweise, »in sich widersprüchlich zu werden« und zu

---

[347] Allerdings ist mit Blick auf letzteres anzufügen, dass etwa Georg Picht die Ansicht vertrat, der Friede entziehe sich generell jeder Definition (vgl. Picht 1975) und dass beispielsweise auch Johannes Schwerdtfeger, wie Picht ein Vertreter des weiten Friedensbegriffs, eine Einbusse wissenschaftlicher Trennschärfe als unausweichliche Konsequenz des Versuchs einer theoretischen Annäherung an das Wesen des Friedens auffasst: »Vielleicht gelingt die Aufklärung dessen, was wir ›Frieden‹ nennen, überhaupt nicht in der Suche nach einer allgemeinen Theorie des Friedens, sondern eher als begrifflich geklärte Ausfaltung und Differenzierung einer letztlich nicht konsistent zu machenden Antizipation eines guten Lebens.« (Schwerdtfeger 2001, 16; aus einer früheren Publikation identisch zitiert bei Daase 1996, 471.) Freilich wären sowohl die konkrete Bedeutung dieser Formulierung als auch die bei Picht leitende Unterscheidung zwischen der Definition des Friedensbegriffs, der er sich verschloss, und der Benennung von ›Parametern‹, die den Frieden bestimmen, einer näheren Klärung bedürftig.
[348] Brock 1995, 326.
[349] Czempiel 2006, 84.
[350] Bonacker/Imbusch 2005, 134.
[351] Mit Blick auf das Konzept des gerechten Friedens wurde diese Sorge oben (Abschnitt 3.2) angesprochen mit der Frage, ob nicht die Gefahr besteht, dass Gerechtigkeitstheorie und Friedensethik bei einem zu weit gespannten Friedensbegriff letztlich ineins fallen.

einer »legitimatorischen Floskel« zu verkommen, könne doch beispielsweise derjenige, der im Namen der Gerechtigkeit Gewalt anwende, sich darauf berufen, »zumindest in längerer Sicht Friedenspolitik zu betreiben«.[352] Der weite Friedensbegriff neige deshalb zur Selbstwidersprüchlichkeit, weil er »auf eine Differenz zum bestehenden verweist, deren Bearbeitung selbst zu einer Verletzung des Prinzips friedlicher Konfliktbearbeitung führen kann«[353]. Dass Gerechtigkeitsaspekte zentrale Friedensrelevanz aufweisen können, wird von Brock nicht bestritten.[354] Er kritisiert aber diejenigen Positionen, die sich, wie es beim gerechten Frieden der Fall ist, durch eine Tendenz auszeichnen, ein substantielles Verständnis von Gerechtigkeit mit der Verwirklichung des Friedens begrifflich ineins zu setzen. Stattdessen plädiert Brock für einen Blickwinkel, der die Spannung zwischen dem Streben nach Gerechtigkeit und dem Streben nach Frieden einzufangen vermag:

> »Unter friedenstheoretischen Gesichtspunkten hilft die Feststellung, dass der Friede die Frucht der Gerechtigkeit sei, letztlich nicht weiter; denn Gerechtigkeit wird nie herrschen, sie wird immer eine nicht erfüllte Vision bleiben. Entscheidend ist also, inwiefern das *Streben nach Gerechtigkeit* mit dem *Streben nach Frieden* in Einklang gebracht werden kann. [...] Jenseits dieser definitorischen Annäherung bleibt aber die Frage, unter welchen Bedingungen Menschen bereit und in der Lage sind, im Streit um ihren Anteil am gesellschaftlichen Reichtum auf Gewalt zu verzichten, in welchem Masse eine höhere Gleichverteilung von Lebens- und Entwicklungschancen von sich aus ein gewaltfreies Verhalten bewirkt oder welche anderen Faktoren relevant sind [...].«[355]

Die Sorge, die sich in der Skepsis gegenüber dem weiten Friedensverständnis äussert, besteht also nebst den forschungspraktischen Bedenken wesentlich auch darin, dass der Begriffsgehalt dessen, was als Frieden in den Blick genommen werden sollte, verschwimmt und letztlich jede soziale Ungerechtigkeit als Unfrieden gelten würde. Dies hat Reinhard Meyers mit

---

[352] Für die Zitate Brock 1995, 326.
[353] Brock 2006, 100.
[354] Vgl. Brock 1995, 339: »Die Konzentration auf die Überwindung des Krieges als Kernproblem der Friedensforschung schliesst die Beschäftigung mit Gerechtigkeit und Demokratie nicht aus. Die Bedeutung beider für die Überwindung des Krieges ist aber Gegenstand der Analyse und nicht der Definition des Friedensbegriffs.«
[355] Brock 1995, 329 (Hervorhebung im Original).

der Formulierung umschrieben, dass ein weiter Friedensbegriff mithin als *Leerformel* für ganz unterschiedliche soziale Begebenheiten fungieren könne. In der Natur des weiten bzw. positiven Friedensbegriffs liege es nämlich,

> »dass er den möglichen Dissens über den genauen empirischen Gehalt jener Phänomene und Begriffe, auf die er sich bezieht, eher verdeckt denn auf den Punkt zuspitzt. Was genau bedeutet Gerechtigkeit, was genau verstehen wir unter Freiheit von Ausbeutung und sozioökonomischer Entwicklung? Es scheint, dass der Begriff des positiven Friedens als eine Leerformel fungiert, die jeweils von dem, der diese Formel gebraucht, mit seinen eigenen, spezifischen politischen, ökonomischen und sozialen Wertvorstellungen aufgefüllt wird.«[356]

4.2.2 Das Plädoyer für einen engen Friedensbegriff

Folgerichtig plädieren manche Autoren dafür, sich auf einen *engen* Friedensbegriff zu beschränken. Dieser habe zwar in seiner primären Bedeutung die Abwesenheit kriegerischer Gewalt zum Gegenstand, die als direkte und organisierte, physische Gewalt in den Blick tritt.[357] Allerdings, so betont etwa Ernst-Otto Czempiel, sei diese Bestimmung in ihrem vollen Umfang zur Kenntnis zu nehmen: Der enge Friedensbegriff bezeichne nämlich »nicht die temporäre Absenz gewaltsamer Auseinandersetzung, sondern deren Eliminierung auf Dauer«[358]. Dies wiederum sei, so unterstreicht Czempiel, eine »enorme Anforderung«[359]. Anders als in der diskreditierenden Bezeichnung ›negativer Friede‹ insinuiert, beinhalte also auch der enge Friedensbegriff, als entscheidendes Merkmal des Friedens und der Aufgabe jeder friedenswissenschaftlichen Reflexion, immer schon das Ziel dauerhafter ziviler und gewaltfreier Konfliktbearbeitung und zeichne sich damit durchaus auch durch ein ›Mehr‹ gegenüber der Abwesenheit von Krieg aus.

Folgt man Lothar Brock, wird dieses weit reichende ›Mehr‹ durch die folgenden fünf Dimensionen charakterisiert:[360] Neben einer *räumlichen*

---

[356] Meyers 1994, 68.
[357] So etwa Bonacker 2005, 86.
[358] Czempiel 2006, 85.
[359] Czempiel 2006, 85.
[360] Vgl. zum Folgenden Brock 2006, 104-110.

Dimension – ein ›Mehr‹ des engen Friedensbegriffs ist nach Brock dessen Unteilbarkeit[361] –, gemäss der es den Frieden als Weltfrieden zu begreifen gilt, sowie einer *sozialen* Dimension, die dem Umstand Rechnung trägt, dass Frieden immer auch die Überwindung des innerstaatlichen Kriegs bezeichnen muss, hebt Brock drei Aspekte hervor, die er als *zeitliche*, als *prozedurale* und als *heuristische* Dimension des Friedens bezeichnet. Erstere, die zeitliche Dimension, legt, wie es auch Czempiel betont, fest, dass der enge Friedensbegriff falsch verstanden wäre, wenn er nicht die *dauerhafte* Überwindung des gewaltsamen Konfliktaustrags bezeichnete.[362] Die prozedurale Dimension zielt auf die Angewiesenheit des Friedens auf politische Räume, in denen »über den Frieden und das, was ihm dienlich ist, produktiv gestritten werden kann«[363]. Die heuristische Dimension schliesslich führt zu einem meines Erachtens *wesentlichen Umschlagspunkt*: Wenn der Friede festgelegt werde als die dauerhafte, zeitlich und räumlich umfassende Überwindung des Kriegs, so nötige dieser Begriff zu einer Verlagerung des Fokus, der den Blick weg von Kriegs- hin zu Friedensursachen lenkt, oder der zumindest den Weg beschreitet, die Kriegs- oder Konfliktursachen, die zu identifizieren zuweilen einfacher scheint, im Sinne positiver Friedensursachen zu reformulieren. Damit einher ginge eine Loslösung von tendenziell unfruchtbaren definitorischen Fragen zum Friedensbegriff hin zur praxisorientierten Frage der Identifikation von Ursachen stabiler und nachhaltiger Prozesse friedlicher Gesellschaftsformation.[364] Wie Harald Müller festhält, ist dieser Fokus auf das praxisorientierte Fruchtbarmachen der theoretischen Überlegungen ein bezeichnendes Merkmal aller ›Theorien des Friedens‹. Diese hätten, so Müller, in der Regel eine »triadische Struktur«, die sich zusammensetzt aus der Auseinandersetzung mit dem Friedens*begriff*, aus der Explikation von Friedens*ursachen* und aus einer Friedens*praxeologie*, also der Bestimmung jener Handlungsoptionen und -strategien, mit denen die benannten Friedensursachen in der Praxis

---

[361] Vgl. dazu Brock 1995, 329-334.
[362] Müller 2003, 219 unterstreicht, dass Frieden, um als solcher bezeichnet werden zu dürfen, dauerhafte Abwesenheit von Gewalt sowohl aktuell als auch – wie dies schon von Kenneth Boulding als Wesensmerkmal »stabilen Friedens« benannt wurde (vgl. Boulding 1978, 13f.) – in den gegeneinander überhaupt in Erwägung gezogenen und in den aneinander gerichteten Diskursen zur Sprache kommenden Verhaltensweisen voraussetzt.
[363] Brock 2006, 107.
[364] Es ist dies, was unter dem Stichwort der Trennung von Friedensbegriff und Friedensbedingungen in Abschnitt 4.4 zu vertiefen ist.

befördert, verstärkt oder überhaupt erst hervorgebracht werden können.[365] Zusätzlich zu den fünf genannten Dimensionen führt Brock ein weiteres Wesensmerkmal jeder Rede über den Frieden an, das auch für den engen Friedensbegriff gelte: Auch dieser verweise in gewissem Sinne nämlich auf eine Dimension des »unausweichlich Utopische[n]«. Angesichts des skizzierten Programms der dauerhaften Überwindung des Kriegs und dem stets präsenten Kontrast zur selbst erfahrenen oder zumindest medial vermittelten, friedlosen Welt stelle sich doch die Frage, was uns treibe und uns befähige, »den Frieden zu denken, obwohl er sich sogar in seiner engen Bedeutung als Abwesenheit des Krieges als ziemlich voraussetzungsvoll erweist«[366]. Es sei gerade diese Spannung, die uns letztlich nötige, den »Frieden als etwas zu denken, das die Geschichte transzendiert«[367].

Aus der jüngeren friedenstheoretischen Debatte um den Begriff des Friedens und dessen »normativen Gehalt«[368] ergeben sich aus meiner Sicht zwei vorrangige Ebenen, auf die sich die Anfragen an die friedensethische Rede vom gerechten Frieden beziehen:

Dies ist *zum einen* die Ausweitung des Friedensbegriffs, die in der theologischen Friedensethik selbstverständlich scheint und die im Paradigma des gerechten Friedens nachdrückliche Bestätigung erfährt. Diese Festlegung auf einen weiten Friedensbegriff nötigt vor dem Hintergrund der gegenwärtigen friedenstheoretischen Diskussion dazu, sowohl die forschungspraktische als auch die genuin inhaltliche Rückfrage an das Konzept ›gerechter Friede‹ zu stellen. *Zum andern* ist es die skizzierte Qualifizierung bzw. Differenzierung des engen Friedensbegriffs, die dieser erfährt, wenn die dauerhafte Überwindung kriegerischer Gewalt als sein bestimmendes Merkmal ausgezeichnet wird. Diese Qualifizierung – die auch einer Präzisierung entspricht – wirft die Frage auf, inwieweit sich die Friedensethik einen dergestalt eingegrenzten, aber zugleich ›qualifizierten‹ Friedensbe-

---

[365] Vgl. Müller 2003, 209. Friedenstheoretische Arbeit, so Müller, könne sich allerdings legitimerweise zunächst mit den ersten beiden Dimensionen der Trias befassen, denn um eine Praxeologie zu entwickeln, sei man vorgängig ja darauf angewiesen, das Ziel, auf das hin diese zu entwickeln sei, zu kennen. Dies wiederum schliesse nicht aus, dass induktiv-empirische friedenswissenschaftliche Arbeit wertvolle Beiträge zur Identifikation oder Bestätigung der in theoretischer Perspektive diskutierten Friedensursachen leisten könne.
[366] Brock 2006, 111.
[367] Brock 2006, 111.
[368] Bonacker/Imbusch 2005, 128.

griff zu Eigen und den damit verbundenen Gewinn an inhaltlicher und funktionaler Klarheit für sich fruchtbar machen kann. Schliesslich ist es gerade die Hoffnung auf eine auf Dauer gestellte Überwindung des Kriegs, die laut der ›Dresdner Forderung‹ mit der Orientierung an dem Paradigma des gerechten Friedens verbunden wird.

Eine Problemebene, mit der sich diejenigen Positionen, die den weiten Friedensbegriff vertreten, meines Erachtens in jedem Fall zu beschäftigen haben, ist die Frage, wie denn jene, wie Martin Honecker sie treffend benannte, »seltsame[n] und merkwürdige[n] Übergänge und Zwischenzustände«[369] zwischen Krieg und Frieden zu bewerten wären, deren Erscheinungsformen und Ambivalenzen evidenterweise zunehmen, je anspruchsvoller der Friedensbegriff gefasst wird und je höher die Latte in dieser Hinsicht gelegt wird.[370] Ein Weg, auf diese Herausforderung zu antworten, wie ihn etwa Reinhard Meyers beschritten hat,[371] besteht darin, den Frieden in verschiedenen Erscheinungsformen und grundsätzlich kontextuell gebunden aufzufächern. Bei Meyers führt dies zur Bennenung des ›kooperativen Friedens‹, des ›Entwicklungsfriedens‹, oder des ›ökologischen Friedens‹. In theologischer Sicht könnte der ›gerechte Frieden‹ in diesem Sinne verstanden werden, der dann eine bestimmte Form des Friedens bezeichnete, neben der durchaus noch weitere Arten des Friedens denkbar sind, die ebenso legitim weil kontextuell gerechtfertigt wären. Dies widerspricht jedoch der Intention, mit dem Paradigma des gerechten Friedens einen umfassenden Ansatz friedensethischer Reflexion bereitzustellen, wie sie in den oben skizzierten Entwürfen zutage tritt. Denn bezeichnenderweise wäre das verbindende Merkmal all dieser Erscheinungsformen des Friedens – die,

---

[369] Honecker 2003, 265.
[370] Es ist einer der Haupteinwände, der gegen Galtungs Konzept der ›strukturellen Gewalt‹ vorgebracht wurde, dass dieser Begriff den Massstab derart hoch lege, dass Frieden schlechterdings nirgends mehr herrschen könne. Strukturelle Gewalt ist allgegenwärtig, Friede – nach Galtung wie erwähnt verstanden als Abwesenheit struktureller Gewalt – würde irreal. Überdies führe die Konzeption der strukturellen Gewalt (sowie verstärkt noch die jüngere Galtung'sche Konzeption der ›kulturellen Gewalt‹, vgl. Galtung 1996) eine unzulässige Gleichbewertung von zumindest in ethischer Sicht qualitativ stark verschiedenen Phänomenen ein, indem Vorgänge wie etwa die Tötung von Unschuldigen mit dem gleichen Schlagwort – Gewalt – bezeichnet würden, wie beispielsweise kulturelle Repression, obgleich erstere als ›irreversible‹ Vorgänge von letzteren, als zumindest potentiell ›reversible‹ Missstände, gerade aufgrund des Ausmasses und der Evidenz der vorliegenden Gewalt zu unterscheiden wären (vgl. dazu u.a. Müller 2003, 212 und 240).
[371] Vgl. Meyers 1994, 149ff.

wohlgemerkt, in Meyers' Sinne alle mit vollem Recht als Frieden bezeichnet werden – nichts anderes als das, was durch die Formel vom gerechten Frieden gerade als defizitäre Gesellschaftsform bzw. allenfalls als Vorstufe zum Frieden im eigentlichen Sinne verstanden wird: die ›blosse‹ Abwesenheit kriegerischer Gewalt.

4.2.3 Vom Krieg zum (gerechten) Frieden – ein Kontinuum

Der andere Weg, insbesondere die Zwischenzustände theoretisch einzufangen, schlägt vor, dass der Übergang vom Krieg zum Frieden, bzw. vom Krieg über den negativen Frieden hin zum ›qualitativ gehaltvollen‹ Frieden im Sinne eines Kontinuums vorzustellen sei. Egbert Jahn unterscheidet verschiedene Möglichkeiten, diesen kontinuierlichen Übergang vom Krieg zum Frieden begrifflich und schematisch darzustellen.[372] Gemäss seinem Vorschlag ist zu unterscheiden zwischen dem Krieg, dem »Unfrieden« als Zwischenzustand, sowie schliesslcih dem Frieden. Damit könne, so Jahn, dem Umstand Rechnung getragen werden, dass es zahlreiche Zustände der Gesellschaft gibt,

> »in denen per definitionem zwar kein Krieg, aber unerträgliche Formen des Tötens, des Kampfes oder der Politik alias des Ordnens des Gemeinwesens zu beobachten sind. […] Von bestehendem Frieden wird man auch in Gesellschaften nicht sprechen, in denen die Menschen in grossem Umfange an vermeidbarem Hunger und Epidemien, die verhindert werden könnten, sterben, zahlreiche Menschen in Haftlagern und Gefängnissen unter unmenschlichen Bedingungen oder unter ständiger Angst vor vielfältigen Formen nichttödlicher Gewalt mehr vegetieren als leben.«[373]

Näher differenziert spricht Jahn von einem »kriegsträchtigen Unfrieden« auf der einen und einem »friedensträchtigen Unfrieden« auf der andern Seite.[374] Leitend für die zusätzliche Unterscheidung eines »Unfriedens« ist für Jahn die Einsicht, dass nur die wenigsten mit dem Begriff des Friedens – zumindest wo er als politischer und nicht etwa als spiritueller Begriff ver-

---

[372] Vgl. dazu Jahn 2006, 57ff.
[373] Jahn 2006, 59.
[374] Jahn 2006, 58.

wendet wird – Zustände der gänzlichen Abwesenheit von Konflikten und der vollkommenen Harmonie verbinden. Vielmehr werde eine ganze Reihe von Formen gewaltsamen Aneinandergeratens von Gruppen durchaus als mit Frieden vereinbar angesehen. Zu denken ist etwa, um Beispiele aus der stabilen ›Friedenszone‹ Europa zu erwähnen, an die regelmässig wiederkehrenden Gewaltexzesse im Umfeld von Sportveranstaltungen, an die jüngeren Auseinandersetzungen in Frankreichs Vorstädten und anlässlich verschiedener G8-Gipfeltreffen, ja, selbst die politische Situation in Bosnien mit all ihren Instabilitäten würde manchenorts überzeugt als ›befriedet‹ bezeichnet.

Allerdings ist zurückzufragen, was diese Vorstellung qualitativ unterschiedlicher Friedenszustände als Kontinuum[375] hinsichtlich der konkreten Bestimmung des Friedenbegriffs und dabei hinsichtlich der Frage der Plausibilität vor allem des weiten Friedensbegriffs auszutragen vermag. Letztlich ist den verschiedenen Zuständen ja allem voran gemeinsam, dass das sie verbindende Element, aufgrund dessen sinnvollerweise von verschiedenen Erscheinungsformen des *Friedens* gesprochen werden kann, in der Abwesenheit direkter physischer Gewalt liegt, also im engen Friedensbegriff vorliegt (dies habe ich analog bereits mit Blick auf die von Meyers angeführten »Spezialfriedenszustände«[376] geltend gemacht). Die ›zunehmende Qualität‹ des Friedens wird dann dadurch ausgezeichnet, dass – um nur einige Beispiele zu nennen – ›mehr Gerechtigkeit‹ herrscht, gleichmässigere Partizipationsmöglichkeiten bestehen oder mehr Rechtssicherheit gegeben ist, wobei all diese Elemente selbstverständlich auch in Kombination genannt werden können. Damit tritt aber die unter anderem von Lothar Brock aufgeworfene Frage auf den Plan, weshalb man angesichts dieser relativ differenziert benennbaren Zusätze dann »überhaupt vom Frieden und nicht von den Zuständen und Prozessen, die er bezeichnet«[377] spricht. Für einen Begriff und eine Konzeption des gerechten Friedens, die wie oben dargestellt darauf angelegt ist, den Friedensbegriff mit der Gerechtigkeitsthematik eng zu verschmelzen, ist diese Rückfrage von zentraler Bedeutung. Brocks

---

[375] Ein Kontinuum verschiedener Entwicklungsstufen des Friedens von einem negativen hin zu einem »ganzheitlichen« Frieden sieht etwa auch Wagner 1996, 237. Ebenso stellt auch Czempiel 1998, 65, ein Kontinuum des Friedens dar, wobei ihm lediglich der Krieg als »Nicht-Friede« gilt und die weiteren skizzierten Stationen »Phasen« der Herausbildung eines stabilen Friedens – verstanden als »Kooperation« und »funktionale Integration« – bezeichnen.

[376] Brock 2006, 100.

[377] Brock 2006, 99.

sprechakttheoretische Antwort lautet lapidar: »Wer eine Forderung im Namen von Frieden und Sicherheit erhebt, beansprucht damit besondere Legitimität für sein Anliegen«[378], wobei er anfügt, dass dies durchaus auch für die Kategorisierung einer bestimmten Problematik oder eines Anliegens als Problem der Gerechtigkeit gilt. Es ist Brock sicherlich zuzustimmen darin, dass eine solche Operation an sich nichts Verwerfliches darstellt. Allerdings wäre das Anliegen der Fokussierung der theologischen Friedensethik auf einen Begriff des gerechten Friedens sicherlich nicht eingefangen, wenn man in dieser von Brock vertretenen Linie zum blossen Eingeständnis bzw. zur Betonung des Bewusstseins dafür überginge, dass es damit »um politische und nicht um erkenntnisbezogene Anliegen geht«[379].

Blickt man auf die bis hierher skizzierte friedenstheoretische Diskussion, so fällt auf, dass die aktuelle theologisch-friedensethische Diskussion um den gerechten Frieden und die jüngeren Versuche, diesem Konzept ein spezifisches inhaltliches Profil zu verleihen, im Bereich der friedenstheoretischen Debatte praktisch keine Resonanz fanden.[380] Diese offenkundig mangelnde Anschlussfähigkeit des friedensethischen Diskurses lässt sich, wie ich meine, unter anderem dadurch erklären, dass die friedenstheoretische Auseinandersetzung um dem Friedensbegriff in jüngerer Zeit jene entscheidende Differenzierung erfahren hat, die in diesem Abschnitt dargestellt werden sollte und die in der theologischen Friedensethik bislang unbeachtet blieb: Wie anhand der Ansätze von Brock, Czempiel und Müller aufgezeigt, setzte sich nämlich die Einsicht durch, dass auch von Vertretern des engen Friedensbegriffs, der gewichtige forschungspraktische Argumente auf seiner Seite weiss, ein ›Mehr‹ des engen Friedensbegriffs gegenüber der reinen Abwesenheit kriegerischer Gewalt genannt werden muss, soll der Begriff des Friedens adäquat beschrieben sein. Die zentrale Wendung der jüngeren Diskussion liegt somit, so scheint mir, darin, dass auch hier die *Dauerhaftigkeit der Überwindung kriegerischer Gewalt* als zentrale Bestimmung des Friedensbegriffs sichtbar gemacht wird.

Wird diese Festlegung des unabdingbaren Gehalts des Friedensbegriffs akzeptiert, so scheint deutlich, weshalb Czempiel wie oben erwähnt den

---

[378] Brock 2006, 100.
[379] Brock 2006, 100.
[380] Als Ausnahmen sind Beiträge von Thomas Hoppe und Michael Haspel zu nennen, die in Sammelbänden mit einer dezidiert friedenstheoretischen Ausrichtung erschienen sind (vgl. Hoppe 2007a sowie Haspel 2006e und Haspel 2007b).

›negativen‹ Friedensbegriff als sich selbst diskreditierend bezeichnet hat und weshalb er an anderer Stelle die Unterscheidung zwischen dem negativen und dem positiven Frieden als in theoretischer Hinsicht unergiebig bezeichnete:

> »Diese Unterscheidung stellt nur eine Scheinlösung dar und beruht auf einem Scheinproblem. Wer den ›negativen‹ Frieden als permanente Absenz organisierter militärischer Gewaltanwendung einrichten will, muss [...] sehr viele Ordnungen herstellen, die den Anforderungen des ›positiven Friedens‹ zuzurechnen sind, aber viel genauer formuliert werden können.«[381]

Ebenso wird sichtbar, inwiefern der enge Friedensbegriff trotz der Konzentration auf die Überwindung kriegerischer Gewalt *anspruchsvoll* und *voraussetzungsreich* ist.[382] Ein gewisses Mass an sozialer Gerechtigkeit sowie je nachdem andere der bisher genannten Faktoren[383] werden jedenfalls erfüllt sein müssen, soll Friede als auf Dauer gestellte Abwesenheit kriegerischer Gewalt möglich sein. Damit stellt sich aber die Frage, ob nicht letztlich, wie es etwa Harald Müller andeutet, alle Begriffe des Friedens, die diesen – beispielsweise als ›dauerhafter Frieden‹, ›stabiler Frieden‹, ›nachhaltiger Frieden‹ oder eben, wie man anfügen könnte, als ›gerechter Frieden‹ – mit einem ihn näher qualifizierenden Adjektiv versehen, als »tautologisch« zu bezeichnen sind.[384] Im Folgenden soll deshalb auf diese Rückfrage nach der letztlich redundanten Struktur der Rede vom gerechten Frieden eingegangen werden.

4.3 Der gerechte Friede als redundante Bestimmung des Friedens ›an sich‹

Kann es überhaupt ›ungerechten Frieden‹ geben? Ist nicht jede Gesellschaftsform, die als friedlich bezeichnet zu werden verdient, mit der Ver-

---

[381] Czempiel 1995, 165.
[382] Vgl. dazu die Friedensbedingungen, die Dieter Senghaas in seiner Konzeption des zivilisatorischen Hexagons nennt, und die im übernächsten Abschnitt (4.4) auch deshalb ausführlich diskutiert werden, um den anspruchsvollen Charakter eines so verstandenen engen Friedensbegriffs zu verdeutlichen.
[383] Am Beispiel von Senghaas' Hexagon-Konzept kommen als weitere Faktoren etwa die politische Partizipation, Rechtsstaatlichkeit oder die wirtschaftliche und kulturelle Interdependenz in Frage.
[384] Vgl. Müller 2003, 219.

wirklichung von weit reichenden Gerechtigkeitsansprüchen gekoppelt? Die Frage mag trivial scheinen, zumindest dann, wenn sie bei umgangssprachlichen Zugängen zur Rede vom Frieden stehen bleibt. Ausserhalb jener Kreise, die mit der Debatte um das Konzept des gerechten Friedens vertraut sind, wird diese Frage allerdings nicht selten gestellt. Blickt man auf die bis hierher dargelegten friedenstheoretischen Abgrenzungen zwischen dem engen und dem weiten Friedensbegriff, wird, so scheint mir, ersichtlich, weshalb: Denn wird der Friedensbegriff in einer Art und Weise gefasst, dass er Gerechtigkeit als gleichsam definitorisches Merkmal einschliesst, erscheint ein ›ungerechter Friede‹ unversehens als begriffliche Unmöglichkeit.

Es ist dieser Einwand, den etwa David Little unter dem Stichwort der ›Redundanz‹ erwähnt: »[S]ome would argue, that the only ›real‹ peace (read: lasting, truly secure peace) is a Just Peace, and that, as a consequence, the idea of Just Peace is redundant[.]«[385] Auf die Rede vom gerechten Frieden in der gegenwärtigen theologisch-friedensethischen Debatte gemünzt hiesse dieser Einwand – der umso mehr Gewicht erhält, je stärker man das Konzept des gerechten Friedens als innovative Vorstellung zu profilieren sucht –, dass vor dem Hintergrund eines zugrunde gelegten weiten Friedensbegriffs gesondert auszuführen wäre, worin der spezifische Zusatz des *gerechten* Friedens gegenüber dem Frieden schlechthin besteht. Ansonsten fielen Friede und gerechter Friede in friedensethischer Perspektive begrifflich ineins und es liesse sich angesichts der somit betonten Vielschichtigkeit des Friedensbegriffs selbst fragen – wie Kant dies gegenüber dem von ihm selbst hochgehaltenen Konzept des ›ewigen Friedens‹ tat –, ob nicht dem Frieden das Adjektiv ›gerecht‹ anzuhängen »ein schon verdächtiger Pleonasm ist«[386].

Blickt man etwa auf Hans-Richard Reuters oben[387] dargestelltes Verständnis des gerechten Friedens, so lässt sich daran die Tragweite des Einwands deutlich machen. Reuter entwickelt die Charakteristika einer am Begriff des gerechten Friedens orientierten Friedensordnung unter Rückgriff auf die von Georg Picht benannten ›Parameter‹ des Friedens. Explizit erwähnt

---

[385] Little 2006, 149.
[386] Kant 1964 [1795], BA 5, 196. Bei Kant lautet die Stelle selbstverständlich dahingehend, dass es pleonastisch sein könnte, dem Frieden das »Beiwort *ewig* anzuhängen« (kursiv im Original).
[387] Vgl. Abschnitt 3.2.

Reuter auch, dass er dasjenige, was der negative Friede bezeichnet – die Abwesenheit von Gewalt – auch für einen Begriff des gerechten Friedens als »conditio sine qua non«[388] erachtet. Mit den weiteren Erfordernissen, einem Menschenrechtsregime einerseits und einer Konkretisierung des Rechts auf Entwicklung und der Anerkennung entsprechender Pflichten seitens der entwickelten Nationen andererseits, geht er allerdings deutlich darüber hinaus. Dabei stellt sich jedoch die Frage, wie sich aus dem Rückgriff auf die Picht'schen Parameter und deren Entfaltung mit Blick auf einen Weltfriedenszustand ein spezifischer Begriff des *gerechten* Friedens ergibt. Bei Picht jedenfalls war an dieser Stelle der Friedensbegriff *schlechthin* im Blick[389] – vom *gerechten* Frieden sprach er nicht.

Dieser Hinweis auf die Notwendigkeit einer Präzisierung in Reuters Rückgriff auf Pichts Konzeption erlaubt es in meinen Augen, vor dem Hintergrund der friedenstheoretischen Diskussion auf eine zentrale, bei Reuter exemplarisch sichtbar werdende Spannung zurückzukommen. Auf der einen Seite unternimmt es Reuter wie ausgeführt, die inhaltlichen Konturen des gerechten Friedens auf dem Weg der inhaltlichen Ausdifferenzierung seiner ›Dimensionen‹, die als Dimensionen des Friedens*begriffs* (also als dessen *inhaltlichen* Bestandteile) vorgestellt werden, herauszuarbeiten. Dazu steht Reuters Aussage, wonach es der Rede vom gerechten Frieden darum zu tun sei, die ›Konstitutionsfaktoren‹ eines qualitativ gehaltvollen Friedens zu benennen und damit *Bedingungen* für die Herausbildung desselben zu identifizieren, in Kontrast. Hierzu habe ich im Zuge der Darstellung von Reuters Position zurückgefragt, worin in seiner Konzeption die genaue Funktion der benannten Elemente – Dimensionen und Bedingungen des gerechten Friedens – bestehe; es ist diese Uneindeutigkeit, die ich als Unschärfe des Konzepts ›gerechter Friede‹ in funktionaler Hinsicht bezeichnet habe.

Folgt man David Little, so gibt es zwei hauptsächliche Gründe, weshalb sich der Einwand der Redundanz gegenüber dem Konzept des gerechten Friedens nicht aufrechterhalten lässt. Beide Gründe könnten, so scheint mir, auch von Vertretern einer der dargestellten Konzeptionen des gerechten Friedens genannt werden. Der eine hat zu tun mit der Einsicht, dass der Begriff der Gerechtigkeit, wie Little schreibt, nicht selbsterklärend sei.[390]

---

[388] Reuter 2007, 179.
[389] Erinnert sei daran, dass Picht der Überzeugung war, der Weltfriede insgesamt sei »in Kategorien der sozialen Gerechtigkeit« zu beschreiben (Picht 1971, 27).
[390] Little 2006, 150.

Selbst wenn Gerechtigkeit also ein begrifflicher Bestandteil dessen ist, was als Frieden gelten darf, sei ihr konkreter Gehalt gesondert explizit zu machen. Der andere von Little genannte Grund verweist auf den Umstand, dass sich Gerechtigkeit und Friede in der Realität konkreter Friedensprozesse nicht selten gegenüberstehen:

> »The impulse to mitigate violent conflict frequently inspires a willingness to sacrifice considerations of justice for one reason or another. Thus, peace understood simply as *the absence of violence* competes, in everyday reality, with the idea of a Just Peace.«[391]

Weil es also durchaus vorkomme, so ist Little zu verstehen, dass dem Streben nach Frieden und dem hierfür allem voran notwendigen Schweigen der Waffen Gerechtigkeitsanliegen geopfert und damit die Voraussetzungen dauerhafter Konfliktlösung übergangen würden, sei mittels des Begriffs ›gerechter Frieden‹ auf die Zusammengehörigkeit von Frieden und Gerechtigkeit zu insistieren.

Wie ich meine, lässt sich der Eindruck einer begrifflichen Redundanz, die dem Konzept des gerechten Friedens dann anhaftet, wenn es in Verbindung mit einem weiten Friedensbegriff vertreten wird, mit dieser letztlich programmatischen Argumentation jedoch nicht entkräften. Der gerechte Friede, so die Konsequenz von Littles Entgegnung auf den Redundanzeinwand, bezeichnet nicht, wie es die theologisch-friedensethische Debatte insinuiert, die eigentlich adäquate Bestimmung des Friedens an sich, sondern meint eine bestimmte Qualität des Friedens – dieser selbst hingegen besteht im Kern wiederum zunächst in der Abwesenheit physischer Gewalt.

Wie aber auch in Littles Erwiderung deutlich wird, besteht eine naheliegende und auch in Reuters Rede von den ›Konstitutionsfaktoren‹ des gerechten Friedens angelegte Auflösung der Redundanz darin, die Benennung eines konkreten Friedensbegriffs, der dann im engen Sinne als dauerhafte Abwesenheit direkter physischer Gewalt zu verstehen wäre, von der Identifikation von Bedingungen, die einen solchen Frieden ermöglichen, zu trennen. In der friedenstheoretischen Debatte entspricht dies zumeist der Position derjenigen, die für einen engen Friedensbegriff plädieren. Diese Trennung von Begriff und Bedingungen des Friedens erlaubt es Vertretern eines engen Friedensbegriffs auch, dem Vorwurf zu begegnen, wonach

---

[391] Little 2006, 150 (kursiv im Original).

sie die für den Frieden stets konstitutive Relevanz der Gerechtigkeitsdimension verkennen oder schlicht einer unterkomplexen Sicht auf den Bedeutungsgehalt des Friedens unterliegen würden. Wie etwa Harald Müller betont, bedeutet diese Trennung von Friedensbegriff und Friedensbedingungen keinesfalls, »den Standard der Gerechtigkeit aus der Friedenstheorie zu verbannen«[392]. Während der Friedensbegriff aber durch diese Trennung von seiner begrifflichen Überfrachtung befreit werden könne, gelange die Dimension der Gerechtigkeit in ihrer *kausalen* Bedeutung für den Frieden als stabiler Überwindung des gewaltförmigen Konfliktaustrags auf adäquate Weise in den Blick:

> »Es ist plausibel, dass ein Zustand, den soziale oder politische Gruppen als äusserst ungerecht empfinden, ständig gewaltbedroht ist, da diese Gruppen mit einiger Wahrscheinlichkeit in Erwägung ziehen (und etwaige Handlungschancen nutzen) werden, diesen Zustand mit Gewaltmitteln zu verändern. Zwischen Gerechtigkeit und Frieden besteht insoweit ein probabilistischer Kausalzusammenhang, der für die Friedenstheorie von höchstem Interesse ist […], der jedoch die *Definition* des Friedensbegriffs nicht zu belasten braucht.«[393]

Vor dem Hintergrund der jüngeren friedenstheoretischen Debatte lässt sich fragen, inwiefern diese Trennung von Begriff und Bedingungen des Friedens auch für die theologische Friedensethik fruchtbar zu machen ist. Dies drängt sich, so meine ich, zum einen angesichts der dargestellten begrifflichen Schwierigkeiten, die nicht zuletzt auch von dem Redundanzeinwand eingefangen werden und auch auf den weiten Friedensbegriff der theologischen Friedensethik zutreffen, auf. Es erscheint aber auch als ein Weg zur Klärung der funktionalen Unschärfen, die in den dargestellten Positionen zum gerechten Frieden auszumachen sind, sinnvoll, nach der Anwendbarkeit des Postulats der Trennung von Begriff und Bedingungen des Friedens auf die theologische Friedensethik zu fragen. Dieser Frage gehe ich in den nun folgenden Abschnitten nach.

---

[392] Müller 2003, 213.
[393] Müller 2003, 213.

4.4 Trennung von Friedensbegriff und Friedensbedingungen

4.4.1 Kriegsursachen und Friedensursachen

Ich habe einleitend darauf hingewiesen, dass das wieder aufgekommen Interesse an friedenstheoretischen Fragestellungen in der Friedensforschung und das Entstehen der theologischen Debatte um den ›gerechten Frieden‹ zeitlich zusammenfallen. Hier wie dort liesse sich, wie oben ebenfalls angedeutet, zeigen, dass die eingeschlagenen Orientierungen in der wissenschaftlichen Theoriebildung mit den zeitgeschichtlichen Entwicklungen in Wechselwirkung stehen. Folgt man Christoph Weller, so war es mit Blick auf die deutschsprachige Friedensforschung in den Jahren nach dem Ende des Ost-West-Konflikts gleichsam das Ausbleiben des Kriegs, das in Abkehr vom früheren Vorgehen, das aufgrund immer neuer Kriegsgefahren nach der Analyse von *Kriegs*- bzw. *Konflikt*ursachen gefragt hat,[394] nach einer Thematisierung von *Friedens*ursachen verlangte. Damit, so Weller,

> »wurde eine klassische Fragestellung der Friedensforschung förmlich umgedreht und nunmehr versucht, vom Ausbleiben des Krieges her die Bedingungen zu erkennen, unter denen die Bereitschaft wächst, trotz Konflikten auf die Anwendung von Gewalt zu verzichten. Dies könnten dann – so der Gedanke – die Ursachen bzw. Bedingungen des Friedens sein.«[395]

Zumindest zwei Wege, sich der Bestimmung von Friedensbedingungen bzw. Friedensursachen zu nähern, können unterschieden werden. Der erste wurde verschiedentlich von Ernst-Otto Czempiel beschritten. Die Herangehensweise besteht darin, sich der zentralen Kriegs- respektive Gewaltursachen zu vergewissern und daraus in einer Art Umkehrschluss die notwendigen ›Friedensstrategien‹ abzuleiten. Die Abwesenheit, die Eindämmung oder die Transformation dieser Kriegs- und Gewaltursachen würden dadurch als Friedensursachen bestimmbar. So bestehen gemäss Czempiel drei hauptsächliche Faktoren, die identifiziert und »durch

---

[394] Zum Ansatz der Kriegsursachenforschung und dem damit verbundenen Forschungsprogramm sowie zu den damit einhergehenden Bestimmungen des Kriegsbegriffs vgl. u.a. Gantzel 1997.

[395] Weller 2004a, 21f. (kursiv im Original).

Verursachungen des Nicht-Krieges ersetzt werden müssen«[396]: Zunächst gelte es, die anarchische Struktur des Staatensystems mit dem ihr inhärenten Sicherheitsdilemma[397] sowie die asymmetrische globale Machtverteilung durch verstärkte zwischenstaatliche und dabei insbesondere auch regionale Kooperation zu verringern.[398] Die potentiell konfliktfördernde asymmetrische Machtverteilung impliziere dabei, dass diese »durch eine grössere Verteilungsgerechtigkeit der gesellschaftlichen Entwicklungs- und Entfaltungschancen egalisiert werden«[399] müsse. Als zweite Kriegs- bzw. Gewaltursache sind die noch immer verbreiteten autoritär-diktatorialen Herrschaftssysteme, die auf Gewalt beruhen und »daher – jedenfalls latent – auch zur Gewaltanwendung gegenüber ihrem Umfeld bereit«[400] sind, ganz im Sinne des Theorems des demokratischen Friedens durch partizipative politische Systeme zu ersetzen.[401] Als dritte Ursache schliesslich, deren Bedeutung Czempiel gegenüber den beiden andern als leicht geringer einstuft, gilt ihm der Problemkomplex der Interaktion zwischen den Akteuren, in der insbesondere an politischer und strategischer Kompetenz der Entscheidungsträger sichtbar werde. Deren Tragweite habe sich, so Czempiel, unter den Bedingungen der Globalisierung zusätzlich akzentuiert.[402]

---

[396] Czempiel 2006, 87. In Czempiel 1995, 174ff. finden sich fünf »Verursachungsbereiche von Gewalt«, die allerdings in der Dreierstruktur, die in jüngeren Publikationen des Autors begegnen, eingearbeitet sind.

[397] Zum Begriff des Sicherheitsdilemmas, der eine eigene Debatte hervorgebracht hat, vgl. prägnant Cheneval 2007, 243. Dieses stehe im Kern für nichts anderes als die »Tragik der ›klassischen‹ internationalen Beziehungen«, bezeichne es doch »in seinem elementarsten Modell eine Situation, in der die Sicherheit eines Staates nur auf Kosten der Unsicherheit anderer Staaten erlangt werden kann, ohne dass dies in der Absicht der beteiligten Staaten liegen muss. Diese Situation führt dazu, dass alle Staaten Massnahmen ergreifen, welche die allgemeine Unsicherheit erhöhen, obschon sie nur ihre eigene Sicherheit und nicht die Unsicherheit der anderen anstreben.« Für die Zwecke des vorliegenden Buches wird von dieser Bestimmung des Begriffs ›Sicherheitsdilemma‹ ausgegangen.

[398] Vgl. dazu Czempiel 2000, 36f.

[399] Czempiel 2006, 92.

[400] Czempiel 2006, 88.

[401] Folgerichtig ist für Czempiel »die Demokratisierung von Herrschaftssystemen die wichtigste Friedensursache, die entscheidende Grundlage aller Friedenszonen, die *conditio sine qua non*, die als solche vielleicht nicht hinreichend, aber unverzichtbar ist« (Czempiel 2000, 28).

[402] Als Stichwort führt Czempiel – zurückgreifend auf den Titel eines breit beachteten Buches von Michael Zürn (vgl. Zürn 1998) – die Notwendigkeit des »Regierens jenseits des Nationalstaates« und das häufige Fehlen der dafür nötigen Kompetenzen insbesondere in aussen- und wirtschaftspolitischer Hinsicht an. Im Resultat gelangt Czempiel auch in seinem historisch-systematisch angelegten Durchgang durch zentrale Paradigmen von »Friedensstrategien«, wie er in Czempiel 1998 vorliegt, zu den genannten zentralen Friedensbedingungen (vgl. pointiert zusammengefasst Czempiel 1998, 242).

Angesichts dieser Herleitung von Friedensbedingungen wird erkennbar, weshalb die Theorie des demokratischen Friedens als eine Möglichkeit vertreten wird, Friedensbegriff und Friedensbedingungen zu trennen. Treffen die Grundannahmen dieser Theorie zu, stellt die Förderung demokratisch-partizipativer Ordnungen eine zentrale Bedingung dar, um sowohl auf innerstaatlicher als auch – erinnert sei an den oben beschriebenen ›Doppelbefund‹ – auf zwischenstaatlicher Ebene Frieden, verstanden als dauerhafte Absenz gewaltförmigen Konfliktaustrags, zu ermöglichen.

4.4.2 Drei Typen und drei Funktionen von Friedensursachen

Der anhand von Czempiels Position dargestellte Ansatz, der die Friedensbedingungen als »Negation von Kriegsursachen«[403] zu identifizieren sucht, wurde freilich als verengte Sichtweise kritisiert. Vielmehr gelte es, die in einer jeweils herrschenden Situation *spezifisch* vorliegenden *Friedens*bedingungen in ihrer speziellen Funktion zu erfassen sowie deren Zusammenspiel genauer zu erforschen.[404]

Entsprechend spezifiziert Harald Müller die drei *Typen* der strukturellen, präventiven und transformativen Friedensursachen. Ein- und dieselbe Friedensursache kann in Müllers Diktion mehreren Typen angehören, weshalb zusätzlich zwischen der strukturellen, präventiven und transformativen *Funktion* dieser Ursachen zu differenzieren sei.[405] Als *strukturelle* Friedensursachen gelten für Müller dabei jene »konstitutiven Bedingungen [...], unter denen die gewaltfreie Interaktion zwischen sozialen Kollektiven so gelingt, dass keiner Partei der Gedanke an die gewaltsame Durchsetzung eigener Interessen kommt«[406], und die in einer dauerhaft befriedeten gesellschaftlichen Formation das friedliche Miteinander gleichsam von innen heraus aufrechterhalten. Während sich diese strukturellen Friedensursachen, wie gleich zu zeigen sein wird, nicht einfach als positive Absetzung aus der Identifikation von Kriegsursachen ableiten lassen, setzen die beiden andern Typen und Funktionen solcher Friedensbedingungen gerade eine

---

[403] Brock 2006, 109.
[404] Vgl. Brock 2006. Brock sieht wie erwähnt die Notwendigkeit des Übergangs von der Thematisierung der Kriegsursachen hin zur Identifikation spezifischer Friedensbedingungen als »heuristische Dimension« friedenstheoretischer Arbeit auch in einem engen Friedensbegriff angelegt.
[405] Vgl. Müller 2003, 224f.
[406] Müller 2003, 224.

genaue Kenntnis jener Faktoren, die den Ausbruch oder die Persistenz von (kriegerischer) Gewalt begünstigen, voraus.

Präventive Friedensursachen sind gemäss Müller diejenigen gesellschaftlichen Voraussetzungen, die dem Auftreten von Gewalt vorbeugen und die in dauerhaft befriedeten Kollektiven allein schon aus Gründen des gemeinsamen Interesses jeweils identifiziert und entsprechend umgesetzt werden. Als *transformative* Friedensursachen schliesslich bezeichnet Müller jene, die den Übergang von der offenen Gewalt hin zu einem nachhaltigen Friedensprozess ermöglichen.

Müller geht davon aus, dass auf der Seite der Kriegs- bzw. Gewaltursachen »allen gewaltsamen Zuspitzungen von Konflikten zwischen gesellschaftlichen und politischen Gruppen (einschliesslich Staaten) *Verteilungskonflikte* im allgemeinen Sinne zugrunde liegen«[407]. Dabei können die verteilungsrelevanten Elemente materielle Güter und die Möglichkeiten, solche zu erlangen, umfassen. Aber auch Territorium oder Partizipationschancen können solche Güter darstellen. Hierin wird sichtbar, inwiefern *Gerechtigkeit*, verstanden als Abbau von Asymmetrien, eine auf allen Ebenen, nicht zuletzt aber auch in transformativer und präventiver Hinsicht zentrale Friedensursache ist. So schreibt Müller: »Hier liegt der Grund für den Bezug von Gerechtigkeit zum Frieden, wobei die Konkurrenz unvereinbarer Gerechtigkeitsvorstellungen eben auch Gewaltursache sein kann.«[408]

4.4.3 Der induktive Weg zur Bestimmung von Friedensursachen – Dieter Senghass' zivilisatorisches Hexagon

Damit ist der zweite Weg angezeigt, wie zur Identifikation der massgebenden Friedensbedingungen gelangt werden kann: Ausgehend von der Beobachtung und der Analyse der Vorgänge in stabilen Friedenszonen (wie etwa der europäischen) kann versucht werden, auf induktive Weise Bedingungen des Gelingens solchen stabilen Friedens herauszuarbeiten, die in der Folge systematisiert und als friedenstheoretisches Modell dargelegt werden können. Am konsequentesten hat sich seit den 1970er-Jahren Dieter Senghaas diesem Vorgehen verschrieben. Immer wieder rückgebunden an detaillierte Studien zum Prozess der europäischen Integration vornehm-

---

[407] Müller 2003, 225 (Hervorhebung hinzugefügt).
[408] Müller 2003, 225.

lich seit dem Zweiten Weltkrieg,[409] hat Senghaas vor allem im Verlauf der neunziger Jahre eine eigentliche Theorie des Friedens als ›Zivilisierung des Konflikts‹[410] ausgearbeitet, die in seinem bekannten Modell des ›zivilisatorischen Hexagons‹ auch in der Debatte um den gerechten Frieden breite Beachtung gefunden hat.[411]

Lothar Brock hat festgehalten, dass die Theorie des zivilisatorischen Hexagons »die grössere heuristische Fruchtbarkeit eines engen Friedensbegriffs im Vergleich zu einem weiten«[412] modellhaft verdeutliche. Diese Verortung Senghaas' als Vertreter eines engen Friedensbegriffs mag auf den ersten Blick erstaunen.[413] Denn zum einen legen Senghaas' frühe Positionsbezüge zugunsten des Anliegens der Kritischen Friedensforschung, innerhalb derer er den Impetus einer Ausweitung des Friedensbegriffs teilte, zunächst eine gegenteilige Interpretation nahe.[414] Zum andern nimmt sich die Bestimmung dessen, was Frieden im vollen Sinne möglich macht, aber auch in denjenigen Texten Senghaas', in denen die Hexagontheorie entfaltet ist, äusserst komplex aus.[415] In einer Kurzformel, die den Kern seines Friedensverständnisses wiedergibt, schreibt Senghaas: »Gelungene Zivilisierung und Frieden sind […] identische Tatbestände.«[416] Dabei ist von Bedeutung, dass der Begriff der ›Zivilisierung‹ jene Form der Koexistenz bezeichnet, die in einer »verlässlich gewaltfreien konstruktiven

---

[409] Vgl. dazu insbesondere Senghaas 1982 und Senghaas 1992.

[410] Vgl. zur Darstellung und Diskussion u.a. Vogt 1994/95a.

[411] Vgl. etwa die entsprechenden Verweise bei Huber 2005, 120 oder in der Argumentationshilfe Evangelische Kirche im Rheinland 2005, 18.

[412] Brock 2006, 101.

[413] Mit der gleichen Einordnung vgl. aber auch Bonacker 2005, 77, der Senghaas' Ansatz nicht nur einen engen Friedensbegriff, sondern auch einen eingegrenzten Gewaltbegriff zuschreibt.

[414] Vgl. für eine – von einem theologischen Erkenntnisinteresse geleitete – detaillierte Auseinandersetzung mit Senghaas' früheren Schriften und dem darin vertretenen Friedensverständnis Walter 1998, insb. 53-62.

[415] Im Folgenden wird für die Auseinandersetzung mit Senghaas' Konzeption auf die folgenden Werke Bezug genommen: Senghaas 1994; Senghaas 1995a; Senghaas 1996b; Senghaas 1997; Senghaas 2004 sowie Senghaas/Senghaas 1996. Die Anzahl Veröffentlichungen, in denen der Autor – teils mit geringen Variationen und jedenfalls mit unterschiedlichen Akzentsetzungen – seine Theorie dargelegt hat, ist freilich weit umfassender (zu einer »Entstehungsgeschichte« des Modells vgl. Senghaas 1996a); die für das vorliegende Buch wesentlichen Aspekte lassen sich an den ausgewählten Texten allerdings hinreichend darstellen. Im Zusammenhang der Diskussion um das Paradigma des gerechten Friedens und der dort stattfindenden Rezeption von Senghaas' Hexagon-Konzept hat das in manchen Teilen als Systematisierung der Debatte um das Hexagon angelegte Buch Senghaas 2004 überdies noch erstaunlich wenig Beachtung gefunden.

[416] Senghaas 1995a, 197 (im Original kursiv).

Konfliktbearbeitung«[417] ihren zentralen Ausdruck findet. Blickt man auf die ausführliche Definition dessen, was Senghaas als Frieden im Sinne von gelungener Zivilisierung bezeichnet, die hier um des Nachvollzugs willen integral wiedergegeben wird, so wird deutlich, weshalb ihm Brock trotz des zweifellos »extrem voraussetzungsvollen«[418] Charakters seiner Theorie ein enges Friedensverständnis zuschreibt. Denn: Das, was auch bei Senghaas als *Frieden* in den Blick kommt, bezeichnet im Kern das eingeschränkte Moment der auf Dauer gestellten und gegenüber der ›Entzivilisierung‹ abgesicherten Überwindung der Gewalt im Austrag von inner- und zwischengesellschaftlichen Konflikten. Senghaas definiert:

> »Frieden sowohl in inner- als auch in zwischenstaatlicher Hinsicht sollte verstanden werden als ein gewaltfreier und auf die Verhütung von Gewaltanwendung gerichteter politischer Prozess, in dem durch Verständigungen und Kompromisse solche Bedingungen des Zusammenlebens von gesellschaftlichen Gruppen bzw. von Staaten und Völkern geschaffen werden, die nicht ihre Existenz gefährden und nicht das Gerechtigkeitsempfinden oder die Lebensinteressen einzelner oder mehrerer von ihnen so schwerwiegend verletzen, dass sie nach Erschöpfung aller friedlichen Abhilfeverfahren Gewalt anwenden zu müssen glauben.«[419]

Schematisch fasst Senghaas dieses ›Zivilisierungsprojekt Frieden‹ in den sechs Polen seines zivilisatorischen Hexagons zusammen. Während er diese Pole vorerst noch in funktionaler Hinsicht durchaus unscharf als »Bausteine« bzw. »Sachverhalte«[420] des Friedens benannte, hat Senghaas sie zuletzt als die »sechs *Bedingungen* für eine zivilisierte, d.h. nachhaltig gewaltfreie Bearbeitung von unvermeidlichen Konflikten«[421] bezeichnet. Während also sein Begriff des Friedens eng gefasst bleibt, öffnen die genannten Bedingungen den Blick für die anforderungsreichen Voraussetzungen, die für die Herausbildung und die Sicherung eines solchen Friedens erfüllt sein müssen.

---

[417] Senghaas 1997, 575.
[418] Senghaas 2004, 38.
[419] Senghaas 1995a, 222. Diese Bestimmung nimmt die bei Senghaas/Senghaas 1996 [1992], 265, gegebene, auf den innergesellschaftlichen Frieden beschränkte Definition in Verknüpfung mit der dort genannten Definition von Wilhelm Grewe auf (vgl. Grewe 1985, 30f.), der sich auf Frieden als zwischenstaatliches Phänomen beschränkte. Sie findet sich ebenfalls wieder bei Senghaas 2004, 67.
[420] Senghaas 1995a, 197f.
[421] Senghaas 2004, 31 (Hervorhebung hinzugefügt).

Die von Senghaas jeweils als *erstes* genannte Bedingung eines stabilen Friedens bildet die vollständige *Monopolisierung der Gewalt*, die von ihm deshalb als zentral erachtet wird, weil sie einerseits die »Entprivatisierung der Gewalt«[422] bedeutet und andrerseits überhaupt erst die »Sicherung der Rechtsgemeinschaft«[423] möglich macht. Mithin sei es die Leistung des Gewaltmonopols, die möglichen Konfliktparteien zur argumentativen politischen Auseinandersetzung zu zwingen. Allerdings insistiert Senghaas darauf, dass das Gewaltmonopol *zweitens* stets der *rechtsstaatlichen Kontrolle* bedarf, um nicht in repressive Willkür und das reine Recht des Stärkeren zu entarten. Derart eingehegt erst kann von einem legitimen Gewaltmonopol die Rede sein, womit auch die Unterscheidung zwischen legitimer und illegitimer Gewalt zulässig wird.[424] Als *dritte* Bedingung dauerhaften Friedens gilt Senghaas sodann die Herausbildung von »Erwartungsverlässlichkeit in den sozialen Interaktionsprozessen«[425], die wesentlich durch die Herausbildung von *Interdependenzen* und der sich daraus ergebenden *Affektkontrolle* im gesellschaftlichen Umgang (etwa die selbstgewählte Einhegung kollektiver Autonomiebestrebungen) entstehen kann.[426] Mit dem Moment der Erwartungsverlässlichkeit ist *viertens* die Bedingung der *demokratischen Partizipation* verknüpft, die erst im Sinne einer »institutionell geregelte[n] Rechtsfortbildung«[427] den konstruktiv verlaufenden Streit um die geltenden Normen und rechtlichen Regelungen ermöglicht. Dies wiederum ist als Voraussetzung notwendig, um die fraglos vorhandenen Gewaltpotentiale unter den sozialen Akteuren, die beispielsweise durch empfundene Diskriminierung oder andere Formen der Ausgrenzung mobilisiert zu werden vermögen, für die gewaltfreie Bearbeitung solcher Konflikte zu kanalisieren.

---

[422] Senghaas 1995a, 198.

[423] Senghaas 2004, 31.

[424] Senghaas rechnet durchaus – dies auch im zwischenstaatlichen Kontext – mit der Möglichkeit der legitimen Anwendung militärischer Gewalt. Exemplarisch sichtbar wurde dies in seinen Ausführungen zur humanitären Intervention im Blick auf die Kosovo-Intervention der NATO, vgl. Senghaas 2000b.

[425] Weller 2004a, 24.

[426] Vgl. zur Interpretation und den Voraussetzungen der ›Erwartungsverlässlichkeit‹ ausführlich Senghaas/Senghaas 1996, 251-254, wo diese insbesondere mit Blick auf die zwischenstaatliche Kooperation in internationalen Organisationen in ihrer konstitutiven Bedeutung hervorgehoben wird.

[427] Senghaas 2004, 34, sowie zum konstitutiven Zusammenhang von Gewaltmonopol, rechtsstaatlicher Kontrolle und demokratischer Partizipation zur Sicherung der Legitimität der Rechtsgemeinschaft Senghaas 2004, 126.

Als essentiellen inhaltlichen Kristallisationspunkt solch gewaltfrei-politischer Konfliktbearbeitung, aber ebenso als zentrale Bedingung für deren Stabilität, bezeichnet Senghaas *fünftens* den gesamten Bereich der *sozialen Gerechtigkeit*. Die Bemühungen um soziale Gerechtigkeit, verstanden sowohl als Chancen- wie auch als Verteilungsgerechtigkeit sind dabei deshalb von Bedeutung, weil sich ohne sie die unverzichtbaren Voraussetzungen demokratischer Partizipation nicht sichern lassen. Sind den Gliedern des Gemeinwesens keine Möglichkeiten gegeben, an der gemeinschaftlichen Wohlfahrt fairen Anteil zu bekommen, ist auf ihre Akzeptanz des Systems politischer Konfliktregelung nicht zu zählen. Folglich ist die fortwährende Institutionalisierung sozialer Gerechtigkeit für Senghaas nicht eine nach Belieben zu beachtende politische Option, sondern »eine konstitutive Bedingung der Lebensfähigkeit von rechtsstaatlichen Ordnungen und damit des inneren Friedens von Gesellschaften«[428] überhaupt. *Sechstens* schliesslich ergibt sich aus den genannten Bedingungen jene *Kultur konstruktiver Konfliktbearbeitung*, die als gleichsam gefühlsmässig verinnerlichte Grundgegebenheit die durchgängig zivilisierte, d.h. gewaltfreie Konfliktbearbeitung in einer Gesellschaft zur politischen Selbstverständlichkeit all ihrer Glieder werden lässt. Wiederum erweist sich dabei, so Senghaas, die soziale Gerechtigkeit als zentrale Brücke zwischen den kollektiven Institutionen und deren »positiver emotionaler Absicherung«[429].

In der von ihm jeweils beigezogenen graphischen Darstellung[430] illustriert Senghaas diese Friedenstheorie als Sechseck, dessen Pole allerdings durchweg auch bilateral miteinander rückgekoppelt sind, weil sie sich gegenseitig bedingen und stützen sowie – wie am Beispiel von Gewaltmonopol und Rechtsstaatlichkeit gezeigt – wechselseitig interpretieren. Im Schaubild des Hexagons kommt zum Ausdruck, dass die Theorie zivilisierter Konfliktbearbeitung bei Senghaas nicht bloss institutionelle und verfas-

---

[428] Senghaas 2004, 35.
[429] Senghaas 1995a, 36. Senghaas verwendet den Begriff der »Ligaturen«, um die dergestalt verinnerlichten Interdependenzgeflechte zu umschreiben. Vgl. mit Blick auf die Funktion sozialer Gerechtigkeit die Präzisierung von Müller 2003, 231f.: »Verteilungskonflikte werden durch die relative soziale Gerechtigkeit entschärft. Demokratische Partizipation stellt überdies die Möglichkeit in Aussicht, auf dem Weg über gesetzgeberische Reformen den Verteilungsschlüssel über Zeit zu ändern. (Ob dies tatsächlich gelingt, ist nicht der entscheidende Punkt; entscheidend ist vielmehr die blosse Möglichkeit im Horizont der Änderungswilligen.)«
[430] Diese findet sich z.B. bei Senghaas 1995a, 203; Senghaas 1997, 573 oder Senghaas 2004, 39.

sungsmässige, sondern ebenso sehr materielle und letztlich gar mentalitätsbezogene Aspekte aufweist.[431]

Das zivilisatorische Hexagon wurde von Senghaas zuerst als Theorie innerstaatlichen bzw. innergesellschaftlichen Friedens vertreten. Mit Blick auf die internationale Ebene zeigte er sich zunächst skeptisch, ob sich die Pole des Hexagons realitätsnah und nicht bloss als abstrakte Extrapolation einer erst noch zu schaffenden Weltsituation auf die als Gemeinschaft von Staaten verfasste internationale Sphäre übertragen lassen. So führte Senghaas anfangs als »funktionale Äquivalente«[432] der sechs Bedingungen des Hexagons die gleichen Friedensbedingungen aus, die bei Reuter (im Rückgriff auf Picht) als Dimensionen des gerechten Friedens genannt wurden:[433] Der Schutz vor Gewalt, der Schutz der Freiheit und der Schutz vor Not, ergänzt bei Senghaas durch die Bedingung des ›Schutzes vor Chauvinismus‹[434] erscheinen hier als die unter gegenwärtigen Gegebenheiten zu beachtenden »Imperative« der »zivilisatorische[n] und damit friedenspolitische[n] Aufgabenstellung«[435]. Anders als bei Picht stellen diese Imperative dabei jedoch nicht gleichsam begrifflich bestimmende Merkmale des Friedens dar, sondern fungieren als »wirklichkeitswissenschaftlich«[436] hergeleitete, friedenspolitische Handlungsmaximen, die als Voraussetzungen zur Herstellung des Friedens (als dauerhaft gewaltfreier Konfliktbewältigung) auch im internationalen Bereich vonnöten sind.[437] Mit anderen Worten: Es geht Senghaas nicht primär darum zu zeigen, dass die Situation gesellschaftlicher Kollektive, in denen diese Bedingungen nicht verwirklicht sind, wie in den Worten Pichts ausgedrückt ›friedlos‹ und ›Gewalt erzeugend‹ ist. Im Zentrum steht die Aussage, dass die gleichzeitige Verwirklichung dieser Bedingungen und die vom

---

[431] So schon Senghaas/Senghaas 1996, 264, vgl. auch Senghaas 2004, 67.

[432] Müller 2003, 232.

[433] Schwerdtfeger 2001, 38, merkt mit durchaus kritischem Unterton an, dass Senghaas mit Blick auf diese drei Bedingungen den deutlich zutage tretenden direkten Anklang an die Picht'schen ›Parameter‹ »offensichtlich ignoriert«. In der Tat findet sich bei Senghaas kein entsprechender Verweis auf Pichts Position.

[434] Vgl. dazu Senghaas 1995a, 219f. Die Bedingung des Schutzes vor Chauvinismus ist dabei so zu verstehen, dass die sich aus Entwicklung und Festigung politischer Autonomie ergebende ›gesunde‹ Identitätskonstitution und Abgrenzung nicht in eine konfliktträchtige, weil pluralismusunfähige und tendenziell aggressive »Selbststilisierung politischer Handlungseinheiten vermittels Freund- und Feindbildern« (Senghaas 1995a, 220) umschlägt.

[435] Senghaas 1995a, 214.

[436] Dies ist der Begriff, mit dem Senghaas sein methodisches Vorgehen jüngst mitunter bezeichnet hat, vgl. etwa Senghaas 2003, 75.

[437] Vgl. dazu auch Senghaas 1996c.

inneren Zusammenhang zwischen diesen Elementen freigesetzten Kräfte es wahrscheinlich machen, dass sich stabiler Frieden herausbildet.

4.4.4 Das zivilisatorische Hexagon in den internationalen Beziehungen

In jüngerer Zeit hat Senghaas nun allerdings den Versuch unternommen, die Theorie des zivilisatorischen Hexagons als Modell für die Zivilisierung von Konflikten auf die »vorfindbare Realität«[438] internationaler Beziehungen, die, so Senghaas, noch immer von staatlicher und regionaler, aber auch von materieller und kultureller Segmentierung geprägt ist, zu übertragen. Auch hier fungieren die Pole des Hexagons als Bedingungen dafür, dass sich stabile gewaltfreie Konfliktbewältigung auf internationaler Ebene ergeben kann. Es würde den Rahmen dieses Buches sprengen, die inhaltlichen Ausformungen der Übertragung des Hexagon-Modells auf die gegenwärtige internationale Ordnung im Detail zu diskutieren.[439] Hervorzuheben sind jedoch die folgenden Elemente:

Als Entsprechung zum ersten Pol des Hexagons identifiziert Senghaas das System kollektiver Sicherheit, das in vollständiger Umsetzung entsprechend dem eigentlichen Geist der UN-Charta durchaus die zivilisatorische Leistung des *Gewaltmonopols* im Sinn einer ›Entwaffnung der Staaten‹ und einer Einhegung der Eigendynamik des Sicherheitsdilemmas auf zwischenstaatlicher Ebene zu reproduzieren imstande wäre. Doch setze diese vollständige Institutionalisierung kollektiver Sicherheit – auch hier ist die Entsprechung zum innerstaatlichen Hexagon augenfällig – die *rechtsstaatsanaloge Kontrolle* der in der Rolle des Sicherheitsrats angelegten Monopolisierung der Gewalt voraus. Was die Vereinten Nationen betrifft, so verweist dieses Erfordernis gemäss Senghaas insbesondere auf die fortwährende Notwendigkeit institutioneller Reformen, die an den in Rechtsstaaten verbürgten Instanzen orientiert sein müssen.[440] Mit Blick auf die *Affektkontrolle* und die *politische Teilhabe* bedeutet die Übertragung des Hexagons ein Insistieren auf die Symmetrisierung der Interdependenzen in einer Welt, die heute von asymmetrischen oder gar konfrontativen Abhängigkeiten geprägt ist. Dies wiederum setzt, als symmetrischere Verteilung politischer Macht, den verstärkten Einbezug der weltweiten Zivilge-

---

[438] Senghaas 2004, 55.
[439] Die entsprechenden Ausführungen finden sich allem voran in Senghaas 2004, 55-67.
[440] Vgl. Senghaas 2004, 128.

sellschaft in die Mechanismen der UN und damit des Systems kollektiver Sicherheit voraus. Gleiches gilt für die Bedingung *sozialer Gerechtigkeit*, deren Missachtung, so Senghaas, als »Dynamik von Privilegierung und Diskriminierung«, nicht nur im innergesellschaftlichen Bereich, sondern auch im Weltmassstab schlimmstenfalls eine »Anhäufung eines nicht mehr einhegbaren politischen Sprengstoffs«[441] mit sich bringen können.[442] Trotz eines tendenziell skeptischen Blickwinkels rechnet Senghaas hinsichtlich der Herausbildung einer *konstruktiven Konfliktkultur* schliesslich mit der Möglichkeit, dass sich reziproke Duldung und daraus entstehende Toleranz wiederum durchaus als politische Imperative für alle Akteure der globalen Politik erweisen könnten.[443]

4.4.5 Zur Kritik am Hexagon-Modell

Senghaas' Hexagon-Theorie hat in der friedenstheoretischen, friedenspolitischen und auch in der friedensethischen Diskussion nicht nur breite Beachtung gefunden, sondern auch unterschiedliche Formen der Kritik auf sich gezogen.[444] Es sind drei kritisch diskutierte Aspekte, die hier in der gebotenen Kürze und stets mit Blick darauf, dass Senghaas' Kernanliegen in der Benennung von plausiblen Friedensursachen besteht, behandelt werden sollen:

Zum einen wurde das Modell deshalb hinterfragt, weil es eine wichtige *zweischneidige Wirkung der Gewaltmonopolisierung* nicht berücksichtige: Was nämlich gegen innen durchaus befriedend wirke, habe für die Beziehungen zwischen den Staaten nicht zuletzt aufgrund einzelstaatlicher Abhilfeversuche gegen das Sicherheitsdilemma immer auch die Entste-

---

[441] Senghaas 2004, 66.

[442] An dieser Stelle liesse sich gegenüber Senghaas' Position allerdings kritisch anmerken, dass die seit längerem in der Politischen Philosophie und der Ethik breit geführte Debatte um das Stichwort der globalen Gerechtigkeit bei ihm bislang nur wenig Beachtung findet (als frühe Annäherung vgl. z.B. Senghaas 1993), wodurch etwa undeutlich bleibt, welche Institutionen in Senghaas' Augen zentrale Träger von Pflichten zur Herstellung sozialer Gerechtigkeit im globalen Rahmen sind.

[443] Senghaas spannt hier auch einen Bogen zu den Menschenrechten – zumindest jenen der ersten und zweiten Generation –, die als universelle Werte zunehmend den letztlich geteilten Bezugspunkt globaler Auseinandersetzungen bildeten, wenngleich sich dies in vielen Fällen in Form einer negativen Abgrenzung vollziehe (vgl. Senghaas 2004).

[444] Vgl. zur Diskussion u.a. die Zusammenstellungen bei Vogt 1994/95b; Calließ 1996; Mader u.a. 1996 sowie die Zusammenschau von Kritikpunkten und Repliken darauf, die Senghaas selbst bietet, in Senghaas 2004, 124-136.

hung neuer Gewalt begünstigt. Gegenüber diesem Einwand hat Senghaas deutlich gemacht, dass sein Modell den ersten Befund der Theorie des demokratischen Friedens voraussetzt, dass nämlich, wie er sich ausdrückt, »hexagonale Gesellschaften Kriege gegeneinander nicht führen«[445]. Die zentrale Friedensursache, die im Zusammenhang der Debatte um den demokratischen Frieden diskutiert wurde, wird von der Hexagon-Theorie also gleichsam verinnerlicht.

Mit dieser Replik ist die Stossrichtung von Senghaas' Antwort auf einen *zweiten Einwand* angezeigt, der die *Unvollständigkeit des Hexagon-Modells* moniert. Müsste nicht etwa ökologischen oder wirtschaftlichen Herausforderungen mehr Gewicht beigemessen werden, insofern etwa Nachhaltigkeit oder die wirtschaftlich-soziale Balance als jeweils eigenständige Friedensursachen das Hexagon erweitern sollten?[446] Dieser Einwand verkennt jedoch, ähnlich wie der oben genannte, den methodischen, nämlich induktiven Anspruch, den Senghaas geltend macht. So steht, was vor dem Hintergrund der Rede vom gerechten Frieden irritierend sein kann, in seinen Augen auch der Pol der sozialen Gerechtigkeit nicht deshalb an seiner Stelle im Hexagon, weil »die soziale Frage per se wichtig wäre«[447], sie steht vielmehr dort, weil sich soziale Gerechtigkeit im historischen Prozess als eine für die Herausbildung und für die Sicherung dauerhaft gewaltfreier Konfliktbewältigung zentrale Bedingung erwiesen hat. Insofern, so erläutert Senghaas, sind Erweiterungen des Hexagons nicht ausgeschlossen, doch müsste sich, um beim Beispiel zu bleiben, die funktionierende Sozialpartnerschaft in vergleichbarer Weise wie die soziale Gerechtigkeit als eigenständige Bedingung dauerhaft zivilisierter Konfliktbearbeitung nachweisen lassen. Gelingt dies, so ist das Hexagon laut Senghaas »zwingend erweiterungsbedürftig«[448].

Schliesslich ist *zum dritten* der Einwand zu nennen, wonach Senghaas' Friedenstheorie auf unzulässige Weise die *europäische Erfahrung als Modell* für weltweiten Frieden empfehle und damit nicht nur unplausibel selektiere, sondern das europäische Modell auch zu unkritisch positiv interpretiere. Letztlich liegt hier der Kritikpunk vor – wie er auch gegenüber der Theorie des demokratischen Friedens vorgebracht wird –, dass die

---

[445] Senghaas 2004, 127.
[446] Vgl. etwa Vogt 1996 oder Müller 2003, 234 mit dem Verweis auf die zivilisatorische Bedeutung funktionierender Sozialpartnerschaft.
[447] Senghaas 2004, 132.
[448] Senghaas 2004, 134.

Hexagon-Theorie »aus einer kontingenten historischen Formation auf generalisierbare Friedensursachen«[449] schliesse. Offen bleibe dabei die Frage, wie dieses Modell in praktischer Hinsicht auf die äusserst heterogenen weltweiten Verhältnisse ausgedehnt werden könne. Denn in erster Linie systematisiere es Vorgänge zwischen Akteuren, die bei aller Pluralität im europäischen Raum im globalen Massstab gesehen als relativ homogen zu bezeichnen sind.

Nicht zuletzt ist hiermit der Einwand verknüpft, wonach es geradezu unhaltbar sei, die Hexagon-Theorie als friedenspolitisches Modell und als normative Massgabe für konkrete friedenspolitische Bemühungen aufrechtzuerhalten, wenn man sich die auch in Europa unübersehbar gewaltbeladene Entstehungsgeschichte der heute weitgehend gesicherten gewaltfreien Interaktion vergegenwärtige. Dass diese Gewalt etwa im Kontext der Kolonialisierung und natürlich der ethno-nationalistischen Kriegstreibereien des zwanzigsten Jahrhunderts stets auch in einer Art und Weise gegen aussen gerichtet war, wie man sich vernünftigerweise nicht wünschen kann, dass sie sich wiederholen möge, verleiht diesem Einwand besonderes Gewicht.[450] Auch hier antwortet Senghaas mit dem Verweis auf die von ihm zugrunde gelegte Methode: In der Tat sei sein Modell eurozentrisch, insofern es aus den europäischen Gegebenheiten eine zusammenhängende Friedenstheorie systematisch herzuleiten versuche. Doch bleibe diese, so Senghaas, in den konkreten inhaltlichen Füllungen der einzelnen Pole hinreichend pluralismusoffen, um zwar von der Genese her untrennbar mit der europäischen Erfahrung verbunden zu sein, damit aber nicht bereits einen eurozentristischen Suprematieanspruch zu transportieren.[451] Das Hexagon bleibt somit stets bloss eine *Zivilisierungs*theorie und ist, wie Senghaas unterstreicht, keinesfalls darauf angelegt, eine *Zivilisations*theorie abzugeben.

---

[449] Müller 2003, 242.

[450] Vgl. dazu Vogt 1996, 103.

[451] Konkret geht Senghaas davon aus, dass sich stabile Friedensordnungen – ähnlich der europäischen – stets zunächst auf regionaler Ebene ergeben müssen, ehe, vermittelt im Konzept der *global governance*, eine Weltfriedensordnung im Sinne eines »Mehrebenenhexagons« entstehen kann (vgl. dazu Senghaas 1996c und Senghaas 2004, 70ff.). Senghaas selbst jedenfalls sieht Hexagon-Konfigurationen in einzelnen Gebieten Ostasiens entstehen (vgl. dazu Senghaas 2004, 44ff.), derweil die gegenwärtige afrikanische Erfahrung vielmehr die dem Hexagon-Modell immanente »Entzivilisierungs-Gefahr« verdeutliche, die in politischen Konstellationen bestehe, in denen die einzelnen Faktoren des Hexagons unvollständig oder ohne gegenseitige Rückkoppelung verwirklicht seien.

Für die vorliegende Arbeit entscheidend ist der in der Entgegnung auf die genannten Einwände in aller Deutlichkeit zutage tretende Grundgedanke von Senghaas' Modell, wonach der Begriff bzw. das inhaltliche Verständnis des Friedens von den Bedingungen, die ihn ermöglichen, getrennt zu behandeln ist. Die Pole des Hexagons sind in diesem Sinne nicht als definierende Merkmale dessen, was als stabiler (Welt-)Friede zu bezeichnen ist, zu verstehen. Sie stehen vielmehr als Set von Bedingungen, die dessen Verwirklichung im Sinne einer durchgängig zivilisierten und gewaltfreien Konfliktbewältigung in Analogie etwa zur Situation in der Friedenszone Europa möglich und – Senghaas geht auch von dem Phänomen einer »Zivilisierung wider Willen«[452] aus – wahrscheinlich machen.

Blickt man allerdings auf den Anspruch Senghaas', mit seinem Modell die nach seinem Dafürhalten hinreichend bekannten Bedingungen friedenspolitischer Vernunft offensichtlich zu machen,[453] erhält der letzte Einwand, der nach der Pluralismusfähigkeit dieser Theorie fragt, sicherlich herausragende Bedeutung. Dies ist besonders in friedens*ethischer* Hinsicht hervorzuheben, weil ja jene – wie man sie nennen könnte – ›hexagonalen Lernprozesse‹, deren Systematisierung Senghaas als »Angebot« an nicht-hexagonale Gesellschaften aus der europäischen Erfahrung zu gewinnen vorschlägt, gerade auch in Europa gekennzeichnet waren (und sind) von Vorgängen, die zu verhindern bzw. denen Einhalt zu gebieten sich als zwingendes Postulat friedenspolitischer Vernunft herausgebildet hat. Überdies, so ist mit Blick auf die Struktur dieser Lernprozesse[454] zu bedenken, vollziehen sich diese – wie auch Senghaas betont[455] – unter den Bedingungen der Globalisierung sowohl im Negativen wie auch im Positiven in einem Geflecht von wirtschaftlichen, politischen und kulturellen (Inter-)Dependenzen, die eine Eigenständigkeit solcher Lernprozesse unwahrscheinlich machen.[456]

---

[452] Vgl. zu dieser nicht unproblematischen, in der Tendenz geschichtsteleologischen These Senghaas 1998 sowie ebenso Senghaas 2004, 39f.

[453] Vgl. Senghaas 2004, 80: »Als Fazit lässt sich – obgleich apodiktisch anmuten, jedoch in diesen Überlegungen [...] für einen Frieden hier und heute differenziert begründet – formulieren: Die Konstitutionsbedingungen vernünftigen Friedens sind bekannt.«

[454] Zum zwischenstaatlichen Frieden als Lernprozess vgl. auch schon Boulding 1995, der darauf insistiert, dass die Entstehung dauerhaften Friedens zwischen Staaten, die sich ihm gemäss im Sinne eines Lernprozesses gestalten müsse, als eine ihrer Erfolgsbedingungen angewiesen sei darauf, dass »die Einmischung eines Staates in die inneren Angelegenheiten anderer Staaten auf ein Minimum beschränkt« bleibe (Boulding 1995, 307).

[455] Vgl. etwa Senghaas 2003, 94ff.

[456] Senghaas empfiehlt das Konzept der *global governance* auch als Möglichkeit, die zunehmenden Disparitäten zwischen den »Teilwelten« dieser Welt zu organisieren. Allerdings

4.4.6 Zivilisatorisches Hexagon und der gerechte Friede

Mit Blick auf die Rede vom gerechten Frieden und die sich darin vollziehende Rezeption der Hexagon-Theorie gilt es hervorzuheben, dass Senghaas verschiedentlich darauf insistiert, dass die sechs Pole des zivilisatorischen Hexagons »als Voraussetzungen und Bedingungen für eine dauerhafte zivilisierte Konfliktbearbeitung *konfigurativ*, nicht also monothematisch oder schrumpftheoretisch zu denken [sind]«[457]. Dies bedeutet: Alle sechs Pole sind gemäss Senghaas von Rang, ebenso die Verbindungen zwischen ihnen, die aufgrund der dadurch entstehenden ›Redundanz‹ erst das zu erwarten erlauben, was letztlich das zentrale Moment des so vorgestellten Friedens ist: seine Stabilität. Monothematisch zu verfahren hiesse demgegenüber, sich auf einen der Punkte zu konzentrieren und diesen affirmativ oder kritisch in seiner Bedeutung hervorzuheben.[458]

Wird die Hexagon-Theorie im Rahmen der theologisch-friedensethischen Diskussion also, wie beispielsweise Wolfgang Huber dies tut, gewissermassen als unhintergehbare Grundlage dessen bezeichnet, was zu beachten ist, »wenn es darum gehen soll, die wesentlichen Inhalte der Lehre vom gerechten Frieden zu benennen«[459], so wäre, wie ich meine, zu zeigen, inwiefern die Rede vom gerechten Frieden dann der Gefahr des ›schrumpftheoretischen‹ Denkens entgeht. Entweder wäre dann zu zeigen, dass die weiteren Pole vom Gerechtigkeitsbegriff eingefangen werden, oder es müsste deutlich gemacht werden, weshalb dem Aspekt der Gerechtigkeit die entsprechend herausragende Bedeutung zukommt. Ebenso gilt es, die in dieser Konzeption gemachten Voraussetzungen einzubeziehen – die Hexagontheorie basiert wie dargestellt bei Senghaas auf »gesättigte[r] Induktion« und verfährt »historisch-genetisch«[460] – und vor allem die darin zum Ausdruck kommende Trennung von Friedensbegriff und Friedensbedingungen zu beachten. Aus diesem Grund ist es zumindest nicht ohne vertiefte Auseinandersetzung mit dem Gesamtrahmen dieser Theorie möglich, das Modell des Hexagons als Explikation für einen spezifischen

---

    lässt sich fragen, ob nicht das von Senghaas zur Ermöglichung funktionierender *governance* sicherlich zurecht als unabdingbar angesehene *capacity building* auch wieder einem von aussen kommenden Einwirken auf lokal und regional eigenständige zivilisatorische Lernprozesse entspricht und diese zu stören droht.

[457] Senghaas 2004, 40 (kursiv im Original).
[458] Vgl. Senghaas 2004, 40.
[459] Huber 2005, 121.
[460] Müller 2003, 231.

Begriff des *gerechten* Friedens heranzuziehen. Denn zum einen bleibt zu unterstreichen, dass auch Senghaas den Versuch unternimmt, die Erfolgs- und Legitimationsbedingungen des Friedens *an sich* zu bestimmen. Zum andern ist es die explizite Aussage des Hexagons, dass die sechs Bedingungen zusammen notwendig sind – eine Privilegierung des Gerechtigkeitsaspekts erscheint insofern als Verkürzung des Fokus auf bloss eine der dort genannten Bedingungen.

Die Affinität zwischen Senghaas' Hexagon-Theorie und den dargelegten Positionen zum gerechten Frieden sowie die in Teilen sich ergebende inhaltliche Konvergenz sind nichtsdestotrotz unübersehbar. Dementsprechend klangen sie auch schon verschiedentlich an. Nicht zuletzt steht der im dargestellten Kontext friedenstheoretischer Reflexion insgesamt sich vollziehende und bei Senghaas modellhaft verdeutlichte Umschlag vom Interesse an den Kriegsursachen hin zu einer Systematisierung von Friedensursachen in Übereinstimmung mit dem im Bereich der theologischen Ethik unterstrichenen Postulat, wonach eine theologische Friedensethik immer ausschliesslich vom Frieden her zu denken sei. Insofern ist es auch nicht erstaunlich, dass jene Maxime, die für Senghaas seinen Ansatz schlagwortartig charakterisiert, als Ausgangspunkt der theologischen Bezugnahme auf die Hexagon-Theorie nur zu gerne wiedergegeben wird: »Si vis pacem, para pacem«. Allerdings wäre zu fragen, ob es im Zusammenhang der Rede vom gerechten Frieden nicht ebenso erhellend, und im Blick auf die dargestellten Anknüpfungspunkte bei Senghaas sogar ungleich genauer wäre, in gleicher Weise, wie dies bereits die *Ligue Internationale de la Paix et de la Liberté* und damit also die frühen ›organisatorischen‹ Pazifisten, getan haben, von der Maxime »si vis pacem para iustitiam et libertatem«[461] auszugehen.

Die Übernahme friedenstheoretischer Konzepte, die nicht nur das Postulat der Trennung von Begriff und Bedingungen des Friedens mit sich führen, sondern darin auch das Moment der Gerechtigkeit durchgängig in der dargestellten Weise als eine von mehreren unabdingbaren Friedensursachen herausstellen, erweist sich für die theologische Friedensethik jedoch in zumindest zweifacher Hinsicht als sperrig. Zum einen steht sie jedenfalls zu

---

[461] Zitiert u.a. bei Czempiel 1998, 122. Der Sache nach, so schreibt Otfried Höffe, gelange auch Kant in seiner Friedensschrift zum Schluss, der Satz des Vegetius, den Senghaas programmatisch umformulierte (Vegetius gilt als Vater der Formel: »Si vis pacem, para bellum«), sei zu ersetzen durch: »Si vis pacem, para iustitiam.« (Vgl. Höffe 1995a, 21)

jenen Konzepten eines weiten Begriffs des gerechten Friedens in Spannung, die dessen theologische Grundlage in einem Verständnis des *shalom*-Begriffs verankert sehen, das letzteren als Ausdruck eines nicht-instrumentellen Zusammenhangs von Frieden und Gerechtigkeit interpretiert. Zum zweiten und damit zusammenhängend scheint mir erläuterungsbedürftig, in welcher Weise über den einsichtig gemachten Kausalzusammenhang von Gerechtigkeit und Frieden hinaus die These der konstitutiven Interdependenz aufrechterhalten werden kann, wonach Friede nicht nur auf Gerechtigkeit, sondern letztere auch auf Frieden angewiesen ist.[462] Bei Senghaas scheint eine solche Vorstellung von Interdependenz letztlich darin zum Ausdruck zu kommen, dass die verschiedenen Friedensursachen – um Müllers Kategorisierung aufzunehmen – zwar im Prinzip als strukturelle Friedensursachen dargestellt werden, dass sie aber im Sinne der Hexagon-Konfiguration jeweils durchaus auch eine transformative sowie in gewisser Hinsicht auch eine präventive Funktionalität aufweisen können. Interdependenz besteht also insofern, als die genannten Bedingungen jeweils darauf angewiesen sind, dass ihnen ein Boden bereitet ist. So gelten etwa Gewaltmonopol und Rechtsstaatlichkeit für Senghaas als miteinander verbunden, sind ihm zufolge aber konzeptionell doch insofern zu trennen, als sich meist zunächst eine »krude Monopolisierung von Gewalt«[463] ergeben muss, ehe in einem langwierigen Prozess die Modalitäten der rechtsstaatlichen Einhegung derselben erarbeitet werden können. Damit kommt die im Sinne Müllers als transformativ zu bezeichnende Funktion der Friedensursache Gewaltmonopol in den Blick.

Die Differenz von negativem und positivem Friedensbegriff – deren Gegenüberstellung wie einleitend dargestellt von Daase und manch anderen als für die Friedenstheorie unfruchtbar kritisiert wird – wird durch das Vorgehen, Begriff und Bedingungen des Friedens analytisch zu trennen, gewiss eingeebnet. Denn der grundlegenden Mehrdimensionalität des Friedens wird ja auch mit einem solchermassen eingegrenzten Friedensbegriff nicht widersprochen. Zugleich erlaubt es die Trennung von Begriff und Bedingungen des Friedens, dem in theologisch-friedensethischer Perspektive stets betonten und auch bei Senghaas oder Czempiel hervorgehobenen *Prozesscharakter* des Friedens gerecht zu werden.[464] Friede be-

---

[462] Vgl. dazu ausführlich oben, Abschnitt 2.1.
[463] Senghaas 2004, 33.
[464] Die Bestimmung des Friedens als Prozess, die in der Friedensethik und in Teilen der Friedensforschung gemeinhin geteilt wird, blieb nicht unhinterfragt. Harald Müller

gegnet dann nicht etwa als statischer, durch die Verwirklichung der genannten Bedingungen zu erreichender Zustand, sondern als dynamisches Geschehen, das durch ebendiese Bedingungen fortwährend zu perpetuieren und gegen die gegenteilige Dynamik der Entzivilisierung abzusichern ist. Auf der anderen Seite vollzieht sich die Trennung von Friedensbegriff und Friedenbedingungen auch mit einem deutlichen Gewinn an theoretischer Klarheit, nicht zuletzt mit Blick auf die *praxeologische* Dimension jeder friedenstheoretischen Reflexion. Der Begriff des Friedens bleibt im Sinne von Senghaas' Verständnis durchgängiger Zivilisierung auf die nachhaltige und dauerhafte Überwindung der Gewalt in den politischen und gesellschaftlichen Interaktionen beschränkt. Die Bedingungen der Herausbildung und der Aufrechterhaltung solchen Friedens jedoch bleiben in der zweifellos gebotenen Komplexität erfasst und benannt – und sind auf diese Weise daraufhin angelegt, sowohl in politisch-praktischer als auch in ethisch-normativer Hinsicht leitend zu werden.

Vor dem Hintergrund der dargestellten Tendenzen der gegenwärtigen friedenstheoretischen Debatte stellt sich damit aber meines Erachtens die oben genannte An- bzw. Rückfrage an die Rede vom gerechten Frieden von Neuem: Wie positioniert sich dieses in der Friedenstheorie weitgehend unbeachtete Konzept zur bestehenden Debatte in den zentralen friedenstheoretischen Diskursfeldern? Handelt es sich bei den in den

---

zeigt konzis zusammengefasst, dass im Endeffekt sowohl die zustands- als auch die prozessbezogene Bestimmung des Friedensbegriffs »in bestimmten Fällen empirischer Anwendung zu grotesken Ergebnissen führen« (Müller 2003, 217f.) kann. Während die Bestimmung des Friedens als Zustand spätestens beim Problem der »letzten friedlichen Sekunde« in Aporien gerät, ist es bei der reinen Bestimmung des Friedens als Prozess der Umstand, dass ihm gleichsam die *bottom-line* fehlt, nämlich jene – wohl doch wieder zustandsbezogene – Grenze, oberhalb derer abnehmende (Verteilungs-)Gerechtigkeit und leicht zunehmende (beispielsweise kriminelle) Gewalt in einer Gesellschaft vorkommen können, ohne dass diese als unfriedlich bezeichnet werden müsste. Die Lösung, die anhand des Ansatzes von Brock bereits angedeutet wurde, besteht für Müller darin, den zentralen Gehalt dessen, was mit der Bestimmung des Friedens als Prozess ausgesagt werden soll, über die Zeitdimension des Friedens sowie über das diesen charakterisierende Moment der Dauerhaftigkeit einzufangen. Wo die tatsächliche und die zu erwartende (in gegeneinander gerichteten Diskursen zum Ausdruck kommende) Praxis der Akteure keine Gewalt beinhalten, »muss die Friedensforscherin Frieden konstatieren« (Müller 2003, 219). So kommt Müller zu folgender Definition des Friedens: »Frieden ist ein Zustand zwischen bestimmten sozialen und politischen Kollektiven, der gekennzeichnet ist durch die Abwesenheit direkter, verletzender physischer Gewalt und in dem deren möglicher Gebrauch gegeneinander in den Diskursen der Kollektive keinen Platz hat.« (Müller 2003, 219f.) Für Johannes Schwerdtfeger ist es letztlich gerade das Insistieren auf den Prozesscharakter des Friedens, der dessen genaue Definition verunmögliche (vgl. Schwerdtfeger 2001, 41ff.).

verschiedenen Entwürfen genannten Elementen eines gerechten Friedens um Friedens*ursachen* oder besteht die Intention darin, Bestimmungs- bzw. Definitionsmerkmale des Friedens*begriffs* zu verdeutlichen? Ist die damit eingenommene Position wirklich neu oder eigenständig oder liesse sie sich nicht ebenso ergiebig, aber um den Vorteil der Kommunikabilität mit den nicht-theologischen Friedenswissenschaften bereichert, in Termini und Positionen der gegenwärtigen Friedenstheorie wiedergeben? Im Sinne eines abschliessenden Fazits dieses Durchgangs durch die jüngere friedenstheoretische Diskussion soll nun versucht werden, die theologisch-friedensethische Rede vom gerechten Frieden in ihrem Profil und ihrem Anspruch auf diese Anfragen zu beziehen.

4.5 Fazit: Friedenstheorie und das Konzept des gerechten Friedens

4.5.1 Vier Aspekte des friedenstheoretischen Ertrags

Versteht man die friedensethische Theoriebildung zum Konzept des gerechten Friedens jedenfalls *auch* als ein eigentliches friedenstheoretisches Bemühen, so sind als Ertrag dieser Rekonstruktion zentraler Postulate und Diskussionsgehalte gegenwärtiger friedenstheoretischer Arbeit aus meiner Sicht insbesondere vier Aspekte für dieses Bemühen fruchtbar zu machen (i-iv).

(i) *Zum einen* lässt sich die aus der Kritik an der Ausweitung des Friedensbegriffs resultierende Diskussion um das ›Mehr‹ eines engen Friedensbegriffs und die damit verbundene Bestimmung desselben als *auf Dauer gestellte Abwesenheit gewaltförmigen Konfliktaustrags* zum Ausgangspunkt nehmen, um die unproduktive Entgegensetzung von ›positivem‹ und ›negativem‹ Frieden aus der Theoriebildung auszuklammern. Mit Blick auf dieses ›Mehr‹ gilt es hervorzuheben, dass sowohl das Moment der Dauerhaftigkeit und damit die Forderung nach einer *Überwindung* kriegerischer Gewalt als auch die von einigen Exponenten betonte Dimension des *Utopischen* und damit Kritisch-Regulativen, die einer solchen Begriffsbestimmung innewohnt, sich mit dem friedensethischen Anliegen der Etablierung eines kritisch-normativen Friedensbegriffs, der als regulative

Idee fungiert, in Einklang bringen lassen.[465] Zugleich vereinfacht es diese Begriffsbestimmung, jenem auch in gegenwärtiger Perspektive aktuellen friedensethischen Postulat von Wolfgang Huber und Hans-Richard Reuter nachzuleben, das an die Aufgabe erinnert, »die kritische Kraft von Friedensutopien in pragmatische Handlungsentwürfe umzusetzen, ohne deren utopisches Potential aufzugeben«[466]. Denn Frieden, so Huber und Reuter, meine stets »beides zugleich: den umfassenden Entwurf gelingenden Lebens und die Verhinderung der Gewalt mit den praktischen Mitteln der Politik, insbesondere mit den Mitteln des Rechts.«[467] Ein Verständnis des Friedens, das der Tendenz zur inhaltlichen Überfrachtung, wie sie der Rede vom gerechten Frieden gegenwärtig innewohnt, widersteht, wird diesem fundamentalen Postulat letztlich besser gerecht werden können, als eines, das die allem voran rhetorisch attraktive Ineinssetzung von Frieden und Gerechtigkeit zum Programm erhebt.

(ii) *Zum zweiten* erhöht die betonte Trennung von Friedensbegriff und Friedensbedingungen bzw. Friedensursachen, die mit dieser ›qualifizierten‹ Verengung der Begriffsbestimmung einhergeht, dessen analytische Klarheit. Der konstitutive Zusammenhang von Frieden und Gerechtigkeit, der durch die Rede vom gerechten Frieden besonders hervorgehoben werden soll,[468] bleibt in dieser Trennung explizit im Blick, wenngleich in empirischer Hinsicht stärker als dies in der theologischen Diktion zumeist geschieht, der *Kausalzusammenhang* zwischen Gerechtigkeit und Frieden betont wird. Im Resultat allerdings wird gerade mit einem engeren Friedensbegriff einfacher ersichtlich, inwiefern eine gegenseitige Angewiesenheit von Gerechtigkeit und Frieden zu denken ist, ohne dass das Begriffspaar letztlich bedeutungsidentisch würde und der Redundanzeinwand, wie ich meine, gerechtfertigterweise zum Tragen käme. Trifft etwa das oben genannte Erklärungsmuster der *Conflict Trap* zu, so ist ein gewisses Mass an sozialer Gerechtigkeit nämlich ebenso sehr Voraussetzung für die Schaf-

---

[465] Auch Senghaas vertritt die Meinung, dass das »Optimum« seines ›mehrfachen Komplexprogramms Frieden‹, das »zu *dauerhafter* politischer Vergemeinschaftung« führe, »eine regulative Idee bleiben« müsse (vgl. Senghaas 1997, 574, kursiv im Original).
[466] Huber/Reuter 1990, 130.
[467] Huber/Reuter 1990, 130.
[468] Vgl. dazu Huber 2005, 128, der festhält, dass es genauer und adäquater wäre, »statt von einem ›Paradigma des gerechten Friedens‹ von einer ›Lehre von dem konstitutiven, interdependenten Zusammenhang zwischen Recht, Gerechtigkeit und Frieden‹ zu sprechen.«

fung stabilen Friedens, wie dieser in der Folge die Voraussetzung für deren umfassende Verwirklichung darstellt.[469]

Mit Blick auf die Identifizierung und die theoretische Integration der relevanten Friedensbedingungen und -strategien tritt zudem ein Desiderat in den Vordergrund, das gerade vor dem Hintergrund der jüngeren weltpolitischen Entwicklungen von Bedeutung ist: Wie mir scheint, kommt auch die Friedensethik nicht umhin, die Ergebnisse der Kriegs- und Gewaltursachenforschung sowie die Bemühungen um das Verständnis der unterschiedlichen Erscheinungsformen und Dynamiken des Kriegs in der Gegenwart als genuinen Bestandteil ihrer Grundlagen und ihres ›Aufgabenfelds‹ zu berücksichtigen.[470] Beides prägt, wie erwähnt, mitunter auch die Friedenstheorie wieder in erhöhtem Mass. So hat Christopher Daase mit Blick auf die Friedensforschung und die Friedenstheorie die Forderung aufgestellt, dass sie die beiden bisher nur lose verbundenen Forschungsfelder der Kriegsursachen- und der Friedensursachenforschung zueinander in Beziehung setzen müssten, wenn sie zur ›Überwindung des Kriegs‹ wirklich beitragen können wollten – dies, so Daase, sei nämlich nur durch ein adäquates Wissen über den Krieg überhaupt möglich:[471]

---

[469] Vgl. dazu Abschnitt 2.1.
[470] Diese Forderung lassen auch Haspel 2003a und Körtner 2006 anklingen, für die es eine der Herausforderungen gegenwärtiger protestantischer Friedensethik ist, aktuellen Erscheinungsformen des Kriegs gerecht zu werden.
[471] Vgl. Daase 2005, 263. Daase zeigt anhand der kritischen Diskussion dreier gegenwärtig verbreiteter Annahmen zu Tendenzen in der Entwicklung des Kriegsgeschehens auf, weshalb die Klärung dieser Annahmen für die gegenwärtige Friedenstheorie von Bedeutung ist: Nur ein besser gesicherten Wissens um die relevanten Ursachen und Dynamiken des Kriegs erlaube die zuverlässige Bestimmung von Friedensstrategien zumindest für jene Situationen, in denen es um die Befriedung oder die Verhinderung aktueller kriegerischer Gewalt gehe. Ausgehend von dem in seinen Augen kritisch zu beurteilenden Theorem der ›Neuen Kriege‹ und der damit oft verknüpften These vom Verschwinden des zwischenstaatlichen Kriegs, zeigt Daase anhand des Phänomens der ›demokratischen Kriege‹, der asymmetrischen Struktur innerstaatlicher Kriege und des internationalen Terrorismus sowie der strittigen These von der Ökonomisierung der Kriege zwischen sub-staatlichen Gruppen in Bürgerkriegen, dass nur ein genaues Verständnis dieser Kriegstypen die Identifikation von Strategien zu ihrer Beendigung bzw. Verhinderung ermöglicht. Zur zersetzenden Wirkung asymmetrischer, von Staaten gegen nicht-staatliche Akteure geführter Kriege auf die Respektierung des *ius in bello* vgl. überdies Daase 1999.

»Hier, in der systematischen Verknüpfung von konflikttheoretischem und friedenstheoretischem Wissen sehe ich die Zukunft der Friedensforschung, und in der Kombination von sicherheitspolitischen und friedenspolitischen Strategien eine Chance für den Frieden.«[472]

Denn wenngleich, so kann Daase interpretiert werden, der Ansatzpunkt, sowohl in der Friedensforschung als auch in der Friedensethik stets ›vom Frieden her zu denken‹, zweifellos zutreffend ist, so gelte es gerade angesichts der Zielsetzung dieser Disziplinen immer auch, Wege aus dem Krieg zu weisen. Hierfür sei, so Daases Appell, auch ein vertieftes Wissen über die verschiedenen Gesichter des Kriegs, über die Trends in seiner Entwicklung, sowie über die Faktoren seiner Entstehung, Beendigung und Prävention vonnöten. Dies droht, so scheint mir, im Bereich der Friedensethik gelegentlich in Vergessenheit zu geraten. Deshalb verdient Daases Folgerung, wonach die zitierte, von Senghaas und anderen in Anschlag gebrachte ›para pacem‹-Maxime ebenso in abgewandelter Form zu berücksichtigen sei, auch im Bereich der theologischen Friedensethik Beachtung. Wenn es aufgrund der gegenseitigen Verwiesenheit von Friedenstheorie und Kriegstheorie gelte, auch den Krieg zu verstehen, so müsse eine der Maximen friedenswissenschaftlicher Arbeit wie folgt lauten: »Si vis pacem, intellege bellum!«[473] Allerdings, so hat Michael Haspel aus friedensethischer Perspektive festgehalten, sollte dies nicht als Forderung nach der Etablierung einer detaillierten ›Kriegswissenschaft‹ verstanden werden. Vielmehr gehe es darum, dass die Zusammenhänge zwischen beiden Bereichen sichtbar gemacht und theoretisch reflektiert werden, um sowohl eine friedensethisch zu konkretisierende Institutionalisierung ziviler Konfliktbearbeitung als auch die Entwicklung normativer Kriterien zur Prüfung legitimer militärischer Gewalt im konkreten Fall anzuleiten.[474]

(iii) *Zum dritten* steht mit dieser geklärten Bestimmung des Friedensbegriffs, so meine ich, auch das Verständnis des Friedens als Prozess in Verbindung. Wird das in den diskutierten friedenstheoretischen Positionen hochgehaltene Moment der Dauerhaftigkeit und damit eine Zeitdimension

---

[472] Daase 2005, 263.
[473] Daase 2005, 264.
[474] Vgl. Haspel 2006c, 99.

als Bestandteil auch eines enger gefassten Friedensbegriffs ernst genommen, so lässt sich keine rein zustandsbezogene Sichtweise des Friedens vertreten. Vielmehr macht etwa die Figur des zivilisatorischen Hexagons deutlich, dass eine statische Auffassung dessen, was als Frieden gelten soll, die vielfältigen Interaktionslinien, die zwischen dessen einzelnen Bedingungen bestehen und die auf stete Vermittlung angewiesen sind, übersieht.[475] Dieses althergebrachte friedensethische Postulat, wonach der Frieden stets als Prozess aufzufassen sei, wird im Bereich der Friedensethik im Zuge der Diskussion um den gerechten Frieden allenthalben bekräftigt – es findet, so zeigt sich, auch in den aktuellen Positionen der Friedenstheorie und bei jenen, die einen qualifiziert eingegrenzten Friedensbegriff vertreten, Rückhalt.

(iv) Als *viertes* schliesslich ist die verstärkte Aufmerksamkeit auf den Begriff der Gewalt und die in der Friedenstheorie wahrnehmbare Tendenz, sich von der Konzentration auf den Friedensbegriff wegzubewegen, zu nennen. Diese Position ist zumeist mit der Forderung verbunden, auch hier einen eingegrenzten, auf die Kategorie der *direkten, von Kollektiven ausgeübten Gewalt* bezogenen Gewaltbegriff zugrunde zu legen. Allerdings ist dieses Phänomen, ähnlich dem engen Friedensbegriff, in seiner Vielschichtigkeit und Komplexität wahrzunehmen. So ist das Verständnis von direkter Gewalt, das als Gegenpol zum Konzept der strukturellen Gewalt die Debatte um den Friedensbegriff lange Zeit prägte, wie etwa Thorsten Bonacker festhält, »eigentümlich unterkomplex«[476] gewesen. Angesichts des damals vorrangigen Interesses, die Gewalthaltigkeit gesellschaftlicher Strukturen aufzuzeigen, sei die Verschiedenartigkeit der Formen und Verläufe direkter kollektiver Gewalt, so Bonacker, zu wenig beachtet worden. Ähnlich wie mit Blick auf das Wissen über den Krieg bereits ausgeführt, ist es daher ein zentrales Postulat für die Friedens- und Konfliktforschung, das Phänomen kollektiver Gewalt besser und analytisch eingehender zu verstehen.[477]

Auch diese Bewegung ist für eine gegenwärtige Friedensethik durchaus nachvollziehbar und bedeutungsvoll.[478] So hat Christoph Weller jüngst

---

[475] Als »dauernde Wechselwirkung« und »dynamische[s] Gleichgewicht relevanter Faktoren« bestimmt Schwerdtfeger 2001, 15 das in seinen Augen plausible Verständnis von Frieden als Prozess.
[476] Bonacker 2005, 75.
[477] Vgl. dazu auch die Beiträge bei Zwahlen/Lienemann 2006.
[478] Dies zeigt nicht zuletzt das eingangs dargestellte Hirtenwort der katholischen Bischöfe Deutschlands.

verschiedentlich auf die *friedensethische* Bedeutung dieser verstärkten Aufmerksamkeit, die in neueren friedenstheoretischen Arbeiten dem Gewaltbegriff zukommt, hingewiesen. Gemäss Weller sind manche Friedenstheorien – und dabei insbesondere diejenigen, die einen weiten bzw. ›positiven‹ Friedensbegriff ins Zentrum rücken – insofern defizitär, als sie die ambivalente Bedeutung von Gewalt in theoretischer Perspektive ausklammern.[479] Gewalt erfährt in den von Weller betrachteten klassischen Theorien des Friedens gerade angesichts der in Galtung'scher Logik ausgeweiteten Semantik des Gewaltbegriffs eine durchgehend negative Konnotation, die darin mündet, dass Frieden gleichsam als vollständige Überwindung jeglichen gewaltförmigen Verhaltens erfasst wird.[480] Damit aber erwiesen sich solche Friedenstheorien, so Weller, in zwei Hinsichten als verkürzt:

Zum einen unterschlagen sie aufgrund ihres ausschliesslich negativen Bezugs auf Gewalt die zentrale friedensethische Fragestellung nach der *Unterscheidung* von legitimer und illegitimer Gewalt. Damit erliegen sie, so Weller, aber auch einer »Blickverengung, indem sie keinen analytischen Zugriff auf jene Gewalt gewinnen können, die in den Augen der Gewaltakteure legitim ist, aus der normativen Perspektive friedenstheoretischer Konzeption aber als illegitime, der Friedensentwicklung entgegenstehende Gewalt betrachtet werden müsste.«[481] Auf diesem Weg würde also beispielsweise die Möglichkeit aus der Hand gegeben, in Ansätzen, die nach Analogien rechtsstaatlicher Gewaltmonopolisierung im zwischenstaatlichen Bereich suchen, den argumentativen Streit um die Unterscheidung zwischen rechtfertigbaren und ungerechtfertigten Formen der Gewalt auszutragen. Dabei gelte es gemäss Weller den Blick zu bewahren für die Tatsache, dass die Forderung nach gewaltfreiem Konfliktaustrag in den kritisierten Theorien immer auch mit der Legitimation bestimmter Formen von Gewalt einhergehe.[482] *Zum andern* werde in diesen Theorien, so Weller, oft die Tat-

---

[479] Jüngere Arbeiten, so Weller, richteten dagegen ihr Augenmerk gerade auf diese Unterscheidung (vgl. dazu etwa auch Weller 2005, insb. 95ff.).

[480] Vgl. Weller 2004b, 488f.; dies tritt etwa auch in Georg Pichts oben zitierter Wendung zutage, in der die Friedlosigkeit einer gesellschaftlichen Ordnung mit deren Gewalthaltigkeit ineins gesetzt wird (vgl. dazu oben, Fussnote 215).

[481] Weller 2003, 12.

[482] Vgl. Weller 2003, 13: »Reformuliert man Friedenskonzepte auf dem Hintergrund der Unterscheidung von legitimer und illegitimer Gewalt und betrachtet dabei den Frieden als Prozess, zeichnet er sich dadurch aus, dass Konflikte ohne illegitime Gewalt ausgetragen werden – bei gleichzeitiger Existenz legitimer Gewalt.« Entsprechend gilt so Weller weiter: »Auch wenn explizit der Eindruck erweckt wird, Friedenstheorien zielten auf die grundsätzliche Delegitimation von Gewalt, ist ihnen […] zugleich die Gewaltlegiti-

sache ausgeblendet, dass gerade diese Unterscheidung zwischen legitimer und illegitimer Gewalt auch die Konflikthaftigkeit jeder gesellschaftlichen Verständigung über Begriffe wie ›Gewalt‹ oder ›Frieden‹ zutage treten lässt. Weller umschreibt die ambivalente Rolle dieser Differenzierung wie folgt:

> »Gewalt produziert Legitimation für Gegen-Gewalt, oder friedenstheoretisch präzisiert: Die gesellschaftliche Bewertung bestimmter Gewaltformen als illegitim verschafft der entsprechenden Gegengewalt gesellschaftliche Legitimation.«[483]

Im Rahmen der Diskussion um den gerechten Frieden spielt diese Unterscheidung zwischen legitimer und illegitimer Gewalt wie angedeutet insbesondere mit Blick auf das Verhältnis der theologischen Friedensethik zur Frage der (militärischen) humanitären Intervention, die im Sinne einer *ultima ratio* für die meisten Positionen als Grenzfall der legitimen Anwendung von Gewalt in Betracht kommt, eine Rolle. Wie dargestellt ist diese Thematik einer der wichtigsten Brenn- und Streitpunkte aktueller friedensethischer Theoriebildung. Angesichts der bei Weller festgehaltenen Dynamik, wonach die Legitimierung von Gewalt stets (subjektive) Gründe der Legitimierung von Gegen-Gewalt produziere, scheint mir der vermehrte Einbezug von Resultaten der friedenstheoretischen Überlegungen zu Gewaltverläufen und Gewaltursachen in die friedensethische Theoriebildung jedenfalls angezeigt. Um es pointiert zu formulieren: Nicht nur von einem geklärten Friedens- und einem informierten Kriegsbegriff, sondern auch von einem hinreichend differenzierten Verständnis kollektiver Gewalt wird es abhängen, wie die normative Forderung der Option für die Gewalt*freiheit* vor dem Hintergrund gegenwärtiger Erscheinungsformen und Problemdimensionen der Gewalt auf konkrete Situationen zu beziehen ist. Zu denken ist dabei etwa an die Problematik der Entgrenzung der Gewalt gerade im transnationalen Terrorismus,[484] an ihre zunehmende Privatisierung oder an deren fortschreitende Ökonomisierung in den ›Neuen Kriegen‹.[485]

---

mation inhärent. Demnach ist Frieden in diesen Konzeptionen immer auch ein Prozess konstanter Legitimation von Gewalt und der Anerkennung dieser Legitimation – unter Hinweis auf den Frieden als Ziel.«
[483] Weller 2004b, 498.
[484] Vgl. dazu Bonacker 2005, 82ff.
[485] Vgl. dazu u.a. Ruf 2003 sowie mit einer breit wahrgenommenen Analyse zur Aufweichungstendenz des staatlichen Gewaltmonopols Eppler 2002.

4.5.2 Zur Vermittelbarkeit der Rede vom gerechten Frieden

So erweist sich die Rückbindung der Debatte um den ›gerechten Frieden‹ an die gegenwärtigen Schwerpunkte friedenstheoretischer Arbeit, wie ich meine, zumindest mit Blick auf diese vier Aspekte (i-iv) nicht nur als weiterführend, sondern gerade auch als klärend. Allerdings kann nicht genug betont werden, dass es der dargestellten friedenstheoretischen Debatte stets um das Verständnis des *Friedens an sich* zu tun ist. Ebenso bezieht sich die Trennungsthese in der Regel auf die Bestimmung von Bedingungen und Ursachen des *Friedens schlechthin* und nicht einer in besonderer Weise qualifizierten Ausprägung desselben, der sich zu anderen Erscheinungsformen des Friedens in Beziehung setzen liesse. Zu diesem Moment der Friedenstheorie steht die theologisch-friedensethische Diskussion um das Paradigma des gerechten Friedens denn auch in Spannung. Sie knüpft zwar an Entwürfe zur Friedenstheorie, die in genau dieser Weise am Frieden schlechthin interessiert sind, an (oder übernimmt diese) und wäre gerade dadurch mit zentralen friedenstheoretischen Positionen vermittelbar. Doch wird mit dem *gerechten* Frieden zugleich ein Konzept vertreten, das eine besondere Qualifizierung des Friedens insinuiert, die ausserhalb der theologischen Friedensethik nur spärlich rezipiert wird.

Hier liegt, wie ich meine, eine zentrale Problematik der Rede vom gerechten Frieden, wie sie sich in den im vorangehenden Kapitel dargestellten Entwürfen rekonstruieren lässt. Unmissverständlich wird darin die Ansicht vertreten, dass die theologisch-friedensethische Konzeption des gerechten Friedens und die daran anschliessenden praktischen Implikationen – sei es als Kern eines überlappenden Konsenses, sei es als Ausdruck der Konvergenz von politischer Vernunft und dem christlich inspirierten Friedensverständnis – gestaltend in den Bereich der konkreten (Friedens-)Politik einfliessen können. Dies steht selbstredend in Kontinuität zumindest zu jenen Positionen der Friedensethik, die diese in einem notwendigen Bezug zu den Ebenen der Friedenspolitik und der Friedensforschung sehen.[486] Damit gewinnt aber die bereits genannte Tatsache an Bedeutung, dass weder die mit diesem Anspruch auftretende Konzeption noch der Terminus selbst in den zurückliegenden zwanzig Jahren über die Ebene der kirchlich-theologischen Friedensethik hinaus in den Bereichen der Friedensforschung und der Friedenspolitik einschlägige Relevanz entwickelt haben.

---

[486] So Haspel 2005a, 517.

Meines Erachtens sind es drei Gründe, die zur Erläuterung dieses Befunds beigezogen werden können: *Zum einen* sind es die generellen Schwierigkeiten des weiten Friedensbegriffs, die zu einer gewissen Distanzierung von einem solchermassen ausgeweiteten Friedensverständnis geführt haben und ein Beharren darauf in erhöhtem Mass erklärungsbedürftig machen. *Zum zweiten* ist es die redundante Struktur des Begriffs ›gerechter Friede‹, die besonders dann sichtbar wird, wenn dieses Konzept unter Rückgriff auf etablierte Friedenstheorien, die den Frieden an sich im Blick haben, inhaltlich spezifiziert wird. *Zum dritten* schliesslich ist die unterdeterminierte Praxeologie zu nennen, die in der jedenfalls terminologischen Privilegierung des Gerechtigkeitsaspekts und der begrifflichen Ineinssetzung von Frieden und Gerechtigkeit gegenüber einer an einem differenzierten Verständnis von Friedens- und Gewaltursachen interessierten Friedenstheorie zum Ausdruck kommt. Sie macht ein wie dargestellt umrissenes Konzept des gerechten Friedens, wie ich meine, nur erschwert in die aussertheologische Diskussion hinein kommunikabel und lässt den Gewinn, der für nicht-theologische Gesprächspartner aus einer entsprechenden Vermittlung zu ziehen wäre, undeutlich werden. Gerade die Kommunikabilität ihrer grundlegenden Annahmen scheint mir aber unabdingbar, wenn der Anspruch, dass eine theologische Friedensethik Orientierung für friedenspolitische Urteilsbildungs- oder Entscheidungsfindungsprozesse bieten muss, eingelöst werden soll.[487] Untermauert wird dieser konstitutiv gesellschaftliche und politische Bezugspunkt friedensethischer Reflexion letztlich auch dort, wo protestantische Friedensethik, wie dies etwa Marco Hofheinz in Anlehnung an die einflussreichen friedensethischen Positionsbezüge nordamerikanischer Provenienz – insbesondere Stanley Hauerwas oder John Howard Yoder – tut, allem voran als *kirchliche* Friedensethik profiliert wird. Zwar finde die Friedensethik in diesem Verständnis, so

---

[487] Diesen Anspruch untermauert etwa auch die aktuelle Friedensdenkschrift der EKD (vgl. Rat der EKD 2007, 53). Vgl. ebenfalls Walter 1998, 177ff., der die Möglichkeit, dass die Theologie – vermittelt durch ihre Friedensethik – überhaupt einen Beitrag zur Debatte über den Frieden leisten könne, an die Forderung knüpft, dass sie eine »vernünftig-argumentativ entfaltete[] Theorie des ›absoluten Friedens‹« entwerfe und »auf der permanent zu überprüfenden und forcierenden Annäherung« an diese »regulative Idee« insistiere. »Erst unter solchen Bedingungen kann sich Theologie in ein Gespräch mit den Friedenswissenschaften einlassen ohne dem Verdikt zu verfallen, sie reproduziere gruppenspezifische religiöse Vorstellungen und sei mithin letztlich subjektivistisch.« Allerdings entbindet, wie ich meine, auch ein solches Vorgehen die theologische Friedensethik nicht von dem Bemühen, sich gegenüber der friedenswissenschaftlichen Reflexion und der friedenspolitischen Praxis, auf die sie sich beziehen will, kommunikabel zu halten.

Hofheinz, ihren Vollzug nicht primär in einer kirchlichen Positionierung zu friedenspolitischen Fragen gegen aussen, sondern im Gottesdienst und mithin im Abendmahl. Doch bleibe sie darauf nicht beschränkt, denn gerade im Abendmahl werde die »Erfahrung praktizierter Versöhnung im Raum der Gemeinde real« und könne als das eingeübt werden, »was dann auch notwendigerweise nach aussen dringen wird«[488]: das tätige Zeugnis von Gottes versöhnendem und friedenstiftendem Handeln, wie es in Jesus Christus in den Erfahrungshorizont der christlichen Gemeinde trat. Entsprechend gilt gemäss Hofheinz praktisch gewendet: »Ihn [Jesus Christus, jds] als die Versöhnungswirklichkeit im Wort und in der Tat kirchlichen Zeugnisses im Raum der Gesellschaft gelten zu lassen, heisst: Frieden stiften.«[489]

Als leitendes Element einer solchen friedenstiftenden kirchlichen Praktik gilt Hofheinz die in seinen Augen »verortungsbedürftige bzw. traditionsabhängige«[490] Lehre vom gerechten Krieg, deren Verankerung gerade in der reformatorischen Tradition er gegenüber einem über Jahrhunderte gepflegten »kollektive[n] Gedächtnisschwund«[491] seitens der reformatorischen Grosskirchen herausstellen will. Die Kriterien des gerechten Kriegs könnten innerhalb der kirchlichen Diskursgemeinschaft – aber auch nur da – und bezogen auf den gerechten Frieden als letztlich gültige normative Leitvorstellung insofern als friedenstiftende Praktik dienen, als sie sowohl die (kollektive) Entscheidung zur Kriegsbeteiligung als auch, im Sinne auch hier einer bewussten Praxis, die (individuelle) Entscheidung zur Kriegsdienstverweigerung anleiten können.

Zu Recht weist Hofheinz darauf hin, dass die Theorie des gerechten Kriegs, blickt man auf ihre Wirkungsgeschichte, wohl nur zu oft selektiv in Anspruch genommen wurde, um ein konkretes kriegerisches Vorgehen zu rechtfertigen. Doch ist der Weg, den Hofheinz daran anschliessend beschreitet, indem er der Theorie ihre Berechtigung und ihr kritisches Potenzial ausschliesslich in einem kirchlichen Begründungs- und Anwendungszusammenhang zuspricht, meines Erachtens nicht zwingend. Zweifellos setzte die Theorie in ihrer ›klassischen‹ Ausprägung die mittelalterliche Einheit von Recht und Moral und damit einen theologisch-kirchlichen Be-

---

[488] Hofheinz 2005a, 52; vgl. ebenfalls Hofheinz 2005b.
[489] Hofheinz 2005a, 52.
[490] Hofheinz 2005a, 46.
[491] Hofheinz 2005a, 45.

gründungszusammenhang voraus. In der weiteren Entwicklung ist es aber doch bei aller Kritik gerade als Stärke dieses Kriteriensets zur Beurteilung der moralischen Legitimität militärischer Gewalt anzuerkennen, dass sie, hauptsächlich in naturrechtlichem Gewand, den Weg in die neuzeitliche (*auch* die säkulare) Philosophie und in die Grundbestände des modernen Völkerrechts finden konnte. Wenn dabei – wie etwa Hans-Richard Reuter unterstreicht – der Anspruch, eine bestimmte kriegerische Aktion als *objektiv* gerechte Handlung bezeichnen zu können, allmählich nicht mehr geltend gemacht werden konnte und die Kriterien gerade deshalb als rational begründbare, allgemeine »Kriterien ethischer Gewaltkritik«[492] erhalten bleiben konnten, schmälert das nicht ihre kritisch-normative Kraft.

Insofern ist in meinen Augen daher undeutlich, weshalb die Theorie ausserhalb des kirchlichen Anwendungszusammenhangs, wie Hofheinz mit Reinhard Hütter postuliert, nichts anderes als eine »gefährliche« Reminiszenz einer christlich geprägten Vergangenheit sein könne, die letztlich nur zur Kaschierung staatlicher Interessen diene.[493] Zur Hauptsache bezieht die Theorie des gerechten Kriegs ihre kritische Funktion ja nicht bloss, wie Hofheinz meint, daraus, dass sie (national-)staatskritisch ist, weil sie auf eine andere, nämlich die in der weltweiten Kirche verbundene Gemeinschaft ausgerichtet ist. Sie vermag vielmehr deshalb als kritische Instanz gegenüber realpolitischen Entscheidungen zu wirken, weil sie hinsichtlich ihres Bewertungshorizonts durchaus breit angelegt ist und – nimmt man die Forderung nach einer kumulativen Anwendung der in ihr bereitgestellten Kriterien ernst – in ihren Konsequenzen überaus restriktiv wirkt.[494]

Für Hofheinz bleibt die theologische Friedensethik eng auf die kirchliche Diskursgemeinschaft ausgerichtet, bleibt aber auch auf diese angewiesen. Dies macht er anhand einer kritischen Auseinandersetzung mit Michael Haspels Bestreben, die Friedensethik als normative Theorie internationaler Beziehungen zu konturieren, in der die Kriterien des gerechten Kriegs zuhanden des allgemeinen (auch aussertheologischen) Diskurses rezipiert werden, deutlich. Der Grund für die Beschränkung des Geltungsbereichs –

---

[492] Reuter 1996b, 281.

[493] Vgl. Hofheinz 2005a, 45ff.

[494] Mit der kumulativen Anwendung der Kriterien ist die Forderung gemeint, dass sie alle erfüllt sein müssen, soll eine kriegerische Handlung moralisch legitimierbar sein (diese Interpretation vertritt auch Hofheinz [vgl. Hofheinz 2005a, 45], Wolfgang Huber hat diese Auffassung als »konjunktives« Verständnis einer nur auf einzelne Kriterien bezogenen »disjunktiven« Interpretation gegenübergestellt [vgl. Huber 2005, 116f.]).

nicht jedoch der Reichweite – friedensethischer Aussagen auf den Bereich der Kirche liegt in Hofheinz' Augen darin, dass die Friedensethik, weil sie kirchliche Ethik ist, »nicht danach fragen kann, wie jedermann leben soll, sondern wie diejenigen leben dürfen, die Gottes friedenstiftendes Handeln gelten lassen.«[495]

Die Zurückhaltung gegenüber dem normativen Anspruch, mit dem eine theologisch inspirierte und dergestalt kirchlich profilierte Friedensethik hinsichtlich der Dimension konkreten individuellen Handelns auftritt, mag in Anbetracht des von Hofheinz gezielt gewählten »Ausgangspunkt[s] des Partikularen« konsequent sein.[496] Doch wo sich eine theologische Friedensethik zum Frieden als *politischem* Begriff positioniert und – wie es etwa auch die neue Friedensdenkschrift der EKD unterstreicht – ihre Grundannahmen in die (real-)politischen Zusammenhänge einbringen will, wird dieser Raum der partikularen Diskurs- und Verstehensgemeinschaft klarerweise verlassen. Das Gespräch mit den (aussertheologischen) Friedenswissenschaften über den theologischen Beitrag zum Frieden *in* der Welt wird dann notwendig. Damit sind der Rezeption theologisch-friedensethischer Vorstellungen und Konzeptionen ein auch wissenschaftlich-disziplinärer Rahmen und eben dadurch wohl auch Grenzen[497] gesetzt, in dem sie sich vollziehen können muss. Blickt man auf die friedensethische Diskussion zum ›gerechten Frieden‹ und nimmt man ihren politischen Bezug ernst, so bleibt die Forderung, dass es der Friedensethik darum zu tun sein muss, das Spezifische dieses Begriffs gegenüber den nicht-theologischen Diskursen kommunizierbar zu halten, meines Erachtens auch dort bestehen, wo Friedensethik als genuin kirchliche Friedensethik profiliert wird und, wie bei Hofheinz, in der christlichen Gemeinschaft ihren primären Adressatenkreis erkennt.

Im Resultat, so scheint mir, nötigt dieser Durchgang durch die friedenstheoretische Diskussion für sich jedoch nicht zu der Folgerung, dass das Konzept des gerechten Friedens, zumindest wenn es wie etwa bei Reuter

---

[495] Hofheinz 2005a, 48.
[496] Hofheinz 2005a, 52. Wie aus obigem Zitat ersichtlich, spricht Hofheinz einer theologischen (Friedens-)Ethik nicht generell die Möglichkeit ab, dass sie universalisierbare Aspekte aufweisen kann, fordert aber eine – durch den Konstitutionshorizont des Glaubens bestimmte – Verankerung des Universalen im Partikularen. Vgl. Hofheinz 2005a, 48: »Der Geltungsbereich ihrer Aussagen ist [...] die Kirche, ohne dass dadurch die Reichweite ihrer Aussagen beschnitten würde.«
[497] Dies sieht etwa auch Reuter 2007, 178.

konzeptualisiert wird, zu verabschieden sei. Aufgezeigt und gerade auf Reuters Entwurf angewandt werden kann vor dem Hintergrund der friedenstheoretischen Diskussion allerdings die Folgerung, dass es von entscheidender Bedeutung sein kann, explizit und dezidiert zwischen Friedens*begriff* und Friedens*bedingungen* zu unterscheiden. Im Bereich der Friedenstheorie setzt sich zunehmend ein Zugang durch, der mit Blick auf die Verbindung von Frieden und Gerechtigkeit nicht mehr die Auffassung ins Zentrum rückt, dass Gerechtigkeit als begriffliches Implikat des Friedens zu verstehen sei, dass also, wie Huber und Reuter formulierten, »ein Frieden ohne Gerechtigkeit nicht Frieden genannt zu werden verdient«[498]. Vielmehr wird das Augenmerk darauf gerichtet, dass Gerechtigkeit, zusammen mit anderen Bedingungen, für die Herausbildung und die Sicherung des Friedens gerade in dessen ›Mehr‹ gegenüber der blossen Abwesenheit von Gewalt unabdingbar ist. Wird ein gewisses Mass an instrumenteller Bedeutung der Gerechtigkeitsdimension anerkannt, sollte diese Differenzierung für die Konzeption des gerechten Friedens kein unüberwindbares Hindernis darstellen. Wird die vorrangige ›Leistung‹ des Begriffs gerechter Friede allerdings darin gesehen, dass er unumstösslich deutlich macht, dass Gerechtigkeit und Friede gleichsam begrifflich eins sind, handelt sich die theologische Friedensethik die gesamte Breite der in diesem Kapitel diskutierten theoretischen Schwierigkeiten ein, die mit dem weiten Begriff des Friedens verbunden sind. Zu ihnen gehört – was als Einwand der ›Überfrachtung‹ umschrieben werden kann – zum einen die Problematik der »Allzuständigkeit«[499], die der friedenswissenschaftlichen Reflexion mit diesem Friedensverständnis zugewiesen wird. Zum andern gehört zu ihnen die Problematik der ›Pluralismusunverträglichkeit‹ materialer Gerechtigkeitsvorstellungen, die als Bestandteil dieses weiten Friedensbegriffs als normative Postulate auf die Beurteilung konkreter Situationen Anwendung finden müssen.

Im Rahmen der theoretischen Hintergrundüberlegungen, die im Zusammenhang der »Genfer Initiative« für Frieden in Palästina und Israel angestellt wurden, wurde eine alternative Konzeption des gerechten Friedens zur Diskussion gestellt. Dieser Vorschlag, der nicht zuletzt auf die letztgenannten Problemlagen reagiert, verbindet die Vorstellung des gerechten Friedens mit einem *engen* Friedensbegriff und profiliert diese – im Un-

---

[498] Huber/Reuter 1990, 129.
[499] So Müller 2003, 211.

terschied zur materialen Friedenskonzeption sowohl theologischer Friedensethik als auch politik- und sozialwissenschaftlicher Friedensforschung – als rein *formales* Konzept. Darüber hinaus weist dieser Vorschlag dem Nachdenken über den gerechten Frieden auch einen stärker eingegrenzten Aufgabenbereich zu, indem es diesen Begriff nicht auf den gesamten Bereich des *peacebuilding*, sondern lediglich auf den Bereich des *peacemaking* beziehen will. Im nächsten Kapitel soll nach der Plausibilität dieser Eingrenzung der Rede vom gerechten Frieden gefragt und aufgezeigt werden, inwiefern sie für die gegenwärtige friedensethische Diskussion fruchtbar gemacht werden kann.

5. Die zweifache Eingrenzung des ›gerechten Friedens‹ im ›Genfer Modell‹

Im vorangehenden Kapitel habe ich vor dem Hintergrund der aktuellen friedenstheoretischen Debatte die Tendenz zur *inhaltlichen Überfrachtung* des Friedensbegriffs, aber auch die Problematik der *Ausweitung des ›Aufgabenfelds‹*[500] bzw. der selbstauferlegten ›Allzuständigkeit‹ friedensethischer Reflexion, die den zuvor dargestellten theologischen Beiträgen zum gerechten Frieden eigen ist, diskutiert. Zugleich habe ich unter dem Stichwort der ›Selbstwidersprüchlichkeit‹ des weiten Friedensbegriffs die Problematik der potentiellen ›Pluralismusunverträglichkeit‹ angesprochen, die dem weiten Friedensbegriff besonders aufgrund der materialen Gerechtigkeitspostulate, die er transportiert, innewohnt.

Im vorliegenden sowie im darauf folgenden Kapitel soll nun gefragt werden, inwiefern eine gehaltvolle Konzeption des gerechten Friedens entworfen werden kann, die auf diese Problemstellungen zu antworten vermag. Wie ich aufgrund der im letzten Kapitel ausgeführten Überlegungen meine, hat diese Suche auf dem Weg der *Eingrenzung* sowohl des Bedeutungsumfangs des Friedensbegriffs als auch, damit zusammenhängend, des Aufgabenfelds der Friedensethik zu erfolgen. Im letzten Kapitel versuchte ich die Stossrichtung zu skizzieren, die eine solche Eingrenzung des Friedensbegriffs im Einklang mit den Grundpostulaten theologischer Friedensethik meines Erachtens zu verfolgen hat.

Im Folgenden gilt mein Augenmerk einem Ansatz, der eine besonders weit reichende, *zweifache Eingrenzung* der Rede vom gerechten Frieden postuliert. Es handelt sich dabei um die im Rahmen der sogenannten »Genfer Initiative«[501] für einen Frieden zwischen Israel und Palästina angestell-

---

[500] Wie bereits in Kapitel 3 festgehalten subsumiere ich unter diesen Begriff die Problemfelder, Aufgabenstellungen und Konfliktkonstellationen, die als zentrale friedensethische Herausforderungen angesehen werden. Ich verwende die Ausdrücke ›Aufgabenfeld‹ und ›Aufgabenbereich‹ im Folgenden synonym.

[501] Die ›Genfer Initiative‹ für Frieden in Israel und Palästina bezeichnet ein von privaten, namhaften Delegationen beider Seiten ausgehandeltes und unterzeichnetes Abkommen, das als Vorschlag für einen tragfähigen Frieden in der Nahost-Region zumindest eine Zeitlang breite, auch internationale Aufmerksamkeit fand. Nebst dem ehemaligen israelischen Justizminister Yossi Beilin beteiligten sich beispielsweise auch der ehemalige palästinensische Informationsminister Jassir Abed Rabbo und mehrere andere ehemalige Militärs an dem Prozess. Die Genfer Initiative verdankt ihren Namen dem Umstand, dass der Text am 1. Dezember 2003 in Genf verabschiedet und unterzeichnet wurde. Der Text des Abkommens in Verbindung mit Grundzügen der Hintergrundreflexionen zum gerechten Frieden, die dieses von Beginn an begleitet haben, sind wiedergegeben in Keller 2004.

ten theoretischen Hintergrundüberlegungen zur Frage, wofür der Begriff ›gerechter Friede‹ steht. Diese Überlegungen mündeten in eine eigentliche friedensethische Konzeption zum gerechten Frieden, die ich im Folgenden als ›Genfer Modell‹ bezeichnen werde.[502]

Die in diesem Ansatz postulierte zweifache Eingrenzung bezieht sich *zum ersten* darauf, dass der Begriff des gerechten Friedens als *formaler* Begriff entwickelt wird. Mit der Beschränkung auf einen formalen Friedens*begriff* geht für die Vertreter dieses Ansatzes einher, dass dieser durch formale Friedens*bedingungen* bestimmt wird, die voraussetzungsloser sein sollen als jene, die mit substantiellen Friedensbegriffen verbunden sind. Der im ›Genfer Modell‹ vorgeschlagene Begriff des gerechten Friedens ist – entsprechend einer Definition Wolfgang Lienemann – insofern als formaler Begriff zu verstehen, als er »lediglich an korrekt einzuhaltenden Verfahrensregeln orientiert«[503] ist. Deren Beachtung soll, so die Konzeption, die Herausbildung eines gerechten Friedens garantieren.[504] Ein solcher formaler Begriff grenzt sich damit von den bis hierher diskutierten *substantiellen*[505] Begriffen des Friedens ab, die jeweils inhaltlich bestimmte Bedingungen angeben (im Zusammenhang der Rede vom gerechten Frieden sind dies wesentlich Gerechtigkeitsbedingungen), die erfüllt sein müssen, damit von Frieden sinnvoll überhaupt die Rede sein kann. Wie in den vorangehenden Kapiteln ausgeführt nennen diese substantiellen Konzepte jeweils höchst voraussetzungsreiche Friedensbedingungen – erinnert sei etwa an das von Ernst-Otto Czempiel hervorgehobene Demokratisierungserfordernis oder an Dieter Senghaas' Hexagon-Pole der Rechtsstaatlichkeit, der demokratischen Partizipation oder der sozialen Gerechtigkeit.[506] Die im ›Genfer Modell‹ genannten Voraussetzungen dagegen sind darauf angelegt, dem Prozess des gerechten Friedens gerade *keine* inhaltlichen Bedingungen vorzugeben. Denn die Festlegung inhaltlicher Friedensbedingungen ist, so ein Ansatzpunkt des formalen Kon-

---

[502] Vgl. Allan/Keller 2006a.
[503] Lienemann 2000, 25. Vgl. zur Charakterisierung eines formalen Friedensbegriffs auch Müller 1995.
[504] Gemäss dem ›Genfer Modell‹ ist dies sowohl als empirische These zu verstehen, die besagt, dass die Beachtung der Verfahrensprinzipien den Frieden ermöglicht, als auch als normative Forderung, der gemäss der Friede dann und nur dann als ›gerecht‹ bezeichnet zu werden verdient, wenn er unter Beachtung dieser Prinzipien zustande kam.
[505] In einigen Texten (etwa bei Müller 1995) findet sich die Bezeichnung ›*materialer* Friedensbegriff‹. Ich verwende die beiden Adjektive hier synonym.
[506] Vgl. dazu 4.2 und 4.4.

zepts, unverträglich mit der faktisch vorherrschenden Pluralität an Friedensvorstellungen, weshalb substantielle Friedensbegriffe stets potentiell konfliktträchtig seien.

Zum zweiten besteht die postulierte Eingrenzung darin, dass das ›Genfer Modell‹ eine Beschränkung der Überlegungen zum gerechten Frieden auf die Frage des Übergangs vom offenen Konflikt zum eingegrenzt, nämlich lediglich als vertragliche Übereinkunft, verstandenen Frieden vorschlägt. Statt das Konzept des gerechten Friedens, wie in der theologischen Debatte gemeinhin gefordert, mit dem umfassenden Aufgabenfeld des *peacebuilding*[507] zu verknüpfen, soll dieses laut dem ›Genfer Modell‹ daher bloss auf den Bereich des *peacemaking* beschränkt bleiben. Mit dem Begriff des *peacemaking* werden jene Massnahmen und politischen Handlungsfelder bezeichnet, die den Übergang vom offenen Konflikt zum Frieden zum Ziel haben, also auf die Schaffung einer Situation ausgerichtet sind, in welcher die direkte physische Gewalt unterbunden ist. So definiert David Little: »Peacemaking may generally be defined as the process of sustained interaction by which hostile parties are brought to agree upon a peace settlement.«[508]

Es ist die postulierte inhaltliche ›Enthaltsamkeit‹, die eine Diskussion des Genfer Ansatzes und seiner Grundannahmen auch für die friedensethische Debatte um das Konzept des gerechten Friedens lohnend macht, wenngleich dabei keine direkte Anschlussfähigkeit dieser Konzeption an die theologische Friedensethik behauptet werden soll. Dabei ist es mir darum zu tun, anhand des ›Genfer Modells‹ deutlich zu machen, die Limiten der auch von mir postulierten begrifflichen Eingrenzung deutlich zu machen. So werde ich im Folgenden anhand der formalen Konzeption, die im ›Genfer Modell‹ ausgeführt wird, darlegen, dass der Begriff des gerechten Friedens nur dann als formaler Ansatz ausdifferenziert werden kann, wenn in Kauf genommen wird, dass er einer inhaltlichen Willkür preisgegeben und gleichsam normativ entleert wird. Wie ich zugleich aufzuzeigen versuche, ist auch die Eingrenzung des Aufgabenfelds friedensethischer Reflexion auf den Bereich des *peacemaking* nicht plausibel mit dem ›gerechten Frieden‹ zu verbinden (5.1). Im Anschluss an diese Auseinandersetzung mit dem Vorschlag einer Eingrenzung des *Friedensbegriffs* werde ich in der Folge die

---
[507] Zum Begriff vgl. oben, Abschnitt 3.1.3.
[508] Little 2006, 164.

Forderung nach einer Einschränkung des *Aufgabenfelds* friedensethischer Reflexion, die mit dem ›Genfer Modell‹ verknüpft ist, diskutieren. Wie ich im Rückgriff auf die Debatte, die gegenwärtig um die Notwendigkeit einer Ergänzung der Theorie des gerechten Kriegs um ein *ius post bellum* geführt wird, darlegen werde, ist auch eine Konzeption, die lediglich normative Prinzipien für den Übergang vom Konflikt zum Frieden zu formulieren beansprucht, notwendig auf die langfristigen Prozesse des *peacebuilding* bezogen. Positiv an die Auseinandersetzung mit den Grundannahmen des ›Genfer Modells‹ anknüpfend werde ich jedoch aufzuzeigen versuchen, dass auch jene Ansätze zum gerechten Frieden, die – wie etwa die Entwürfe in der theologischen Friedensethik – genuin auf den Bereich des *peacebuilding* verweisen, auf eigenständige Überlegungen zum *peacemaking* angewiesen sind (5.2). In einem abschliessenden Fazit werde ich festhalten, dass mir die Argumente, die zugunsten der im ›Genfer Modell‹ postulierten zweifachen Eingrenzung vorgebracht werden, zwar nicht stichhaltig scheinen, dass aber als Ertrag dieses Kapitels gleichwohl die Forderung nach einem verstärkten Einbezug der Frage des Übergangs vom Konflikt zum Frieden (der Ebene des *peacemaking*) in die friedensethische Theoriebildung zum ›gerechten Frieden‹ festgehalten werden kann (5.3).

5.1 Der gerechte Friede im ›Genfer Modell‹

5.1.1 Der ›gerechte Friede‹: gefährlich und unnötig

Lothar Brock sieht es – wie oben[509] zitiert – als eines der Probleme des weiten Friedensbegriffs, dass er stets die unausweichliche Differenz in Erinnerung rufe, die zwischen einer real gegebenen, von Gewalt geprägten Situation und dem so definierten Frieden bestehe. Dies bewirke, dass gerade der Ruf nach dem Frieden zu gewaltförmigen Versuchen führen könne, diesen zu erzwingen. Der Friede, in einem weiten Sinne verstanden, diene dann geradezu dazu, Gewalt, verstanden als Gegen-Gewalt, zu legitimieren.[510]

Es ist dieser Umstand, wonach durch den Gebrauch bestimmter Begriffe bzw. durch bestimmte Verwendungsweisen derselben eine Legitimationsbasis für neue Gewalt geschaffen werde, der den ehemaligen israelischen Justizminister Yossi Beilin, eine treibende Kraft hinter dem Genfer Abkom-

---

[509] Vgl. Abschnitt 4.2.2.
[510] Vgl. Brock 1995, 326.

men von 2003, dazu führt, das Konzept des gerechten Friedens als »gefährlich« zurückzuweisen. Dies deshalb, so Beilin, weil erst der Begriff ›gerechter Friede‹ die Möglichkeit schaffe, dass Friedenslösungen, die im Prinzip tragfähig wären, von einer oder mehreren Konfliktparteien als »ungerecht« bezeichnet und mit diesem Motiv zurückgewiesen würden, was oftmals den ganzen Verständigungsprozess blockiere:

> »The phrase just peace is redundant, but its problem lies not in its redundancy, but in the accompanying concept it introduces onto the stage – ›unjust peace‹. The existence of a concept such as ›unjust peace‹ creates a wide margin for resistance to peace, claiming that it is unjust, thus causing injustice to those who pay the price for lack of peace.«[511]

Zur Veranschaulichung seiner Position greift der Autor auf die leidvolle Geschichte früherer Versuche der Friedensstiftung zwischen Israelis und Palästinensern zurück. Er legt dar, wie oft die eine Seite eine Lösung mit Verweis auf deren Ungerechtigkeit blockiert habe, dabei aber nur zu einer Verlängerung der Krise beigetragen und im Endeffekt zu einer neuverhandelten Lösung gezwungen habe. Durch die neue Lösung sei die entsprechende Partei aber stets um ein Vielfaches schlechter dagestanden, als zum Zeitpunkt der Ablehnung des ›ungerechten‹ Friedens. Am deutlichsten sei dies, so Beilin, an einem Vergleich der Teilungsvorschläge von 1937 und 1947 abzulesen. Beide Seiten, Israelis wie auch Palästinenser, hätten 1937 den Frieden als ungerecht zurückgewiesen. Für beide Seiten habe *ein* Grund der Rückweisung des damals von der Kommission unter dem Vorsitz von Lord Peel erarbeiteten Vorschlags darin bestanden, dass sie mit der Grösse des für sie vorgesehenen Territoriums nicht einverstanden waren. Allerdings wären die Palästinenser mit jener Lösung, so Beilin, sehr viel besser bedient gewesen als 10 Jahre später, wären ihnen im Vorschlag der Peel-Kommission doch 80% des Landes zugesprochen worden, derweil der Teilungsplan der Vereinten Nationen von 1947 gerade noch 45% für den arabischen Staat vorgesehen habe.[512]

---

[511] Beilin 2006, 130.
[512] Vgl. Beilin 2006, 142. Selbstverständlich handelt es sich hierbei um *eine* mögliche Interpretation der Ereignisse, und es zeigt sich gerade am Nahostkonflikt, dass diese historischen Interpretationen selbst überaus konfliktträchtig sind. Beilins Darstellung der Ereignisse wird hier bloss zum Nachvollzug seines Argumentationsgangs wiedergegeben.

Für die jüdische Seite wiederum sei die Zurückweisung des Peel-Proposals insbesondere deshalb verheerend gewesen, weil die Existenz eines jüdischen Staates, der mit jenem Vorschlag unverzüglich geschaffen worden wäre, es erlaubt hätte, ab 1939 vielen Flüchtlingen aus Ost- und Westeuropa eine Zufluchtsmöglichkeit zu gewähren. Stattdessen seien diese in ihren Herkunftsländern zu Opfern der Shoah geworden. Die damalige Orientierung an einer Vorstellung von einem ›gerechten‹ Frieden habe im Resultat dazu geführt, dass man einen als ungerecht empfundenen Frieden abgelehnt habe, der im Rückblick, so Beilin, allen Beteiligten um ein Vielfaches gerechter erschienen wäre, als jede heute zur Verfügung stehende Lösung: »If one agrees to the term ›just peace‹, then what appeared to be an ›unjust peace‹ in 1937 was in fact the most just peace on earth when compared with what the next eleven years held in store.«[513]

Konsequenterweise hält Beilin das Konzept des gerechten Friedens daher sowohl für unnötig als auch für schädlich, weshalb dieses besser gänzlich vermieden werde.[514] Unnötig ist es gemäss Beilin, weil es keine unabhängig von der jeweils konkreten Situation geltende Konfliktlösungsregel geben könne, die auf andere Konflikte angewendet werden kann. Gefährlich sei es, weil es den Gegenbegriff auf den Plan rufe: den ›ungerechten Frieden‹. Dieser sei wiederum aus zwei Gründen dazu bestimmt, Schaden anzurichten – zum einen, weil er die Parteien davon abhalten könne, Lösungen zuzustimmen, die zumindest auf lange Sicht die gerechtesten sind, zum andern, weil er den Parteien Gründe liefern könne für einen nächsten Krieg, der seinerseits in den Augen der Kriegführenden gerechtfertigt erscheinen werde. Genau diese Dynamik ist es, die Lothar Brock unter dem Stichwort der Selbstwidersprüchlichkeit weiter Friedenskonzepte angesprochen hat.[515]

Allerdings verkennt Beilin, dass die dauerhafte und nachhaltige Eliminierung des gewaltsamen Konfliktaustrags nicht erst die Zielbestimmung des *gerechten* Friedens ist, sondern schlechthin zum Begriff des Friedens gehört. Wie im vorangehenden Kapitel ausgeführt, ist es eines der Kernanliegen gegenwärtiger friedenstheoretischer Positionen, den in sich anspruchsvollen Charakter selbst eines *engen* Friedensbegriffs zu betonen. Deshalb wird dessen Zeitdimension, und damit das Moment der Dauerhaftigkeit

---

[513] Beilin 2006, 143.
[514] Vgl. Beilin 2006, 130.
[515] Vgl. Brock 2006, 100.

gewaltfreier Konfliktbearbeitung, von manchen Autoren als bestimmendes Element des Friedensbegriffs hervorgehoben.[516] Damit wird deutlich, dass selbst der enge Begriff des Friedens seinen Gegenstand so erfasst, dass es sich bei einer Friedenslösung, die den Rückgriff auf die Anwendung von Gewalt nicht verhindern kann, nicht um einen *wirklichen* Frieden handelt.

Darüber hinaus ist es letztlich unerheblich, ob der Widerstand gegen ein bestimmtes politisches Arrangement daraus erwächst, dass dieses als ›ungerechter Friede‹ empfunden wird, oder ob die Opposition darin gegründet ist, dass das entsprechende Arrangement aufgrund seiner Ungerechtigkeit nicht als ›Frieden‹ anerkannt wird. Entscheidend ist vielmehr, *dass* bestimmte Bestandteile des als Frieden vorgeschlagenen Arrangements als ungerecht empfunden werden und die Parteien daraus für sich die (scheinbare) Legitimation neuer Gewalt erwachsen sehen. Worauf Beilin mit dem Hinweis auf die Gefährlichkeit des Konzepts ›gerechter Friede‹ hinweist, ist im Kern letztlich nichts anderes als die zentrale Bedeutung, die dem Moment der Gerechtigkeit als Friedens*bedingung* zukommt. Die Frage, wie und wodurch Gerechtigkeit sich als Bedingung des Friedens konstituiert und worin sie besteht, bleibt folglich von elementarer Bedeutung. Die Tatsache, dass die Erfahrung von Ungerechtigkeit – sei diese relativ oder absolut verstanden – die Anwendung von Gewalt befördern *kann*, spricht meines Erachtens aber nicht, wie Beilin meint, gegen das Konzept des gerechten Friedens. Vielmehr ist sie ein Grund dafür, den Stellenwert der Gerechtigkeit als Friedens*ursache* auch in jenen Theorien ausreichend zu beachten, die, anders als Beilin empfiehlt, am Begriff des gerechten Friedens festhalten. Dass ein Friedensbegriff nicht dazu führen darf, dass in seinem Namen weitere Gewalt angewendet wird, muss mit Bestimmtheit auch für ein Konzept des gerechten Friedens gelten. Doch reicht die Beobachtung, dass immer wieder vermeintliche Friedenslösungen dieses Erfordernis nicht zu erfüllen vermögen, nicht aus, das Konzept des gerechten Friedens als Ganzes zurückzuweisen. Denn offensichtlich handelt es sich dabei nicht um ein Erfordernis, das nur für ein Konzept des gerechten Friedens gilt – es gilt für jeden Begriff des Friedens.

---

[516] So etwa Müller 2003, 217f.; Brock 2006, 104f.; Czempiel 2006, 85 sowie Moltmann 2006, 359f.

5.1.2 Vier Prinzipien eines gerechten Friedens

Die bei Beilin exemplarisch betonte Konflikthaftigkeit, die einem kontextunabhängig festgelegten materialen Verständnis eines gerechten Friedens eignen kann, bildet den Ausgangspunkt für die Forderung nach einer formalen Konzeption, wie sie das ›Genfer Modell‹ vorschlägt. Da materiale Vorstellungen des Gerechten in Konfliktsituationen oft ihrerseits umstritten seien, könnten sie, so die These, selbst Ursache weitergehender Konflikte sein.[517] Insbesondere aber neige ein materialer Zugang, der inhaltlich festgelegte Vorstellungen des Gerechten universalisiert, dazu, die Vielgestaltigkeit der über Kulturen und Regionen hinweg bestehenden Vorstellungen von Gerechtigkeit und Frieden zu übersehen. Mit dem Ziel, dieser Gefahr aus dem Weg zu gehen, schlagen Pierre Allan und Alexis Keller, die Initianten des ›Genfer Abkommens‹ vor, einen Begriff des gerechten Friedens zu entwickeln, der weder in einem durch inhaltliche Bedingungen bestimmten Friedensbegriff, noch in materialen Gerechtigkeitskriterien, welche an die inhaltlich zu füllende Friedensregelung herangetragen würden, gründet. Hierfür gelte es, wie Pierre Allan schreibt, im Sinne eines »bottom-up-Zugangs […] den gerechten Frieden als einen Aushandlungsprozess vorzustellen, in dessen Verlauf die Verhandlungspartner zu einem fairen und stabilen Frieden finden, der von allen relevanten Akteuren als gerecht angesehen wird.«[518] Ein solcher Friede sei nicht deshalb gerecht, weil er Kriterien der Gerechtigkeit erfülle, die von aussen an die zu lösende Konfliktkonstellation herangetragen würden und sich womöglich ihrerseits konfliktfördernd auswirken könnten, sondern weil er die Standpunkte aller Beteiligten zu vereinen vermöge und daher von allen, so Allan und Keller, als gerecht anerkannt werde:

> »Peace achieved in this way is just because it entails gradual recognition by the negotiating parties of a series of conventions. It is just because it is expressed in a shared language that respects the sensitivities of all parties.«[519]

---

[517] Auf diesen Umstand weist in seinen Überlegungen zum gerechten Frieden auch Hans-Richard Reuter hin:: »Wollte man in einer politisch-kulturell pluralen Weltgesellschaft den Frieden an umstrittene materielle Gerechtigkeitsmassstäbe binden, so würde damit die zwischenstaatliche Gewaltanwendung geradezu heraufbeschworen.« (Reuter 2007, 175) Vgl. dazu ebenfalls Roberts 2006, 57f.
[518] Allan 2007, 149.
[519] Allan/Keller 2006a, 196.

Der gerechte Friede stellt laut diesem Ansatz also stets das Resultat eines Aushandlungsprozesses dar – im ›Genfer Modell‹ sind diesem Prozess lediglich formale Kriterien vorgegeben, denen dieser Genüge zu tun hat, um als Resultat in einen gerechten Friedensschluss zu münden.[520] Allerdings zeigt gerade das ›Genfer Modell‹, dass auch bei einer solchen Eingrenzung dessen, was als Friede angestrebt wird, die Dauerhaftigkeit der Beendigung physischer Gewalt und die Ermöglichung gewaltfreier Konfliktbearbeitung den Kern der Überlegungen zum gerechten Frieden bilden. Die Gerechtigkeit des Friedens stellt auch hier durchaus eine instrumentelle Bedingung dar, ohne die ein solcher Frieden nicht möglich wird. Sie ist gemäss dem ›Genfer Modell‹ allerdings ausschliesslich an die *Verfahren* der Friedensstiftung gebunden. So ist ein gerechter Friede laut so Allan und Keller durch *vier notwendige und hinreichende (Verfahrens-)Bedingungen* abschliessend zu beschreiben:

Die beiden ersten Bedingungen zielen auf das Erfordernis der gegenseitigen Anerkennung seitens der Konfliktparteien. Zunächst, so das *erste* Prinzip, sei ein gerechter Friede auf ›dünne‹ Anerkennung (*thin recognition*) angewiesen. Damit gemeint ist die Anerkennung der jeweils anderen Konfliktpartei(en) in ihrer Eigenschaft als »autonome ›Entitäten‹, die über eine eigene Identität, eine eigene Geschichte, eine eigene Kultur und meist auch über eine ihnen eigene Sprache verfügen«[521]. ›Dünne Anerkennung‹ bedeutet dabei bloss, dass die andere Partei in ihrem Existenzrecht und in ihrem Recht auf Fortbestand als autonomer Akteur akzeptiert werde.

Von diesem Prinzip der ›dünnen Anerkennung‹ sei als *zweites* Prinzip jenes der ›dicken‹ Anerkennung (*thick recognition*) zu unterscheiden. Dieses Erfordernis bezeichnet die gegenseitige Anerkennung der Verhandlungspartner in ihren relevanten identitätskonstituierenden Eigenschaften. Dazu gehört, dass die Konfliktparteien ein Bewusstsein dafür entwickeln, wie sich die gegebene Situation aus der Sicht der jeweils anderen Partei präsentiert. Hierfür, so Pierre Allan und Alexis Keller, sei gegenseitiges Einfühlungsvermögen notwendig:

---

[520] Weil diese Bedingungen, so unterstreicht Pierre Allan, bloss die *Form* des Prozesses hin zum gerechten Frieden vorgeben, nicht aber dessen Inhalt, handle es sich beim ›Genfer Modell‹ um ein *formales* Konzept.

[521] Allan 2007, 149.

»Mutual empathy – which does not necessarily entail sympathy – is crucial here. Thus an intersubjective consensus of what each side profoundly needs to remain ›self‹ and thus, satisfied, should be developed in a Just Peace process.«[522]

Konkret bedeutet diese Bedingung, die nach einem anforderungsreichen Prozess gegenseitiger Annäherung zu verlangen scheint, dass ein grundlegendes Verständnis für die Unterstützung entwickelt wird, die ein bestimmter Lösungsvorschlag auf Seiten der Gegenpartei zu finden vermag.[523] ›Dicke Anerkennung‹ verlangt also, die andere Partei in ihrer Identität so zu verstehen, dass einsichtig wird, worin für sie unverhandelbare Aspekte einer Konfliktsituation bestehen und auf welcher historischen und soziokulturellen Grundlage diese beruhen. Zugleich setzt diese Bedingung gemäss Allan und Keller aber auch die genaue Kenntnis der auf der *eigenen* Seite vorherrschenden Konzeptionen von Identität voraus. Insgesamt, so Allan und Keller, verweise das Erfordernis der ›dicken Anerkennung‹ auf die Notwendigkeit der *Zustimmungs*fähigkeit jener Lösungen, die als gerechter Friede ausgehandelt würden. Alle Parteien, die an einem entsprechenden Prozess zu beteiligen seien, müssten in der Lage sein, das Resultat gutzuheissen und gegenüber den Mitgliedern der jeweiligen Bevölkerungsgruppe zu verteidigen.[524]

Auch das *dritte* Element eines gerechten Friedens fordert von den Konfliktparteien eine erhebliche Leistung. So verlangt ein gerechter Friede gemäss Allan und Keller, dass die Konfliktparteien Verzicht (*renouncement*) auf zumindest einige symbolische oder in ihrem faktischen Wert zentrale Güter leisten. Kompromisse und Konzessionen, so die Autoren, seien unverzichtbare Bestandteile eines solchen Prozesses. Dieser sei nicht als ›billige‹ Lösung, die beiden Seiten bloss Vorteile bringe, zu haben. Friedensverhandlungen, so hebt Pierre Allan hervor, seien oft nicht bloss durch Fragen der Macht, der Souveränität oder des Territoriums geprägt, sondern kreisten vielfach ebenfalls

---

[522] Allan/Keller 2006a, 199.
[523] Vgl. Allan 2007, 151.
[524] Vgl. Allan 2007, 152.

»um einen bestimmten, symbolisch aufgeladenen und zunächst unverhandelbaren Streitpunkt, der auch im Konflikt im Zentrum stand. Dazu können die Einheit eines Staates, die Religionsfreiheit, Verfassungsreformen oder die Stellung einer Sprache gehören.«[525]

Anhand zweier inhaltlicher Ergebnisse der Genfer Initiative lässt sich veranschaulichen, welche zentralen Bereiche das Kriterium des Verzichts gemäss den Autoren berühren sollte. Die beiden hier zu nennenden Beispiele betreffen die im Genfer Abkommen abgehandelten, äusserst sensiblen Bereiche des Status Jerusalems und der Frage der Rückkehr der palästinensischen Flüchtlinge.[526] Für die israelische Seite bestand der *Verzicht* darin, nicht länger die volle Kontrolle über die Jerusalemer Altstadt einzufordern. Für die palästinensische Seite wiederum bestand der Verzicht darin, in der Frage des Rückkehrrechts der Flüchtlinge eine weit reichende Konzession zu machen: Im Text des Genfer Abkommens verzichtet die palästinensische Seite auf ein solches Recht,[527] das in vielen bisherigen Friedensinitiativen einen ebenso zentralen Streitpunkt wie der Status Jerusalems darstellte.[528]

Wie diese beiden konkreten Beispiele aus dem Genfer Abkommen zeigen, handelt es sich bei dem Kriterium des Verzichts gemäss dem ›Genfer Modell‹ um eine ebenso einschneidende wie weit reichende Bedingung. Sie ist insofern mit den Anerkennungserfordernissen verbunden, als die Einschätzung des Gewichts, das einem bestimmten Gut, auf das eine Partei zu verzichten bereit ist, zukommt, zumindest die Akzeptanz des Verhand-

---

[525] Allan 2007, 152f.
[526] Der deutsche Text des Abkommens ist greifbar unter http://www.schweiz-israel.ch/docs/genferinitiative_d.pdf (letzter Zugriff: 18. Januar 2008). Vgl. für einen Durchgang durch die wichtigsten inhaltlichen Ergebnisse Lienemann 2006, 33ff. Lienemann beleuchtet die Genfer Initiative aus kantischer und dezidiert friedensethischer Sicht und konstatiert eine »innere Verwandtschaft« zwischen Kants Friedensschrift und dem Abkommen der Genfer Initiative (vgl. Lienemann 2006, 40).
[527] Das Abkommen hält in Artikel 7 lediglich fest, dass es Kontingente von Flüchtlingen geben soll, die sich um eine Rückkehr ins heutige Israel bewerben können, dass sich die freie Wahl des Wohnsitzes ansonsten jedoch auf das palästinensische Gebiet und auf diejenigen Gebiete des heutigen Israel beschränken soll, die an Palästina abzutreten wären (ich folge hier der Interpretation von Alexis Keller, vgl. Keller 2004, 56).
[528] Alexis Keller spricht sowohl mit Blick auf das israelische Zugeständnis hinsichtlich Jerusalems als auch mit Blick auf den palästinensischen Verzicht auf das volle Rückkehrrecht von einem eigentlichen Tabubruch, der den Parteien abverlangt worden sei (vgl. Keller 2004, 55). Beide Aspekte – der Status Jerusalems und das Recht auf Rückkehr der Flüchtlinge – sind, so liesse sich sagen, sicherlich auch mit der Identität der beiden Konfliktparteien verknüpft, was das Ausmass der Verzichtsleistung zusätzlich unterstreicht.

lungspartners als Träger legitimer Ansprüche voraussetzt. Zugleich steht sie potentiell mit der zweiten Bedingung in Spannung, da manche Ansprüche, die für eine solche Verzichtsleistung in Betracht kämen, oft auch mit identitätskonstituierenden Merkmalen verwoben sein dürften.

Als *vierte* Bedingung schliesslich nennt das ›Genfer Modell‹ die ›gemeinsamen Regeln‹ (*rule*), die zu verstehen sind als die öffentliche Objektivierung der getroffenen Vereinbarungen in Form der öffentlichen Proklamation. Typischer Ausdruck davon ist die rechtliche, mithin vertragliche Kodifizierung eines Abkommens, doch legen sich Allan und Keller in ihrem dezidiert auf Pluralismusfähigkeit bedachten Ansatz nicht auf diese Form der Objektivierung fest.[529] Zielbestimmung dieses Kriteriums sei es, so die Autoren, dass die Anerkennung eines dergestalt ausgehandelten gerechten Friedens in der öffentlichen Verankerung, die ihm durch die Festlegung gemeinsamer Regeln zuteil wird, langfristig abgesichert wird.

Dieser Blick auf die vier im Genfer Ansatz zugrunde gelegten Bedingungen eines gerechten Friedens macht deutlich, dass diese Bedingungen in ihrer Konkretion zweifellos äusserst voraussetzungsreich sind. Gleichwohl ist es für Allan und Keller wie erwähnt allem voran die inhaltliche Enthaltsamkeit, die ihnen als zentrale Stärke ihres Konzepts gilt. Allerdings muss sich dieser Ansatz der kritischen Anfrage stellen, ob die Orientierung an den dargestellten prozeduralen Kriterien allein ausreichend ist, oder ob nicht auch ein formaler Begriff des gerechten Friedens wiederum auf inhaltliche Aussagen darüber angewiesen ist, wie die Gerechtigkeit der Verfahren zu gewährleisten ist. Zur Disposition steht letztlich die Frage, ob es Allan und Keller ihren Anspruch einzulösen vermögen, ihren *formalen* Zugang in der Form von notwendigen und hinreichenden Bedingungen *objektivierbaren* und *verallgemeinerbaren* Prozess des gerechten Friedens zu systematisieren. Diesen Rückfragen ist der nächste Abschnitt gewidmet.

---

[529] Vgl. Allan 2007, 154, der festhält, dass der Begriffs des ›Texts‹, in dem der gerechte Friede öffentlich zu machen sei, im weitest möglichen Sinn verstanden werden müsse, sodass »zentrale symbolische Bestandteile der Friedenslösung wie etwa ein Händedruck, ein gemeinsames Mahl oder eine gegenseitige Einladung der Anführer zum privaten Besuch mitgemeint sein können«.

5.1.3 Zur Kritik am ›Genfer Modell‹

Die kritische Diskussion des Modells lässt sich an beiden grundlegenden Zielsetzungen, die dieses Konzept sich selber stellt, festmachen: Sowohl die Erwartung, rein *formale* Prinzipien des Prozesses angeben zu können (i) als auch der Anspruch, darauf aufbauend ein Konzept eines *gerechten* Friedens darlegen zu können (ii), sind, wie ich im Folgenden darlegen will, nur um den Preis einer drohenden Willkür des letztlich erzielten Resultats einzulösen.

i) Zum formalen Charakter der genannten Bedingungen

Offenkundige Achillesferse dieses Ansatzes ist *erstens* die Frage des formalen Charakters der eingeführten Prinzipien. Sind diese Bedingungen wirklich rein formaler Natur, sodass sie dem Prozess des gerechten Friedens eine Richtung vorgeben, *ohne* selbst inhaltlich vorbestimmt zu sein?

Wenig problematisch erscheint diese Rückfrage einzig mit Blick auf die erste Bedingung, die Allan und Keller nennen: Die ›dünne Anerkennung‹ der anderen Partei(en) in ihrer blossen Existenz dürfte in der Tat rein formaler Natur sein: Die gegenseitige Anerkennung zweier oder mehrerer Parteien als autonome Akteure ist zwar – wie das Beispiel Israel/Palästina belegt – in sich keineswegs einfach zu garantieren. Als Voraussetzung dafür, dass zwischen diesen Parteien überhaupt ein Prozess in Gang kommen kann, ist diese Form der Anerkennung überdies zweifellos unabdingbar. Gleichwohl handelt es sich bei dieser Bedingung um ein rein formales Kriterium, das die Form der Anerkennung an keine weiteren inhaltlichen Anforderungen knüpft.

Anders verhält es sich bei den drei verbleibenden Kriterien, die gemäss dem ›Genfer Modell‹ einen Prozess des gerechten Friedens ausmachen: ›Dicke Anerkennung‹, so schreiben Allan und Keller, verweist allem voran auf die zentrale Rolle, die dem Moment der *Identität* einer Partei und deren Anerkennung seitens der andern Partei(en) zukommt.[530] Ein wichtiges Kennzeichen von Identität sei es, so Allan und Keller, dass sie auch als kollektive Identitäten letztlich *wandelbar* sind.[531] Konfliktparteien beispielsweise, deren Selbstverständnis die Existenz des Konflikts voraussetzt und

---

[530] Vgl. Allan/Keller 2006a, 199.
[531] Vgl. Allan/Keller 2006a, 200.

die dieses gleichsam aus dem Konflikt beziehen,[532] müssten aufgrund dieser Wandelbarkeit folglich ebenso in der Lage sein, das Verständnis ihrer eigenen Identität weiterzuentwickeln bzw. anzupassen wie jene Parteien, deren Identität mitunter dadurch bestimmt ist, dass sie einer anderen Partei die Möglichkeit von Identität schlechterdings absprechen. Damit wird aber erkennbar, dass in einer konkreten Konflitksituation externe Massstäbe, die sich nicht aus dem Prozess selbst gewinnen lassen bzw. zwischen den Parteien vereinbart werden können, rasch vonnöten sein dürften, um jene identitätskonstituierenden Merkmale identifizieren zu können, deren Anerkennung zulässigerweise eingefordert wird, und um davon jene zu separieren, bei welchen dies unzulässigerweise geschieht. Sowohl die Frage, welche identitätsstiftenden Merkmale berechtigt mit der Erwartung nach Anerkennung verbunden werden, als auch die Frage, worin echte Anerkennung letztlich besteht, setzen also externe normative Standards voraus, die nicht rein formaler Natur sind.

Ähnlich verhält es sich mit der Forderung nach dem *Verzicht* auf zentrale symbolträchtige Güter: Zwar ist gemäss Allan und Keller lediglich verlangt, dass Verzicht im Sinne der Preisgabe symbolisch oder faktisch wichtiger Güter bzw. Positionen geleistet werde. Offen gelassen wird, worin solcher Verzicht zu bestehen habe oder welche Art der Verzichtsleistung konkret gefordert ist. Doch liegt genau hierin die Crux: Erneut stellt sich die Frage, wer festlegt, welche Art des Verzichts ausreichend und von vergleichbarem Gewicht ist. Denn wenn dieses Kriterium als eigenständige Bedingung eines gerechten Friedens hochgehalten wird, so muss damit etwas anderes gemeint sein als die blosse Forderung, dass die Hemmnisse, die einer Verständigung im Wege stehen, aus dem Weg zu räumen sind. Diese Forderung wäre insofern zirkulär, als sie der Feststellung gleichkäme, dass zur Lösung eines Konflikts die Beseitigung der Konfliktgründe notwendig sei. Gemeint sein muss das Bezeugen einer speziellen Verpflichtung gegenüber dem Prozess, die sich aus dem Wissen darum speist, dass der Prozess selbst für die Parteien unabdingbar ist.[533] Der Verzicht, so verstehe ich Allan und Keller, ist wegweisend für die Lösung bzw. gegebenenfalls die Prävention

---

[532] Zu denken wäre hier etwa an Guerillagruppen, für welche die Existenz des Konflikts, aus dem sie geboren wurden, unabdingbarer Bestandteil ihrer Selbstwahrnehmung sein kann – wie das Beispiel etwa der kolumbianischen Guerillagruppe FARC deutlich machen könnte, kann es sich dabei nebst dem realen politischen Konflikt auch um den ideologischen Widerstreit handeln, der das Selbstverständnis der Parteien prägt.

[533] Vgl. dazu Allan/Keller 2006a, 203 und Keller 2004, 55.

eines Konflikts, er ist aber ebenso entscheidend als symbolisches Signalisieren der Ernsthaftigkeit eines Willens zur Konfliktlösung. Umso dringender wird damit aber die Frage, auf welche Weise die Bedeutung der jeweiligen Kompromisse und Verzichtsleistungen eingeschätzt und Vergleichen zugänglich gemacht werden soll, wenn nicht aufgrund von Zusatzprinzipien, die sich wiederum nicht selbst aus dem Prozess gewinnen lassen. Ähnlich wie die ›dicke Anerkennung‹ ist daher auch die Bedingung des Verzichts als rein formale Bedingung meines Erachtens nicht plausibel zu interpretieren.

Das Kriterium der ›gemeinsamen Regeln‹ (rule), die vierte von Allan und Keller genannte Bedingung, verdeutlicht die bereits in Anbetracht der beiden vorangehenden Prinzipien ausgeführte Anfrage: Allan und Keller verbinden mit dem Prozess des gerechten Friedens die Erwartung, dass er die Parteien zu einer geteilten Sicht der Realität und zu einer gemeinsamen Sprache führe, wobei letzteres im symbolischen Sinn zu verstehen ist.[534] Deshalb, so hebt Allan hervor, müssten die ›gemeinsamen Regeln‹ als Forum verstanden werden, in dem »eine gemeinsam akzeptable, die Sprachregelungen und -traditionen aller Verhandlungspartner berücksichtigende Übereinkunft erarbeitet«[535] und öffentlich vermittelt werde. Auch hier drängt sich meines Erachtens die Frage auf, ob nach einer bloss *formalen* Massgabe beurteilt werden kann, ob dieses Kriterium – jenes der gemeinsamen Sprache und der geteilten Sicht der Realität – erfüllt ist: Es scheint mir unplausibel, dass dies ohne inhaltliche, dem Prozess vorgegebene Festlegungen qualitativer Art möglich ist.

Die Rückfragen gegenüber den drei Prinzipien der ›dicken Anerkennung‹, des Verzichts und der ›gemeinsamen Regeln‹ führen zum Schluss, dass die im ›Genfer Modell‹ ausgeführten Bedingungen nicht als rein formale Prinzipien zu konkretisieren sind. Dahinter stehen, genau wie bei substantiellen Konzepten eines gerechten Friedens, normative Erfordernisse, die nicht im Prozess entstehen, sondern an diesen herangetragen werden. Damit ist aber der Vorzug der inhaltlichen Enthaltsamkeit, den das ›Genfer Modell‹ für sich beansprucht, in Frage gestellt. Denn auch die genannten Kriterien erweisen sich durchaus als anspruchsvoll: Die Beurteilung der Frage, worin echte *Anerkennung* besteht, welcher *Verzicht* die erforderliche Qualität hat und welche *Objektivierungen* eines ausgehandelten gerechten Friedens den hohen, von den Vertretern dieser Position geäusserten Anforderungen an

---
[534] Vgl. Allan/Keller 2006b, 10.
[535] Allan 2007, 154.

die Inklusion divergierender Perspektiven gerecht werden, bedarf evaluativer Standards, die in ähnlicher Weise umstritten sein dürften, wie es etwa konkurrierende Gerechtigkeitsvorstellungen sind.

ii) Zur Gewährleistung der Gerechtigkeit
Selbst wenn der formale Charakter der von Allan und Keller genannten Bedingungen nicht bestritten würde, stellt sich *zweitens* die Frage, ob der Ansatz nicht stets auf Zusatzbestimmungen zu den Verfahren angewiesen ist, um den Prozess gerade angesichts seiner materialen Enthaltsamkeit nicht letztlich der inhaltlichen Willkür zu überlassen. Diese Frage berührt die zweite oben angezeigte Ebene von Rückfragen: Wie lässt sich im Rahmen des ›Genfer Modells‹ gewährleisten, dass der Prozess tatsächlich zu einem *gerechten* Frieden führt, ein Frieden also, der diese Bezeichnung zu Recht trägt?

Allan und Keller erachten es als Stärke ihres Ansatzes, dass er – gänzlich aushandlungsbasiert – selbst das resultierende Verständnis von Gerechtigkeit dem Prozess anheim stellt.[536] Dieser sollte ohne aufgezwungene Gerechtigkeitskriterien auskommen, womit es letztlich auch keine unverhandelbaren Grundprinzipien der zu erarbeitenden ›gemeinsamen Regeln‹ geben kann (wie etwa den Schutz der Menschenwürde oder elementare Gleichheitspostulate). Allerdings liegen Beispiele, die ein solches Verständnis eines als gerecht qualifizierten Friedens unplausibel erscheinen lassen, auf der Hand. Wäre beispielsweise eine – nach den beschriebenen Prinzipien vereinbarte – Lösung, die beinhaltet, dass Frauen nur nachmittags zu bestimmten Zeiten ihre Häuser verlassen dürten, unter Gerechtigkeitsgesichtspunkten zu akzeptieren?[537] Liesse sich eine Friedensübereinkunft als gerecht anerkennen, die nur eingeschränkten Zugang zu Bildung – etwa nur für Jungen – beinhaltet, womöglich begründet unter Rückgriff auf das Kriterium des Verzichts? Folgt man Allan und Keller, böte deren Modell eigentlich keine Handhabe, einer solchen Lösung ihre ›Gerechtigkeit‹ abzusprechen, vorausgesetzt, dass ihre Aushandlung die dargelegten Kriterien befolgte. Damit aber stellt sich die Frage, ob mit einem solchen, sich an formalen Kriterien orientierenden Verständnis nicht letztlich das, was unter einem gerechten Frieden zu verstehen ist, in einer Art und Weise inhaltlich entleert wird, die willkürliche Resultate nicht ausschliesst.

---

[536] Vgl. Allan/Keller 2006a, 196, FN 5.
[537] Das Beispiel stammt von Tilley-Gyado 2007, 172.

Von ebenso grosser Tragweite ist in diesem Zusammenhang, so scheint mir, die Problematik der Repräsentation.[538] Es ist eine Voraussetzung des im ›Genfer Modell‹ vorliegenden Verständnisses von Anerkennung und Identität, dass die Anerkennung seitens derjenigen gewährleistet sein muss, die am Konflikt beteiligt sind und die von dessen Lösung betroffen sind. Wie aber lässt sich garantieren, dass sich *nur legitime Repräsentanten* an der Aushandlung eines gerechten Friedens beteiligen, dass aber gleichzeitig *alle Betroffenen* ausreichend repräsentiert sind? Besonders bedeutsam ist diese Frage, so scheint mir, mit Blick auf die Inklusion von Minderheiten, etwa solchen wie den Roma auf dem Balkan, die nicht dem etablierten Konzept ›nationaler‹ Entitäten entsprechen. Kann ein gerechter Friede gegeben sein, der zwar die Ansprüche, die Geschichte und die Identität der einen, nicht aber diejenigen der anderen zu Wort kommen lässt? Ein prozessorientiertes Konzept des gerechten Friedens, das nicht zu garantieren vermag, dass jene, die von der angestrebten Lösung betroffen sind, im Prozess legitim repräsentiert werden, ist, wie ich meine, an entscheidender Stelle defizitär.[539] Wird diese Forderung jedoch als Bestandteil des Prinzips der ›dicken Anerkennung‹ akzeptiert, so scheinen zur Bewertung der Frage legitimer Repräsentation – ebenso wie der legitimen Formen von Anerkennung – prozessexterne Massstäbe qualitativer oder gar quantitativer Art unabdingbar.

Dieser Aspekt scheint mir von umso grösserer Bedeutung zu sein, als er beide *funktionalen* Bestimmungen berührt, die Allan und Keller den von ihnen genannten Bedingungen eines gerechten Friedens zuschreiben. Diese sind nämlich sowohl als *Legitimitäts*bedingungen als auch als *Erfolgs*bedingungen eines solchen Friedens zu verstehen.[540] Ist nun aber die Legitimität des Resultats aufgrund der inhaltlichen Unbestimmtheit der genannten Kriterien nicht zu gewährleisten, bleibt also insbesondere dessen Gerechtigkeit umstritten, so entspricht es Allans und Kellers Argumentationslogik, dass auch mit einer erfolgreichen Implementierung des Friedens nicht zu rechnen ist. Die Legitimität und die Voraussetzungslosigkeit eines gerechten Friedens bilden gleichermassen die Grundlage für die erhöhte Akzeptanzwahrscheinlichkeit, die sie ihrem formalen Konzept beimessen. Zugleich stellen sich jeweils gerade diese beiden Elemente gegenseitig in

---

[538] Vgl. dazu ebenfalls Tilley-Gyado 2007, 170f.
[539] Dieses Erfordernis unterstreicht auch Allan, der betont, dass der Ansatz einen Prozess zum Gegenstand habe, an dem »alle direkt involvierten Parteien beteiligt sein sollen« (Allan 2007, 164).
[540] Allan/Keller 2006a, 197.

Frage. Soll von einem *gerechten* Frieden die Rede sein, der als solcher Vorzüge hinsichtlich seiner Implementierbarkeit aufweist, erweisen sich auch hier Kriterien als unverzichtbar, die sich nicht aus dem Prozess selbst gewinnen lassen. Ansonsten, so scheint mir, könnte das von Beilin genannte Szenario in Erscheinung treten und ein vermeintlich gerechter Friede Anlass weiterer Konflikte sein, statt pazifizierend zu wirken.

Aus diesen skeptischen Überlegungen ergeben sich in friedensethischer Hinsicht die zentralen Anfragen gegenüber einem rein formalen Konzept des gerechten Friedens, wie es im Rahmen des Genfer Abkommens vorgeschlagen wurde: Die Rede vom gerechten Frieden als verfahrensorientierte, formale Konzeption ist nur auf den ersten Blick anspruchsloser und inhaltlich weniger voraussetzungsvoll als substantielle Konzepte. Denn soll der Begriff des gerechten Friedens nicht der inhaltlichen Willkür preisgegeben werden, ist auch ein solches Konzept auf substantielle normative Zusatzprinzipien angewiesen. Die Vorzüge, die ein formaler Begriff allenfalls auf sich vereinen könnte, fallen dann allerdings dahin. Entweder, so scheint mir, sind zusätzliche, ebenfalls an den vorgebrachten Kritikpunkten zu messende Bedingungen zu nennen, oder es ist zu folgern, dass die Rede vom gerechten Frieden nur, wie dies in der theologischen Friedensethik vorausgesetzt wird, im Sinne eines materialen bzw. substantiellen Konzepts plausibel ist.

5.2 Der ›gerechte Friede‹ und die Beschränkung auf das peacemaking

5.2.1 Zum Friedensbegriff des ›Genfer Modells‹

Wie erwähnt, ist die von Pierre Allan und Alexis Keller im ›Genfer Modell‹ vorgeschlagene formale Konzeption des gerechten Friedens verknüpft mit einem Friedensverständnis, das in erster Linie den *vereinbarten Frieden* als Beendigung eines faktischen Konflikts zum Gegenstand hat. In Kontrast zum gängigen, erheblich weiteren Friedensbegriff der theologischen Friedensethik, der – wie im dritten Kapitel gezeigt – auf das Themenfeld des *peacebuilding* verweist, fokussiert das ›Genfer Modell‹ damit auf jenen Bereich, der mit dem Begriff des *peacemaking* umschrieben wird.[541] Auf den ersten Blick schiene die Genfer Konzeption damit nicht nur hinsichtlich

---

[541] Zu den Begriffen vgl. oben, Abschnitt 3.1.3 und die Einleitung zu diesem Kapitel.

ihres Inhaltes, sondern auch mit Blick auf das mit ihr verbundene Aufgabenfeld anspruchsloser als die zuvor dargestellten Konzepte.

Wie ich in diesem Abschnitt zeigen möchte, stellt sich allerdings auch mit Blick auf diese mit dem Vorschlag von Allan und Keller verbundene Eingrenzung die Frage, ob in diesem Rahmen zu einem plausiblen Verständnis des *gerechten* Friedens gefunden werden kann. Wie ich zeigen will, verweisen auch die Bedingungen eines formalen Begriffs des gerechten Friedens notwendig auf Elemente, die über den Bereich des blossen *peacemaking* hinausreichen. Wie dies auch Pierre Allan festzustellen scheint[542], führt die Auseinandersetzung mit diesen Elementen sowohl mit Blick auf die Problemanzeige als auch in inhaltlicher Hinsicht in die Nähe jener Ergänzungsvorschläge zum Kriterienbestand der Theorie des gerechten Kriegs, die gegenwärtig unter der Bezeichnung *ius post bellum* eingehend diskutiert werden: Auch die Theorie des gerechten Kriegs, so wird zunehmend zugestanden, ist auf Zusatzbedingungen angewiesen, um die ›Qualität‹ des Friedens, auf den sie zielt, in normativer Hinsicht anleiten zu können. Der Diskussion um Bedingungen eines *ius post bellum* und ihrer möglichen Relevanz für die gegenwärtige friedensethische Diskussion um den gerechten Frieden ist der nächste Abschnitt gewidmet.

Wie ein kurzer Blick auf die Geschichte des Friedensbegriffs verdeutlicht, wurde das im ›Genfer Modell‹ zugrunde liegende Verständnis des Friedens als formale Übereinkunft schon zu früheren Zeiten vertreten war und in der Neuzeit zeitweise, zumindest in Europa, dominierend.[543] Wie Wilhelm Janssen zeigt, gelangten allerdings bereits die Aufklärer zur Einsicht, dass die Verengung des Friedensbegriffs auf den blossen Gedanken der Übereinkunft nur dann nicht mit einem zu hohen Preis – etwa der Absolutsetzung staatlicher Gewalt – einhergeht, wenn der entsprechende,

---

[542] Vgl. Allan 2007, 146.

[543] Im 17. Jahrhundert gelangte, allem voran mit Hobbes' Privilegierung des Sicherheitsgedankens als Essenz des Friedens, mehrheitlich ein Verständnis des Friedens als ›Staatsfrieden‹ in den Blick, in dem es nicht mehr um die ›pax vera‹ der mittelalterlichen Staatsdenker, sondern um eine ›pax effectiva‹ ging. Für diesen Staatsfrieden, so legt Wilhelm Janssen dar, spielte der Vertragsgedanke nunmehr eine eminente Rolle, denn der Vertrag, der den Frieden festhielt und zumindest formal sicherstellte, galt als der einzig mögliche Weg, das stets fragile Zusammengehen staatlicher Kollektive zu befrieden. Dazu schreibt Janssen (Janssen 1995, 250): »Gleichgültig also, ob man vom natürlichen Frieden [...] oder vom natürlichen Krieg [...] ausging, einen halbwegs gesicherten zwischenstaatlichen Frieden vermochte man sich letztlich nur noch auf der Grundlage eines Friedensvertrages vorzustellen – ›status pacis‹ und ›pactum pacis‹ konnte man daher mit dem gleichen Wort ›Friede‹ bezeichnen.«

zunächst bloss formale Gedanke des Vertrags mit durchaus anspruchsvollen materialen Gehalten, beispielsweise der Rechtsstaatlichkeit mit all ihren notwendigen institutionellen Garantien, zusammengedacht wird.[544] Wie ich zeigen will, muss diese Einsicht auch auf den scheinbar engen Friedensbegriff, dessen sich das ›Genfer Modell‹ bedient, übertragen werden.

5.2.2 Ius post bellum: Der gerechte Friede als ›Ziel‹ des gerechten Kriegs

Das anhand des ›Genfer Modells‹ diskutierte Anliegen, den gerechten Frieden konzeptionell mit einem formalen Friedens*begriff*, mit anspruchslosen Friedens*bedingungen* und mit einer eingegrenzten Friedens*aufgabe* (dem *peacemaking*) zu verbinden, führt, wie ich zeigen will, in den Bereich jener Positionen, die den Begriff des gerechten Friedens als Bestandteil ethischer Überlegungen zum gerechten Krieg diskutieren. Hier interessiert der ›gerechte Friede‹ nicht als konzeptionelle *Alternative* zum gerechten Krieg, sondern gilt als das eigentliche – und abgesehen von der Selbstverteidigung zumeist gar als das einzig legitime – Ziel, das eine militärische Aktion zu verfolgen hat, um als gerechtfertigte Aktion gelten zu können.

Den gerechten Frieden als das einzig legitime Ziel eines gerechten Kriegs zu bezeichnen impliziert, die Nachkriegssituation – die zu schaffende Situation eines gerechten Friedens – als Bestandteil der normativen Bedingungen der Kriegsrechtfertigung aufzufassen. Zielt ein Krieg nicht auf den gerechten Frieden ab, bleibt eine der Bedingungen die zu seiner Rechtfertigung erfüllt sein müssen, unberücksichtigt. Dies wiederum bedeutet, dass die Frage der legitimen Kriegsbeendigung und somit des legitimen *peacemaking* – jene Frage also, die, wie gezeigt, das leitende Interesse des Genfer Ansatzes zum gerechten Frieden ist – als expliziter Bestandteil der Theorie des gerechten Kriegs anzusehen ist. In den vergangenen Jahren wurde die Forderung nach einem verstärkten Einbezug der Nachkriegsdimension in die Theorie des gerechten Kriegs zunehmend diskutiert. Wie ich im vorlie-

---

[544] Paradigmatisch dafür stehen die Konzeptionen eines ›ewigen Friedens‹, die der Abbé de St. Pierre und natürlich Immanuel Kant im Abstand von rund 80 Jahren publik machten, wobei beide in Form und Aufbau explizit an die Gestalt der damals üblichen Friedensverträge angelehnt sind. Vgl. dazu ausführlich Höffe 1995a, 7ff. und Patzig 1996, 17ff. Zu einzelnen Aspekten von Kants Friedensschrift vgl. jeweils die Beiträge in den entsprechenden Sammelbänden (Höffe 1995b; Merkel/Wittmann 1996) sowie ausführlich ebenfalls Gerhardt 1995. Zum Friedensplan, den der Abbé de St. Pierre für Europa entwarf, vgl. ebenfalls Patzig 1996, 15.

genden Abschnitt aufzeigen möchte, stellen die Bedingungen der legitimen Kriegsbeendigung, die dabei in den Blick kommen, jedoch keineswegs so geringe Anforderungen, dass sich die Überlegungen zum gerechten Frieden als Ziel des gerechten Kriegs auf den Bereich des *peacemaking* beschränken liessen. Vielmehr beziehen sich diese Bedingungen notwendigerweise ebenso auf den Bereich des *peacebuilding*. Die im ›Genfer Modell‹ vorgeschlagene doppelte Eingrenzung vermag, wie sich, so meine ich, auch mit diesem Blick auf eines der wichtigsten gegenwärtigen Diskursfelder zur Theorie des gerechten Kriegs darlegen lässt, letztlich aus begrifflichen Gründen nicht zu überzeugen.

Während bereits Augustinus die Ansicht vertrat, dass der (gerechte) Friede stets das Ziel eines gerechten Kriegs sein müsse, bzw. das Führen eines gerechten Kriegs mit der Pflicht einhergehe, sich für den gerechten Frieden einzusetzen,[545] findet sich die Rede vom gerechten Frieden als Ziel des gerechten Kriegs aber vor allem in zeitgenössischen Auseinandersetzungen mit der Theorie des gerechten Kriegs, prominent etwa in John Rawls' Ausführungen zu dieser Thematik in der *Theory of Justice*.[546] Generell lassen sich, wie Robert Williams und Dan Caldwell darlegen,[547] hauptsächlich zwei Arten unterscheiden, wie auf den gerechten Frieden als Ziel des gerechten Kriegs Bezug genommen wird: *Einerseits*, indem dieser als inhaltliche Komponente des Kriteriums der »legitimen Absicht« (*recta intentio*) dargestellt wird (i). Dieses Kriterium ist seit Thomas von Aquin Bestandteil aller gängigen Theorien des gerechten Kriegs.[548] *Andererseits* indem gefordert wird, dass die Dimension der Kriegsbeendigung im Rahmen der Theorie des gerechten Kriegs Bestandteil eigenständiger und genuiner Kriterien sein müsse, dass die Theorie des gerechten Kriegs also um ein *ius post bellum* zu ergänzen sei (ii). Letzterer Dimension sei, so etwa

---

[545] Vgl. dazu Weissenberg 2005, 156f. und Huber 2005, 118.
[546] Vgl. Rawls 1999b, 332: »The aim of war is a just peace […].« Rawls hat die Ansicht, wonach das Ziel eines gerechten Kriegs stets »a just and lasting peace among peoples« sei, in *The Law of Peoples* bekräftigt (vgl. Rawls 1999a, 94). Allerdings finden sich bei Rawls im Anschluss an diese knappe Formulierung keine expliziten systematischen Überlegungen zum Gehalt bzw. zum Begriff des gerechten Friedens.
[547] Vgl. Williams/Caldwell 2006.
[548] Im Sinne einer Auswahl zeitgenössischer Darstellungen vgl. Johnson 1999; Fotion 2000; Haspel 2002; Merker 2002; Riklin 2003; Evans 2005a; Orend 2006.

Micheal Walzer und David Rodin, in bisherigen Ansätzen nicht die notwendige Aufmerksamkeit geschenkt worden.[549]

Zu (i): Innerhalb der klassischen Theorie des gerechten Kriegs haben Überlegungen zur Nachkriegsdimension ihren Anhalt stets allem voran im Kriterium der *recta intentio* gehabt. Dieses berührt, so Williams und Caldwell, sowohl den Bereich des *ius ad bellum* (in den es üblicherweise eingeordnet wird) als auch den Bereich des *ius in bello*. Die ›richtige Absicht‹, ohne die keine Theorie des gerechten Kriegs verfährt, stellt ein normatives Kriterium dar, das genuin auf die Zukunft und damit zumindest auch auf die Zeit nach einem Krieg gerichtet ist. Der Friede, der am Ende eines gerechten Kriegs zu stehen hat, hat zu jedem Zeitpunkt die Entscheidungen *und* die konkreten Handlungen der Kriegführenden zu leiten.[550] Deshalb, so hält James Turner Johnson fest, sind das Ziel und die Mittel eines Kriegs konzeptionell verbunden: »[I]t is important to recognize that the way a war is fought and the purpose at which it aims, including the peace that is sought for the end of the conflict, are not unrelated, whether in practical or in moral terms.«[551] Entsprechend, so fassen Williams und Caldwell zusammen, erweise sich in dieser Perspektive die Entwicklung eines eigenständigen *ius post bellum* als unnötig, da es in normativer Hinsicht nichts beizusteuern vermöchte, das nicht bereits im Kriterium der *recta intentio* enthalten wäre.[552] Dieser Sichtweise, wonach die Theorie des gerechten Kriegs in ihren

---

[549] Vgl. etwa Rodin 2006, 243. Michael Walzer vertrat noch in seinem Klassiker Just and Unjust Wars die Ansicht, dass die ethische Bewertung des Kriegs zwei Ebenen berühre, die er im Rahmen einer »Theory of Aggression« einerseits und einer »War Convention« andrerseits näher beleuchtet: »The moral reality of war is divided into two parts. War is always judged twice, first with reference to the reasons states have for fighting, secondly with reference to the means they adopt. The first kind of judgment is adjectival in character: we say that a particular war is just or unjust. The second is adverbial: we say that the war is being fought justly or unjustly. Medieval writers made the difference a matter of preposition, distinguishing jus ad bellum, the justice of war, from jus in bello, justice in war.« (Walzer 2006 [1977], 21) Jüngst hat sich Walzer nun allerdings dahingehend geäussert, dass die Theorie des gerechten Kriegs der legitimen Kriegsbeendigung grössere Aufmerksamkeit zuteil werden lassen sollte (vgl. Walzer 2003, 46ff.) und dass Kriterien eines ius post bellum als deren eigenständiger Bestandteil entwickelt werden sollten. Diese Ebene stelle gegenwärtig noch den »least developed part of just war theory« (Walzer 2004, 161) dar.
[550] Vgl. ähnlich auch Bass 2004, 387f.
[551] Johnson 1999, 208.
[552] Vgl. Williams/Caldwell 2006, 312: »The right intention principle prohibits the pursuit of unjust ends. Therefore, it may be argued, jus ad bellum considerations look to the end of the war and tacitly, if not explicitly, establish certain general requirements for postwar

etablierten Formulierungen durch das Kriterium der *recta intentio* bereits hinreichend mit den Fragen der Nachkriegsdimension befasst sei, steht allerdings entgegen, dass die ›rechte Absicht‹ wohl am stärksten von allen *ius ad bellum*-Kriterien äusserst uneinheitliche inhaltliche Interpretationen gefunden hat. Nicht nur, dass sich aus der Festlegung, wonach die rechte Absicht einer *Friedens*absicht entspreche, keine substantiellen Prinzipien zur Frage der Kriegsbeendigung ergeben; das Kriterium wurde auch keineswegs immerzu mit einem konkreten Friedensgebot, also einer materialen Aussage verbunden. Vielmehr findet sich häufig die formale Interpretation, wonach die rechte Absicht darin zum Ausdruck komme, wie etwa Peter Mayer formuliert, dass »keine Diskrepanz zwischen den legitimierenden Gründen, auf die eine kriegführende Partei verweisen kann, und den tatsächlichen Motiven, die sie zum Handeln veranlassen, bestehen«[553] darf. Auf das Beispiel der humanitären Intervention bezogen hiesse dies: Wenn der legitimierende Grund einer Intervention darin besteht, massiven Menschenrechtsverletzungen in einem bestimmten Konflikt Einhalt zu gebieten, so folgt aus dem Kriterium der rechten Absicht bloss, dass Frieden in dem Sinne herzustellen ist, dass diese Verletzungen nachhaltig beendet und für die Zukunft verhindert werden.[554] Welche Anforderungen mit diesem Friedensziel einhergehen und von den intervenierenden Kräften von allem Anfang an mitbedacht werden müssen, worin also der zu schaffende gerechte Friede besteht, bleibt dabei jedoch offen[555] – etwa mit Blick auf die Frage der Strafgerechtigkeit angesichts von Kriegsverbre-

---

justice. Augustine, Aquinas, and their successors [...] failed to develop jus post bellum principles, according to this argument, because their assumptions about the just war subsumed the major postwar concerns.«

[553] Mayer 2005, 384. Vgl. Williams/Caldwell 2006, 313: »In our view, the principle of right intention has a limited, although not inconsequential, purpose. It seeks to insure that the stated reasons for the resort to war, reasons that must provide a just cause, are in fact the actual reasons. In other words, ulterior motives are excluded.« Vgl. ähnlich auch die Interpretation bei Evans 2005a, 12.

[554] Zumeist wird denn auch die Ansicht vertreten, dass das Kriterium der *recta intentio* impliziere, es dürften seitens der Urheber einer gerechtfertigten Intervention keine ›gemischten Motive‹ vorliegen. Es müsse also gewährleistet sein, wie Peter Mayer schreibt, dass »der Grund, mit dem die Gewaltanwendung gerechtfertigt wird, mit dem Motiv für die Aufnahme der Kampfhandlungen übereinstimmt« (Mayer 1999, 297). Mayer vertritt jedoch die Ansicht, dass eine solche Interpretation des *recta intentio*-Kriteriums, die also nur ›reine‹, mithin uneigennützige Beweggründe als zulässig erachtet, angezweifelt werden kann, weil dies realistischerweise gar nicht erwartet werden kann (vgl. Mayer 1999, 297f.).

[555] Vgl. dazu auch Orend 2007, 573f.

chen, der Reparationsverpflichtungen oder der notwendig zu initiierenden Institutionenbildungsprozesse.

Zu (ii): Für Williams und Caldwell ergibt sich daher, dass der Themenkomplex der Kriegsbeendigung nicht ausschliesslich auf der Ebene des *ius ad bellum* und des *ius in bello* abgehandelt werden kann, sondern eine Weiterentwicklung der Theorie des gerechten Kriegs im Sinne eines *ius post bellum* notwendig ist. Dies deshalb, weil die Frage, auf welche Weise, zu welchem Zeitpunkt sowie mit welchem bleibenden Engagement eine kriegerische Intervention beendigt werde, zentral sei für die gesamte Beurteilung der Legitimität eines Waffengangs:

> »Because what happens once the fighting stops is also critical to the moral evaluation of war, a concept of *jus post bellum* is important to inform both our postwar policies and the final judgments we make concerning wars.«[556]

Für Brian Orend liegen die Gründe, weshalb nur eine um ein *ius post bellum* ergänzte Theorie des gerechten Kriegs den Anforderungen an eine gegenwärtige Ethik von Krieg und Frieden gerecht werden kann, *zum einen* in der Kohärenz der Theorie selbst. Denn ohne einen expliziten Theoriebestandteil zur ›dritten Phase‹ eines jeden Kriegs, nämlich dessen Beendigung, greife die Theorie des gerechten Kriegs schlicht zu kurz. Sowohl die Frage, was *nach* einem einzelnen Waffengang kommt als auch die Frage, wie ein solcher verhindert werden könne, würden aktuell nämlich ausgeklammert.[557]

---

[556] Williams/Caldwell 2006, 319 (kursiv im Original).

[557] Vgl. Orend 2006, 161: »Failure to include *jus post bellum* in your just war theory leaves you open to a sharp, potentially devastating objection from both realists and pacifists, namely, that just war theory fails to consider war in a deep enough, systematic enough kind of way. It simply considers war on a case-by-case basis, dusting off its precious old rules for yet another ethical application. Pacifists, for example, have long objected that just war theory, with its hitherto narrow focus, is fundamentally passive and complaisant about war – that it does not ultimately care why war breaks out and does not seek to improve things after war's end so as to make the international system more peaceful over the longer term. I believe this objection *succeeds* against just war theorists who have no account of *jus post bellum*; if we are not to meet their sorry fate, we must include such an account to surmount this challenge.« Vgl. für die entsprechende Kritik seitens des Pazifismus Strub/Bleisch 2006, 30.

Zum andern aber – und dies vor allem – zeige sich die Notwendigkeit eines ausgearbeiteten *ius post bellum* in der gerade in aktuellen Konflikten wie dem Irak manifest gewordenen Tatsache, dass hinsichtlich der zentralen Frage, welche Prinzipien, aber auch welche Strategien den Übergang vom offenen Konflikt zum Frieden zu leiten hätten, ein konzeptionelles Vakuum besteht. Laut Orend nötigen letztlich sämtliche wichtigsten Problemstellungen der gegenwärtigen internationalen Beziehungen dazu, dem *ius post bellum* grössere Aufmerksamkeit zukommen zu lassen.[558] Ein weiterer Grund für die Notwendigkeit der Ausarbeitung eines *ius post bellum* liegt für Orend darin, dass die ungenügende Aufmerksamkeit auf Bedingungen der Kriegsbeendigung insofern zu einer Verlängerung des Konflikts beitrage, als die Kriegsparteien keine Garantie dafür vorfänden, dass ihre Ansprüche und Erwartungen in der Beilegung des Konflikts Gehör fänden.[559]

Dieses Themenfeld des *ius post bellum*, ist denn auch der Ort, an dem innerhalb der gegenwärtigen Debatten zur Theorie des gerechten Kriegs die Überlegungen zum gerechten Frieden angeführt werden.[560] So schreibt etwa Patrick Hayden: »The purposes of *jus post bellum* criteria are to ensure the integrity and continuity of the norms of just and legitimate war, and to cement and consolidate the conditions upon which to (re)build a just and stable peace.«[561] Und Oliver Ramsbotham hält fest, dass in einer Theorie der legitimen Intervention, wie er sie auf der Grundlage der Theorie des gerechten Kriegs auszuarbeiten vorschlägt, der *ius post bellum*-Gedanke dazu beiträgt, dass der anzustrebende gerechte Friede in zentraler Weise das Motiv der bevorstehenden Intervention darstellt:

---

[558] So Orend 2007, 576: »[R]ecent armed conflicts – in Bosnia and Herzegovina and in Kosovo, in central Africa, in Afghanistan, and twice in Iraq – demonstrate the difficulty and illustrate the importance and controversy surrounding a just peace settlement. The major issues of contemporary international affairs simply demand that we look at *jus post bellum*.«

[559] Vgl. dazu Orend 2007, 577. Die meisten Positionen, die eine Ergänzung der Theorie des gerechten Kriegs um ein *ius post bellum* fordern – sie finden sich allem voran innerhalb der angelsächsischen Debatte um die Theorie des gerechten Kriegs – führen diese und vergleichbare Gründe an. Vgl. dazu neben den bereits genannten Positionen ebenfalls Orend 2000; Verstraeten 2004; Di Meglio 2005; Evans 2005a; Hayden 2005; Rigby 2005; Hinsch/Janssen 2006, 113ff.; Allan 2007; Koeman 2007; Langan 2007 und Stahn 2007.

[560] Vgl. z.B. Orend 2002, 45.

[561] Hayden 2005, 170 (kursiv im Original).

»[T]he key point [...] is the interveners' prior claim that military force (just war) is being used in order to build a just and sustainable post-war society (just peace). This incorporates into the very heart of just war thinking a requirement to specify clearly in advance what just peace entails.«[562]

Folgt man Ramsbotham, ist es also mitunter das Anliegen der Advokaten einer *ius post bellum*-Ergänzung, das Nachdenken über den gerechten Frieden gleichsam ins Zentrum der systematischen Überlegungen zum gerechten Krieg zu rücken. Die Kriterien des *ius post bellum* bezeichnen für diese Positionen die Bedingungen eines gerechten Friedens, wie er das eigentliche kriegslegitimierende Ziel der intervenierenden Mächte sein muss.

Mit dieser Verortung der Funktion und des Anlasses von Überlegungen zu einem eigenständigen *ius post bellum* ist freilich noch nichts über deren Gehalt ausgesagt. Anhand der im Folgenden auszuführenden Positionen von Bass und Orend lässt sich aber meines Erachtens zeigen, dass der Fokus auf die legitime Kriegsbeendigung letztlich mit Kriterien verbunden ist, die nicht nur substantieller Natur sind, sondern auch über den Bereich des *peacemaking* hinausreichen.[563]

Die von Gary Bass genannten Kriterien des *ius post bellum* nehmen sich zunächst sehr zurückhaltend aus. Primäre Bedingung ist demnach, dass intervenierende Parteien bereit seien, »to get out as soon as is possible«[564]. Substantielle Verpflichtungen ergeben sich gemäss Bass nur in den Fällen, in denen gegen ›genozidale‹ Staaten interveniert wird, Staaten also, in denen es ihm zufolge per definitionem keine legitime politische Herrschaft gibt. Für diesen Fall formuliert Bass allerdings durchaus weit reichende Kriterien des *ius post bellum*, vertritt er doch die Auffassung, die internationale Gemeinschaft habe in diesem Fall die Pflicht, den genozidalen Staat wiederaufzubauen und stabile politische Institutionen einzurichten.[565] Unter den von Bass genannten Kriterien ist die Forderung nach Strafgerechtigkeit gegenüber Kriegsverbrechern unstrittig – die Errichtung von Kriegsverbrechertibunalen, die Verbrechen auf beiden Seiten zu richten

---

[562] Ramsbotham 2006, 116.

[563] Dies macht etwa auch der ICISS-Bericht *The Responsibility to Protect* deutlich, der die »Post-Intervention Obligations« explizit auf die Aufgaben des *peacebuilding* bezieht (vgl. ICISS 2001, 39ff.).

[564] Bass 2004, 412.

[565] Vgl. Bass 2004, 412.

hätten, wird in allen Kriterienkatalogen an zentraler Stelle genannt.[566] Damit ist aber, wie ich meine, bereits ein erstes überaus voraussetzungsreiches Kriterium benannt. Denn nach welchen Massstäben zu urteilen ist, ob die Rechtsprechung nationale oder internationale Aufgabe sein soll und ob nur bestimmte Rechtsverständnisse zulässig sind oder ob auch traditionale, nicht selten auf Konsens angelegte Rechtsauffassungen die entsprechende Funktion erfüllen können[567] – alle diese Fragen, gehören zu den Kernfragen der *transitional justice* und verweisen damit auf einen Bereich, der sich gerade dadurch auszeichnet, dass er an der Schwelle zwischen *peacemaking* und *peacebuilding* steht, letztlich aber auf letzteres ausgerichtet ist.[568] Mit Bestimmtheit handelt es sich bei den genannten Massstäben aber um substantielle und nicht um formale Prinzipien.

Blickt man auf die weiteren Prinzipien des *ius post bellum*, die beispielsweise Brian Orend nennt, so wird deutlich, dass auch hier der gerechte Friede – der, so die Vorstellung, als Ziel des Kriegsaktes bereits die Entscheidung zu diesem leiten muss – Bedingungen erfüllen muss, die gerade darauf angelegt sind, über den Moment des förmlichen Friedensschlusses hinaus die Dauerhaftigkeit der Gewaltfreiheit zu sichern. Nebst der bereits erwähnten Forderung nach *Bestrafung der Kriegsverbrecher*, dem Erfordernis, die Parteien hätten in ihren Ansprüchen und in den Kompensationsforderungen *Proportionalität* walten zu lassen, sowie nebst einem *Diskriminierungsgebot*[569] und einem *Öffentlichkeitsprinzip*[570], nennt Orend die

---

[566] Vgl. die entsprechenden Ausführungen bei Orend 2002, 52ff.; Hayden 2005, 169 und Orend 2006, 170-179 sowie die kritischen Bemerkungen bei Hinsch/Janssen 2006, 115.

[567] Zu denken ist dabei etwa an die rwandischen Gacaca-Tribunale, die als Modell einer auf traditionale Rechtsauffassungen rekurrierenden Institution zur Gerechtigkeits- und Wahrheitsfindung nach Bürgerkriegen in der jüngeren Diskussion um Methoden und Problemstellungen der Aufarbeitung von Bürgerkriegsvermächtnissen breite Beachtung gefunden haben. Die Gacaca-Tribunale wurden von der rwandischen Regierung zur Bewältigung des Genozids von 1994 eingerichtet, wobei sie zu wesentlichen Teilen Elemente der kulturell verankerten, in erster Linie auf die Wiederherstellung der funktionierenden Gemeinschaft abzielenden Rechtsprechungselemente übernahmen. Vgl. dazu u.a. Buckley-Zistel 2005.

[568] Vgl. zur Kombination retrospektiver und prospektiver Themenfelder im Konzept der *transitional justice* sowie zu den charakteristischen Dilemmata in diesem Bereich z.B. Kaminski u.a. 2006.

[569] Der Begriff der Diskriminierung ist hier – in Übereinstimmung mit dem klassischen *ius in bello* – positiv verstanden als Unterscheidung zwischen Kombattanten und Nicht-Kombattanten, bzw. zwischen Führungspersonen, Soldaten und Zivilpersonen (vgl. Orend 2006, 180).

[570] Wie Allan und Keller sieht es Orend als Voraussetzung eines legitimen Friedensschlusses, dass er öffentlich gemacht wird.

Prinzipien der *Rehabilitation* und der auf grundlegende Menschenrechtsansprüche rekurrierenden *Rights Vindication*.[571] Beide Punkte sind für den vorliegenden Zusammenhang von Interesse.

Jener der Rehabilitation deshalb, weil er, so Orend, nicht nur beinhaltet, dass die Idee eines gerechten Friedens als Endpunkt des gerechten Kriegs mit der Bereitschaft verbunden ist, im angemessenen Rahmen Wiederaufbau im Bereich der Infrastruktur zu leisten, weil mit ihm der Willen zur *politischen* Neuordnung und zu einem so delikaten Unterfangen wie dem *regime change* verbunden sein muss.[572] Dass beides in erheblichem Masse auf Langfristigkeit angelegt ist, dürfte auf der Hand liegen. Dass gerade letzteres – die Forderung bereit zu sein, als Voraussetzung eines gerechten Friedens unter Umständen auch die Erneuerung einer Herrschaftsordnung herbeizuführen und zu begleiten – genuin auf Prozesse des *peacebuilding* verweist, wird spätestens dann deutlich, wenn man sich den Institutionenbildungsbedarf vergegenwärtigt, dem zur Bewältigung einer solchen Aufgabe nachzukommen ist.

Der von Orend hervorgehobene Aspekt der *Rights Vindication* meint, dass ein gerechter Friede die Geltung jener Rechte voranbringen muss, deren Verletzung den Krieg, der dem gerechten Frieden voranging, rechtfertigte:

> »The settlement should secure those basic rights whose violation triggered the justified war. The relevant rights include human rights to life and liberty and community entitlements to territory and sovereignty. This is the main substantive goal of any decent settlement, ensuring that the war will actually have an improving affect [sic].«[573]

Der gerechte Friede wird mit diesem Kriterium explizit nicht bloss an die *Wiederherstellung* der grundlegenden Rechte, sondern darüber hinaus an deren *Sicherung* gebunden. Ein gerechter Friede hat nach Orend zu garantieren, dass den grundlegenden Menschenrechten am Ausgang des Kriegs eine tragfähige Basis erwächst. Denn nur so lässt sich der Anspruch einlösen, der gemäss diesen Ansätzen die militärische Intervention legitimiert und der darin besteht, dass diese Rechte durch den Krieg auf eine siche-

---

[571] Vgl. Orend 2006, 180f. und Orend 2007, 580f.
[572] Vgl. dazu ausführlich Orend 2006, 190-219 sowie Di Meglio 2005, 146-153.
[573] Orend 2006, 180.

rere Basis gestellt werden. Dies betonen auch Robert Williams und Dan Caldwell, für die dieses Kriterium der Wiederherstellung und Sicherung der grundlegenden Rechte gar den zentralen Bestandteil eines gerechten Friedens ausmacht:

> »A war is concluded justly – that is, a just peace exists – when the human rights of those involved in the war – both winners and losers – are more secure than they were before the war. In other words, a successful war (and a just peace) is characterized first and foremost by the vindication of the rights for which the war was fought.«[574]

Aus meiner Sicht macht das Kriterium der *Rights Vindication* damit aber in besonderer Weise deutlich, dass ein plausibles Konzept des *ius post bellum* immer auch jene langfristigen Prozesse der Friedenssicherung beinhalten muss, die den Bereich des *peacebuilding* charakterisieren.[575] Die Entscheidung zur (gerechtfertigten) Intervention muss, so die Konsequenz der Kriterien des *ius post bellum*, stets mit einer klaren Bereitschaft zu einem langfristigen Engagement nach dem Konflikt verknüpft sein. Dass die Kriterien des *ius post bellum* damit in jedem Fall auf äusserst anforderungsreiche (Friedens-)Aufgaben verweisen, wird vollends dort manifest, wo die Notwendigkeit betont wird, dass ein gerechter Friede als Ziel des gerechten Kriegs immer auch Bemühungen um Vergebung und Versöhnung beinhalte.[576] Ohne diese Bereitschaft kann die Entscheidung zur Intervention nicht legitimiert werden; weil sie den gerechten Frieden zum Ziel hat, muss sie vielmehr *aufgrund* der eingeführten *ius post bellum*-Kriterien von Anbeginn auf die langfristigen Prozesse der Friedenssicherung und -konsolidierung angelegt sein.

Wie erwähnt ist die gegenwärtige Debatte um ein *ius post bellum* zumeist mit dem Anliegen verknüpft, Bedingungen eines gerechten Friedens am Ende eines ›gerechten‹ (sprich: moralisch gerechtfertigten) Kriegs zu benennen. Wie mir scheint, verdeutlicht der Durchgang durch die zentralen

---

[574] Williams/Caldwell 2006, 316. Vgl. ähnlich auch Hayden 2005, 169.
[575] Vgl. anders Stahn 2007, der seine Überlegungen zum *ius post bellum* nur mit dem Bereich des *peacemaking* in Verbindung bringt, diesen Begriff dabei aber meines Erachtens überdehnt.
[576] So z.B. Evans 2005a, 13 und Rigby 2005, 185ff. Ähnlich auch Stahn 2007, 940f. Für Mark Evans gilt, dass intervenierende Parteien bereit sein müssten, »[to] take full and proactive part in the processes of forgiveness and reconciliation that are central to the construction of a just and stable peace.«

Gehalte dieser Diskussion, dass die Rede vom gerechten Frieden als Ziel des gerechten Kriegs, die nur im Sinne eines eigenständigen *ius post bellum* Sinn gewinnt, konsistenterweise nicht auf den blossen Bereich des *peacemaking* enggeführt werden kann. Vielmehr wird sichtbar, dass die Rede vom gerechten Frieden nicht nur gleichsam aus begrifflichen Gründen mit einem substantiellen Friedensbegriff verbunden sein muss, sondern auch mit einem Fokus verknüpft ist, der, wie er innerhalb der theologisch-friedensethischen Debatte unstrittig ist, die langfristigen Prozesse des *peacebuilding* mitberücksichtigt. In einem abschliessenden Fazit soll dieses Resultat auf den im ›Genfer Modell‹ dargelegten Ansatz bezogen und der Ertrag, der sich meines Erachtens aus der Auseinandersetzung mit dem ›Genfer Modell‹ für die friedensethische Debatte zum gerechten Frieden ergibt, festgehalten werden.

5.3 Fazit: Zur Unmöglichkeit eines formalen Begriffs des gerechten Friedens

Ich habe im vorliegenden Kapitel den Beitrag zur friedensethischen Theoriebildung aufzuzeigen versucht, den die Auseinandersetzung mit der zweifachen Eingrenzung der Rede vom gerechten Frieden, wie sie im ›Genfer Modell‹ namhaft gemacht werden kann, leisten kann. Diese zweifache Eingrenzung bezieht sich wie ausgeführt zum einen auf den Friedens*begriff* (verstanden im formalen Sinn als Übereinkunft zwischen den Konfliktparteien), der mit anspruchsloseren Friedens*bedingungen* (verstanden als formale Legitimitäts- und Erfolgsbedingungen der angestrebten Übereinkunft) verknüpft ist, als sie bei substantiellen Friedenskonzepten vorliegen. Zum andern bezieht sie sich auf die Eingrenzung der Friedens*aufgabe* (verstanden im Sinne des *peacemaking* als Beendigung des offenen Konflikts).

Beide Versuche der Eingrenzung erscheinen aber jedenfalls dann nicht plausibel, wenn damit der Anspruch verbunden wird, ein gehaltvolles Konzept des *gerechten* Friedens zu skizzieren, das sich von einem negativen, auf das Schweigen der Waffen festgelegten Friedensbegriff abhebt. *Erstens* gelingt es nicht, den formalen Charakter des zugrunde gelegten Friedensbegriffs aufrecht zu erhalten. *Zweitens* scheint es mir unzutreffend, die genannten Friedensbedingungen als in ihrem Voraussetzungsreichtum eingegrenzte und damit in besonderem Masse pluralismusoffene Bedingungen zu bezeichnen. *Drittens* schliesslich zeigt sich, dass die Ansprüche, die auch in diesem Modell mit der Rede vom *gerechten* Frieden verbunden sind, eine Beschränkung der normativen Überlegungen auf den blossen Übergang vom offenen Konflikt zum vereinbarten Frieden nicht zulassen. Wie anhand der jüngeren Diskussion um die Vorschläge zum *ius post bellum* dargestellt, führt die Bennennung von Bedingungen eines gerechten Friedens notwendig in den Bereich der mittel- und langfristigen Aufgaben der Friedenssicherung und -konsolidierung, die mit dem Begriff des *peacebuilding* umschrieben werden. Der Bezug auf das *peacebuilding* als zentrales Themenfeld friedensethischer Theoriebildung zum Begriff des gerechten Friedens bleibt, so zeigt sich meines Erachtens, nicht nur angemessen, sondern ist geradezu zwingend.

Freilich gilt es festzuhalten: Grundlegendes Anliegen der Eingrenzungen, die im ›Genfer Modell‹ angemahnt sind, ist es, die Herausbildung eines Friedens nicht dadurch von vornherein der Gefahr des Scheiterns auszusetzen, dass die Massstäbe, an denen dieser gemessen wird, eine Einigung bzw. ein allgemeines Mittragen dieses Friedens verunmöglichen. Dabei spielt der Aspekt der Gerechtigkeit insofern eine Rolle, als substantielle Gerechtigkeitsvorstellungen und -ansprüche unter den Konfliktparteien den Schritt vom offenen Konflikt zum Frieden verunmöglichen können, weil keine Verständigung über dessen materiale Gehalte gelingt.[577] Vor diesem Hintergrund lassen sich als Ertrag aus der Diskussion des Versuchs einer zweifachen Eingrenzung, wie er im ›Genfer Modell‹ vorliegt, zwei weitere Aspekte festhalten.

Zum *ersten* Aspekt: Es wurde oben[578] darauf hingewiesen, dass die Theorie des gerechten Kriegs innerhalb der evangelischen Friedensethik zwar immer rezipiert worden ist, dass der Theorie dabei aber unterschiedliche Funktionen und ein unterschiedlicher Status zugewiesen werden. So wollen die einen zwar nicht den Kriterienbestand der Theorie – insbesondere im Hinblick auf die Frage der humanitären Intervention – preisgeben, wollen aber sehr wohl den Begründungszusammenhang der Kriterien überwunden wissen, also nicht mehr von deren Einbettung in eine eigentliche ›Theorie‹ des gerechten Kriegs sprechen. Vielmehr will diese Position, wie sie etwa in der jüngsten Friedensdenkschrift der EKD bekräftigt wird, den

---

[577] Auf diesen Aspekt wird auch im Rahmen der Debatte um Strategien und Prinzipien der *transitional justice* – eine Debatte, die im vorliegenden Zusammenhang nur am Rand nachvollzogen werden konnte – mit Nachdruck hingewiesen, er gilt manchen gar als *das* zentrale Dilemma, das es in diesem Bereich zu bewältigen gilt. Vgl. dazu eingehend Biggar 2003 und Kaminski u.a. 2006.

[578] Vgl. Abschnitt 3.2.

Kriterienbestand des ›gerechten Kriegs‹ als generelle ethische Prüfkriterien der Anwendung von Gewalt verstanden wissen, die gerade nicht auf diesen Begründungszusammenhang angewiesen sind.[579] Die andern dagegen insistieren darauf, dass eine zeitgemässe Rezeption dieser Theorie in Form einer Fortschreibung derselben oder im Sinne einer komplementären Perspektive zum Ansatz des gerechten Friedens weiter bearbeitet werden soll. An dieser Stelle könnte aus meiner Sicht einer der Impulse zum Tragen kommen, die ausgehend von der Diskussion um Kriterien eines *ius post bellum* die Rezeption der Theorie des gerechten Kriegs in der friedensethischen Diskussion beeinflussen könnten: Gerade die anspruchsvolleren Vorstellungen eines *ius post bellum*, die beispielsweise die Gedanken der Vergebung und der Versöhnung einbeziehen, bilden den plausibelsten Ansatzpunkt für eine Weiterentwicklung der Theorie des gerechten Kriegs in der Perspektive des gerechten Friedens. Auch hier, so meine ich, sieht sich die theologische Friedensethik damit aber wiederum auf die Frage der Vermittelbarkeit ihrer Diskurse und die Kommunikabilität derselben in die gegenwärtigen aussertheologischen Diskursfelder hinein verwiesen.[580]

Der *zweite* Aspekt betrifft ein Desiderat, das aus meiner Sicht in der theologischen Friedensethik besteht: Vom gerechten Frieden als umfassendes, substantielles Konzept auszugehen muss, so meine ich, bedeuten, den primären Bezug auf den Bereich des nachhaltigen *peacebuilding* um verstärkte Aufmerksamkeit auf die Mechanismen des *peacemaking* zu ergänzen. Wenngleich gewiss nicht mehr der klassische Krieg, wie er etwa zwischen souveränen Staaten geführt wird, im Fokus gegenwärtiger friedensethischer Konzepte steht, sind doch auch die gegenwärtig im Zentrum stehenden Konflikte zumeist kriegerischer Natur – und bedürfen somit in einem ersten Schritt der elementaren Befriedung. Frieden, so wird im Bereich der theologischen Friedensethik gern betont, muss *gestiftet* werden.[581] Dazu gehört allerdings auch, dass der Friede zunächst im basalen Sinne eines Schweigens der Waffen ›in Gang gesetzt‹ werden muss. Gerade weil die Friedensethik mit ihrem Konzept des gerechten Friedens die Interdependenz von Frieden und Gerechtigkeit betont, scheint sie mir auch besonders mit der Aufgabe betraut, dem in diesem Kapitel wiederholt hervorgehobenen ambivalenten Verhältnis von Frieden und Gerechtigkeit auf der Ebene

---

[579] Vgl. Rat der EKD 2007, 66.
[580] Vgl. zu dieser Forderung oben, Abschnitt 4.5 sowie unten, Abschnitt 6.2.3.
[581] Vgl. exemplarisch Reuter 1994, 96.

des *peacemaking* Rechnung zu tragen. Ein verstärkter Fokus auf diese Problemstellung könnte, so meine ich, der im dritten Kapitel kritisch beleuchteten funktionalen Unterbestimmung begegnen, mit der die einzelnen Dimensionen des gerechten Friedens in den dargestellten Konzeptionen behaftet sind. Mit anderen Worten: Überlegungen zur Frage des Übergangs vom offenen Konflikt zum elementaren Frieden, bei denen es nicht selten um genau die Zusammenhänge geht, die sowohl im ›Genfer Modell‹, als auch in der *transitional justice*-Diskussion im Vordergrund steht, müssen verstärkt in den Kernbereich friedensethischer Themenstellungen Eingang finden. Dies jedoch ohne den Ansatz zu übernehmen, die Friedensethik auf diese Themenstellungen beschränken zu wollen. Dies wiederum setzt, so meine ich, voraus, dass gerade aufgrund des im Konzept des gerechten Friedens betonten Zusammenhangs von Frieden und Gerechtigkeit verstärkt Vorstellungen hinsichtlich der *Gewichtung* zwischen den beiden Elementen entwickelt und konkretisiert werden.

Im vorliegenden Kapitel habe ich mich mit einer Konzeption des gerechten Friedens auseinandergesetzt, deren Thesen ich trotz der Elemente, die ich mit Blick auf die friedensethische Theoriebildung als weiterführend erachte, zurückweise. Im Anschluss hieran werde ich im Folgenden mit dem Konzept der *menschlichen Sicherheit* einen Ansatz darstellen und diskutieren, an den die gegenwärtige friedensethische Debatte, wie ich meine, positiv anknüpfen kann, um das Konzept des gerechten Friedens vertieft zu konturieren. Die enge Verknüpfung der Debatte um den gerechten Frieden mit jener um den Ansatz der menschlichen Sicherheit erlaubt es meines Erachtens auch, Antworten auf die Ausgangsfragen dieser Abhandlung herauszuarbeiten. Dieser Ansatz soll – im Sinne eines inhaltlichen Vorschlags, in dem die verschiedenen Ebenen der bis hierher geführten Auseinandersetzung zusammengeführt werden – im folgenden Kapitel näher dargestellt und auf seine friedensethischen Implikationen hin untersucht werden.

6. Gerechter Friede und ›menschliche Sicherheit‹

Bis hierher habe ich mich damit befasst, die ›Leistungsfähigkeit‹ des Konzepts ›gerechter Friede‹ zu untersuchen. Dabei habe ich auf die unterschiedlichen Arten, wie in der gegenwärtigen Debatte von diesem Konzept die Rede ist, fokussiert. Den Vorschlag des ›Genfer Modells‹, die Rede vom gerechten Frieden durch die Festlegung auf einen formalen Friedensbegriff und durch die Beschränkung der politischen Friedensaufgabe auf den Bereich des *peacemaking* auf zweifache Weise einzugrenzen, habe ich im vorangehenden Kapitel als nicht überzeugend zurückgewiesen. Zuvor, im dritten Kapitel, habe ich zu zeigen versucht, dass die Ausweitung der Vorstellung vom gerechten Frieden, wie sie für die theologische Diskussion dieses Begriffs charakteristisch ist, zu einer funktionalen Unterbestimmung des Gehalts bzw. der Bedingungen eines gerechten Friedens führt. Diese Ausweitung mündet letztlich in eine ›Allzuständigkeit‹ der Friedensethik für sämtliche brennenden Fragen der internationalen Beziehungen, mit der jedoch ihr spezifisches Charakteristikum aus dem Blick gerät. Dem vierten Kapitel kommt damit insofern eine Schlüsselposition zu, als es in Auseinandersetzung mit der aktuellen friedenstheoretischen Diskussion aufzeigt, dass und inwiefern ein qualifiziertes, also inhaltlich anspruchsvolles Verständnis eines *engen* Friedensbegriffs möglich ist. Ein solcherart qualifizierter Friedensbegriff vermag, so scheint mir, nicht nur die theoretischen Schwierigkeiten, die mit der Ausweitung bzw. der Entleerung des Friedensbegriffs einhergehen, zu bewältigen, sondern er ist auch vermittelbar mit den Diskursen, die etwa im Bereich normativer Fragen der internationalen Beziehungen oder in der Friedensforschung *ausserhalb* der theologischen Ethik geführt werden.

Im Folgenden werde ich, als inhaltlichen Vorschlag und Resultat dieser Abhandlung, aufzuzeigen versuchen, inwiefern der in der internationalen Politik und in den Wissenschaften der internationalen Beziehungen zunehmend debattierte Ansatz der »menschlichen Sicherheit« (*Human Security*) als Konkretion und als weiterführender theoretischer Ansatz für die Debatte um den ›gerechten Frieden‹ fruchtbar gemacht werden kann. Wie ich argumentieren werde, lässt sich ein Verständnis des gerechten Friedens entwickeln, das die beiden Konzeptionen in enger Entsprechung sieht. Dies stellt sowohl eine Antwort auf die funktionale Frage, was das Konzept des gerechten Friedens zu leisten vermag, als auch auf die inhaltliche Frage, wofür der Begriff steht, dar. Trifft dies zu, so ist mit dieser Festlegung, welche die leitenden Fragen dieser Arbeit beantwortet, ein Doppeltes erreicht:

Zum einen ergibt sich damit ein Verständnis des gerechten Friedens, das dem im vierten Kapitel begründeten Postulat einer qualifizierten Einengung des Friedensbegriffs zu entsprechen vermag, dabei aber ebenso ein qualifiziertes Verständnis des Aufgabenfelds friedensethischer Reflexion in den Vordergrund rückt, dessen Notwendigkeit ich festgehalten habe: Friedensethik hat zurecht das weite Feld des *peacebuilding* im Blick – wie sich zeigen wird, ist dies auch der Fokus des *Human Security*-Ansatzes. Doch ist es ebenso eine Implikation der *Human Security*-Konzeption, dass dem Bereich des *peacemaking*, wie im fünften Kapitel auch für die Überlegungen zum gerechten Frieden gefordert, zentrale Aufmerksamkeit zukommt.

Eine Konzeptualisierung des gerechten Friedens, welche diesen mit *Human Security*-Ansatz in Entsprechung bringt, erlaubt es der theologischen Friedensethik *zum zweiten*, dem Erfordernis der Vermittelbarkeit ihres Leitbegriffs besser Genüge zu tun. Denn wie im Folgenden zu zeigen sein wird, wird der Ansatz der menschlichen Sicherheit nicht nur in zunehmendem Mass in akademischen Debatten erörtert, sondern entfaltet inzwischen auch in politischen Bereichen konkrete Wirkung. Und dies in dreifacher Hinsicht: Erstens als Zielvorstellung friedens- und sicherheitspolitischer Massnahmen, zweitens als Leitbegriff konzeptioneller Debatten und drittens als Ansatz mit umfassendem theoretischem Anspruch, der für eine inklusive Sicht friedens- und entwicklungspolitischer Bemühungen steht. Diese drei Hinsichten stehen, wie bisher deutlich geworden sein dürfte, auch mit Blick auf die Rede vom gerechten Frieden im Zentrum.

Sowohl die Analyse der zentralen Herausforderungen gegenwärtiger Friedens- und Sicherheitspolitik als auch die theoretischen Debatten und politischen Ansätze, auf welche sich die Verfechter des *Human Security*-Ansatzes beziehen, entsprechen in manchen Hinsichten denjenigen, die in der Rede vom gerechten Frieden ins Zentrum gerückt werden. Besonders deutlich wird diese thematische Entsprechung nun etwa auch in der jüngsten Friedensdenkschrift der EKD, in der die Rede vom gerechten Frieden insbesondere gegen Ende der Schrift in nächste Nähe zur Debatte um die menschliche Sicherheit gerückt wird. In Übereinstimmung mit dem weiten Begriff des gerechten Friedens, der die Denkschrift leitet, entscheiden sich deren Autorinnen und Autoren für ein weites Verständnis der *Human Security*-Konzeption[582], indem sie die Konzepte der »Menschlichen Entwicklung« und der »Menschlichen Sicherheit« als Entsprechung zum Leitbegriff des gerechten Friedens postulieren. Diese Verknüpfung, so die Denkschrift, entspreche dem Kerngehalt des Konzepts ›gerechter Frieden‹.[583] Und ähnlich hält die Schrift in ihrem Fazit fest, die Sicherheits- und die Friedenspolitik – auf die eine am Begriff des gerechten Friedens orientierte Friedensethik letztlich immer bezogen ist – müssten »von den Konzepten der ›Menschlichen Sicherheit‹ und der ›Menschlichen Entwicklung‹ her gedacht werden«[584].

Wenn ich im Folgenden also einer engen Verknüpfung der Rede vom gerechten Frieden mit dem *Human Security*-Ansatz das Wort rede, so geschieht dies in Übereinstimmung mit gewichtigen Stimmen der aktuellen friedensethischen Diskussion. Wie ich zeigen möchte, ist eine solche Verknüpfung jedoch nur dann weiterführend, wenn auch mit Blick auf den *Human Security*-Ansatz eine Entscheidung zugunsten des *engen* Verständnisses dieser Konzeption zum Tragen kommt.

Um diese These auszuführen, werde ich in einem ersten Abschnitt darlegen, was unter dem Konzept der menschlichen Sicherheit verstanden wird und welche Diskussionsfelder rund um den *Human Security*-Begriff derzeit im Vordergrund stehen. Dabei werde ich sowohl die Unterscheidung zwischen einem engen und einem weiten Begriff der menschlichen Sicherheit erläutern als auch Grundlinien der Kritik an diesem Ansatz erörtern (6.1). Daran anschliessend werde ich zwei friedensethisch relevante Implikationen des *Human Security*-Ansatzes diskutieren, die auf der einen Seite das Postulat der Vergleichbarkeit dieses Ansatzes mit der Rede vom gerechten Frieden untermauern, die auf der andern Seite jedoch bei einer Hinwendung der friedensethischen Diskussion zum Konzept der menschlichen Sicherheit vertiefter Beachtung bedürften. Denn wie ich zeigen möchte, vollzieht sich eine solche Verknüpfung des gerechten Friedens mit der menschlichen Sicherheit nicht ohne Widerstände. Diese sind zum einen im Begriff der menschlichen Sicherheit selbst sowie in der Debatte, die

---

[582] Zur Unterscheidung zwischen einem weiten und einem engen Verständnis der menschlichen Sicherheit vgl. unten, Abschnitt 6.1.2.
[583] Vgl. Rat der EKD 2007, 118.
[584] Rat der EKD 2007, 125. Eine Nähe zwischen den Grundanliegen der friedensethischen Rede vom gerechten Frieden und dem Konzept der menschlichen Sicherheit sieht auch Haspel 2007a, 218.

sich um dieses Konzept in jüngerer Zeit an der Schnittstelle zwischen der Wissenschaft der internationalen Beziehungen und der praktischen Politik ergeben hat, begründet. Zum andern entspringen diese Widerstände aber auch dem angestrebten Unterfangen der Verknüpfung des *Human Security*-Ansatzes und der Rede vom gerechten Frieden. Vor diesem Hintergrund werde ich im selben Abschnitt herausarbeiten, dass diese Verknüpfung insbesondere dann gelingt, wenn sowohl der Begriff des gerechten Friedens als auch jener der menschlichen Sicherheit – in allerdings qualifizierter Weise – eng gefasst werden (6.2).

6.1 Der Ansatz der menschlichen Sicherheit

6.1.1 Ursprünge und Zielsetzung

Die Diskussion um die Begriffe der menschlichen Sicherheit und des gerechten Friedens hat ungefähr zeitgleich – in der ersten Hälfte der 1990er-Jahre – eingesetzt und auf die gleichen geopolitischen Veränderungen reagiert.[585] Das Konzept der menschlichen Sicherheit fand erstmals im Human Development Report (HDR) des UNDP aus dem Jahr 1994 Erwähnung.[586] Seither fand es Eingang in eine Reihe vielbeachteter Berichte und sicherheitspolitischer Gesamtkonzepte, die jeweils von Netzwerken und Initiativen ausgearbeitet wurden, in denen sich Staaten, Staatengruppen, Internationale Organisationen und NGOs um eine verstärkte Profilierung und Anwendung dieses Konzepts bemühen.[587] Damit ist auf eine Eigenart der Debatte

---

[585] Es handelt sich dabei auch hier – ähnlich wie oben im 4. Kapitel für die wiederaufkeimende Debatte im Bereich der Friedenstheorie dargelegt – um die globalen Umwälzungen, die das Ende des Kalten Krieges mit sich brachte und um die damit zusammenhängende verstärkte Wahrnehmung grassierender innerstaatlicher Konflikte, die unter den Bedingungen der Blockkonfrontation oft nur wenig Beachtung fanden.

[586] Vgl. UNDP 1994.

[587] Zu nennen sind hier insbesondere vier Akteure: Erstens die bereits verschiedentlich erwähnte, im Nachgang zur Kosovo-Intervention insbesondere auf Betreiben der kanadischen Regierung eingesetzte *International Commission on Intervention and State Sovereignty (ICISS)*, die ihrem Bericht »The Responsibility to Protect« den *Human Security*-Ansatz zugrunde legt; zweitens die unter japanischer Ägide stehende *Commission on Human Security*, die im Jahr 2003 einen breit rezipierten Bericht mit dem Titel »Human Security Now« veröffentlicht hat; drittens das *Human Security Network*, in dem 13 Staaten (vgl. unten, Fussnote 615) zusammengeschlossen sind, die sich für ihre multilateralen Anstrengungen den Ansatz der menschlichen Sicherheit zu eigen machen. Viertens sind auch die Vereinten Nationen bzw. deren früherer Generalsekretär, Kofi Annan, hier zu erwähnen, die in verschiedenen einflussreichen Berichten seit der Jahrtausendwende Konzeptionen propagiert haben, die dem *Human Security*-Ansatz Folge leisten (vgl. u.a. UN 2004 und UN 2005).

um den Begriff und den Ansatz der menschlichen Sicherheit hingewiesen, die in der Diskussion gerne hervorgehoben wird: Die Rede von der menschlichen Sicherheit als leitendes Paradigma einer zeitgemässen Friedens- und Sicherheitspolitik entstammt von Beginn an dem *politischen* Diskurs und fand erst nachher Eingang in *akademische* Auseinandersetzungen.

Das Konzept der menschlichen Sicherheit hat laut Michael Brzoska »zwei Wurzeln«[588]. Auf der einen Seite steht das Anliegen, mit einer Erweiterung des Sicherheitsbegriffs all jene Phänomene in die Reflexion einbeziehen zu können, die von den Menschen konkret als Bedrohungen ihrer Sicherheit wahrgenommen werden. Denn der Sicherheitsbegriff sei viel zu lange für die (territoriale) Sicherheit eines Staates reserviert gewesen. Damit sei aber das Empfinden etwa der Bewohner dieser Staaten irrelevant geblieben für die Frage, wie der Begriff der Sicherheit zu verstehen sei. Der HDR 1994 fasst dies in die folgenden, aufgrund ihres grundlegenden Charakters hier ausführlich wiederzugebenden Worte:

> »The concept of security has for too long been interpreted narrowly: as security of territory from external aggression, or as protection of national interests in foreign policy or as global security from the threat of nuclear holocaust. It has been related more to nation-states than to people. […] Forgotten were the legitimate concerns of ordinary people who sought security in their daily lives. For many of them, security symbolized protection from the threat of disease, hunger, unemployment, crime, social conflict, political repression and environmental hazards.«[589]

Das hier zum Ausdruck kommende Anliegen besteht also darin, wie Tobias Debiel und Sascha Werthes es ausdrücken, durch eine »*horizontale Erweiterung*«[590] des Sicherheitsbegriffs zu einem adäquaten, inhaltlich ausgeweiteten Verständnis von Sicherheit zu gelangen. Bereits in den Jahren zuvor war die Ausweitung des Sicherheitsbegriffs ein Thema mancher Diskussionen im Bereich der internationalen Beziehungen – Debiel und Werthes erinnern etwa an die in den 80er-Jahren entwickelten Begriffe der ›*common security*‹, der ›umfassenden Sicherheit‹ oder der ›globalen

---

[588] Brzoska 2004, 156.
[589] UNDP 1994, 22.
[590] Debiel/Werthes 2005, 9 (Hervorhebung hinzugefügt).

Sicherheit‹[591]. Entsprechend ist es zutreffend, wenn Michael Brzoska betont, dass das Konzept menschlicher Sicherheit in dieser Perspektive nur als ein weiterer Versuch gewertet werden könne, »auf die Gesamtheit der Faktoren hinzuweisen, die die Existenz und das Leben von Menschen bedrohen – über die Verletzung bürgerlicher Freiheitsrechte einerseits und zwischenstaatlicher Kriege andererseits hinaus.«[592]

Allerdings lässt eine solche Feststellung die zweite ›Wurzel‹, die Brzoska mit Blick auf das Aufkommen des Konzepts der menschlichen Sicherheit identifiziert, ausser Acht. Brzoska selbst bezeichnet sie als »die Hinterfragung des Objektes von Sicherheit«[593], die sich in der Frage konkretisiert, *wessen* Sicherheit konkret im Blick ist. Parallel zu der Ausweitung des Sicherheitsbegriffs, für die der Begriff der menschlichen Sicherheit im Sinne der ›horizontalen Erweiterung‹ steht, impliziert es also auch eine »*vertikale Vertiefung*«[594]. Während herkömmliche Auffassungen von Sicherheit wie bereits erwähnt die *Sicherheit von Staaten* zum Gegenstand haben, geht der Begriff der menschlichen Sicherheit mit der Forderung einher, dass dem *Schutz des Individuums* die zentrale Aufmerksamkeit zukommen müsse.[595] Denn wenngleich menschliche Sicherheit und nationale Sicherheit sich idealerweise gegenseitig stützten, wirkten der Staat bzw. staatliche Akteure in der Gegenwart für die Individuen sehr oft gerade nicht eine Quelle von Sicherheit, sondern im Gegenteil die primäre Quelle von Unsicherheit. So heisst es im *Human Security Report*:

> »[S]ecure states do not automatically mean secure peoples. Protecting citizens from foreign attack may be a necessary condition for the security of individuals, but it is certainly not a sufficient one. Indeed, during the last 100 years far more people have been killed by their own governments than by foreign armies. A new approach to security is needed because the analytic frameworks that have traditionally explained wars between states – and prescribed policies to prevent them – are largely irrelevant to violent conflicts *within* states. The latter now make up more than 95% of armed conflicts.«[596]

---

[591] Vgl. Debiel/Werthes 2005, 9.
[592] Brzoska 2004, 161.
[593] Brzoska 2004, 157. Mit dem »Objekt« von Sicherheit ist dasselbe gemeint, was ich im Folgenden als die »Adressaten« des Konzepts menschlicher Sicherheit bezeichnen werde.
[594] Debiel/Werthes 2005, 9 (Hervorhebung hinzugefügt). Zur Unterscheidung einer ›horizontalen‹ und einer ›vertikalen‹ Dimension von Sicherheit vgl. auch Thakur 2006, 72.
[595] Vgl. Debiel/Werthes 2005, 9.
[596] Human Security Centre 2005, VIII.

In gleicher Weise, wie dies oben[597] für die Debatte um den gerechten Frieden aufgezeigt wurde, steht das Konzept der menschlichen Sicherheit also für eine Hinwendung zum Individuum als zentralem Adressaten der konkreten friedenspolitischen Praxis und der friedensethischen Reflexion. Zugleich ist der Human Security-Ansatz auch Ausdruck der wachsenden Bedeutung der Menschenrechte als individuelle Rechte, die in der Frage um die Erlaubtheit und die Gebotenheit humanitärer Interventionen zu einem Perspektivenwechsel geführt hat, der mit einer Infragestellung der gegenwärtigen völkerrechtlichen Nichtinterventionsnorm einhergeht. Diese Entwicklung ist spätestens seit dem ICISS-Bericht explizit mit dem Ansatz der menschlichen Sicherheit verknüpft:[598]

Die auf die Sicherheit und die Rechte von Individuen gerichtete Perspektive führt in den internationalen Beziehungen zu einem Verständnis staatlicher Verantwortung, das im Schutz der menschlichen Sicherheit der Bürgerinnen und Bürger eines jeweiligen Staates das zentrale Legitimitätskriterium staatlicher Souveränität sieht. Ein Staat kann, so der ICISS-Bericht, also nur dann legitimerweise Souveränität beanspruchen, wenn er dieser Schutzverantwortung für seine Bürgerinnen und Bürger nachkommt. Verglichen mit dem herkömmlichen Verständnis von Souveränität vollzieht sich in diesem Sinne ein Wandel hin zu einer Vorstellung staatlicher Souveränität als ›konditionaler Souveränität‹.

Ähnlich wie das Konzept des gerechten Friedens misst folglich auch der Ansatz der menschlichen Sicherheit dem Aspekt der Staatlichkeit eine entscheidende, wenn auch durchaus ambivalente Rolle bei:[599] Staaten stellen in der Perspektive beider Ansätze die vorrangigen Akteure von Sicherheit und Frieden dar. Zugleich bilden sie aber auch die zentrale Bedrohung derselben, sei es durch eine militarisierte Innenpolitik, durch mutwillige Angriffe auf die eigene Zivilbevölkerung oder auf bestimmte Teile davon, aber auch durch übermässige Rüstungsinvestitionen auf Kosten wichtiger Bereiche der öffentlichen Wohlfahrt oder durch die staatlich organisierte Aufrüstung einzelner Bevölkerungsgruppen.[600] Gleiches gilt auch für die Garantie der Menschenrechte: Deren Schutz bleibt auf die Existenz starker

---

[597] Vgl. dazu Kapitel 3.
[598] Vgl. dazu auch Thomas/Tow 2002.
[599] So auch Debiel/Werthes 2005, 12.
[600] Vgl. dazu etwa Atack 2005, 113. Vgl. dazu auch Krause/Jütersonke 2005, 457: »[I]n most parts of the world, the state or regime continues to be secured at the expense of the needs of its citizens[.]«

Staaten angewiesen – zugleich sind es oft gerade Staaten, die die Menschenrechte ihrer Bürgerinnen und Bürger am stärksten bedrohen. Iain Atack betont daher, dass dem Staat in der *Human Security*-Perspektive bloss instrumentelle Bedeutung zukomme, dieser also lediglich als primärer Garant und Akteur von Sicherheit verstanden werden müsse und nicht zugleich als Adressat derselben. Die Bedeutung der Staaten liege nämlich primär in ihrer Aufgabe, die menschliche Sicherheit der Einzelnen zu garantieren.[601]

Der *Human Security*-Ansatz steht also für eine Verschiebung des Fokus des Sicherheitsdiskurses hin zum Individuum, das primär als Mensch und nicht in erster Linie als Bürgerin oder Bürger eines bestimmten Staates aufgefasst wird. Wie es für die dargestellten Konzepte des gerechten Friedens geltend gemacht wurde, ist also auch die Diskussion um die menschliche Sicherheit, so unterstreicht Atack, kosmopolitanistisch geprägt:

> »[T]he object of security becomes not merely the individual human being, but also humanity as a whole as the collection of all such individuals. The state is an intermediate political instrument, but by no means the only one, for achieving such collective human security. [...] All [...] interpretations of human security depend upon a sense of shared humanity as well as a shared, cosmopolitan set of values.«[602]

Human Security impliziert zusammengenommen also drei zentrale Ebenen von Sicherheit, die der Ansatz neu zu konzeptualisieren beansprucht: Zum ersten die Ebene des *Inhalts* von Sicherheit, der im Sinne der ›horizontalen Erweiterung‹ in diesem Konzept weiter gefasst wird, als dies herkömmlicherweise der Fall ist. Zum zweiten die Ebene der *Adressaten* von Sicherheit, hinsichtlich deren der Ansatz im Sinne der ›vertikalen Vertiefung‹ für eine Bewegung weg von den Staaten hin zu den einzelnen Individuen als Mitglieder der Menschheit steht. Zum dritten schliesslich die Ebene der *Akteure bzw. Verantwortungsträger* von Sicherheit, mit Blick auf die sich im Paradigma der menschlichen Sicherheit ein – für die klassische *Sicherheits*politik äusserst bedeutsamer – Wandel ergibt, der den Staaten ebenso wie staatlicher Souveränität bloss instrumentelle Bedeutung beimisst. Entsprechend vertreten alle Ansätze menschlicher Sicherheit, wie Sabina Alkire schreibt, ein »principle of subsidiarity«, demzufolge gilt: »[M]aximal

---

[601] Vgl. Atack 2005, 111.
[602] Atack 2005, 120f.

responsibility should be assumed by the most local or specialized organizations *that are capable of undertaking it.*«[603] Während zwar primär der Staat bzw. sub-staatliche (öffentliche) Institutionen als Akteure im Blick bleiben, impliziert der Ansatz der menschlichen Sicherheit darüber hinaus, dass die Verantwortung zu ihrem Schutz im Falle des Versagens der Staaten den Akteuren auf der globalen Ebene, also der Weltgemeinschaft, zukommt.[604]

6.1.2 Weiter und enger Begriff der menschlichen Sicherheit

Alle drei genannten Ebenen sind, wie dieser kurze Blick auf die Genese und die elementaren Anliegen des *Human Security*-Ansatzes zeigt, auch bei der Arbeit am Konzept des gerechten Friedens im Blick. Mit Blick auf die erste dieser drei Ebenen, jene der inhaltlichen Ausdehnung, gilt es dabei die Diskussion rund um die Unterscheidung zwischen einem weiten und einem engen Begriff menschlicher Sicherheit zu beachten.

Der weite Begriff der menschlichen Sicherheit kann als der eigentlich ursprüngliche Begriff bezeichnet werden, wie er exemplarisch im *Human Development Report* von 1994 vertreten wird.[605] Er hat in der Zwischenzeit sowohl in der politischen[606] als auch in der akademischen Welt[607] breite Rezeption gefunden. Wie das UNDP schreibt, umfasst die menschliche Sicherheit sieben konstitutive Komponenten, nämlich »economic security, food security, health security, environmental security, personal security, community security, and political security«[608]. Mit dieser Ausweitung des Begriffsgehalts wollte das UNDP dem Umstand Rechnung tragen, dass im Sicherheitsbegriff, wie der HDR 1994 festhält, schon seit jeher zwei haupt-

---

[603] Alkire 2003, 31.
[604] Hier liegt auch die natürliche Verbindung zwischen dem Konzept der menschlichen Sicherheit und den Überlegungen zum Konzept der ›Schutzverantwortung‹, zur staatlichen Souveränität und zur humanitären Intervention, die im ICISS-Report zusammengefasst sind (vgl. ICISS 2001, 11ff. sowie zur Auseinandersetzung damit Brzoska 2004, 163; Jütersonke/Krause 2007; Owen 2004; Thakur 2006 und von Schorlemer 2006).
[605] Vgl. für das Folgende und für einen ausführlicheren historischen Abriss zu den verschiedenen Konzepten menschlicher Sicherheit auch Alkire 2003, 13ff. und Alkire 2004.
[606] Im Bereich der politischen Initiativen, die dem *Human Security*-Ansatz gewidmet sind, vertritt etwa die von der japanischen Regierung im Anschluss an die ostasiatische Finanzkrise 1997 initiierte *Commission on Human Security*, einen weiten Begriff der menschlichen Sicherheit. Dieser ist gar noch weiter gefasst als jener, der im HDR 1994 zum Tragen kommt.
[607] Vgl. z.B. Thomas 2000; Hampson u.a. 2002; Alkire 2003; Hampson 2004 und Thakur 2006.
[608] UNDP 1994, 24f.

sächliche Komponenten zusammengefasst waren, nämlich »freedom from fear« auf der einen und »freedom from want« auf der andern Seite.[609] Das Konzept der menschlichen Sicherheit habe auf diese Weise, so der HDR 1994, einen umfassenden Anspruch[610]: Es zeige auf, dass die Sicherheit der Einzelnen nicht bloss von unmittelbaren Gefahren und Bedrohungen, etwa physischer Gewalt abhänge. Vielmehr bezeichne der Begriff der menschlichen Sicherheit auch die Sicherheit vor chronischen Bedrohungen wie etwa Hunger, Krankheiten und Unterdrückung.[611]

Auf der Grundlage und in nochmaliger Ausweitung des Verständnisses, das vom UNDP ausgearbeitet wurde, hat sich jüngst insbesondere die *Commission on Human Security* in ihrem Bericht »Human Security Now«[612] diesen weiten Begriff menschlicher Sicherheit zu eigen gemacht. Zur Explikation stützt sich der Bericht auf den *capabilities*-Ansatz von Amartya Sen, dessen Einfluss hier unverkennbar ist: Die Kommission definiert menschliche Sicherheit als »protecting people from severe and pervasive threats, both natural and societal, and empowering individuals and communities to develop the capabilities for making informed choices and acting on their own behalf«[613].

Sowohl dem UNDP als auch der *Commission on Human Security* ist es ein zentrales Anliegen, mit dem weiten Begriff menschlicher Sicherheit die untrennbare Verbindung von sicherheitspolitischen Belangen auf der einen und entwicklungspolitischen Belangen auf der anderen Seite zu betonen. Nachhaltige Entwicklung, die sowohl ökonomische als auch politische Faktoren einbeziehen muss, gilt in dieser Perspektive als unverzichtbare Bedingung, um Sicherheit zu ermöglichen.[614] Ähnlich wie dies Verfechter eines weit gefassten Konzepts des gerechten Friedens tun, rücken die Vertreter des weiten Begriffs menschlicher Sicherheit hiermit die konstitutive Verbindung von Entwicklung und Sicherheit bzw. Frieden ins Zentrum.

---

[609] UNDP 1994, 24.
[610] Vgl. UNDP 1994, 24.
[611] Vgl. UNDP 1994, 23.
[612] Vgl. Commission on Human Security 2003.
[613] Zitiert bei Debiel/Werthes 2005, 10. Ausführlicher mit der Verbindung des *capability*-Ansatzes und dem Konzept der menschlichen Sicherheit befasst sich u.a. Alkire 2003, insb. 25ff.
[614] Vgl. Krause 2005, 5.

Eine zunehmende Anzahl Autoren sowie ein gewichtiges Netzwerk von Staaten[615] machen in der gegenwärtigen Debatte dagegen einen *engen* Begriff menschlicher Sicherheit geltend.[616] Das Konzept der menschlichen Sicherheit wird von den Vertretern dieser Position auf die »freedom from fear«-Perspektive beschränkt: Menschliche Sicherheit steht diesem Verständnis zufolge für den Schutz der Menschen vor Bedrohungen durch physische Gewalt und gilt dann als gegeben, wenn die Individuen in ihrem Alltag nachhaltig und zuverlässig vor Gewalt geschützt sind. Menschliche Sicherheit meint hier also die dauerhafte Überwindung der Gewalt im Leben der Einzelnen, bezieht die in der »freedom from want«-Perspektive implizierte breite Palette sozioökonomischer Aspekte anders als in der weiten Auslegung aber nicht in den Begriff der menschlichen Sicherheit mit ein. Diese Aspekte – so etwa der Zugang zu Bildung oder die Förderung der Gesundheit – werden von den Vertretern des engen Begriffs menschlicher Sicherheit nicht etwa als irrelevant bezeichnet. Vielmehr impliziert auch dieses Verständnis eine enge Verbindung zwischen dem Bereich der Sicherheits- und der Friedenspolitik sowie jenem der Entwicklungspolitik. Doch werden diese Bereiche nicht gleichgesetzt, sondern stehen, wie Keith Krause unterstreicht, in einem gegenüber dem weiten Begriff menschlicher Sicherheit umgekehrten Kausal- und Bedingungsverhältnis: »From the perspective of human security (narrowly defined), you cannot achieve sustainable development without human security – you cannot achieve ›freedom from want‹ without achieving ›freedom from fear‹.«[617]

Dergestalt eingegrenzt, so Krause, könne das *Human Security*-Paradigma Grundlage einer »powerful and coherent practical and intellectual agenda«[618] sein. Dies werde etwa deutlich, wenn man auf den Erfolg der Kampagne gegen Anti-Personenminen blicke, die in der Vereinbarung von Ottawa zum Verbot solcher Minen gipfelte. Diese gesamte Kampagne sei, so heben manche Autoren hervor, die erste zusammenhängende politische

---

[615] Gemeint ist das bereits erwähnte *Human Security Network* (HSN), in dem gegenwärtig 13 Staaten (Österreich, Kanada, Chile, Costa Rica, Griechenland, die Niederlande, Irland, Jordanien, Mali, Norwegen, Slowenien, die Schweiz, Thailand sowie Südafrika mit Beobachterstatus) organisiert sind (zum HSN vgl. Werthes/Bosold 2006, 28ff. und Jütersonke/Krause 2007).

[616] Vgl. z.B. die Positionen des *Human Security Report* (vgl. Human Security Centre 2005), sowie Kaldor 2007; Krause 2004; Krause 2005; Mack 2004; Debiel/Werthes 2005; Werthes/Debiel 2006 oder Werthes/Bosold 2006.

[617] Krause 2005, 5.

[618] Krause 2004, 368.

Initiative gewesen, die auf dem *Human Security*-Ansatz – in seiner engen Auslegung – gegründet habe.[619] Denn diese Waffen seien nur daher überhaupt zum Gegenstand sicherheitspolitischer Überlegungen geworden, weil sie durch die ›vertikale Vertiefung‹, die mit dem Konzept der menschlichen Sicherheit verbunden ist, als relevante Themenstellung der Sicherheitspolitik anerkannt worden seien.

6.1.3 Zur Kritik am Konzept der menschlichen Sicherheit

Angesichts der skizzierten Verstehensweisen erstaunt es nicht, dass das Konzept der menschlichen Sicherheit insbesondere in der akademischen Debatte sowohl in funktionaler als auch in inhaltlicher Hinsicht in Frage gestellt wird. Dies gilt in besonderem Mass für den weiten Begriff: In inhaltlicher Hinsicht wird dessen Vertretern allem voran vorgehalten, dass in ihrem Verständnis viel zu viele Bereiche unter den Sicherheitsbegriff fallen und dieser damit jegliche inhaltliche Klarheit verliere. Ein solches Verständnis menschlicher Sicherheit sei derart unscharf, dass es in politischer Hinsicht wertlos werde. Wie Keith Krause schreibt, führe der Umstand, dass der weite Begriff menschlicher Sicherheit praktisch die gesamte Palette von Problemstellungen friedens- und entwicklungspolitischer Natur unter dem Sicherheitsbegriff zusammenziehe, dazu, dass das Konzept letztlich nicht mehr fassbar sei. Der Begriff der *Human Security*, bzw. der Gegenbegriff menschlicher *Un*sicherheit, bleibe somit schlussendlich bloss eine Art Synonym für alles Schlechte, das einem im Leben widerfahren könne.[620] Ähnlich kritisiert Roland Paris, dass die Ausweitung der Begrifflichkeit einer »laundry list«[621] von als sicherheitsrelevant eingestuften Faktoren gleichkomme, der gegenüber – insbesondere in der ›japanischen‹ Auslegung des *Human Security Now*-Berichts – nur noch zu fragen bleibe: »[I]f human security is all these things, what is it *not*?«[622]

Paris hält dem Konzept aber nicht bloss vor, ein inadäquates, weil zu weit gefasstes Verständnis von Sicherheit zu postulieren. Er vertritt auch die Auffassung, dass dieses Verständnis mit einer logischen Schwierigkeit behaftet sei, durch die es unmöglich werde, auf der Basis dieses Konzepts

---

[619] Vgl. dazu etwa Hampson u.a. 2002; Atack 2005, 21 oder Krause 2005, 4.
[620] Dies die Kritik von Krause 2004, 367f.
[621] Paris 2001, 91.
[622] Paris 2001, 92 (kursiv im Original).

zu einem besseren Verständnis unterschiedlicher konflikt- und unsicherheitsfördernder Faktoren zu gelangen:

> »Because the concept encompasses both physical security and more general notions of economic and social well-being, it is impractical to talk about certain socioeconomic factors ›causing‹ an increase or decline in human security, given that these factors are themselves part of the definition of human security. The study of causal relationships requires a degree of analytical separation that the notion of human security lacks.«[623]

Dieser Kritikpunkt steht bereits am Übergang zur funktionalen Ebene, indem er zur Frage hin öffnet, ob das Konzept der menschlichen Sicherheit letztlich – im Sinne der intendierten politischen Orientierung – zu leisten vermag, was es verspricht. Werde der Begriff der menschlichen Sicherheit derart ausgeweitet, fehle ihm letztendlich jede analytische Nützlichkeit. Insbesondere gelinge es nicht mehr, aus dem Konzept der menschlichen Sicherheit konkrete Anleitung für die praktische Friedens- und Sicherheitspolitik etwa hinsichtlich einer begründeten Prioritätensetzung zu gewinnen.[624] Bei der weiten Auslegung gehe aber auch, so die kritischen Stimmen, der Blick dafür verloren, dass mit dem Begriff »Sicherheit« stets eine bestimmte Klasse von Problemen bezeichnet sei, die besonders dringlicher Bearbeitung bedürften.[625] Diesen kritischen Aspekt bringt etwa der *Human Security Report* zum Ausdruck, dessen Anliegen mitunter ja gerade darin besteht, das Konzept der menschlichen Sicherheit für die Evaluation und die Anleitung konkreter friedens- und sicherheitspolitischer Massnahmen nutzbar zu machen. Dessen Autoren schreiben über das weite Verständnis menschlicher Sicherheit: »A concept that lumps together threats as diverse as genocide and affronts to human dignity may be useful for advocacy, but has limited utility for policy analysis.«[626]

Mit dieser Kritik gehe ich einig. Ich meine aber, dass auch der enge Begriff menschlicher Sicherheit durchaus kritisch hinterfragt werden kann. Der eingegrenzt verstandene Begriff der menschlichen Sicherheit setzt die-

---

[623] Paris 2004b, 371.
[624] Vgl. Brzoska 2004, 159.
[625] Vgl. Brzoska 2004, 157. Krause 2005, 3, schreibt dazu: »[T]he concept [...] obscures what is distinctive about the idea of ›security‹, and how it is inextricably tied up with conflict and existential threats, and the use of violence.«
[626] Human Security Centre 2005, VIII. Ähnlich auch Krause 2004 und Newman 2004.

se mit dem Schutz der Individuen vor der Bedrohung durch Gewalt gleich. Damit neigt er aber gerade dazu, die mit dem Paradigmenwechsel hin zum Konzept der menschlichen Sicherheit intendierte Steigerung des Differenzierungsgrads des Sicherheitsbegriffs zu untergraben, indem er ausblendet, wie sehr die Unsicherheit im Leben der Menschen auch mit sozio-ökonomischen Aspekten in direkter Verbindung steht. Damit einhergehend läuft der enge Begriff Gefahr, den zivilen Aspekt der Sicherheitsproblematik, welcher durch die im Konzept menschlicher Sicherheit angelegte ›vertikale Vertiefung‹ des Sicherheitsbegriffs stärker ins Blickfeld rücken sollte, weniger stark zu gewichten als militärische Wege des Schutzes menschlicher Sicherheit.[627] Diese Kritik führt in die Nähe des Einwands der ›Versicherheitlichung‹ der internationalen Politik, auf den ich unten zurückkommen werde.[628]

In Anbetracht dieser definitorischen Undeutlichkeiten und Auseinandersetzungen wird das Konzept der menschlichen Sicherheit von manchen Autoren als Ganzes zurückgewiesen.[629] Dabei wird insbesondere der Aspekt hervorgehoben, dass das Konzept nicht zuletzt aufgrund der Bandbreite an Auslegungen schlicht von zu geringem Wert für die *akademische* Erörterung sei (im Gegensatz etwa zu dessen politischem Nutzen).[630] Roland Paris hat jedoch vorgeschlagen, unter Anerkennung der beträchtlichen Mobilisierung, die der Rekurs auf das Konzept der menschlichen Sicherheit bei den politischen Akteuren bewirkt habe, dieses als »category of research«[631] aufzufassen, die innerhalb des Feldes der *security studies* jene Fragen zu klären hätte, die klassischerweise auf diesem Gebiet nicht abgedeckt würden.[632] Paris ist es mit seinem Vorschlag darum zu tun, den Ansatz als innovativen Forschungsrahmen wirksam werden zu lassen, und ihn davon zu ›entlasten‹, politische Wirksamkeit entfalten zu müssen.[633]

---

[627] Vgl. dazu auch Brzoska 2004, 163.
[628] Vgl. Abschnitt 6.2.1.
[629] Vgl. etwa Buzan 2004, 369f., der gegenüber dem Konzept den Kritikpunkt vorbringt, dass es letztlich nichts anderes beinhalte als die herkömmliche Menschenrechtspolitik und dass der Einbezug des Sicherheitsbegriffs lediglich ein strategischer Schachzug sei, der es erlaube, auch in jenen Diskursen von den Menschenrechten zu sprechen, in denen dieser Begriff politische Schwierigkeiten bereiten würde.
[630] Vgl. etwa Paris 2004b, 371.
[631] Vgl. dazu Paris 2001, 96ff. und Alkire 2003, 16.
[632] Damit gemeint wären in Paris' Optik insbesondere die nichtmilitärischen Bedrohungen der Sicherheit, um die es den *Human Security*-Verfechtern von allem Anfang an in besonderem Masse ging. Einen Katalog von Fragen, mit denen in meinen Augen dieses Anliegen aufgenommen wird, präsentiert z.B. Goetschel 2005, 29ff.
[633] Vgl. Paris 2001, 97.

Allerdings lässt sich fragen, worin der Nutzen und die Berechtigung eines Ansatzes läge, der bloss im theoretischen Feld akademischer Forschungsfragen (sofern es im Bereich der Sicherheitspolitik überhaupt Fragen gibt, die lediglich theoretischer Natur sind) verwendbar ist. Mit Blick auf den Anspruch, mit dem die Vertreter des Konzepts menschlicher Sicherheit angetreten sind, käme ein solcher Rückzug auf die bloss wissenschaftliche Sphäre jedenfalls einem Scheitern gleich. Ein Paradigma wie dasjenige der menschlichen Sicherheit muss sich in der politischen Praxis bewähren, wenn es dem Anliegen seiner Verfechter gerecht werden will – Gleiches gilt, wie oben[634] gefordert, auch für die theologisch-friedensethische Rede vom gerechten Frieden.

Taylor Owen hat versucht aufzuzeigen, wie das Konzept vermittelnd zwischen Wissenschaft und Politik, aber auch zwischen dessen enger und weiter Auslegung, verwendet werden kann. Sein naheliegender Ansatz besteht darin, eine »Stufendefinition« einzuführen, der zufolge sicherheitsrelevante Faktoren bzw. Bedrohungen der menschlichen Sicherheit nicht nach ihrer Art – z.B. physische Gewalt vs. Naturkatastrophen – sondern nach ihrem Schweregrad beurteilt würden.[635] Vom weiten Begriff übernimmt Owen die Bandbreite der »Kategorien«, die seiner Ansicht nach eine Bedrohung der menschlichen Sicherheit darstellen können. Vom engen Verständnis wiederum übernimmt er die Forderung, dass nur diejenigen Bedrohungen, die so ausgeprägt sind, dass sie das Leben der Menschen existentiell gefährden, zum Begriffsspektrum der menschlichen Sicherheit hinzugerechnet werden sollen. Zusammengenommen führt ihn dies zu folgender Definition: »Human security is the protection of the vital core of all human lives from critical and pervasive environmental, economic, food, health, personal and political threats.«[636] Wie der Schwellenwert festzulegen sei, unterhalb dessen Beeinträchtigungen des menschlichen Wohlergehens nicht etwa für belanglos erklärt, aber im angestammten Feld entwicklungspolitischer Massnahmen belassen würden, sei, so Owen, kontext- und regionenspezifisch zu entscheiden.[637]

Owen unterstreicht, dass in seinem Ansatz im Unterschied zum weiten Begriff menschlicher Sicherheit gerade nicht alle entwicklungspolitischen

---

[634] Vgl. Abschnitt 4.5.
[635] Vgl. Owen 2004, 382. Owen spricht von einer »threshold-based definition«.
[636] Owen 2004, 383.
[637] Vgl. zu Owens Ansatz auch Debiel/Werthes 2005, 12.

Problemstellungen zu Sicherheitsfragen hochstilisiert würden. Auf der inhaltlichen Ebene stellt Owens Position, so scheint mir, einen höchst plausiblen Vorschlag dar, wie das Spektrum von als sicherheitsrelevant zu deutenden Bedrohungen menschlicher Existenz eingegrenzt werden kann. Ein Defizit weist aber auch diese Position hinsichtlich der funktionalen Ebene auf: Wenn etwa ökonomische oder ökologische Aspekte als sicherheitsrelevant eingestuft werden, so ist zu klären, in welcher Weise sie dies sind. Wie etwa die Debatte um Fragen der Umweltsicherheit zeigt, werden ökologische Risiken nämlich nicht isoliert, sondern letztlich dort als Sicherheitsrisiken wahrgenommen, wo sie – etwa aufgrund zunehmender Ressourcenknappheit oder infolge der Verwüstung ganzer Landstriche – zur Gefahr der gewaltförmigen Eskalation von Konflikten führen.[638]

Gleiches mag für die andern von Owen genannten Aspekte gelten: Wo ökonomische Ungleichheiten, politische Instabilität oder Defizite im Bereich der Governance die Eskalation von Gewalt fördern, werden sie zu Bedrohungen der menschlichen Sicherheit. Sie sind es damit aber nicht unmittelbar, sondern deshalb, weil sie – was der engen Auslegung des Begriffs der *Human Security* entspricht – der Entstehung oder der Perpetuierung von Gewalt im Leben der Einzelnen Vorschub leisten. Der Schwellenwert, wo das Konzept menschlicher Sicherheit als integrativer Begriff nach einer politischen Antwort auf zivilem oder militärischem Weg verlangt, läge damit dort, wo ein entsprechender Faktor zum Risiko der direkten Bedrohung menschlicher Existenz durch Gewalt anwächst. Wie ich meine, ist ein derart qualifiziertes, enges Verständnis menschlicher Sicherheit gegenüber den weiten Begriffen vorzuziehen. Sein Kern besteht, wie oben erwähnt, in der dauerhaften Überwindung physischer Gewalt im Leben der einzelnen Individuen. Die Mittel, die zum Erreichen dieses Ziels in Betracht kommen, beschränken sich hingegen keineswegs auf die klassischen Mittel militärischer Sicherheitspolitik. Vielmehr ist das Konzept der menschlichen Sicherheit, wie etwa Iain Atack oder auch Andrew Mack und Eric Nicholls betonen, mit dem Bereich des *peacebuilding* (sowohl präventiv als auch im *post-conflict*-Bereich) verbunden und verlangt damit nach Antworten auf allen darin eingeschlossenen Ebenen.[639]

---

[638] UN-Generalsekretär Ban Ki-Moon brachte diesen Aspekt auf den Punkt, als er mit Blick auf den Klimawandel sagte, dass dieser nicht nur gravierende Umweltfolgen sowie soziale und ökonomische Implikationen, sondern auch massive Auswirkungen auf Frieden und Sicherheit haben könne. (Vgl. http://www.un.org/ News/Press/docs//2007/sc9000.doc.htm, letzter Zugriff: 30. November 2007.)

[639] Vgl. Atack 2005, 115 und Mack/Nicholls 2007, 120.

Wie sich zeigt und von zahlreichen Autoren hervorgehoben wird, stellt das Konzept der menschlichen Sicherheit in allen Interpretationen ein in hohem Masse normatives Konzept dar.[640] In anderen Worten: Das Konzept ist zwar geleitet von einer Reihe empirischer Einsichten,[641] doch steht es im Sinne eines Leitbegriffs, wie Michael Brzoska formuliert, darüber hinaus auch Pate »für das Überdenken der Ziele von und der Zusammenhänge zwischen Friedens-, Militär- und Entwicklungspolitik«[642]. Es fungiert dabei als normative Vorgabe für die Ausrichtung konkreter Massnahmen auf die effektive Verbesserung der Lebenssituation jener, die unter Unsicherheit leiden. Wie ich im Folgenden diskutieren will, geht der *Human Security*-Ansatz freilich nicht zuletzt aufgrund seines normativen Charakters mit einer Reihe von friedensethisch relevanten Implikationen einher.

6.2 Friedensethische Implikationen des Human Security-Ansatzes

In diesem Abschnitt ist es mein Ziel, das bis hierher inhaltlich umrissene Konzept der menschlichen Sicherheit mit der theologisch-friedensethischen Rede vom gerechten Frieden zusammenzuführen. In zwei Schritten sollen hierfür zunächst zwei meines Erachtens friedensethisch relevante Implikationen des Konzepts der menschlichen Sicherheit – respektive der Orientierung an diesem Konzept – diskutiert und zu den vergleichbaren Implikationen der Rede vom gerechten Frieden in Beziehung gesetzt werden. In einem zweiten Teil dieses Abschnittes soll in zwei weiteren Schritten schliesslich gezeigt werden, dass das Konzept des gerechten Friedens und jenes der menschlichen Sicherheit durchaus plausibel als friedensethische Leitbegriffe in der Debatte vertreten werden können. Dabei stehen beide in so enger Entsprechung zueinander, dass die Diskussion um das Konzept des gerechten Friedens durch eine engere Verknüpfung mit dem *Human Security*-Ansatz zu besserer Vermittelbarkeit mit aussertheologischen Debattenlagen finden kann. Allerdings setzt dies voraus, dass die Defizite in

---

[640] Vgl. etwa Brzoska 2004, 164; Newman 2004; Atack 2005, 122f. oder Werthes/Bosold 2006, 23.
[641] Zu denken wäre etwa an die vom *Human Security Report* vorgebrachte These der Abnahme weltweiter kriegerischer Gewalt in den letzten 15 Jahren. Vgl. dazu Kapitel 1 sowie Human Security Centre 2005, insb. 13ff. und 145ff.
[642] Brzoska 2004, 165.

funktionaler Hinsicht, die bezüglich beider Ansätze geltend gemacht werden können, berücksichtigt werden.

6.2.1 ›Versicherheitlichung‹ von Friedenspolitik und Friedensethik

Den ersten Aspekt, der von besonderer friedensethischer Relevanz ist, habe ich im vorangehenden Abschnitt angedeutet: Es gehört zu den Risiken – ebenso wie zu den tatsächlichen Folgen – der ›horizontalen Erweiterung‹, die sich im Konzept der menschlichen Sicherheit sowohl in seiner weiten als auch in seiner engen Auslegung vollzieht, dass sie, wie Lothar Brock schreibt, zu einer »rhetorische[n] ›Versicherheitlichung‹ von nicht-militärischen Politikfeldern«[643] führt. Darunter wird der Prozess verstanden, dass eine breite Palette von Herausforderungen sozio-ökonomischer, ökologischer oder politischer Natur unter den Sicherheitsbegriff subsumiert werden, die zuvor nicht als sicherheitsrelevant galten. Zumeist geschieht dies – daher Brocks Rede von einer ›rhetorischen‹ Versicherheitlichung – mit dem Anliegen, die Wichtigkeit dieser Herausforderungen zu betonen und somit Aufmerksamkeit und Ressourcen für deren Bewältigung zu mobilisieren.

Diese Versicherheitlichung ist in zumindest zweierlei Hinsicht problematisch. *Erstens* ist sie Faktor der analytischen Unschärfe, die einem dergestalt erweiterten Sicherheitsbegriff anhaftet. Wie Brock – in Übereinstimmung mit der oben wiedergegebenen Ansicht von Roland Paris – kritisiert, vernebelt statt erhellt dieser erweiterte Begriff Zusammenhänge und Kausalketten im Blick auf Sicherheits- und Entwicklungsdefizite, indem zu viele Phänomene in den gleichen Topf geworfen werden.[644] Den hiermit eingehandelten Mangel an Trennschärfe kritisiert auch Keith Krause, der sich als Verfechter eines engen Verständnisses menschlicher Sicherheit nicht zuletzt deshalb vom weiten Begriff abgrenzt, weil er in ihm die ›horizontale Erweiterung‹ zu weit getrieben sieht.[645] Sowohl für Krause als auch für

---

[643] Brock 2004b, 1.

[644] Brock 2004b, 3.: »An die Stelle einer Analyse des Zusammenhangs zwischen wirtschaftlicher Marginalisierung, Diskriminierung, Staatszerfall, kultureller Fremdbestimmung, Aufkommen neuer Krankheiten und Gewalt tritt die rhetorische Gleichschaltung der einschlägigen Politikfelder (Entwicklungszusammenarbeit, Aids-Bekämpfung, Stärkung des Sicherheitssektors und Anerkennung kultureller Differenz als Sicherheitspolitik).« Vgl. zu dieser Thematik ausführlich auch Brock 2004a.

[645] So stellt Krause die aus seiner Sicht rhetorische Frage (Krause 2004, 368): »Does it change our understanding of the right to basic education when we describe illiteracy as a threat to human security?«

Brock liegt die Problematik dieser Erweiterung hingegen nicht bloss in der Tatsache, dass der Sicherheitsbegriff seine Klarheit verliert. Vielmehr führt die Versicherheitlichung, *zweitens*, zur Gefahr, dass die genannten Problemfelder, die im weiten Verständnis als Probleme menschlicher *Sicherheit* aufgefasst werden, unter Rekurs auf inadäquate Mittel bearbeitet werden. Dies ist der klassische Vorgang der ›securitization‹, wie sie bisweilen auch als eigentliche Strategie gezielt betrieben wird:[646] Ein Sachverhalt wird zur Bedrohung erklärt und als sicherheitsrelevantes Problem definiert, womit er dem normalen Lauf der Dinge in der Politik gleichsam übergeordnet wird. Dies allein wäre jedoch noch nicht besonders problematisch – im Gegenteil verweisen die Vertreter des Ansatzes der menschlichen Sicherheit ja in der Tat auf Missstände, die einer dringenden Antwort bedürfen. Zum Problem wird die Versicherheitlichung deshalb, weil damit zumeist auch eine einseitige Fokussierung auf militärische Strategien der Bearbeitung der genannten Problemfelder statt einer zunehmenden Inanspruchnahme von Methoden und Massnahmen der zivilen Konfliktbearbeitung einhergeht.[647] Wie Kyle Grayson schreibt, ist die Militarisierung der Wahl der Mittel – die von manchen Autoren als Konsequenz der mit dem *Human Security*-Diskurs einhergehenden Versicherheitlichung, genannt wird[648] – nicht selten eine Folge davon, dass innerhalb dieses Ansatzes unterschiedlichste Formen der Bedürftigkeit als eigentliche, sicherheitsrelevante Bedrohungen dargestellt und interpretiert werden:

> »As a result, when ›vulnerabilities‹ are reinterpreted as ›threats‹ and thereby securitized, previously unjustifiable security actions are naturalized as the correct course to be taken, treated as technical military issues that are placed beyond the realm of ›reasonable public scrutiny‹ and given an unwarranted basis of legitimacy.«[649]

Konkret steht dabei die Befürchtung im Raum, dass durch die Versicherheitlichung, die mit Blick auf den Ansatz der menschlichen Sicherheit droht, eine schädliche Vermischung von entwicklungs- und sicherheitspolitischen Massnahmen erfolge und dementsprechend allzu oft militärische

---

[646] Vgl. dazu Grayson 2003, 338f.
[647] Vgl. Brock 2004b, 3.
[648] Vgl. etwa Liotta 2002, 482. Taylor Owen unterstreicht allerdings, dass Versicherheitlichung nicht notwendig Militarisierung heissen muss (Owen 2004, 380): »Generally, [...] it is the resources and prescience attributed to the military that is wanted, not the guns.«
[649] Grayson 2003, 339.

Massnahmen zur Geltung kämen, wo eigentlich entwicklungspolitische Lösungen gefragt wären.[650] So sieht Iain Atack in der Versicherheitlichung mancher Bereiche der Entwicklungszusammenarbeit und der humanitären Hilfe eine drohende Konsequenz des Anliegens des *Human Security*-Ansatzes.[651] Und Taylor Owen spricht in diesem Zusammenhang davon, dass man etwa in Afghanistan oder im Irak eine eigentliche Militarisierung der humanitären Hilfe beobachten könne.[652]

Atack führt zur Explikation das Beispiel der *African Peace Facility* (APF) an. Bei der APF handelt es sich um eine von der Europäischen Union finanzierte Initiative, die das Ziel verfolgt, in einem Programm, für das die teilnehmenden afrikanischen Staaten selber die Verantwortung tragen, afrikanische *Peacekeepers* auszubilden. Deren Aufgabe besteht im militärischen Schutz befriedeter Bürgerkriegsgebiete gegen den Rückfall in kriegerische Wirren. Diese Initiative finanziert die EU jedoch nicht etwa aus den Verteidigungs- bzw. Sicherheitsbudgets ihrer Mitglieder, sondern bewusst aus dem Etat, der für die Entwicklungszusammenarbeit zur Verfügung steht.[653] Auf der einen Seite kann eine solche Initiative, die vom Anliegen geleitet ist, die Interdependenz von Entwicklung, Sicherheit und Frieden anzuerkennen und

---

[650] Zum Problem der »sicherheitspolitischen Indienstnahme der Entwicklungszusammenarbeit« vgl. ausführlich Maihold 2005, insb. 41ff. Maihold legt dar, dass die ›securitization‹, die mit der Erweiterung des Sicherheitsbegriffs in die Entwicklungspolitik Einzug hält, aufgrund der damit verbundenen unklaren Aufgabenabgrenzung zwischen militärischen und zivilen Akteuren für die Entwicklungszusammenarbeit »fatal« sein kann. Keith Krause wiederum konstatiert eine entsprechende Versicherheitlichung der europäischen Migrationspolitik, die dazu führte, Migration als Sicherheitsbedrohung wahrzunehmen und zu bekämpfen, statt dem Phänomen mit einer balancierten wirtschaftlich-politischen Strategie zu begegnen (vgl. Krause 2005, 4).

[651] Vgl. Atack 2005, 118. Laut Atack bestehe dieses Anliegen mitunter darin, »to humanise security through attaching it to a wider range of economic and social development goals.«

[652] Vgl. Owen 2004, 379.

[653] Der entsprechende Betrag belief sich für die Jahre 2003-2008 auf 250 Millionen Euro und soll für eine zweite Laufzeit 300 Millionen Euro betragen. Das folgende Zitat aus der Projektbroschüre von 2004 zeigt auf, wie sehr der gewählte Finanzierungsmodus der APF Kernbestandteile der *Human Security*-Logik umsetzt: »The [...] most important aim of the Peace Facility is to create the necessary conditions for development. [...] [T]here should be no trade-off between development aid on the one hand and peace support measures on the other. The decision to extend the use of development funds to peace and security issues was therefore a deliberate one.« (Vgl. http://ec.europa.eu/comm/development/body/publications/docs/flyer_peace_en.pdf [letzter Zugriff: 31. August 2009].)

politisch umzusetzen, sicherlich als eigentliche Konkretisierung des Grundgedankens des *Human Security*-Ansatzes bezeichnet werden. Auf der andern Seite macht sie aber auch die Gefahr sichtbar, dass diese Verknüpfung auf der Ebene der konkreten Allokation von Aufmerksamkeit und Ressourcen nicht nachvollzogen wird und einseitig die Entwicklungsbudgets belastet werden – dies im Kontext knapper Ressourcen auf Kosten von weiteren Aktivitäten im Bereich der ›klassischen‹ Entwicklungspolitik.[654]

In friedensethischer Hinsicht scheint mir das mit dem Konzept der menschlichen Sicherheit verbundene Risiko einer Versicherheitlichung insbesondere der Entwicklungspolitik deshalb relevant, weil es zu der Frage führt, nach welchen Kriterien die Legitimität der Mittel, die zur Bewältigung der Defizite an menschlicher Sicherheit zur Anwendung gelangen, bestimmt werden kann. In Übereinstimmung mit Barry Buzan lässt sich sicherlich festhalten, dass der konkrete Inhalt dessen, was unter menschlicher Sicherheit verstanden wird, als Zielvorgabe zu dienen hat und nicht – wozu das Phänomen der Versicherheitlichung tendiert – Sicherheit zum Ziel in sich selbst werden sollte.[655] Eine kohärente Politik der menschlichen Sicherheit muss der Gefahr der Versicherheitlichung sowohl ihrer Inhalte als auch der in ihr zum Einsatz kommenden Mittel aus dem Weg gehen – dies gelingt gemäss Grayson dann am besten, wenn der eigentliche *Human Security*-Imperativ dahingehend verstanden wird, stets nach den Wurzeln menschlicher Unsicherheit zu fragen und auf deren Ausmerzung abzuzielen.[656] Genau dies ist auch ein Grundanliegen der Rede vom gerechten Frieden. Wird der *Human Security*-Ansatz konsequent mit einer entsprechenden Maxime verbunden, so klärt sich, wie Grayson zu Recht festhält, auch die Bedeutung – jene einer ultima ratio –, die militärischen Optionen der Konfliktbearbeitung zukommen kann. Dies wiederum deckt sich mit dem Status militärischer Massnahmen im Rahmen des Konzepts des gerechten Friedens. Grayson schreibt:

> »[T]he goal of security policy should be to alleviate the roots of human security ›vulnerabilities‹ and to ensure that in the process human life, safety and dignity are protected and preserved. In many cases, this will mean a diminishing role for the military, which should

---

[654] Ob und inwiefern »Europa« tatsächlich eine eigentliche *Human Security*-Politik kennt, diskutieren etwa Glasius/Kaldor 2005 und Liotta/Owen 2006.
[655] Vgl. Buzan 2004, 370.
[656] Vgl. dazu auch Grayson 2003.

be an instrument of last resort for providing highly specialized services in the provision of human security. Militarized responses must be seen as a failure of security policy rather than its raison d'être.«[657]

Die Konsequenz einer Versicherheitlichung insbesondere der Mittel, die zur Bewältigung von Aufgaben im Bereich der Politik menschlicher Sicherheit gewählt werden, scheint mir beim weiten Verständnis des Konzepts erheblich naheliegender als beim engen. Dies spricht für die Übernahme eines engen, allerdings ebenfalls auf die Ermöglichung nachhaltiger Entwicklung und auf die dauerhafte Überwindung von Gewalt ausgerichteten Konzepts menschlicher Sicherheit im Sinne der »freedom from fear«-Perspektive, dessen Inhalt ebenso wie die mit ihm verbundenen Aufgabenstellungen weit klarer eingegrenzt sind. Umso mehr ist es meines Erachtens bemerkenswert, dass sich die jüngste Friedensdenkschrift der EKD den weiten Begriff menschlicher Sicherheit in der Fassung des HDR 1994 unkommentiert zu eigen macht, ohne diese friedensethisch bedeutsame Implikation zu diskutieren.[658] Dies umso mehr, als die Konzepte der menschlichen Entwicklung einerseits und der menschlichen Sicherheit andrerseits in der Denkschrift beide als unabhängige Konzepte genannt werden.[659]

6.2.2 Menschliche Sicherheit: ein interventionistischer Ansatz

Ein zweiter Aspekt, der als Implikation des *Human Security*-Ansatzes friedensethisch bedeutsam ist, gilt in gleichem Mass für den weiten wie für den engen Begriff menschlicher Sicherheit. Mit seinem eindeutigen Fokus auf den Einzelnen als Adressat von Sicherheit und mit seiner instrumentellen Sicht auf die Staaten als deren primäre Akteure, ist das Konzept erklärtermassen *interventionistisch*.[660] Es legt also eine »Interventionsfreudigkeit«[661] nahe, die weiter reicht als das, was die westlichen Staaten und internationale Organisationen als potentielle Akteure solcher – ziviler und nicht-ziviler Interventionen – bislang umzusetzen bereit bzw. fähig waren. So schreibt auch Peter Liotta, das Konzept der menschlichen Sicherheit habe einen

---

[657] Grayson 2003, 341.
[658] Vgl. Rat der EKD 2007, 118.
[659] Ich komme im übernächsten Abschnitt (6.2.3) auf die Rezeption der *Human Security*-Diskussion in der EKD-Denkschrift zurück.
[660] Vgl. dazu auch Werthes/Bosold 2006, 26.
[661] Brzoska 2004, 165.

»*interventionist focus*, [...] in which action is based on protecting citizens from state-sponsored aggression, and which contravenes principles of state sovereignty, advocates individual sovereignty, and creates criminal tribunals to establish connections between human rights and the maintenance of international peace and security«[662].

Dieser interventionistische Grundzug des Konzepts der menschlichen Sicherheit hat, wie es auch bei Liotta zum Ausdruck kommt, erhebliche Auswirkungen insbesondere auf die Norm der staatlichen Souveränität. Der Wandel im Verständnis staatlicher Souveränität, der mit dem Aufkommen des Konzepts menschlicher Sicherheit einhergeht, lässt sich anhand des ICISS-Berichts *The Responsibility to Protect* verdeutlichen. Auf der Basis des *Human Security*-Ansatzes, den der Bericht sich explizit zu Eigen macht, sei für die heutige Zeit, so die Autoren, sowohl in innen- wie in aussenpolitischen Belangen ein Wechsel von einem Verständnis von »Souveränität als Kontrolle« hin zu einem Verständnis im Sinne von »Souveränität als Verantwortung«[663] angezeigt. Die Souveränität der Staaten wird hiermit also gebunden an die Frage, inwiefern der betreffende Staat seine Verantwortung zum Schutz seiner Bürgerinnen und Bürger sowohl gegen innen als auch gegen aussen tatsächlich wahrnimmt. Daraus resultiert eine offenkundige Relativierung der Souveränitäts- und damit der noch immer gültigen Nicht-Interventionsnorm, was friedensethisch von erheblicher Bedeutung ist. Keith Krause, der den interventionistischen Charakter des Konzepts der menschlichen Sicherheit, auch in seiner engen Auslegung, ausdrücklich anerkennt, nennt diese Relativierung staatlicher Souveränität beispielsweise als Grund dafür, dass insbesondere Staaten des Südens dem Konzept insgesamt skeptisch gegenüberstehen:

»Many states, especially in the South, have regarded the concept of human security as a thin justification for a new form of interventionism, as a means of pitting citizens against their states. There is some truth to this, since the language of human security has been used to combat the culture of impunity and to strengthen civil society institutions and NGOs.«[664]

---

[662] Liotta 2002, 483 (kursiv im Original).
[663] Für beide Zitate ICISS 2001, 13 (kursiv im Original, Übersetzung). Damit geht das oben (Abschnitt 6.1.1) erwähnte Verständnis staatlicher Souveränität als »konditionale Souveränität« einher (vgl. dazu z.B. Newman 2004, 358).
[664] Krause 2005, 5.

In friedensethischer Hinsicht sind es, wie ich meine, zwei Aspekte, die mit Blick auf den interventionistischen Charakter des *Human Security*-Ansatzes Beachtung verdienen: Ein Erfordernis der Konsistenz auf der einen und ein Erfordernis der Verlässlichkeit auf der anderen Seite. Die Konsistenzforderung beinhaltet vereinfacht ausgedrückt die Forderung, insbesondere im Bereich zwischenstaatlicher Interventionen gleich gelagerte Fälle gleich zu behandeln. Dies gilt umso mehr, als das Konzept der menschlichen Sicherheit in sich in hohem Mass auf Kooperation, Solidarität und Reziprozität angelegt ist.[665] Konsistenz in der Umsetzung von Reformen und Massnahmen, die dem Ansatz der menschlichen Sicherheit und der mit ihr einhergehenden Relativierung der Souveränitätsnorm Rechnung tragen, ist gerade deshalb umso dringlicher. Denn einseitige Einschränkungen haben ohne Zweifel das Potential, isolationistische und konfrontative Reaktionen seitens von Staaten, die sich in ihrer Souveränität bedroht fühlen, zu provozieren. Eine solche Entwicklung liefe aber geradezu konträr zum eigentlichen Anliegen des *Human Security*-Ansatzes und seinem hohen Anspruch an Kooperation und Verantwortlichkeit.

Die zweite oben erhobene Forderung, jene der Verlässlichkeit, stellt gewissermassen die Fortsetzung der ersten dar. Ein Ansatz, der die Sicherheit des Einzelnen in den Vordergrund stellt, muss mit der möglichst weitgehenden Garantie verbunden sein, dass jene, die sich einer Bedrohung menschlicher Sicherheit ausgesetzt sehen, mit Massnahmen zu ihrem Schutz rechnen können. Aus dieser Forderung ergibt sich eine Parallele zu den Ausführungen über den ›gerechten Frieden‹, führt sie doch zu einer der eigentlichen friedensethischen Kernfragen, nämlich jener nach der Begründung und der Formulierung von Kriterien legitimer Interventionen. Ein Konzept, das die menschliche Sicherheit ins Zentrum rückt und dabei eine veränderte Souveränitätsnorm zugrunde legt, die zwar in den Staaten nach wie vor die primären Akteure menschlicher Sicherheit erkennt, der internationalen Gemeinschaft aber dezidiert die subsidiäre Verantwortung für deren Garantie zuschreibt, ist im eigentlichen Sinn auf solche Kriterien angewiesen. Deren Zweck ist es, festzulegen, wann und unter welchen Umständen eine Intervention gerechtfertigt ist und auf sie gezählt werden darf.

Es ist denn auch nicht erstaunlich, dass sich etwa der ICISS-Bericht hinsichtlich der Frage *bewaffneter* Interventionen eines Sets von Kriterien be-

---

[665] Vgl. dazu etwa Grayson 2003, 340f. oder Atack 2005, 120.

dient, das in der Sache mit denjenigen übereinstimmt, die seit jeher in der Theorie des gerechten Kriegs hochgehalten werden.[666] In friedensethischer Hinsicht erscheint es aber sowohl in Anbetracht der Kernforderungen des *Human Security*-Ansatzes als auch mit Blick auf das Konzept des gerechten Friedens unerlässlich, dass auch für den Bereich *nicht-militärischer, ziviler* Interventionen entsprechende Kriterien erarbeitet und in die Debatte eingebracht werden. Deren Rolle bestünde mitunter darin, Verlässlichkeit, grösstmögliche Unparteilichkeit und politische Kohärenz im Umgang mit Defiziten menschlicher Sicherheit sicherzustellen. Diesbezüglich, so meine ich, ist der Bedarf ebenso ausgewiesen wie der *Human Security*-Ansatz als mögliche Grundlage weiterer Konkretisierungen anerkannt ist.[667] Allerdings existieren erst ansatzweise Beiträge, die umfassend Kriterien für Interventionen sowohl im militärischen als auch im nicht- bzw. vor-militärischen Bereich zu begründen versuchen.[668] Hier ergibt sich für eine Friedensethik, die Konzepte wie jene des gerechten Friedens und der menschlichen Sicherheit zugrunde legt, weiterer Klärungsbedarf.

6.2.3 *Menschliche Sicherheit als politisches Leitmotiv*

Auf der Grundlage dieser beiden zentralen friedensethischen Implikationen, die sowohl ein Konzept menschlicher Sicherheit als auch eines des gerechten Friedens zu gewärtigen hat, ist es in den beiden nächsten Abschnitten mein Ziel darzulegen, inwiefern und aufgrund welcher entscheidender Gemeinsamkeiten die beiden Konzepte in enger Verknüpfung als Grundlage einer zeitgemässen Friedensethik fungieren können. Im Folgenden geht es mir zunächst darum, die These der Konvergenz der beiden Ansätze, die meines Erachtens sowohl in inhaltlicher wie auch in funktionaler Hinsicht gilt und die wie erwähnt etwa auch von der jüngsten Friedensdenkschrift der EKD vorgebracht wird, zu untermauern.

Wie Edward Newman feststellt, ist der Ansatz der menschlichen Sicherheit in hohem Mass »normativ attraktiv«[669]. Gleiches gilt unbestrittenermassen auch für den Begriff des gerechten Friedens. So stehen beide Konzepte etwa für die Hinwendung zu den Individuen als Adressaten der

---

[666] Vgl. ICISS 2001, 29ff.
[667] Vgl. etwa Debiel/Werthes 2005, 11.
[668] Vgl. etwa Ramsbotham 2006 für einen ausführlichen Vorschlag, der alle bis hierher angesprochenen Konzepte einbaut.
[669] Newman 2004, 358 (Übersetzung).

friedens- und sicherheitspolitischen Reflexion. Dabei geht dieser Fokus mit der Forderung einher, dass die Schutzwürdigkeit der Individuen auch in Staaten, die deren Sicherheit nicht gewährleisten (können), Bestand haben müsse und seitens der Einzelnen entsprechende Ansprüche generiere. Allerdings erweist sich diese ›normative Attraktivität‹ zugleich als Stärke und als Schwäche nicht nur des Konzepts der menschlichen Sicherheit,[670] sondern auch jenes des gerechten Friedens. Denn während beide Modelle auf der einen Seite dazu geeignet sind, enggeführte Verständnisse des Sicherheits- oder des Friedensbegriffs zu korrigieren, sind sie sie wie gezeigt stets auch einem Risiko der inhaltlichen Überfrachtung behaftet. Eine solche ist – auch dies gilt für beide Konzeptionen – nicht per se problematisch, sondern nur deshalb, weil sie mit Defiziten hinsichtlich des funktionalen Status der Bedingungen des gerechten Friedens bzw. der menschlichen Sicherheit verbunden ist und dadurch zu sehr offen bleibt, welche (politischen) Prioritätensetzungen sich aus der Orientierung am jeweiligen Begriff ergeben. Während etwa Roland Paris aus diesem Defizit an Operationalisierbarkeit des Konzepts der menschlichen Sicherheit folgert, dieses sei ausschliesslich für Forschungszwecke fruchtbar zu machen und somit einer gewissen Entpolitisierung des *Human Security*-Ansatzes das Wort redet, schlagen Werthes und Bosold vor, den Begriff der menschlichen Sicherheit im Gegenteil gerade als »politisches Leitmotiv«[671] aufzufassen. Nicht nur die Begrifflichkeit, sondern auch die funktionale Zuordnung dessen, was das Konzept der menschlichen Sicherheit als politisches Leitmotiv zu leisten vermag, entsprechen dabei derjenigen Rede vom gerechten Frieden, die diese als Leitbild der Friedensethik und der Friedenspolitik sieht.[672] Als politisches Leitmotiv hat das Konzept der menschlichen Sicherheit zumindest zwei Dinge zu leisten: Es muss Motivation und Mobilisierung bewirken sowie Orientierung bieten für die Wahl zwischen verschiedenen politischen Handlungsoptionen.[673] Wie ich meine, ergeben sich hinsichtlich des letzten Aspekts mit Blick auf den Ansatz der menschlichen Sicherheit jedoch ähnliche Schwierigkeiten, wie ich sie bereits für den ausgedehnten Begriff des gerechten Friedens geltend gemacht habe. Wird menschliche Sicherheit im Sinne der »freedom from want«-Perspektive (die »freedom from fear«,

---

[670] Vgl. dazu Brzoska 2004, 163.
[671] Werthes/Bosold 2006, 22f. Vgl. ebenfalls Debiel/Werthes 2005, 11.
[672] Vgl. oben, insb. Abschnitte 3.1 bis 3.3.
[673] So etwa Werthes/Debiel 2006, 12.

wie es die UNDP-Definition klarstellt, einschliesst) verstanden, so ist der Preis für den Gewinn an ›motivationaler Kraft‹ des Begriffs der Verlust an analytischem und praktischem Nutzen, den er im Hinblick auf die Entscheidungsfindung zu erbringen vermag. In Zweifel steht dann also gerade die (friedens-)politische Orientierung, die das Konzept der menschlichen Sicherheit bieten kann.

Die funktionale Bestimmung des Begriffs der menschlichen Sicherheit als politisches Leitmotiv entscheidet sich also, ähnlich wie die Rede vom gerechten Frieden als politischem Leitbild, an der inhaltlichen Frage, wie dieser plausibel und hinreichend konturiert zu erfassen sei. Wie ich meine, spricht letztlich auch dieser Gesichtspunkt in der Auslegung beider Konzepte für ein eingegrenztes Verständnis, das – da es sowohl mit Blick auf den Friedensbegriff als auch mit Blick auf den Begriff der menschlichen Sicherheit auf die dauerhafte Überwindung gewaltsamer Verhältnisse angelegt ist – noch immer eine enorme politische Aufgabe vorgibt: Selbst dergestalt eingegrenzt bleibt die Vorgabe der durchgängigen Verwirklichung menschlicher Sicherheit in normativer Hinsicht allem voran ein kritisches Regulativ. Die Stärke des *Human Security*-Ansatzes ist es, all jene sozio-ökonomischen Faktoren, die bis hierher Erwähnung fanden, als mögliche Kausalfaktoren gewaltsamer Konflikte explizit in die Reflexion einzubeziehen.

Dieses eingegrenzte Begriffsverständnis verdeutlicht auch, dass das Konzept der menschlichen Sicherheit in zwei weiteren zentralen Punkten den Grundcharakteristika des ›gerechten Friedens‹ entspricht. *Erstens* ist auch das Konzept der menschlichen Sicherheit vorrangig mit dem Aktionsfeld des *peacebuilding* verknüpft und steht hierbei für einen klaren Primat aller präventiven friedensfördernden Massnahmen.[674] Zugleich gilt es auch in der Perspektive des *Human Security*-Ansatzes, wie Mack und Nicholls betonen, dem Aspekt des *peacemaking* ausreichende Aufmerksamkeit zu schenken.[675] Damit erweist sich *zweitens* aber auch der Ansatz der menschlichen Sicherheit als dynamische Konzeption, die Sicherheit als stets von Neuem zu sichernden *Prozess* politischer und sozialer Interaktion präsentiert. Menschliche Sicherheit bedeutet den Schutz der Menschen vor Bedrohungen durch physische Gewalt. Damit kann der Begriff nicht statisch

---

[674] Vgl. dazu Atack 2005, 123 und 154f. oder Krause/Jütersonke 2005.
[675] Mack/Nicholls 2007, 120. Dass beides auch für den Ansatz des gerechten Friedens gilt, wurde im dritten und fünften Kapitel gezeigt.

verstanden werden als einmal zu erreichender Zustand, sondern verlangt nach zeitlich und lokal spezifizierten Massnahmen, die diesen Schutz in sich wandelnden Konstellationen und unter wechselnden Umständen zu gewährleisten vermögen. Und er kann auch nicht als einseitig auf polizeilich oder militärisch abgestützte Sicherungsmechanismen ausgerichtet sein, sondern impliziert – als Kausalfaktoren menschlicher Sicherheit – den Einbezug sozio-ökonomischer, ökologischer und politischer Aspekte. Auch der Prozess menschlicher Sicherheit steht somit mit Fragen der sozialen Gerechtigkeit, der nachhaltigen Entwicklung, der Ökologie und der politischen Institutionenbildung, etwa der Demokratisierung, in Verbindung.[676]

Für die Inanspruchnahme des *Human Security*-Ansatzes für die friedensethische Theoriebildung ist schliesslich auch von Bedeutung, dass dieser trotz aller Debatten um seine Konzeptualisierbarkeit in der politischen Arena verankert geblieben ist und wie erwähnt auch als Grundlage konkreter politischer Initiativen Wirkung entfaltet.[677] Beiden Konzepten ist gemeinsam, dass sie den Weg aus der ausserwissenschaftlichen, mithin praxisbezogenen Diskussion in die Wissenschaft gefunden haben. Während der ›gerechte Friede‹ aber im politischen Kontext noch keine Wirkung entfaltet hat, kann dem Ansatz der menschlichen Sicherheit direkter Einfluss auf die internationale Politik nicht abgesprochen werden.

Den Begriff des gerechten Friedens mit Rekurs auf den Ansatz der menschlichen Sicherheit zu explizieren, kommt somit nicht etwa dem unfruchtbaren Versuch gleich, ein unscharfes Konzepts durch ein anderes zu erklären. Vielmehr vermöchte die Friedensethik auf diese Weise jenem Erfordernis der Kommunikabilität ihres Leitbegriffs besser Genüge zu tun, dem sie, dies sei an dieser Stelle wiederholt, gerade dann nachzukommen hat, wenn sie diesen Leitbegriff, wie etwa die jüngste EKD-Denkschrift bekräftigt, »in die politische Friedensaufgabe«[678] einfliessen lassen will. Die Vorstellung eines gerechten Friedens mit einem zusehends etablierten Ansatz wie jenem der menschlichen Sicherheit zu verbinden, erlaubt es der theologischen Friedensethik in meinen Augen, ihren genuinen Beitrag zu friedens- und sicherheitspolitischen Debatten in bestehende Diskurse ein-

---

[676] Vgl. dazu Liotta 2002, 483.
[677] Angesichts der dargestellten Vielfalt an Interpretationsvorschlägen zum Konzept der menschlichen Sicherheit ist es nicht verwunderlich, dass etwa Werthes und Bosold zugestehen, die gesamte Debatte erscheine auf den ersten Blick als »over-theorised« (vgl. Werthes/Bosold 2006, 21).
[678] Rat der EKD 2007, 53.

zubringen und sich mit allfälligen friedensethisch begründeten ›Korrekturen‹ oder Deutungsvorschlägen an der Weiterentwicklung dieser Diskurse zu beteiligen. Allerdings stützt auch dieser Gesichtspunkt das Postulat für ein inhaltlich eingegrenztes Konzept sowohl der menschlichen Sicherheit als auch des gerechten Friedens, das insbesondere in funktionaler Hinsicht aussagekräftiger ist als die jeweils weiten Begriffe. Ansonsten wird die inhaltliche Unschärfe des weiten Friedensbegriffs durch jene des weiten Verständnisses menschlicher Sicherheit gleichsam dupliziert.

Zusätzlich zum Gewinn an Vermittelbarkeit des Leitbegriffs ›gerechter Friede‹ kann die friedensethische Debatte von einer Annäherung an den *Human Security*-Ansatz aus meiner Sicht in einem weiteren Punkt profitieren: Es wurde im dritten Kapitel die Ansicht vertreten, dass die Rede vom Leitbild des gerechten Friedens dahingehend kritisiert werden kann, dass sie letztlich bloss dasjenige, was früher als Begriff des *Friedens* vertreten wurde, nun unter einseitiger Privilegierung des Gerechtigkeitsaspektes als *gerechten* Frieden bezeichne.[679] In der Tat gehört die ›horizontale Erweiterung‹ des Friedensbegriffs, als die auch jene Erweiterung des Begriffsspektrums bezeichnet werden kann, die von den Vertretern des positiven Friedensbegriffs eingefordert wurde, spätestens seit der Debatte um die Kritische Friedensforschung zu den zentralen Themen der theologischen Friedensethik.[680] Mit der Parallelität zum *Human Security*-Ansatz lässt sich in der neueren Debatte nun aber ein Aspekt hervorheben, der erst in der gewandelten Konstellation seit dem Ende der Blockkonfrontation breite Beachtung findet: jener der ›vertikalen Vertiefung‹, die auch in der Rede vom gerechten Frieden nachvollzogen wird. Stärker als auf der Ebene des *Inhalts*, zeichnet sich das Konzept des gerechten Friedens gegenüber früheren friedensethischen Positionsbezügen zum Friedensbegriff dann – wie dies auch für den Ansatz der menschlichen Sicherheit gilt – durch den kosmopolitanistisch begründeten Fokus auf die konkrete Situation der Individuen als *Adressaten* von Frieden und Sicherheit aus. Ausgelegt im Sinne des Begriffs der menschlichen Sicherheit lässt sich mit Blick auf das Konzept des gerechten Friedens also auch bestimmen, inwiefern dieses über die blosse Neubestimmung des Begriffsgehalts des Friedens, verstanden als dauerhafte Überwindung physischer Gewalt, hinausgeht. Ausschlaggebend

---

[679] Vgl. als kritische Anfrage an die neue Denkschrift der EKD ebenfalls Fischer/Strub 2007.
[680] Vgl. dazu Kinkelbur 1995.

ist hierbei, so meine ich, weniger das Postulat der ›horizontalen Erweiterung‹ als jenes der ›vertikalen Vertiefung‹.[681]

6.2.4 Plädoyer für einen engen Begriff der menschlichen Sicherheit und des gerechten Friedens

Wenn die aktuelle Friedensdenkschrift der EKD einer engen Verknüpfung bzw. einer eigentlichen Ineinssetzung der Begriffe des gerechten Friedens und der menschlichen Sicherheit das Wort redet, hat sie hierfür also gute Gründe. Für die Friedensdenkschrift steht dabei der weite Begriff menschlicher Sicherheit im Vordergrund, bezeichnet sie doch sowohl den Schutz vor Gewalt als auch den Schutz vor Not als »Sicherheitsbedürfnisse der Menschen in ihrem Alltagsleben«[682].

Aus friedensethischer Perspektive bin ich entgegen der EKD-Denkschrift der Ansicht, dass ein Verständnis menschlicher Sicherheit, das als Schutz des Menschen vor Gewalt konzipiert wird, die plausiblere Grundlage für eine friedens- und sicherheitspolitische Operationalisierung abgibt als ein weiter Begriff.[683] Denn dieser weite Begriff schliesst letztlich den gesamten Bereich menschlicher Entwicklung ein und fasst damit auch blosse Einschränkungen der menschlichen Entfaltungsmöglichkeiten als Bedrohung menschlicher Sicherheit auf. Allerdings darf mit der inhaltlichen Eingrenzung nicht die Ansicht einhergehen, menschliche Sicherheit sei dadurch in qualitativer Hinsicht gegenüber einem weiter gefassten Begriff entwertet. Dies kann parallel zum Friedensbegriff verdeutlicht werden: Im vierten Kapitel habe ich aufgezeigt, dass der Begriff des Friedens auch als eng verstandener Begriff durch das ihm innewohnende Moment der Dauerhaftigkeit der Überwindung von Gewalt äusserst anspruchsvoll ist. In gleicher Weise gilt auch für eine enge Konzeption menschlicher Sicherheit, dass sie nur dann plausibel ist, wenn sie den *nachhaltigen*, nicht nur zeitlich

---

[681] Ich komme in Abschnitt 7.2 auf diesen Punkt zurück.

[682] Rat der EKD 2007, 117.

[683] Für Mary Kaldor und Marlies Glasius gehören auch willentliche Verletzungen der Menschenrechte auf Nahrung und auf ausreichende Behausung zu jenen Handlungen, die einer Verletzung der menschlichen Sicherheit gleichkommen (vgl. Glasius/Kaldor 2005, 67). Die Konzeption ist damit etwas weiter gefasst, als der von mir – im Rückgriff beispielsweise auf Krause und Mack – bevorzugte enge Begriff, der auf den Schutz vor physischer Gewalt begrenzt ist. Allerdings dürften Situationen, in denen Menschen aktiv ein Recht auf Behausung oder auf Nahrung verwehrt wird, in den allermeisten Fällen Situationen massiver Gewaltanwendung sein, so etwa bei Vertreibungen oder bei bewussten Diskriminierungen.

ausgedehnten sondern auch verlässlich stabilen Schutz des Menschen vor Gewalt meint. Menschliche Sicherheit kann – anders ausgedrückt – dort nicht gegeben sein, wo sich die Menschen zwar aktuell vor Bedrohungen durch Gewalt sicher fühlen können, jedoch stetig damit rechnen müssen, aufgrund von Eskalationen oder politischen bzw. sozialen Verwerfungen zu Opfern physischer Gewalt zu werden. Auch ein enger Begriff menschlicher Sicherheit ist also nur in einem *qualifizierten* Sinne in friedensethischer Hinsicht überzeugend – als solcher schliesst er, wie bereits erwähnt, auch Entwicklungsanliegen in die Überlegungen zum Sicherheitsbegriff ein, sucht sie aber in ihrer kausalen Bedeutung zu erfassen, statt sie gleichsam als begriffliche Bestandteile in das Konzept menschlicher Sicherheit zu integrieren. Anders formuliert: Armut und Ungerechtigkeiten sind als *Ursachen* menschlicher Unsicherheit im Blick, nicht als deren bestimmende Merkmale.

Wie ich meine, ist eine derartige qualifizierte Eingrenzung auch auf den ›gerechten Frieden‹ übertragbar. Menschliche Sicherheit und gerechter Friede bezeichnen in diesem Sinne beide eine normative Orientierungsgrösse, die in der *dauerhaften* Überwindung von Gewalt im alltäglichen Leben der Einzelnen, die als Individuen und nicht bloss als Mitglieder eines bestimmten Gemeinwesens den legitimen Anspruch auf Sicherheit bzw. Frieden haben, ihren Kerngehalt findet. Ein solches Konzept ist gegenüber einem inhaltlich ausgeweiteten Verständnis von menschlicher Sicherheit und gerechtem Frieden keineswegs defizitär. Vielmehr erlaubt es die qualifizierte Eingrenzung meines Erachtens erst, die utopische Kraft des Ideals eines gerechten Friedens bzw. der menschlichen Sicherheit, die in theologischer Perspektive, wie im zweiten Kapitel ausgeführt, auch aufgrund der eschatologischen Komponente des Friedensbegriffs gegeben ist, auf den konkreten Rahmen der politischen Friedensaufgaben zu beziehen.

Zugleich bin ich jedoch der Ansicht, dass die Auseinandersetzung mit den verschiedenen Interpretationsweisen beider Konzepte nicht darin enden sollte, dass das enge Verständnis letztlich gegen das weite ausgespielt wird. Wie Glasius und Kaldor schreiben, kann es für Staaten, Staatenbündnisse oder internationale Organisationen durchaus wesentlich sein, vor dem Hintergrund eines »holistischen Konzepts«[684] etwa der menschlichen Sicherheit dazu aufgerufen zu sein, die Kohärenz von Massnahmen zugunsten von Frieden und Sicherheit auf der einen Seite, sowie zur För-

---

[684] Vgl. Glasius/Kaldor 2005, 67 (Übersetzung).

derung menschlicher Entwicklung auf der andern Seite ins Zentrum aller Bestrebungen zu rücken. Hierzu gehört, dass sich die verschiedenen wissenschaftlichen Disziplinen, die mit normativen und empirischen Fragen der Friedens- und Sicherheitspolitik verknüpft sind, von den Konzeptionen der menschlichen Sicherheit und des gerechten Friedens darin leiten lassen, deren innovatives Potential für den eigenen Erkenntnisgewinn zu nutzen. Dies entspräche, wie ich meine, dem oben angedeuteten Vorschlag von Roland Paris. Diese heuristische Funktion des *Human Security*-Begriffs rücken etwa auch Debiel und Werthes in den Blick, die der Auffassung sind, dieser könne nebst seiner Funktion als politisches Leitbild »auch in der Wissenschaft innovativ wirken, sofern er heuristisch zur Erschliessung neuer Zusammenhänge und Forschungsfelder genutzt wird«[685].

Dies jedoch sollte, wie ich im folgenden Schlusskapitel ausführen möchte, nicht zu einem Verzicht darauf führen, das Konzept des gerechten Friedens bzw. jenes der menschlichen Sicherheit mit einem starken Anspruch auf politische Operationalisierbarkeit und damit auf konkrete friedens-, rechts- und entwicklungspolitische Anleitung, die aus ihnen zu gewinnen wäre, zu verbinden. Im Sinne eines Ertrags meiner Überlegungen werde ich im Folgenden versuchen, anhand dreier Postulate sowohl auf die funktionale Leitfrage danach, was das Konzept des gerechten Friedens zu leisten vermag als auch auf die inhaltliche Leitfrage, wofür das Konzept des gerechten Frieden steht, eine Antwort zu geben.

---

[685] Debiel/Werthes 2005, 11.

7. Schluss: Wofür steht und was leistet das Konzept des gerechten Friedens?

Ich habe in dieser Studie eine Diskussion über Konzepte und Begriffe geführt. Dabei war es mir nicht in erster Linie darum zu tun, die inhaltliche Frage danach, was unter einem gerechten Frieden zu verstehen sei, zu beantworten. Vielmehr stand die Frage im Vordergrund, was der ›gerechte Friede‹ als friedensethischer Leitbegriff zu leisten vermag. Dies habe ich als die ›funktionale‹ Frage danach bezeichnet, ob und in welchem Sinn ein (theoretisches) Konzept wie jenes des gerechten Friedens plausibel als Orientierungsgrösse gegenwärtiger friedensethischer Reflexion, die stets auch praxisgerichtete Reflexion ist und sein muss, dienen kann. Ich habe argumentiert, dass diese funktionale Frage dabei in zweierlei Hinsicht zu stellen ist: Zum einen mit Blick auf das Konzept als Ganzes, zum andern mit Blick auf die einzelnen Bestandteile – ›Bedingungen‹ und ›Dimensionen‹ –, die in den einzelnen Positionen zum gerechten Frieden genannt werden: Welcher Status bzw. welche Funktion kommt diesen Elementen eines gerechten Friedens zu? Handelt es sich um inhaltliche Bestimmungsmerkmale oder um normative Legitimitätsbedingungen eines solchen Friedens? Oder aber sind empirische Erfolgsbedingungen gemeint? Wie ich meine, hat sich gezeigt, dass sich die funktionale Frage nicht beantworten lässt, ohne auf Ansätze einzugehen, welche die inhaltliche Frage danach, wofür das Konzept des gerechten Friedens steht, beantworten. Entsprechend nahm die vorliegende Untersuchung ihren Ausgang bei der Rede vom gerechten Frieden, wie sie derzeit – als ökumenischer Grundkonsens – die friedensethischen Debatten prägt.

Mein Ausgangspunkt hinsichtlich der Leistungsfähigkeit des ›gerechten Friedens‹ war skeptisch. Diese Skepsis galt auf der einen Seite der inhaltlichen Ebene, also der Frage, wofür der Topos vom gerechten Frieden gemäss den einzelnen Entwürfen steht. Mit Blick auf diese Ebene gilt meine Sorge dem Umstand, dass die dargestellten Ansätze den Begriff des gerechten Friedens derart weit fassen, dass er inhaltlich überfrachtet wird und sowohl in politischer wie auch in wissenschaftlicher Hinsicht seine Nützlichkeit – sei es zur Analyse realpolitischer Situationen, sei es zur Begründung bzw. Evaluation politischer Handlungsoptionen – verliert. Mit dieser Konsequenz der inhaltlichen Bestimmung des Begriffs ging auf der anderen Seite mein ebenfalls skeptischer Blick auf die funktionale Frage einher, ob die dargestellten Konzeptionen zu leisten vermögen, was sie beabsichtigen.

Ich habe aufzuzeigen versucht, dass die dominierenden Interpretationen des Konzepts ›gerechter Friede‹ dieses mit dem Anspruch verknüpfen, innerhalb der Ethik der internationalen Beziehungen umfassende normative Orientierung zu bieten.[686] Dieser hohe Anspruch führt hinsichtlich beider Ebenen funktionaler Fragen – erstens mit Blick auf das Konzept insgesamt und zweitens mit Blick auf seine Bestandteile – zu Unschärfen, die für die bisherige Debatte um den Begriff des gerechten Friedens charakteristisch sind und ihm innerhalb des dargestellten Debattenkontexts entsprechende Kritik eingetragen haben.[687]

Während mit Blick auf die erste Ebene die Frage der Übertragung des inhaltlich ausgedehnten normativen Ideals ›gerechter Friede‹ auf die Sphäre konkreter friedens- und sicherheitspolitischer Optionen problematisch ist, erweist sich mit Blick auf die zweite Ebene allem voran der Status bzw. die Funktion der Bedingungen, die als Bedingungen eines gerechten Friedens genannt werden, als undeutlich. Klärungsbedürftig scheint mir dabei allem voran die Abgrenzung zwischen empirischen Bedingungen eines nachhaltigen Friedens und normativen Bedingungen einer (Welt-)Gemeinschaft, in der Gerechtigkeit im umfassenden Sinn verwirklicht ist. Dies gilt gerade auch mit Blick auf das im Topos des gerechten Friedens programmatisch zum Ausdruck gebrachte Postulat der Interdependenz von Frieden und Gerechtigkeit.

Führt diese Skepsis gegenüber der Rede vom gerechten Frieden in der Zusammenschau zum Schluss, dieser Begriff vermöge nicht als Leitbegriff einer zeitgemässen Friedensethik zu dienen? Mein Befund ist gespalten. Es scheint mir unbestritten zu sein, dass der Begriff des gerechten Friedens nicht nur terminologisch, sondern auch normativ attraktiv ist. Ebenso ist es in theologischer Perspektive unzweifelhaft, dass der Begriff des gerechten Friedens die Kerngehalte christlich-theologischen Friedensdenkens geradezu schlagwortartig wiedergibt. Allerdings gilt es auch die im Verlauf der vorliegenden Untersuchung angeführten konzeptionellen Schwächen der Rede vom gerechten Frieden in die weitere friedensethische Grundsatzreflexion einzubeziehen.[688]

---

[686] Vgl. dazu Kapitel 3.
[687] So etwa Körtner 2006 oder Planer-Friedrich 2006.
[688] Zumindest die von Wolfgang Huber und anderen (vgl. oben, Einleitung und Kapitel 3) zum Ausdruck gebrachte Euphorie, wonach die Konzeption ›gerechter Friede‹ etwas »radikal Neues« in die Debatte einbringe, scheint mir vor dem Hintergrund der in diesem Buch angestellten Überlegungen jedenfalls unbegründet.

Wie ich in den drei folgenden Abschnitten zusammenfassend ausführen möchte, scheint es mir trotz der dargestellten Skepsis – sowohl aus theologischen wie aus friedenstheoretischen Gründen – nicht notwendig, das Konzept des gerechten Friedens gänzlich zu verabschieden. Doch bin ich der Auffassung, dass dieses sowohl in inhaltlicher wie auch in funktionaler Hinsicht auf dem Weg einer *qualifizierten Eingrenzung* klarer zu fassen ist. Für die friedensethische Theoriebildung zum ›gerechten Frieden‹ ist dabei die Verknüpfung der Rede vom gerechten Frieden mit dem *Human Security*-Ansatz in entscheidender Hinsicht weiterführend.

7.1 Die Inhaltliche Ebene: Zum Begriff des (gerechten) Friedens

Friedensethische Theoriebildung muss stets auch Arbeit am und zum Friedensbegriff selbst sein. Besonders augenfällig ist diese Forderung mit Blick auf den hier untersuchten Begriff des gerechten Friedens: Angesichts des gemeinhin geteilten Grundpostulats, wonach die Friedensethik von einem ›qualitativ gehaltvollen‹ Begriff des Friedens ausgehen müsse, sowie aufgrund der Tatsache, dass folglich meist ein weiter Friedensbegriff zugrunde gelegt wird, stellt sich die Frage, inwiefern der Begriff des *gerechten* Friedens nicht letztlich pleonastisch bzw. redundant ist. Wenn der Friede schlechthin, wie es dem weiten Friedensverständnis entspricht, bereits die Verwirklichung von Gerechtigkeit gleichsam begrifflich einschliesst, worin liegt dann, so ist zu fragen, das Spezifikum, das mit dem Zusatz »gerecht« zum Ausdruck gebracht werden soll?

Blickt man lediglich auf die ›horizontale Erweiterung‹, also die Ausweitung des Begriffsgehalts dessen, was als Friede zu begreifen sei, bleibt diese Frage in den Positionen, die in dieser Studie vorgestellt wurden, in der Tat offen. Gerade aufgrund der dargestellten Kontinuität zu früheren friedenstheoretischen Positionsbezügen, zu denen die theologische Friedensethik massgeblich beigetragen hat, ist die gesonderte Betonung des Gerechtigkeitsaspekts nicht zwingend. Sie hebt zwar hervor, dass ein entsprechender ›qualitativ gehaltvoller‹ Friedensbegriff eine begrifflich-inhaltliche Interpretation der Interdependenz von Frieden und Gerechtigkeit ins Zentrum rückt.[689] Dann kann es den ungerechten Frieden, dem gegenüber ein Begriff des gerechten Friedens abzuheben wäre, jedoch streng genommen nicht

---

[689] Vgl. zu den drei vorgeschlagenen Deutungsmöglichkeiten der Interdependenzthese oben, Abschnitt 2.1.2.

geben. Situationen, in denen zwar womöglich die Waffen schweigen oder akut keine Gewalt angewandt wird, dies aber nur um den Preis der gewaltsamen Unterdrückung der Menschen oder unter massiver Einschränkung individueller Freiheitsrechte möglich ist, sind in dieser Perspektive schlicht als *Unfrieden* zu bezeichnen. Dies deshalb, weil es sich um Situationen handelt, in denen offenkundig keinerlei Gerechtigkeit verwirklicht ist.

Ich habe im dritten und im vierten Kapitel aufzuzeigen versucht, weshalb mir ein in dieser Weise ausgeweiteter Begriff des gerechten Friedens – respektive des Friedensbegriffs schlechthin –, der eine begrifflich-inhaltliche Interpretation der Interdependenzthese zugrunde legt, über den Redundanzeinwand hinaus ungeeignet scheint, um einen tragfähigen friedensethischen Leitbegriff abzugeben. Nebst der kaum einzulösenden ›Allzuständigkeit‹, die sich die Friedensethik unter Bezugnahme auf einen solchen Leitbegriff zuschreibt, habe ich hervorgehoben, dass ein solches Konzept auf der funktionalen Ebene zu Defiziten hinsichtlich des Status der in ihm genannten Bedingungen eines gerechten Friedens führt. Wie ich zu zeigen versuchte, kommt dies jedoch nicht einer Abkehr von der Forderung nach der Konturierung eines ›qualitativ gehaltvollen‹ Friedensbegriffs gleich. Vielmehr, so meine ich, tut auch ein Verständnis des Friedens, das in der Dauerhaftigkeit der gewaltfreien Konfliktlösung, das heisst in der dauerhaften Abwesenheit von Gewalt in der politischen und sozialen Interaktion, das bestimmende Moment des Friedens sieht, dieser Forderung Genüge. Soziale Gerechtigkeit, aber auch substantielle Anforderungen an die Ausgestaltung politischer Institutionen, sind als Bedingungen des so verstandenen Friedens keineswegs entwertet. Sie treten aber – wie ich mit Harald Müller festhielt[690] – in ihrer kausalen Funktion für die Herausbildung und die Ermöglichung dauerhaften Friedens und somit primär als empirische Bedingungen eines gerechten Friedens in den Blick. Damit weisen sie ihrerseits selbstverständlich auch normative Implikationen auf.

Als Resultat der angestellten friedenstheoretischen Überlegungen scheint mir, dass ein enges – jedoch im oben genannten Sinn ›qualifiziertes‹ – Friedensverständnis durchaus Grundlage eines plausiblen Konzepts des gerechten Friedens sein kann. Friede als dauerhafte, zu ihrer Sicherung auf Gerechtigkeit, rechtsstaatliche Institutionen und vor allem eine auch im internationalen Kontext funktionierende Rechtsordnung angewiesene Zivilisierung gesellschaftlicher und politischer Konflikte zu verstehen, klärt

---

[690] Vgl. Müller 2003, 213.

die Rede vom gerechten Frieden inhaltlich und schärft in funktionaler Hinsicht ihr Profil. Dabei handelt es sich auch nicht um eine Abkehr von einem theologisch fundierten Friedensverständnis, werden doch sowohl der Prozesscharakter des Friedens als auch das Postulat von der gegenseitigen Abhängigkeit von Frieden und Gerechtigkeit in dieser Einordnung eindeutig bestärkt. Frieden, so diese Interpretation, ist auf grundlegende Weise auf die Verwirklichung von Gerechtigkeit angewiesen, denn ohne sie vermag die Dauerhaftigkeit der Überwindung von Gewalt nicht gewährleistet zu werden – der Friedensethik erwächst daraus die Pflicht, Fragen der *transitional justice* vermehrt in ihre Reflexionen einzubeziehen und dort, wo sie auf die Theorie des gerechten Kriegs Bezug nimmt, die Ebene des *ius post bellum* verstärkt zu beachten.[691] Gerechtigkeit wiederum vermag nur dort nachhaltig zu gedeihen, wo Friede, zumindest im elementaren Sinne, verwirklicht ist. Auf der Ebene der praktischen Politik bleibt damit der Umstand, dass friedens- und entwicklungspolitische Strategien in engem Bezug zueinander stehen müssen und verstärkt integrative Ansätze in den Vordergrund gerückt werden sollten, ebenso dezidiert im Blick, wie er dies aufgrund eines weiter ausgedehnten Verständnisses des gerechten Friedens wäre. Überdies wird mit dieser Einordnung auch deutlich, in welchem Sinne die Annäherung an den gerechten Frieden als durchaus prekärer, stets neu zu sichernder Prozess vorgestellt wird.

7.2 Die funktionale Ebene: Gerechter Friede als politisch-ethisches Leitbild

Diese ›qualifizierte Eingrenzung‹ des Konzepts ›gerechter Friede‹ vermag dazu beizutragen, Antworten auf die funktionale Frage auf der unteren Ebene, jener des Status und der konkreten Funktion der jeweils genannten Friedensbedingungen, zu geben. Zugleich geht mit dieser Eingrenzung, wie ich meine, auch eine Klärung der funktionalen Frage auf der oberen Ebene, jener nach der funktionalen Bestimmung des Konzepts ›gerechter Friede‹ als Ganzes, einher. Ich habe im dritten Kapitel Konzeptionen diskutiert, die den gerechten Frieden als friedensethisches Leitbild und als regulative Idee bezeichneten, auf dessen Grundlage sich normative Orientierung für die Gestaltung der internationalen Beziehungen und nationaler politischer

---

[691] Vgl. Kapitel 5.

Ordnungen sowie für die Bewertung konkreter politischer Handlungsoptionen gewinnen lassen soll. Das im zweiten Kapitel beschriebene Moment des eschatologischen Bezugs theologischen Friedensdenkens erfährt durch diese Einordnung ebenfalls eine funktionale Klärung: Die konstitutive Spannung zwischen Verheissung und Realität bzw. zwischen Ideal und politischer Realität fungiert als kritischer Impuls, dessen Operationalisierung letztlich die zentrale Aufgabe friedensethischer Reflexion ist.

Doch geht mit diesem Bezug auf die eschatologische Dimension des theologischen Friedensbegriffs stets auch die Gefahr einher, dass irdisches Friedenshandeln eine Entwertung erfährt. Die Friedensethik ist daher sicherlich gut beraten, ihren leitenden Begriff derart zu bestimmen, dass in ihm das ›utopische‹ Element nicht überbetont wird. Auch dies spricht dafür, den Begriff des gerechten Friedens im oben wiedergegebenen, eingegrenzten Sinne zu verstehen. Dies schmälert dessen kritisches Potential sicherlich nur bedingt, vielmehr fungiert auch ein ›qualifiziert‹ eingegrenzter Friedensbegriff, wie mit Verweis auf Dieter Senghaas exemplifiziert, als regulatives Ideal.[692] Freilich kann der Begriff des gerechten Friedens aber auch nicht in der weit reichenden Art und Weise eingegrenzt konzeptualisiert werden, wie dies im ›Genfer Modell‹ der Fall ist.[693] Dieses schränkt den Begriff dergestalt ein, dass er seine Normativität geradezu einbüsst – es postuliert überdies eine Eingrenzung der relevanten Handlungsfelder, die eine gehaltvolle Rede vom gerechten Frieden unmöglich macht.

In der Tat bleibt das Konzept des gerechten Friedens auch in Verbindung mit der vorgeschlagenen ›qualifizierten‹ Einengung auf die in jeder Hinsicht anforderungsreichen Prozesse des *peacebuilding* bezogen. Damit sind es die Bereiche der Konfliktprävention wie auch der Konfliktnachsorge, in denen die Reflexion zum gerechten Frieden vorrangig ihren Ort hat. Deshalb steht es auch für eine nachdrückliche Bestätigung der ›vorrangigen Option für die Gewaltfreiheit‹, wie sie den theologischen, nicht zuletzt den ökumenischen Diskurs prägt.[694] Allerdings gelangten meine Überlegungen im fünften Kapitel zum Resultat, dass sich die Friedensethik gerade dann, wenn sie den eingegrenzten Begriff zugrunde legt, auch mit verstärkter Aufmerksamkeit dem Bereich des *peacemaking*, also den Problemstellungen rund um den Übergang vom offenen Konflikt zum Frieden, widmen sollte. Innerhalb einer Konzeption des gerechten Friedens muss sich diese

---

[692] Vgl. dazu noch einmal Senghaas 1997, 574.
[693] Vgl. Kapitel 5.
[694] Vgl. dazu auch die Friedensdenkschrift der EKD, Rat der EKD 2007, 42 und 66.

vertiefte Auseinandersetzung – in Aufnahme der Debatte um das *ius post bellum* – im Rahmen der Reflexion über Kriterien der legitimen Anwendung von Gewalt und damit über das Gedankengut der Theorien des gerechten Kriegs vollziehen.

Freilich tritt damit und nicht zuletzt in Anbetracht des im Raum stehenden Redundanzeinwandes gegenüber dem weiten Begriff des gerechten Friedens die Frage in den Vordergrund, inwiefern das vorgeschlagene Verständnis einen spezifischen Begriff des *gerechten* Friedens zum Gegenstand hat. Meines Erachtens vollzieht sich in der jüngeren Debatte die entscheidende Verschiebung wie erwähnt nicht in horizontaler Richtung, sondern besteht in der vor dem Hintergrund des *Human Security*-Ansatzes ausgeführten ›vertikalen Vertiefung‹, die ein wichtiges Charakteristikum auch des Paradigmas des gerechten Friedens darstellt: Ist vom gerechten Frieden die Rede, so ist damit nicht vorrangig ein Frieden zwischen Staaten gemeint, sondern der Friede, wie ihn die einzelnen Menschen als Glieder der Menschheit erleben. Der fundamentale Bezug auf die Menschenrechte, den die Rede vom gerechten Frieden betont,[695] ist in dieser Hinsicht zentral. Er steht für die grundlegende Einsicht, dass der gerechte Friede – und dies gilt auch für die eingegrenzte Auslegung – eine bestimmte Qualität menschlichen Lebens bezeichnet und sich nicht etwa auf der formellen Ebene zwischenstaatlicher Beziehungen abspielt. Wenn die Rechtsordnung, sowohl die nationale als auch die internationale, gemäss der Maxime ›Friede durch Recht‹ auch und gerade im Konzept des gerechten Friedens als Instanz bezeichnet wird, in der sich eine Friedensordnung vorrangig zu konkretisieren hat, so ist deren grundlegende Funktion nicht etwa die Sicherung staatlicher Privilegien, etwa der uneingeschränkten Souveränität[696], sondern die Konkretisierung ebendieser menschenrechtlichen Ansprüche aller Individuen.[697]

---

[695] Vgl. hierzu Abschnitt 3.4.

[696] Zu denken wäre aber etwa auch an die von Thomas Pogge und anderen vehement kritisierten staatlichen Rohstoff- und Kreditprivilegien, die gerade in einer *Human Security*-Perspektive bzw. vor dem Hintergrund des Konzepts ›gerechter Friede‹ dort mit Nachdruck zu hinterfragen sind, wo sich erst durch diese Privilegien den betreffenden Staaten Mittel erschliessen, die – etwa durch massive Investitionen in die innere Sicherheit – massive Beeinträchtigungen der menschlichen Sicherheit erst ermöglichen (vgl. dazu etwa Pogge 2007, 125f. und 127f.).

[697] Vgl. dazu auch Rat der EKD 2007, 59. Konsequenterweise muss auch eine Theorie des gerechten Friedens ein Verständnis konditionaler Souveränität zugrunde legen, wie es vor dem Hintergrund des *Human Security*-Ansatzes beispielsweise vom ICISS-Bericht vertreten wird.

So verstanden geschieht die Betonung des Moments der Gerechtigkeit im Konzept des gerechten Friedens nicht so sehr zur Untermauerung der grundlegenden Interdependenzthese, sondern als Ausdruck der vertikalen Vertiefung, die – was den kosmopolitanistischen Grundzug des Topos des gerechten Friedens unterstreicht – den einzelnen Menschen mit seinen gerechtigkeitsrelevanten Ansprüchen ins Zentrum auch der friedensethischen Reflexion rückt.

7.3 Gerechter Friede als menschliche Sicherheit: ein Vorschlag

Wie bereits mehrfach betont ist die Rede vom gerechten Frieden innerhalb der gegenwärtigen friedens- und sicherheitspolitischen Diskurse auf nicht zu unterschätzende Art und Weise auf die ›Kommunikabilität‹ ihrer zentralen Gehalte angewiesen, soll sie über den binnentheologischen und kirchlichen Raum hinaus als Orientierungsgrösse dienen können. Wie dargelegt bin ich der Auffassung, dass die evangelische Friedensethik konstitutiv auf die Sphäre des Politischen bezogen sein und sich dort zur Sprache bringen muss. Dies gerade weil das christliche Friedensdenken auf der motivationalen Ebene in besonderer Weise Impulse für ein aktives Friedenshandeln in der Welt bereitstellt. Pointiert bringt dies der Titel der aktuellen Friedensdenkschrift der EKD, »Aus dem Frieden Gottes leben – für gerechten Frieden sorgen«, zum Ausdruck: Es ist in theologisch-friedensethischer Perspektive gerade die Verheissung des gerechten Friedens Gottes, welche die Aufgabe, in der Welt auf diesen Frieden hinzuwirken, letztlich konstituiert. Und es ist die Spannung, die zwischen dem Ideal und der Realität besteht, die, wird sie nicht durch eine Überfrachtung des Ideals so weit aufgerissen, dass nur Desillusionierung bleibt, als Movens des politischen Friedenshandelns wirken kann. Dass hierzu auch die innerkirchliche Vergewisserung über gemeinsame Friedensgrundlagen gehört und dass das Zeugen von dieser Friedensverheissung Teil christlichen Friedenshandelns sein kann, soll hier nicht bestritten werden. Doch ist es gerade Teil dieses Zeugnisses, Vorstellungen von der Gestaltung der Welt und der Friedensordnung, die diese prägen soll, in die Welt hinein wirksam werden zu lassen. Dies umso mehr, wenn der Begriff des gerechten Friedens als *politischer* Begriff aufgefasst und expliziert wird.

Die friedensethische Aufgabenstellung besteht somit darin, die Vorstellung des gerechten Friedens im Bereich des nachhaltigen *peacebuilding* handlungs- und politikleitend auszudifferenzieren. Die dauerhafte Eliminierung physischer Gewalt aus dem Leben der Einzelnen, die nur zu erreichen ist, wenn bei den Ursachen der Gewalt angesetzt wird, verlangt – wie es in der jüngeren friedensethischen Debatte als eigentlicher Konsens gilt – nach einem Ausbau rechtsstaatsanaloger Institutionen der gewaltfreien Konfliktbearbeitung und der Stärkung einer entsprechenden Rechtsordnung einerseits, und nach Massnahmen des sozio-ökonomischen Ausgleichs andererseits. Hierin gewinnt der institutionalistische Kosmopolitismus, der die Rede vom gerechten Frieden charakterisiert, auch innerhalb einer eingegrenzten Interpretation des Konzepts Gestalt.[698]

Im sechsten Kapitel habe ich dafür argumentiert, dass die geforderte Vermittlung dessen, was die theologische Friedensethik mit ihrem Konzept des gerechten Friedens in die Debatte einbringt, sich unter Rückgriff auf die Konzeption der menschlichen Sicherheit plausibel zu vollziehen vermag. Die inhaltliche und funktionale Entsprechung beider Konzeptionen erlaubt es, so meine ich, der Rede vom gerechten Frieden auch innerhalb des gegenwärtigen Diskurses im Bereich der Friedens- und Sicherheitspolitik einerseits und der wissenschaftlichen Diskussion in den internationalen Beziehungen andrerseits einen Platz zuzuweisen, an dem die theologisch-friedensethische Reflexion genuine Impulse zu liefern vermag. Legt man hierbei die in qualifiziertem Sinne eingeengte Explikation beider Konzepte zugrunde, so lassen sich diese in Übereinstimmung bringen, ohne dass die fundamentalen Postulate der Rede vom gerechten Frieden unberücksichtigt blieben. Im Gegenteil: Wenn die dauerhafte Überwindung der Gewalt im Leben der Einzelnen und damit die auf Dauer gestellte Zivilisierung der sozialen und politischen Interaktion, mithin des gesellschaftlichen Konfliktaustrags, den gerechten Frieden im Kern bestimmen, so ist auch ein so interpretiertes Konzept der menschlichen Sicherheit – wie es auch die Essenz der Rede vom gerechten Frieden ausmacht – »in einer radikalen Weise vom Frieden her gedacht«[699].

Allerdings, so meine ich, gelingt die hier vorgeschlagene Verknüpfung nur dann in weiterführender Weise, wenn vermieden wird, den (gerechten) Frieden – wie es der Gegenstand meines hier vorgetragenen Plädoyers ist – inhaltlich zu überladen. Zwar stellen Fragen der menschlichen Entwicklung und damit genuine Gerechtigkeitsfragen eminente Bestandteile jeder kohärenten friedensethischen Reflexion dar. Ebenso steht eine zeit-

---

[698] Vgl. Abschnitt 3.4.
[699] Dicke 2003, 140.

gemässe Friedens- und Sicherheitspolitik – wie es integrative Ansätze, zu denen jener der menschlichen Sicherheit gehört, betonen – mit Entwicklungsanliegen und sozio-ökonomischen Kausalfaktoren des Unfriedens in direktem Zusammenhang. Doch verweisen dennoch diese Fragen auf je eigene Handlungs- und Reflexionsbereiche der internationalen Politik, die mit jenen des Friedens nicht deckungsgleich sind und in vielem weiter reichen als diese. Fragen des Friedens machen, so meine ich, nur einen Teil der Fragen globaler und lokaler politischer und sozialer Interaktion aus. Wenngleich, und dies kann nicht genügend betont werden, einen ebenso grundlegenden wie entscheidenden.

Literaturverzeichnis

Alexandra, Andrew (2003): »Political Pacifism«, in: *Social Theory and Practice* 29 (4), 589-606.

Alexandra, Andrew (2006): »On the Distinction between Pacifism and Pacificism«, in: Bleisch, Barbara/Strub, Jean-Daniel (Hg.): *Pazifismus. Ideengeschichte, Theorie und Praxis*, Bern/Stuttgart/Wien: Haupt, 107-124.

Alkire, Sabina (2003): »*A Conceptual Framework for Human Security*«, CRISE Working Paper 2, Queen Elizabeth House, University of Oxford: Centre for Research on Inequality, Human Security and Ethnicity, http://www.crise.ox.ac.uk/pubs/workingpaper2.pdf (letzter Zugriff: 31. Mai 2006).

Alkire, Sabina (2004): »Concepts of Human Security«, in: Chen, Lincoln/Fukuda-Parr, Sakiko (Hg.): *Human Insecurity in a Global World*, Cambridge: Harvard University Press, 15-40.

Allan, Pierre (2007): »Der gerechte Friede in vergleichender Perspektive«, in: Strub, Jean-Daniel/Grotefeld, Stefan (Hg.): *Der gerechte Friede zwischen Pazifismus und gerechtem Krieg. Paradigmen der Friedensethik im Diskurs*, Stuttgart: Kohlhammer, 145-168.

Allan, Pierre/Keller, Alexis (2006a): »The Concept of a Just Peace, or Achieving Peace Through Recognition, Renouncement, and Rule«, in: dies. (Hg.): *What is a Just Peace?*, Oxford: Oxford University Press, 195-215.

Allan, Pierre/Keller, Alexis (2006b): »Introduction: Rethinking Peace and Justice Conceptually«, in: dies. (Hg.): *What is a Just Peace?*, Oxford: Oxford University Press, 1-11.

Ammermann, Norbert/Ego, Beate/Merkel, Helmut (Hg.) (2005): *Frieden als Gabe und Aufgabe. Beiträge zur theologischen Friedensforschung*, Göttingen: V&R unipress.

Arnold, Gerhard (2001): »Die Evangelische Kirche und der Kosovo-Krieg«, in: *Kirchliches Jahrbuch für die Evangelische Kirche in Deutschland* 126 (2), 292-405.

Atack, Iain (2005): *The Ethics of Peace and War. From State Security to World Community*, Edinburgh: Edinburgh University Press.

Augustinus (^{3}1991 [1955]): *Vom Gottesstaat*, Buch 11-22, übers. v. Wilhelm Thimme, München: dtv klassik.

Bass, Gary (2004): »Jus post Bellum«, in: *Philosophy and Public Affairs* 32 (4), 384-412.

Baumann, Dieter (2007): *Militärethik. Theologische, menschenrechtliche und militärwissenschaftliche Perspektiven*, Stuttgart: Kohlhammer.

Bedford-Strohm, Heinrich (2001): »Gottes Versöhnung und militärische Gewalt. Zur Friedensethik nach dem Kosovo-Krieg«, in: Weth, Rudolf (Hg.): *Das Kreuz Jesu. Gewalt - Opfer - Sühne*, Neukirchen-Vluyn: Neukirchener Verlag, 209-227.

Beestermöller, Gerhard (2003a): »Paradigmenstreit in der katholischen Friedenslehre? Beobachtungen zum Hirtenwort ›Gerechter Friede‹«, in: Justenhoven, Heinz-Gerhard/Schumacher, Rolf (Hg.): »*Gerechter Friede*« - *Weltgemeinschaft in der Verantwortung*, Stuttgart: Kohlhammer, 52-62.

Beestermöller, Gerhard (Hg.) (2003b): *Die humanitäre Intervention - Imperativ der Menschenrechtsidee? Rechtsethische Reflexionen am Beispiel des Kosovo-Krieges*, Stuttgart: Kohlhammer.

Beestermöller, Gerhard/Haspel, Michael/Trittmann, Uwe (Hg.) (2006): »*What we're fighting for...*« - *Friedensethik in der transatlantischen Debatte*, Stuttgart: Kohlhammer.

Beestermöller, Gerhard/Reuter, Hans-Richard (Hg.) (2002): *Politik der Versöhnung*, Stuttgart: Kohlhammer.

Beilin, Yossi (2006): »Just Peace: A Dangerous Objective«, in: Allan, Pierre/Keller, Alexis (Hg.): *What is a Just Peace?*, Oxford: Oxford University Press, 130-148.

Biggar, Nigel (2003): »Making Peace or Doing Justice. Must We Choose?«, in: ders. (Hg.): *Burying the Past. Making Peace and Doing Justice after Civil Conflict*, expanded and updated ed., Washington, D.C.: Georgetown University Press, 3-24.

Bleisch, Barbara (2007): »Humanitäre Intervention zwischen Erlaubtheit und Gebotenheit«, in: Strub, Jean-Daniel/Grotefeld, Stefan (Hg.): *Der gerechte Friede zwischen Pazifismus und gerechtem Krieg. Paradigmen der Friedensethik im Diskurs*, Stuttgart: Kohlhammer, 133-141.

Bonacker, Thorsten (2005): »Die Entgrenzung von Gewalt. Theoretische und empirische Perspektiven«, in: Jahn, Egbert/Fischer, Sabine/Sahm, Astrid (Hg.): *Die Zukunft des Friedens. Band 2: Die Friedens- und Konfliktforschung aus der Perspektive der jüngeren Generation*, Wiesbaden: VS Verlag für Sozialwissenschaften, 73-90.

Bonacker, Thorsten/Imbusch, Peter (2005): »Zentrale Begriffe der Friedens- und Konfliktforschung: Konflikt, Gewalt, Krieg, Frieden«, in: Imbusch, Peter/Zoll, Ralf (Hg.): *Friedens- und Konfliktforschung. 3. überarbeitete Auflage*, Wiesbaden: VS Verlag für Sozialwissenschaften, 69-144.

Boulding, Kenneth E. (1978): *Stable Peace*, Austin: University of Texas Press.

Boulding, Kenneth E. (1995): »Dauerhafter Frieden zwischen Staaten - Ein Lernprozess«, in: Senghaas, Dieter (Hg.): *Den Frieden denken*, Frankfurt a.M.: Suhrkamp, 307-316.

Brock, Lothar (1995): »Frieden. Überlegungen zur Theoriebildung«, in: Senghaas, Dieter (Hg.): *Den Frieden denken*, Frankfurt a.M.: Suhrkamp, 317-340.

Brock, Lothar (2004a): »Der erweiterte Sicherheitsbegriff: Keine Zauberformel für die Begründung ziviler Konfliktbearbeitung«, in: *Die Friedens-Warte* 79 (3-4), 323-343.

Brock, Lothar (2004b): »*Vom ›erweiterten Sicherheitsbegriff‹ zur globalen Konfliktintervention. Eine Zwischenbilanz der neuen Sicherheitsdiskurse*«, Arbeitspapier, Frankfurt a.M.: Hessische Stiftung für Friedens- und Konfliktforschung, http://web.uni-frankfurt.de/fb3/brock/mat/Brock_2004_erweiterter_Sicherheitsdiskurs.pdf (letzter Zugriff: 30. November 2007).

Brock, Lothar (2004c): »Zur Ambivalenz von Gewalt«, in: Calließ, Jörg/Weller, Christoph (Hg.): *Friedenstheorie. Fragen - Ansätze - Möglichkeiten, Loccumer Protokolle 31/03, 2. überarbeitete Auflage*, Rehberg-Loccum: Evangelische Akademie Loccum, 513-517.

Brock, Lothar (^{2}2006): »Was ist das Mehr in der Rede, Friede sei mehr als die Abwesenheit von Krieg?«, in: Sahm, Astrid/Sapper, Manfred/Weichsel, Volker (Hg.): *Die Zukunft des Friedens. Band 1: Eine Bilanz der Friedens- und Konfliktforschung*, Wiesbaden: VS Verlag für Sozialwissenschaften, 95-114.

Brock, Peter (1972): *Pacifism in Europe to 1914*, Princeton: Princeton University Press.

Brock, Peter/Young, Nigel (1999): *Pacifism in the Twentieth Century*, Syracuse: Syracuse University Press.

Brown, Michael/Lynn-Jones, Sean M./Miller, Steven E. (Hg.) (1996): *Debating the Democratic Peace - An International Security Reader*, Cambridge, Mass.: MIT Press.

Brücher, Gertrud (2002): *Frieden als Form. Zwischen Säkularisierung und Fundamentalismus*, Opladen: Leske & Budrich.

Brzoska, Michael (2004): »Human Security - mehr als ein Schlagwort?«, in: Weller, Christoph/Ratsch, Ulrich/Mutz, Reinhard/Schoch, Bruno/Hauswedell, Corinna (Hg.): *Friedensgutachten 2004*, Münster: LIT, 156-165.

Buchbender, Ortwin/Arnold, Gerhard (Hg.) (2002): *Kämpfen für die Menschenrechte. Der Kosovo-Konflikt im Spiegel der Friedensethik*, Baden-Baden: Nomos Verlagsgesellschaft.

Buckley-Zistel, Susanne (2005): »›Die Wahrheit heilt?‹ Gacaca-Tribunale und Friedenskonsolidierung in Ruanda«, in: *Die Friedens-Warte* 80 (1-2), 113-130.

Buzan, Barry (2004): »A Reductionist, Idealistic Notion that Adds Little Analytical Value«, in: *Security Dialogue* 35 (3), 369-370.

Cady, Duane L. (1989): *From Warism to Pacifism. A Moral Continuum*, Philadelphia: Temple University Press.

Cady, Duane L. (1994): »In Defense of Active Pacifists«, in: *Journal of Social Philosophy* 25 (2), 89-91.

Cady, Duane L. (1996): »Pacifist Perspectives on Humanitarian Intervention«, in: Phillips, Robert L./Cady, Duane L. (Hg.): *Humanitarian Intervention. Just War vs. Pacifism*, London: Rowman & Littlefield, 31-75.

Calließ, Jörg (Hg.) (1996): *Wodurch und wie konstituiert sich Frieden? Das zivilisatorische Hexagon auf dem Prüfstand, Loccumer Protokolle 74/96*, Rehberg-Loccum: Evangelische Akademie Loccum.

Calließ, Jörg/Weller, Christoph (Hg.) (2004): *Friedenstheorie. Fragen - Ansätze - Möglichkeiten, Loccumer Protokolle 31/03, 2. überarbeitete Auflage*, Rehberg-Loccum: Evangelische Akademie Loccum.

Ceadel, Martin (1989): *Thinking about Peace and War*, Oxford: Oxford University Press.

Cheneval, Francis (2007): »Friedensprojekt europäische Integration?«, in: Strub, Jean-Daniel/Grotefeld, Stefan (Hg.): *Der gerechte Friede zwischen Pazifismus und gerechtem Krieg. Paradigmen der Friedensethik im Diskurs*, Stuttgart: Kohlhammer, 241-255.

Cochran, David Carroll (1996): »War-Pacifism«, in: *Social Theory and Practice* 22 (2), 161-180.

Collier, Paul/Elliott, V.L./Håvard, Hegre/Hoeffler, Anke/Reynal-Querol, Marta/Sambanis, Nicholas (2003): *Breaking the Conflict Trap. Civil War and Development Policy*, Washington/Oxford: World Bank/Oxford University Press.

Commission on Human Security (Hg.) (2003): *Human Security Now. Protecting and Empowering People*, New York, http://www.humansecurity-chs.org/finalreport/English/FinalReport.pdf (letzter Zugriff: 20. Mai 2007).

Crüsemann, Frank (2003): »›Das Werk der Gerechtigkeit wird Friede sein‹ (Jes 32,17). Aktuelle Überlegungen zu einer christlichen Friedensethik«, in: ders. (Hg.): *Massstab: Tora. Israels Weisung für christliche Ethik*, Gütersloh: Gütersloher Verlagshaus, 126-146.

Czempiel, Ernst-Otto (1981): *Internationale Politik. Ein Konfliktmodell*, Paderborn/Zürich: Schöningh.

Czempiel, Ernst-Otto (1995 [1988]): »Der Friede - sein Begriff, seine Strategien«, in: Senghaas, Dieter (Hg.): *Den Frieden denken*, Frankfurt a.M.: Suhrkamp, 165-176.

Czempiel, Ernst-Otto (1996): »Kants Theorem. Oder: Warum sind die Demokratien (noch immer) nicht friedlich?«, in: *Zeitschrift für Internationale Beziehungen* 3 (1), 79-101.

Czempiel, Ernst-Otto (^{2}1998 [1986]): *Friedensstrategien*, Opladen/Wiesbaden: Westdeutscher Verlag.

Czempiel, Ernst-Otto (2000): »Das Friedensproblem in der Gegenwart aus politikwissenschaftlicher Sicht«, in: Hoppe, Thomas (Hg.): *Friedensethik und internationale Politik. Problemanalysen-Lösungsansätze-Handlungsperspektiven*, Mainz: Matthias-Grünewald-Verlag, 34-42.

Czempiel, Ernst-Otto (²2006): »Der Friedensbegriff der Friedensforschung«, in: Sahm, Astrid/Sapper, Manfred/Weichsel, Volker (Hg.): *Die Zukunft des Friedens. Band 1: Eine Bilanz der Friedens- und Konfliktforschung*, Wiesbaden: VS Verlag für Sozialwissenschaften, 83-93.

Daase, Christopher (1996): »Vom Ruinieren der Begriffe. Zur Kritik der Kritischen Friedensforschung«, in: Meyer, Berthold (Hg.): *Eine Welt oder Chaos?*, Frankfurt a.M.: Suhrkamp, 455-490.

Daase, Christopher (1999): *Kleine Kriege - Grosse Wirkung*, Baden-Baden: Nomos.

Daase, Christopher (2005): »Si vis pacem, intellege bellum! Die Friedensforschung und das Wissen vom Krieg«, in: Jahn, Egbert/Fischer, Sabine/Sahm, Astrid (Hg.): *Die Zukunft des Friedens. Band 2: Die Friedens- und Konfliktforschung aus der Perspektive der jüngeren Generation*, Wiesbaden: VS Verlag für Sozialwissenschaften, 253-267.

De Greiff, Pablo/The International Center for Transitional Justice (Hg.) (2006): *The Handbook of Reparations*, Oxford: Oxford University Press.

Debiel, Tobias/Werthes, Sascha (2005): »Human Security - Vom politischen Leitbild zum integralen Baustein eines neuen Sicherheitskonzeptes?«, in: *S+F Sicherheit und Frieden/Peace and Security* 23 (1), 7-14.

Delbrück, Jost (1984): »Christliche Friedensethik und die Lehre vom gerechten Krieg - in völkerrechtlicher Sicht«, in: Lohse, Eduard/Wilckens, Ulrich (Hg.): *Gottes Friede den Völkern*, Hannover: Lutherisches Verlagshaus, 49-62.

Deutsche Bischofskonferenz, Sekretariat (Hg.) (1981): *Gerechtigkeit schafft Frieden*, Bonn: Deutsche Bischofskonferenz.

Deutsche Bischofskonferenz, Sekretariat (Hg.) (2000): *Gerechter Friede*, Bonn: Deutsche Bischofskonferenz.

Di Meglio, Richard P. (2005): »The Evolution of the Just War Tradition: Defining Jus Post Bellum«, in: *Military Law Review* 186, 116-163.

Dicke, Klaus (2003): »Die Entwicklung des Friedensbegriffs im 20. Jahrhundert und seine Rezeption in ›Gerechter Friede‹«, in: Justenhoven, Heinz-Gerhard/Schumacher, Rolf (Hg.): *»Gerechter Friede« - Weltgemeinschaft in der Verantwortung*, Stuttgart: Kohlhammer, 140-153.

Doyle, Michael W. (1983): »Kant, Liberal Legacies and Foreign Affairs«, in: *Philosophy & Public Affairs* 12 (3), 205-235.

Eppler, Erhard (2002): *Vom Gewaltmonopol zum Gewaltmarkt?*, Frankfurt a.M.: Suhrkamp.

Evangelische Kirche im Rheinland (2005): *Ein gerechter Friede ist möglich. Argumentationshilfe zur Friedensarbeit*, Düsseldorf: Evangelische Kirche im Rheinland.

Evangelischer Pressedienst (2008): *»...für gerechten Frieden sorgen«. Die neue Friedensdenkschrift der EKD in der Diskussion*, epd-dokumentation 19/20.

Evans, Mark (2005a): »Moral Theory and the Idea of a Just War«, in: ders. (Hg.): *Just War Theory. A Reappraisal*, Edinburgh: Edinburgh University Press, 1-25.

Evans, Mark (Hg.) (2005b): *Just War Theory. A Reappraisal*, Edinburgh: Edinburgh University Press.

Fiala, Andrew (2004): *Practical Pacifism*, New York: Algora Press.

Fiala, Andrew (2007): »Art. ›Pacifism‹ «, in: Zalta, Edward N. (Hg.): *The Stanford Encyclopedia of Philosophy (Summer 2007 Edition)*, http://plato.stanford.edu/archives/sum2007/entries/pacifism/ (letzter Zugriff: 18. Januar 2008).

Fischer, Johannes/Strub, Jean-Daniel (2007): »Die neue Friedensdenkschrift der EKD«, in: *zeitzeichen* 8 (12), 11-13.

Fischer, Sabine/Sahm, Astrid (2005): »Friedensforschung und Normativität«, in: Jahn, Egbert/dies. (Hg.): *Die Zukunft des Friedens. Band 2: Die Friedens- und Konfliktforschung aus der Perspektive der jüngeren Generation*, Wiesbaden: VS Verlag für Sozialwissenschaften, 49-72.

Fixdal, Mona/Smith, Dan (1998): »Humanitarian Intervention and Just War«, in: *Mershon International Studies Review. Supplement to the International Studies Quarterly* 42 (2), 283-312.

Fotion, Nicholas (2000): »Reactions to War: Pacifism, Realism, and Just War Theory«, in: Valls, Andrew (Hg.): *Ethics in International Affairs*, Lanham: Rowman & Littlefield, 15-32.

Galtung, Johan (1969): »Violence, Peace and Peace Research«, in: *Journal of Peace Research* 6 (3), 167-191.

Galtung, Johan (1996): *Peace by peaceful means. Peace and conflict, development and civilization*, London: Sage Publishers.

Gantzel, Klaus Jürgen (1997): »Kriegsursachen - Tendenzen und Perspektiven«, in: *Ethik und Sozialwissenschaften* 8 (3), 257-327.

Geis, Anna (2001): »Diagnose Doppelbefund - Ursache ungeklärt? Die Kontroversen um den ›demokratischen Frieden‹«, in: *Politische Vierteljahrsschrift* 42 (2), 282-298.

Geis, Anna/Brock, Lothar/Müller, Harald (Hg.) (2006): *Democratic Wars. Looking at the Dark Side of Democratic Peace*, Basingstoke: Palgrave Macmillan.

Gerhardt, Volker (1995): *Immanuel Kants Entwurf ›Zum ewigen Frieden‹. Eine Theorie der Politik*, Darmstadt: WBG.

Gillner, Matthias (2003): »Weltgemeinwohl oder internationale Gerechtigkeit. Eine Analyse von »Gerechter Friede« im Spiegel zeitgenössischer Moraltheorien internationaler Beziehungen«, in: Justenhoven, Heinz-Gerhard/Schumacher, Rolf (Hg.): *»Gerechter Friede« - Weltgemeinschaft in der Verantwortung*, Stuttgart: Kohlhammer, 154-170.

Glasius, Marlies/Kaldor, Mary (2005): »Individuals First: A Human Security Strategy for the European Union«, in: *International Politics and Society* 2005 (1), 62-82.

Goetschel, Laurent (2005): »The Need for a Contextualized and Trans-disciplinary Approach to Human Security«, in: *S+F Sicherheit und Frieden/Peace and Security* 23 (1), 26-31.

Gosepath, Stefan (2004): *Gleiche Gerechtigkeit. Grundlagen eines liberalen Egalitarismus*, Frankfurt a.M.: Suhrkamp.

Grayson, Kyle (2003): »Securitization and the Boomerang Debate«, in: *Security Dialogue* 34 (3), 337-343.

Grewe, Wilhelm G. (1985): *Friede durch Recht?*, Berlin/New York: de Gruyter.

Grotefeld, Stefan (2007): »Pazifismus oder Pazifizismus?«, in: Strub, Jean-Daniel/Grotefeld, Stefan (Hg.): *Der gerechte Friede zwischen Pazifismus und gerechtem Krieg. Paradigmen der Friedensethik im Diskurs*, Stuttgart: Kohlhammer, 101-115.

Habermas, Jürgen (2000): »Bestialität und Humanität. Ein Krieg an der Grenze zwischen Recht und Moral«, in: Merkel, Reinhard (Hg.): *Der Kosovo-Krieg und das Völkerrecht*, Frankfurt a.M.: Suhrkamp, 51-65.

Hampson, Fen Osler (2004): »A Concept in Need of a Global Policy Response«, in: *Security Dialogue* 35 (3), 349-350.

Hampson, Fen Osler/Daudelin, Jean/Hay, John B./Martin, Todd/Reid, Holly (2002): *Madness in the Multitude. Human Security and World Disorder*, Oxford: Oxford University Press.

Haspel, Michael (2002): *Friedensethik und Humanitäre Intervention*, Neukirchen-Vluyn: Neukirchener Verlagshaus.

Haspel, Michael (2003a): »Die neuen Kriege und der gerechte Friede. Aktuelle Herausforderungen und Perspektiven evangelischer Friedensethik«, in: *Lernort Gemeinde* 21 (3), 19-21.

Haspel, Michael (2003b): »Evangelische Friedensethik nach dem Irakkrieg. 10 Jahre Orientierungspunkte für Friedensethik und Friedenspolitik der EKD«, in: *Zeitschrift für Evangelische Ethik* 47 (4), 264-279.

Haspel, Michael (^{3}2005a): »Einführung in die Friedensethik«, in: Imbusch, Peter/Zoll, Ralf (Hg.): *Friedens- und Konfliktforschung. Eine Einführung* Wiesbaden: VS Verlag für Sozialwissenschaften, 517-540.

Haspel, Michael (2005b): »Menschenrechte in Geschichte und Gegenwart«, in: Frech, Siegfried/Haspel, Michael (Hg.): *Menscherechte*, Schwalbach/Ts.: Wochenschau-Verlag, 15-40.

Haspel, Michael (2006a): »Die Grenzen des Pazifismus in einer Ethik der internationalen Beziehungen«, in: Bleisch, Barbara/Strub, Jean-Daniel (Hg.): *Pazifismus. Ideengeschichte, Theorie und Praxis*, Bern/Stuttgart/Wien: Haupt, 177-191.

Haspel, Michael (2006b): »Ethics of international relations and the legitimate use of force«, in: Sutrop, Margit/Simm, Kadri (Hg.): *Eetika/Ethics. Interdisciplinary approaches, Tartu University Centre for Ethics 2001-2006*, Tallinn, 388-424.

Haspel, Michael (2006c): »Hoffnungen auf ein Ende der Gewaltgeschichte? Friedenstheoretische Grundlegungen für die Wahrnehmung und Bewältigung von Gewalt. Rückfragen aus friedensethischer Perspektive«, in: Calließ, Jörg/Weller, Christoph (Hg.): *Chancen für den Frieden. Theoretische Orientierungen für Friedenspolitik und Friedensarbeit, Loccumer Protokolle 76/03*, Rehberg-Loccum: Evangelische Akademie Loccum, 95-100.

Haspel, Michael (2006d): »Menschenrechte, internationale Verteilungsgerechtigkeit und institutionalisierte Konfliktregelung. Perspektiven für die Weiterentwicklung von Kriterien zur Prüfung der legitimen Anwendung militärischer Gewalt«, in: Beestermöller, Gerhard/ders./Trittmann, Uwe (Hg.): *»What we're fighting for...« – Friedensethik in der transatlantischen Debatte*, Stuttgart: Kohlhammer, 138-155.

Haspel, Michael (2006e): »›What we're fighting for‹. Die deutsch-amerikanische Debatte über die Lehre vom gerechten Krieg und die Probleme einer normativen Theorie der internationalen Beziehungen«, in: Calließ, Jörg/Weller, Christoph (Hg.): *Chancen für den Frieden. Theoretische Orientierungen für Friedenspolitik und Friedensarbeit, Loccumer Protokolle 76/03*, Rehberg-Loccum: Evangelische Akademie Loccum, 303-324.

Haspel, Michael (2007a): »Die ›Theorie des gerechten Friedens‹ als normative Theorie internationaler Beziehungen? Möglichkeiten und Grenzen«, in: Strub, Jean-Daniel/Grotefeld, Stefan (Hg.): *Der gerechte Friede zwischen Pazifismus und gerechtem Krieg. Paradigmen der Friedensethik im Diskurs*, Stuttgart: Kohlhammer, 209-225.

Haspel, Michael (2007b): »Ethics of International Relations and the Legitimate Use of Force«, in: Imbusch, Peter (Hg.): *Gerechtigkeit - Demokratie - Frieden. Eindämmung oder Eskalation von Gewalt?*, Baden-Baden: Nomos, 44-78.

Haspel, Michael (2007c): »Justification of Force in the Trans-Atlantic Debate: Towards a Moderate Institutionalist Cosmopolitanism«, in: *Studies in Christian Ethics* 20 (1), 102-117.

Haspel, Michael (2008): »Gerechter Friede - gerechter Krieg«, in: *epd-dokumentation* 19/20, 43-46.

Hauswedell, Corinna (Hg.) (2009): *Frieden und Gerechtigkeit - Dilemmata heutiger Friedensethik und -politik. Zur Diskussion der Denkschrift der EKD, Loccumer-Protokolle 24/08*, Rehberg-Loccum: Evangelische Akademie Loccum.

Hayden, Patrick (2005): »Security Beyond the State: Cosmopolitanism, Peace and the Role of Just War Theory«, in: Evans, Mark (Hg.): *Just War Theory. A Reappraisal*, Edinburgh: Edinburgh University Press, 157-176.

Hinsch, Wilfried/Janssen, Dieter (2006): *Menschenrechte militärisch schützen. Ein Plädoyer für humanitäre Interventionen*, München: C.H. Beck.

Hippler, Jochen/Fröhlich, Christiane/Johannsen, Margret/Schoch, Bruno/Heinemann-Grüder, Andreas (Hg.) (2009): *Friedensgutachten 2009*, Münster: LIT.

Höffe, Otfried (1995a): »Der Friede - ein vernachlässigtes Ideal«, in: ders. (Hg.): *Immanuel Kant. Zum ewigen Frieden, Klassiker Auslegen Bd. 1*, Berlin: Akademie Verlag, 5-29.

Höffe, Otfried (Hg.) (1995b): *Immanuel Kant. Zum ewigen Frieden, Klassiker Auslegen Bd. 1*, Berlin: Akademie Verlag.

Hofheinz, Marco (2005a): »Friedenstiften als kirchliche Praktik. Impulse aus reformierter Tradition für eine theologische Friedensethik in ökumenischer Verantwortung«, in: *Zeitschrift für Evangelische Ethik* 49 (1), 40-57.

Hofheinz, Marco (2005b): »Friedenstiften. Biblisch-theologische Perspektiven einer kirchlich-theologischen Friedensethik«, in: *Pastoraltheologie* 94, 378-395.

Hofheinz, Marco/Plasger, Georg (2002): »›Ernstfall Frieden‹. Einleitende Bemerkungen zur aktuellen friedensethischen Diskussion«, in: dies. (Hg.): *Ernstfall Frieden. Biblisch-theologische Perspektiven*, Wuppertal: Foedus, 9-28.

Holl, Karl (1988): *Pazifismus in Deutschland*, Frankfurt a.M.: Suhrkamp.

Holmes, Robert L. (1989): *On War and Morality*, Princeton: Princeton University Press.

Holzgrefe, J.L/Keohane, Robert O. (Hg.) (2003): *Humanitarian Intervention. Ethical, Legal and Political Dilemmas*, Cambridge: Cambridge University Press.

Honecker, Martin (2003): »Gerechter Friede und/oder gerechter Krieg«, in: Dabrock, Peter/Jähnichen, Traugott/Klinnert, Lars (Hg.): *Kriterien der Gerechtigkeit. Begründungen - Anwendungen - Vermittlungen. Festschrift für Christofer Frey zum 65. Geburtstag*, Gütersloh: Kaiser/Gütersloher Verlagshaus, 251-268.

Hoppe, Thomas (2000): »Gerechter Frieden als Leitperspektive. Zu Konzept und Aufgabenprofil einer Ethik der internationalen Politik«, in: *Aus Politik und Zeitgeschichte* 50 (33/34), 25-31.

Hoppe, Thomas (2007a): »Gerechtigkeit - Menschenrechte - Frieden. Zur Geschichte und Aktualität der Idee vom ›gerechten Frieden‹«, in: Imbusch, Peter (Hg.): *Gerechtigkeit - Demokratie - Frieden: Eindämmung oder Eskalation von Gewalt?*, Baden-Baden: Nomos, 25-43.

Hoppe, Thomas (2007b): »Just Peace as Leading Perspective: Towards the Concept and Task Profile of an Ethics of International Politics«, in: *Studies in Christian Ethics* 20 (1), 68-76.

Huber, Wolfgang (1993): *Die tägliche Gewalt. Gegen den Ausverkauf der Menschenwürde*, Freiburg/Basel/Wien: Herder.

Huber, Wolfgang (2005): »Rückkehr zur Lehre vom gerechten Krieg? Aktuelle Entwicklungen in der evangelischen Friedensethik«, in: *Zeitschrift für Evangelische Ethik* 49 (2), 113-130.

Huber, Wolfgang/Reuter, Hans-Richard (1990): *Friedensethik*, Stuttgart/Köln/Berlin: Kohlhammer.

Human Security Centre (Hg.) (2005): *Human Security Report. War and Peace in the 21st Century*, New York/Oxford: Oxford University Press.

ICISS, International Commission on Intervention and State Sovereignty (2001): *The Responsibility to Protect*, Ottawa: IDRC Books.

Jahn, Egbert ([2]2006): »Ein bisschen Frieden im ewigen Krieg? Zu den Aussichten auf einen dauerhaften Weltfrieden am Beginn des 21. Jahrhunderts«, in: Sahm, Astrid/Sapper, Manfred/Weichsel, Volker (Hg.): *Die Zukunft des Friedens. Band 1: Eine Bilanz der Friedens- und Konfliktforschung*, Wiesbaden: VS Verlag für Sozialwissenschaften, 51-82.

Jahn, Egbert/Fischer, Sabine/Sahm, Astrid (2005a): »Einleitung. Den Frieden weiterdenken«, in: dies. (Hg.): *Die Zukunft des Friedens. Band 2: Die Friedens- und Konfliktforschung aus der Perspektive der jüngeren Generationen*, Wiesbaden: VS Verlag für Sozialwissenschaften, 9-18.

Jahn, Egbert/Fischer, Sabine/Sahm, Astrid (Hg.) (2005b): *Die Zukunft des Friedens. Band 2: Die Friedens- und Konfliktforschung aus der Perspektive der jüngeren Generation*, Wiesbaden: VS Verlag für Sozialwissenschaften.

Janssen, Dieter/Quante, Michael (Hg.) (2002): *Gerechter Krieg. Ideengeschichtliche, rechtsphilosophische und ethische Beiträge*, Paderborn: Mentis.

Janssen, Wilhelm (1995): »Friede. Zur Geschichte einer Idee in Europa«, in: Senghaas, Dieter (Hg.): *Den Frieden denken*, Frankfurt a.M.: Suhrkamp, 227-275.

Johnson, James Turner (1984): *Can modern war be just?*, New Haven: Yale University Press.

Johnson, James Turner (1999): *Morality and contemporary warfare*, New Haven, London: Yale University Press.

Johnson, James Turner (2002): »Can contemporary armed conflicts be just? An examination of some central moral issues«, in: Janssen, Dieter/Quante, Michael (Hg.): *Gerechter Krieg. Ideengeschichtliche, rechtsphilosophische und ethische Beiträge*, Paderborn: Mentis, 44-63.

Jopp, Matthias (Hg.) (1992): *Dimensionen des Friedens - Theorie, Praxis und Selbstverständnis der Friedensforschung*, Baden-Baden: Nomos.

Jung, Dietrich (2005): »Krieg als Geschäft? Nutzen und Kritik der ökonomischen Analyse«, in: Jahn, Egbert/Fischer, Sabine/Sahm, Astrid (Hg.): *Die Zukunft des Friedens. Band 2: Die Friedens- und Konfliktforschung aus der Perspektive der jüngeren Generation*, Wiesbaden: VS Verlag für Sozialwissenschaften, 269-290.

Jüngel, Eberhard (1983): *Zum Wesen des Friedens. Frieden als Kategorie theologischer Anthropologie*, München: Kaiser.

Justenhoven, Heinz-Gerhard/Schumacher, Rolf (Hg.) (2003): *»Gerechter Friede« - Weltgemeinschaft in der Verantwortung*, Stuttgart: Kohlhammer.

Justino, Patricia (2006): *On the Links between Violent Conflict and Chronic Poverty: How Much Do We Really Know?*, CPRC Working Paper 61, Brighton: Institute of Development Studies at the University of Sussex, www.chronicpoverty.org/pdfs/61Justino.pdf (letzter Zugriff: 3. Juli 2009).

Jütersonke, Oliver/Krause, Keith (Hg.) (2007): *From Rights to Responsibilities*, PSIS Special Study No. 7, Geneva: PSIS.

Kaldor, Mary (1999): *Old and New Wars. Organized Violence in a Global Era*, Cambridge: Polity Press.

Kaldor, Mary (2007): »From Just War to Just Peace«, in: Reed, Charles/Ryall, David (Hg.): *The Price of Peace*, Cambridge: Cambridge University Press, 255-273.

Kaminski, Marek M./Nalepa, Monika/O'Neill, Barry (2006): »Normative and Strategic Aspects of Transitional Justice«, in: *Journal of Conflict Resolution* 50 (3), 295-302.

Kant, Immanuel (1956 [1787]): »Kritik der reinen Vernunft«, in: ders. (Hg.): *Werke in zehn Bänden*, hg. von Wilhelm Weischedel, Bd. 3/4, Darmstadt: Wiss. Buchgesellschaft.

Kant, Immanuel (1964 [1795]): »Zum ewigen Frieden. Ein philosophischer Entwurf«, in: ders. (Hg.): *Werke in zehn Bänden*, hg. von Wilhelm Weischedel, Bd. 9, Darmstadt: Wiss. Buchgesellschaft, 191-251.

Kant, Immanuel (1968 [1788]): »Kritik der praktischen Vernunft«, in: ders. (Hg.): *Werke in zehn Bänden*, hg. von Wilhelm Weischedel, Bd. 6, Darmstadt: Wiss. Buchgesellschaft, 103-302.

Kater, Thomas (2006): »Gegen den Krieg - Für welchen Frieden? Philosophie und Pazifismus im 20. Jahrhundert«, in: Bleisch, Barbara/Strub, Jean-Daniel (Hg.): *Pazifismus. Ideengeschichte, Theorie und Praxis*, Bern/Stuttgart/Wien: Haupt, 89-106.

Katholische Akademie Rabanus Maurus, pax christi-Bistumsstelle Limburg (Hg.) (2002): *Gerechter Friede. Die deutschen Bischöfe zum Hirtenwort*, Idstein: Meinhardt.

Keller, Alexis (2004): *L'accord de Genève. Un pari réaliste*, Genève/Paris: Labor et Fides/Seuil.

Keohane, Robert O. (2003): »Political authority after intervention: gradations in sovereignty«, in: Holzgrefe, J.L./ders. (Hg.): *Humanitarian Intervention. Ethical, Legal, and Political Dilemmas*, Cambridge: Cambridge University Press, 275-298.

Kersting, Wolfgang (2000): *Theorien der sozialen Gerechtigkeit*, Stuttgart: Metzler.

Kinkelbur, Dieter (1995): *Theologie und Friedensforschung. Eine Analyse theologischer Beiträge zur Friedens- und Konfliktforschung im 20. Jahrhundert*, Münster: Waxmann.

Kirchenamt der EKD (Hg.) (1991): *Ökumenische Versammlung für Gerechtigkeit, Frieden und Bewahrung der Schöpfung Dresden - Magdeburg - Dresden*, EKD-Texte 38, Hannover: Kirchenamt der EKD.

Kirchenamt der EKD (Hg.) (2001 [1994]): *Schritte auf dem Weg zum Frieden. Orientierungspunkte für Friedensethik und Friedenspolitik*, 3., um die Aktualisierung »Friedensethik in der Bewährung. Eine Zischenbilanz« ergänzte Auflage, EKD-Texte 48, Hannover: Kirchenamt der EKD.

Kirchenamt der EKD (Hg.) (2002): *Richte unsere Füsse auf den Weg des Friedens. Gewaltsame Konflikte und zivile Intervention an Beispielen aus Afrika - Herausforderungen auch für kirchliches Handeln*, EKD-Texte 72, Hannover: Kirchenamt der EKD.

Kirchenkanzlei der EKD (Hg.) (1981): *Frieden wahren, fördern und erneuern*, Gütersloh: Gütersloher Verlagshaus (Mohn).

Klasen, Stephan (2007): »Armut und Ungleichheit auf Globaler Ebene: Niveau, Trends, Ursachen und Herausforderungen«, in: Renz, Ursula/Bleisch, Barbara (Hg.): *Zu Wenig. Dimensionen der Armut*, Zürich: Seismo, 159-184.

Kleingeld, Pauline/Brown, Eric (2006): »Cosmopolitanism«, in: Zalta, Edward N. (Hg.): *The Stanford Encyclopedia of Philosophy*, Winter 2006 edition, http://plato.stanford.edu/archives/win2006/entries/cosmopolitanism/ (letzter Zugriff: 26. Juli 2007).

Koeman, Annalisa (2007): »A Realistic and Effective Constraint on the Resort to Force? Pre-commitment to Jus in Bello and Jus Post Bellum as Part of the Criterion of Right Intention«, in: *Journal of Military Ethics* 6 (3), 198-220.

Kohler, Georg (1999): »Weltinnenpolitik: Grenzen der Verantwortung und Entstaatlichung. Über einige Möglichkeiten, das Verhältnis von Politik und Menschenrechten zu bestimmen«, in: Brunkhorst, Hauke/Köhler, Wolfgang R./Lutz-Bachmann, Matthias (Hg.): *Recht auf Menschenrechte. Menschenrechte, Demokratie und internationale Politik*, Frankfurt a.M.: Suhrkamp, 246-261.

Koppe, Karlheinz (2005): »Zur Geschichte der Friedens- und Konfliktforschung im 20. Jahrhundert«, in: Imbusch, Peter/Zoll, Ralf (Hg.): *Friedens- und Konfliktforschung*, 3. überarbeitete Auflage, Wiesbaden: VS Verlag für Sozialwissenschaften, 17-67.

Körtner, Ulrich H.J. (2003a): »›Gerechter Friede‹ - ›gerechter Krieg‹. Christliche Friedensethik vor neuen Herausforderungen«, in: *Zeitschrift für Theologie und Kirche* 100, 348-377.

Körtner, Ulrich H.J. (2003b): »Notorisch ausgeblendet. Das Konzept vom Gerechten Frieden weist zu viele Ungereimtheiten auf«, in: *zeitzeichen* 5 (4), 14-16.

Körtner, Ulrich H.J. (2003c): »Religion und Gewalt. Zur Lebensdienlichkeit von Religion in ihrer Ambivalenz«, in: *Zeitschrift für Evangelische Ethik* 47 (2), 121-135.

Körtner, Ulrich H.J. (2006): »Flucht in die Rhetorik. Der Protestantismus muss eine Friedensethik entwickeln, die heutigen Kriegen gerecht wird«, in: *zeitzeichen* 7 (9), 12-14.

Krasner, Stephen D. (1999): *Sovereignty. Organized Hypocrisy*, Princeton: Princeton University Press.

Krasner, Stephen D. (Hg.) (2001): *Problematic sovereignty. Contested Rules and Political Possibilities*, New York: Columbia University Press.

Krause, Keith (2004): »The Key to a Powerful Agenda, if Properly Delimited«, in: *Security Dialogue* 35 (4), 367-368.

Krause, Keith (2005): »Human Security: An Idea Who's Time Has Come?«, in: *S+F Sicherheit und Frieden/Peace and Security* 23 (1), 1-6.

Krause, Keith/Jütersonke, Oliver (2005): »Peace, Security and Development in Post-Conflict Environments«, in: *Security Dialogue* 36 (4), 447-462.

Krebs, Angelika (Hg.) (2000): *Gleichheit oder Gerechtigkeit. Texte zur neueren Egalitarismuskritik*, Frankfurt a.M.: Suhrkamp.

Langan, John (2007): »Justice after war and the international common good«, in: Reed, Charles/Ryall, David (Hg.): *The Price of Peace. Just War in the Twenty-First Century*, Cambridge: Cambridge University Press, 219-235.

Langer, Arnim (2004): *Horizontal inequalities and violent conflict: the case of Côte d'Ivoire*, CRISE Working Paper No. 13, November 2004, www.crise.ox.ac.uk/pubs/workingpaper13.pdf (letzter Zugriff: 3. Juli 2009).

Liedke, Gerhard (Hg.) (1978): *Eschatologie und Frieden, Band I-III*, Texte und Materialien, Reihe A, Heidelberg: FEST.

Lienemann, Wolfgang (1982): *Gewalt und Gewaltverzicht. Studien zur abendländischen Vorgeschichte der gegenwärtigen Wahrnehmung von Gewalt*, München: Kaiser.

Lienemann, Wolfgang (2000): *Frieden. Vom gerechten Krieg zum gerechten Frieden*, Göttingen: Vandenhoeck & Ruprecht.

Lienemann, Wolfgang (2006): »Rechtsfrieden im Land von Bibel und Koran? Eine Kantische Perspektive und die Genfer Initiative von 2003«, in: Fröhlich, Christiane/Rother, Tanja (Hg.): *Zum Verhältnis von Religion und Politik im Nahostkonflikt. Dokumentation einer interdisziplinären Vortragsreihe an der Forschungsstätte der Evangelischen Studiengemeinschaft e.V. Texte und Materialien, Reihe A, Nr. 51*, Heidelberg: FEST, 11-46.

Lienemann, Wolfgang (2007): »Verantwortungspazifismus (*legal pacifism*)«, in: Strub, Jean-Daniel/Grotefeld, Stefan (Hg.): *Der gerechte Friede zwischen Pazifismus und gerechtem Krieg. Paradigmen der Friedensethik im Diskurs*, Stuttgart: Kohlhammer, 75-99.

Liotta, Peter H. (2002): »Boomerang Effect: The Convergence of National and Human Security«, in: *Security Dialogue* 33 (4), 473-488.

Liotta, Peter H./Owen, Taylor (2006): »Europe Takes on Human Security«, in: Debiel, Tobias/Werthes, Sascha (Hg.): *Human Security on Foreign Policy Agendas. Changes, Concepts and Cases*, INEF-Report 80, 71-80.

Little, David (2006): »Peace, Justice, and Religion«, in: Allan, Pierre/Keller, Alexis (Hg.): *What is a Just Peace?*, Oxford: Oxford University Press, 149-175.

Lutz, Dieter S. (Hg.) (1999): *Der Kosovo-Krieg. Rechtliche und rechtsethische Aspekte*, Baden-Baden: Nomos Verlagsgesellschaft.

Mack, Andrew (2004): »A Signifier of Shared Values«, in: *Security Dialogue* 35 (3), 366-367.

Mack, Andrew/Nicholls, Eric (2007): »Interrogating the Human Security Report«, in: *Die Friedens-Warte* 82 (1), 117-123.

Mader, Gerald/Eberwein, Wolf-Dieter/Vogt, Wolfgang R. (Hg.) (1996): *Frieden durch Zivilisierung? Probleme - Ansätze - Perspektiven*, Münster: Agenda Verlag.

Maihold, Günther (2005): »Die sicherheitspolitische Wendung der Entwicklungspolitik: Eine Kritik des neuen Profils«, in: *Internationale Politik und Gesellschaft* 2005 (1), 30-48.

Mancini, Luca (2005): *Horizontal Inequality and Communal Violence: Evidence from Indonesian Districts*, CRISE Working Paper 22, November 2005, www.crise.ox.ac.uk/pubs/workingpaper22.pdf (letzter Zugriff: 3. Juli 2009).

Matthies, Volker (2003): »Konfliktprävention - Konfliktnachsorge«, in: Justenhoven, Heinz-Gerhard/Schumacher, Rolf (Hg.): *»Gerechter Friede« - Weltgemeinschaft in der Verantwortung*, Stuttgart: Kohlhammer, 206-216.

Mayer, Peter (1999): »War der Krieg der NATO gegen Jugoslawien moralisch gerechtfertigt? Die Operation ›Allied Force‹ im Lichte der Lehre vom gerechten Krieg«, in: *Zeitschrift für Internationale Beziehungen* 2 (1999), 287-321.

Mayer, Peter (2005): »Die Lehre vom gerechten Krieg - obsolet oder unverzichtbar?«, in: Jahn, Egbert/Fischer, Sabine/Sahm, Astrid (Hg.): *Die Zukunft des Friedens, Bd. 2*, Wiesbaden: VS Verlag für Sozialwissenschaften, 381-405.

Merkel, Reinhard (Hg.) (2000): *Der Kosovo-Krieg und das Völkerrecht*, Frankfurt a.M.: Suhrkamp.

Merkel, Reinhard/Wittmann, Roland (Hg.) (1996): *»Zum ewigen Frieden«. Grundlagen, Aktualität und Aussichten einer Idee von Immanuel Kant*, Frankfurt a.M.: Suhrkamp.

Merker, Barbara (2002): »Die Theorie des gerechten Krieges und das Problem der Rechtfertigung von Gewalt«, in: Janssen, Dieter/Quante, Michael (Hg.): *Gerechter Krieg. Ideengeschichtliche, rechtsphilosophische und ethische Beiträge*, Paderborn: Mentis, 29-43.

Merks, Karl-Wilhelm (2003): »Vom gerechten Krieg zum gerechten Frieden - Utopie oder Realismus?«, in: Justenhoven, Heinz-Gerhard/Schumacher, Rolf (Hg.): *»Gerechter Friede« - Weltgemeinschaft in der Verantwortung*, Stuttgart: Kohlhammer, 11-28.

Meyers, Reinhard (1994): *Begriff und Probleme des Friedens*, Opladen: Leske & Budrich.

Moltmann, Bernhard (²2006): »Was weiss die Friedensforschung von der Zukunft, und was sollte sie wissen?«, in: Sahm, Astrid/Sapper, Manfred/Weichsel, Volker (Hg.): *Die Zukunft des Friedens. Bd. 1, Eine Bilanz der Friedens- und Konfliktforschung*, Wiesbaden: VS Verlag für Sozialwissenschaften, 357-379.

Müller, Harald (2002): »Antinomien des demokratischen Friedens«, in: *Politische Vierteljahrsschrift* 43 (1), 46-81.

Müller, Harald (2003): »Begriff, Theorien und Praxis des Friedens«, in: Hellmann, Gunther/Wolf, Klaus Dieter/Zürn, Michael (Hg.): *Die neuen Internationalen Beziehungen. Forschungsstand und Perspektiven in Deutschland*, Baden-Baden: Nomos, 209-250.

Müller, Max (1995 [1971]): »Der Friede als philosophisches Problem«, in: Senghaas, Dieter (Hg.): *Den Frieden denken*, Frankfurt a.M.: Suhrkamp, 21-38.

Münkler, Herfried (2002): *Die Neuen Kriege*, Reinbek: Rowohlt.

Narveson, Jan (2006): »Is Pacifism Self-Refuting?«, in: Bleisch, Barbara/Strub, Jean-Daniel (Hg.): *Pazifismus. Ideengeschichte, Theorie und Praxis*, Bern/Stuttgart/Wien: Haupt, forthcoming.

Newman, Edward (2004): »A Normatively Attractive but Analytically Weak Concept«, in: *Security Dialogue* 35 (3), 358-359.

Norman, Richard (1995): *Ethics, Killing and War*, Cambridge: Cambridge University Press.

Nothelle-Wildfeuer, Ursula (2003): »›Frieden ist möglich‹ - Ist Frieden möglich?«, in: *Die neue Ordnung* 57 (3), 181-193.

Orend, Brian (2000): *Michael Walzer on War and Justice*, Cardiff: University of Wales Press.

Orend, Brian (2002): »Justice after War«, in: *Ethics and International Affairs* 16 (1), 40-56.

Orend, Brian (2006): *The Morality of War*, New York: Broadview Press.

Orend, Brian (2007): »*Jus Post Bellum*: The Perspective of a Just-War Theorist«, in: *Leiden Journal of International Law* 20, 571-591.

Owen, Taylor (2004): »Human Security - Conflict, Critique and Consensus: Colloquium Remarks and a Proposal for a Threshold-Based Definition«, in: *Security Dialogue* 35 (3), 373-387.

Paris, Roland (2001): »Human Security. Paradigm Shift or Hot Air?«, in: *International Security* 26 (2), 87-102.

Paris, Roland (2004a): *At War's End. Building Peace After Civil Conflict*, Cambridge: Cambridge University Press.

Paris, Roland (2004b): »Still an Inscrutable Concept«, in: *Security Dialogue* 35 (3), 370-371.

Patzig, Günther (1996): »Kants Schrift ›Zum ewigen Frieden‹«, in: Merkel, Reinhard/Wittmann, Roland (Hg.): *»Zum ewigen Frieden«. Grundlagen, Aktualität und Aussichten einer Idee von Immanuel Kant*, Frankfurt a.M.: Suhrkamp, 12-30.

Pausch, Eberhard Martin (2001): »Brauchen wir eine neue Friedensethik? Der Kosovo-Krieg und seine Auswirkungen auf die friedensethische Diskussion in der evangelischen Kirche in Deutschland (EKD)«, in: *Zeitschrift für Evangelische Ethik* 45 (1), 17-28.

Picht, Georg (1971): »Was heisst Friedensforschung?«, in: ders./Huber, Wolfgang (Hg.): *Was heisst Friedensforschung?*, Stuttgart/München: Ernst Klett/Kösel, 13-33.

Picht, Georg (1975): »Zum Begriff des Friedens«, in: Deutsche Gesellschaft für Friedens- und Konfliktforschung (Hg.): *Forschung für den Frieden. Fünf Jahre Deutsche Gesellschaft für Friedens- und Konfliktforschung. Eine Zwischenbilanz*, Boppard: Boldt, 45-65.

Planer-Friedrich, Götz (1989): *Frieden und Gerechtigkeit. Auf dem Weg zu einer ökumenischen Friedensethik*, München: Kaiser.

Planer-Friedrich, Götz (2006): »Dekorative Bibelzitate. Was fehlt, ist ein klares Statement der evangelischen Kirchen zur Friedensethik«, in: *zeitzeichen* 7 (12), 56-57.

Pogge, Thomas (2007): »Anerkannt und doch verletzt durch internationales Recht. Die Menschenrechte der Armen«, in: Bleisch, Barbara/Schaber, Peter (Hg.): *Weltarmut und Ethik*, Paderborn: mentis, 95-138.

Ramsbotham, Oliver (2006): »Cicero's Challenge: From Just War to Just Intervention«, in: Beestermöller, Gerhard/Haspel, Michael/Trittmann, Uwe (Hg.): *»What we're fighting for...« - Friedensethik in der transatlantischen Debatte*, Stuttgart: Kohlhammer, 113-137.

Rat der EKD (Hg.) (2007): *Aus Gottes Frieden leben - für gerechten Frieden sorgen. Eine Denkschrift des Rates der Evangelischen Kirche in Deutschland*, Gütersloh: Gütersloher Verlagshaus.

Rauch, Carsten (2005): *Die Theorie des Demokratischen Friedens. Grenzen und Perspektiven*, Frankfurt a.M.: Campus.

Rawls, John (1999a): *The Law of Peoples*, Cambridge, Mass.: Harvard University Press.

Rawls, John (1999b [1971]): *A Theory of Justice*, rev. ed., Cambridge, Mass.: Belknap Press of Harvard University Press.

Reader, Soran (2000): »Making Pacifism Plausible«, in: *Journal of Applied Philosophy* 17 (2), 169-180.

Reed, Charles/Ryall, David (Hg.) (2007): *The Price of Peace. Just War in the Twenty-First Century*, Cambridge: Cambridge University Press.

Reuter, Hans-Richard (1994): »Friedensethik nach dem Ende des Ost-West-Konflikts«, in: *Zeitschrift für Evangelische Ethik* 38 (2), 81-99.

Reuter, Hans-Richard (1996a): »Gerechter Frieden durch militärische Interventionen?«, in: ders. (Hg.): *Rechtsethik in theologischer Perspektive*, Gütersloh: Gütersloher Verlagshaus, 239-266.

Reuter, Hans-Richard (1996b): »Militäraktionen aus humanitären Gründen? Friedensethik zwischen Gewaltverzicht und Rechtsdurchsetzung«, in: Meyer, Berthold (Hg.): *Eine Welt oder Chaos?*, Frankfurt a.M.: Suhrkamp, 276-300.

Reuter, Hans-Richard (2000): »Die ›humanitäre Intervention‹ zwischen Recht und Moral: Rechtsethische Anmerkungen aus Anlass des Kosovo-Krieges«, in: Ratsch, Ulrich/Mutz, Reinhard/Schoch, Bruno (Hg.): *Friedensgutachten 2000*, Münster: LIT, 74-85.

Reuter, Hans-Richard (2001): »›Schritte auf dem Weg zum Frieden‹ und ›Gerechter Friede‹: Kirchliche Friedensethik im Vergleich«, in: *Ökumenische Rundschau* 50, 291-311.

Reuter, Hans-Richard (2007): »Was ist ein gerechter Frieden? Die Sicht der christlichen Ethik«, in: Strub, Jean-Daniel/Grotefeld, Stefan (Hg.): *Der gerechte Friede zwischen Pazifismus und gerechtem Krieg. Paradigmen der Friedensethik im Diskurs*, Stuttgart: Kohlhammer, 175-190.

Reuter, Hans-Richard (2008): »Gerechter Friede! - Gerechter Krieg? Die neue Friedensdenkschrift der EKD in der Diskussion«, in: *Zeitschrift für Evangelische Ethik* 52 (3), 163-168.

Rigby, Andrew (2005): »Forgiveness and Reconciliation in *Jus Post Bellum*«, in: Evans, Mark (Hg.): *Just War Theory. A Reappraisal*, Edinburgh: Edinburgh University Press, 177-200.

Riklin, Alois (2003): »Gerechter Krieg? Die sechs Kriterien einer neualten Theorie«, in: Senghaas, Dieter/Küng, Hans (Hg.): *Friedenspolitik. Ethische Grundlagen internationaler Beziehungen*, München: Piper, 279-287.

Roberts, Adam (2006): »Just Peace: A Cause Worth Fighting For«, in: Allan, Pierre/Keller, Alexis (Hg.): *What is a Just Peace?*, Oxford: Oxford University Press, 52-89.

Rodin, David (2006): »The Ethics of War: State of the Art«, in: *Journal of Applied Philosophy* 23 (3), 241-246.

Rosenberger, Michael (2003): »Klare Worte gegen den Konsens des Schweigens. Das neue Friedenswort der deutschen Bischöfe«, in: Justenhoven, Heinz-Gerhard/Schumacher, Rolf (Hg.): *Gerechter Friede* - *Weltgemeinschaft in der Verantwortung*, Stuttgart: Kohlhammer, 41-51.

Ruf, Werner (Hg.) (2003): *Die Politische Ökonomie der Gewalt. Staatszerfall und die Privatisierung von Gewalt und Krieg*, Opladen: Leske & Budrich.

Sahm, Astrid/Sapper, Manfred/Weichsel, Volker (Hg.) (²2006 [2002]): *Die Zukunft des Friedens. Band 1: Eine Bilanz der Friedens- und Konflitkforschung*, Wiesbaden: VS Verlag für Sozialwissenschaften.

Schaber, Peter (2006): »Humanitäre Intervention als moralische Pflicht«, in: *Archiv für Rechts- und Sozialphilosophie* (3), 295-303.

Scheffler, Horst (2003): »Die Ethik vom Gerechten Frieden und die Überwindung des Krieges. Der Gerechte Friede als Ziel aller Politik«, in: Kümmel, Gerhard/Collmer, Sabine (Hg.): *Soldat - Militär - Politik - Gesellschaft. Facetten militärbezogener sozialwissenschaftlicher Forschung*, Baden-Baden: Nomos, 141-150.

Schmidt, Hajo (2006): »Die Lehre vom gerechten Krieg im Kontext der deutschsprachigen Friedensforschung«, in: Beestermöller, Gerhard/Haspel, Michael/Trittmann, Uwe (Hg.): ›*What we're fighting for...‹ - Friedensethik in der transatlantischen Debatte*, Stuttgart: Kohlhammer, 38-51.

Schwerdtfeger, Johannes (2001): *Begriffsbildung und Theoriestatus in der Friedensforschung*, Opladen: Leske & Budrich.

Senghaas-Knobloch, Eva (1992): »Wie theoriefähig ist der Frieden? Zu systemischen und lebensweltlichen Dimensionen der Weltgesellschaft«, in: Jopp, Matthias (Hg.): *Dimensionen des Friedens - Theorie, Praxis und Selbstverständnis der Friedensforschung*, Baden-Baden: Nomos, 51-65.

Senghaas, Dieter (1971a): »Editorisches Vorwort«, in: ders. (Hg.): *Kritische Friedensforschung*, Frankfurt a.M.: Suhrkamp, 7-21.

Senghaas, Dieter (1982): *Von Europa lernen. Entwicklungsgeschichtliche Betrachtungen*, Frankfurt a.M.: Suhrkamp.

Senghaas, Dieter (1992): *Friedensprojekt Europa*, Frankfurt a.M.: Suhrkamp.

Senghaas, Dieter (1993): »Internationale Gerechtigkeit. Überlegungen im Lichte des zivilisatorischen Hexagons«, in: Sutor, Bernhard/Ballestrem, Karl-Graf (Hg.): *Probleme der Internationalen Gerechtigkeit*, München: Oldenburg, 48-68.

Senghaas, Dieter (1994): *Wohin driftet die Welt? Über die Zukunft friedlicher Koexistenz*, Frankfurt a.M.: Suhrkamp.

Senghaas, Dieter (1995a): »Frieden als Zivilisierungsprojekt«, in: ders. (Hg.): *Den Frieden denken*, Frankfurt a.M.: Suhrkamp, 196-223.

Senghaas, Dieter (1995b): »Vorwort«, in: ders. (Hg.): *Den Frieden denken*, Frankfurt a.M.: Suhrkamp, 9-17.

Senghaas, Dieter (1996a): »Biobibliographische Notizen zum ›zivilisatorischen Hexagon‹«, in: Calließ, Jörg (Hg.): *Wodurch und wie konstitutiert sich Frieden? Das zivilisatorische Hexagon auf dem Prüfstand, Loccumer Protokolle 74/96*, Rehberg-Loccum: Evangelische Akademie Loccum, 21-32.

Senghaas, Dieter (1996b): »Region - Nation - Europa. Erkenntnisse über gelungene Vergemeinschaftungsprozesse«, in: Vogt, Wolfgang R. (Hg.): *Frieden durch Zivilisierung? Probleme - Ansätze - Perspektiven*, Münster: Agenda Verlag, 55-66.

Senghaas, Dieter (1996c): »Dimensionen einer Weltfriedensordnung«, in: Calließ, Jörg (Hg.): *Wodurch und wie konstituiert sich Frieden? Das zivilisatorische Hexagon auf dem Prüfstand, Loccumer Protokolle 74/96*, Rehberg-Loccum: Evangelische Akademie Loccum, 141-161.

Senghaas, Dieter (1997): »Frieden - ein mehrfaches Komplexprogramm«, in: ders. (Hg.): *Frieden machen*, Frankfurt a.M.: Suhrkamp, 560-575.

Senghaas, Dieter (1998): *Zivilisierung wider Willen. Der Konflikt der Kulturen mit sich selbst*, Frankfurt a.M.: Suhrkamp.

Senghaas, Dieter (2000a): »Friedenszonen«, in: Kaiser, Karl/Schwarz, Hans-Peter (Hg.): *Weltpolitik im neuen Jahrhundert*, Baden-Baden: Nomos, 404-413.

Senghaas, Dieter (2000b): »Recht auf Nothilfe«, in: Merkel, Reinhard (Hg.): *Der Kosovo-Krieg und das Völkerrecht*, Frankfurt a. M.: Suhrkamp, 99-113.

Senghaas, Dieter (2003): »Welches Paradigma für die internationalen Beziehungen angesichts welcher Welt(en)?«, in: ders./Küng, Hans (Hg.): *Friedenspolitik. Ethische Grundlagen internationaler Beziehungen*, München: Piper, 71-109.

Senghaas, Dieter (2004): *Zum irdischen Frieden*, Frankfurt a.M.: Suhrkamp.

Senghaas, Dieter (Hg.) (1971b): *Kritische Friedensforschung*, Frankfurt a.M.: Suhrkamp.

Senghaas, Dieter (Hg.) (1995c): *Den Frieden denken*, Frankfurt a.M.: Suhrkamp.

Senghaas, Dieter (Hg.) (1997c): *Frieden machen*, Frankfurt a.M.: Suhrkamp.

Senghaas, Dieter/Senghaas, Eva (1996): »Si vis pacem, para pacem. Überlegungen zu einem zeitgemässen Friedenskonzept«, in: Meyer, Berthold (Hg.): *Eine Welt oder Chaos?*, Frankfurt a.M.: Suhrkamp, 245-275.

Shue, Henry (^{2}1996 [1980]): *Basic Rights. Subsistence, Affluence, and U.S. Foreign Policy*, Princeton: Princeton University Press.

SIPRI (Hg.) (2008): *SIPRI Yearbook 2008. Armaments, Disarmament and International Security*, Stockholm: SIPRI.

Smith, Philipp (2006): »The Just War and Integrational Pacifism«, in: Bleisch, Barbara/Strub, Jean-Daniel (Hg.): *Pazifismus. Ideengeschichte, Theorie und Praxis*, Bern/Stuttgart/Wien: Haupt, 163-176.

Spieker, Manfred (2001): »›Gerechter Friede‹. Kritische Anmerkungen zum Hirtenbrief der deutschen Bischöfe vom 27. September 2000«, in: *Die Neue Ordnung* 55 (6), 467-473.

Stahn, Carsten (2007): »›Jus ad bellum‹, ›jus in bello‹ ... ›jus post bellum‹? - Rethinking the Conception of the Law of Armed Force«, in: *The European Journal of International Law* 17 (5), 921-943.

Stassen, Glenn H. (Hg.) (²2004): *Just Peacemaking. Ten practices for abolishing war*, Cleveland: The Pilgrim Press.

Stassen, Glenn H. (Hg.) (2003): »Resource Section on Just Peacemaking Theory«, in: *Journal of the Society of Christian Ethics* 23 (1), 169-284.

Sterba, James P. (1992): »Reconciling Pacifists and Just War Theorists«, in: *Social Theory and Practice* 18 (1), 21-38.

Sterba, James P. (2006): »The Most Morally Defensible Pacifism«, in: Bleisch, Barbara/Strub, Jean-Daniel (Hg.): *Pazifismus. Ideengeschichte, Theorie und Praxis*, Bern/Stuttgart/Wien: Haupt, 193-203.

Stewart, Frances (Hg.) (2008): *Horizontal Inequalities and Conflict. Understanding Group Violence in Multiethnic Societies*, London: Palgrave Macmillan.

Stewart, Frances/Brown, Graham/Langer, Arnim (2007): *Policies towards Horizontal Inequalities*, CRISE Working Paper 42, March 2007, www.crise.ox.ac.uk/pubs/workingpaper42 (letzter Zugriff: 10. August 2007).

Strub, Jean-Daniel/Boshammer, Susanne/Schaber, Peter (2005): »The problem of justifying military violence. An introduction to ethical positions on war and peace«, in: Jütersonke, Oliver/Schaber, Peter (Hg.): *Justifying the Use of Force: Ethical Considerations on Military Violence and Humanitarian Intervention. PSIS Special Study Series*, Geneva: PSIS, 13-53.

Strub, Jean-Daniel/Bleisch, Barbara (2006): »Einleitung«, in: Bleisch, Barbara/Strub, Jean-Daniel (Hg.): *Pazifismus. Ideengeschichte, Theorie und Praxis*, Bern/Stuttgart/Wien: Haupt, 9-42.

Strub, Jean-Daniel/Grotefeld, Stefan (Hg.) (2007): *Der gerechte Friede zwischen Pazifismus und gerechtem Krieg. Paradigmen der Friedensethik im Diskurs*, Stuttgart: Kohlhammer.

Suhrke, Astri/Samset, Ingrid (2007): »What's in a Figure? Estimating Recurrence of Civil War«, in: *International Peacekeeping* 14 (2), 195-203.

Teichman, Jenny (1986): *Pacifism and the Just War*, Oxford: Basil Blackwell.

Teitel, Ruti (2000): *Transitional Justice*, New York: Oxford University Press.

Thakur, Ramesh (2006): *The United Nations, Peace and Security. From Collective Security to the Responsibility to Protect*, Cambridge: Cambridge University Press.

Thistlethwaite, Susan (Hg.) (1986): *A Just Peace Church*, Philadelphia: United Church Press.

Thomas, Caroline (2000): *Global Governance, Development and Human Security. The Challenge of Poverty and Inequality*, London: Pluto Press.

Thomas, Nicholas/Tow, William T. (2002): »The Utility of Human Security: Sovereignty and Humanitarian Intervention«, in: *Security Dialogue* 33 (2), 177-192.

Tilley-Gyado, Terna (2007): »Toward Just Peace. Reply to Pierre Allan«, in: Strub, Jean-Daniel/Grotefeld, Stefan (Hg.): *Der gerechte Friede zwischen Pazifismus und gerechtem Krieg. Paradigmen der Friedensethik im Diskurs*, Stuttgart: Kohlhammer, 169-173.

UN, United Nations (2004): *A more secure world: our shared responsibility. High-level Panel on Threats, Challenges and Change*, New York: United Nations.

UN, United Nations (2005): *In Larger Freedom. Towards Development, Security and Human Rights for All*, Report of the Secretary General, New York: United Nations.

UNDP (1994): »Human Development Report 1994«, http://hdr.undp.org/reports/global/1994/en/ (letzter Zugriff: 31. Mai 2006).

Verstraeten, Johan (2004): »From Just War to Ethics of Conflict Resolution. A Critique of Just-War Thinking in the Light of the War in Iraq«, in: *Ethical Perspectives* 11 (2-3), 99-110.

Vogt, Wolfgang R. (1994/95a): »Frieden durch Zivilisierung«, in: ders. (Hg.): *Frieden als Zivilisierungsprojekt. Neue Herausforderungen an die Friedens- und Konfliktforschung*, Baden-Baden: Nomos, 13-36.

Vogt, Wolfgang R. (1996): »Zivilisierung und Frieden. Entwurf einer kritisch-reflexiven Friedenstheorie«, in: Mader, Gerald/Eberwein, Wolf-Dieter/ders. (Hg.): *Frieden durch Zivilisierung? Probleme - Ansätze - Perspektiven*, Münster: Agenda Verlag, 91-135.

Vogt, Wolfgang R. (Hg.) (1994/95b): *Frieden als Zivilisierungsprojekt. Neue Herausforderungen an die Friedens- und Konfliktforschung*, Baden-Baden: Nomos.

von Schorlemer, Sabine (2006): »The Responsibility to Protect: Kriterien für militärische Zwangsmassnahmen im Völkerrecht«, in: Beestermöller, Gerhard/Haspel, Michael/Trittmann, Uwe (Hg.): *«What we're fighting for..." - Friedensethik in der transatlantischen Debatte*, Stuttgart: Kohlhammer, 81-112.

Wagner, Gerald (1996): »Aspekte umfassenden Friedens. Anmerkungen zu einem erweiterten Verständnis des Friedensbegriffs«, in: Mader, Gerald/Eberwein, Wolf-Dieter/Vogt, Wolfgang R. (Hg.): *Frieden durch Zivilisierung? Probleme - Ansätze - Perspektiven*, Münster: Agenda Verlag, 218-237.

Walter, Alfred (1998): *Friede als Streit der Freiheit mit sich selbst. Systematisch-ideengeschichtliche Untersuchungen zur normativen Grundlegung des Friedensbegriffs in Friedenspädagogik, Friedensforschung und Theologie*, Frankfurt a.M. u.a.: Peter Lang.

Walzer, Michael (2003): »Der Sieg der Lehre vom gerechten Krieg - und die Gefahren ihres Erfolges«, in: ders. (Hg.): *Erklärte Kriege - Kriegserklärungen. Essays*, Hamburg: Europäische Verlagsanstalt, 31-61.

Walzer, Michael (2004): *Arguing about War*, New Haven: Yale University Press.

Walzer, Michael (⁴2006 [1977]): *Just and Unjust Wars. A Moral Argument with Historical Illustrations*, New York: Basic Books.

Wasmuht, Ulrike C. (1998): *Geschichte der deutschen Friedensforschung. Entwicklung - Selbstverständnis - politischer Kontext*, Münster: Agenda-Verlag.

Weingardt, Markus A. (2007): *Religion macht Frieden. Das Friedenspotential von Religionen in politischen Gewaltkonflikten*, Stuttgart: Kohlhammer.

Weissenberg, Timo J. (2005): *Die Friedenslehre des Augustinus. Theologische Grundlagen und ethische Entfaltung*, Stuttgart: Kohlhammer.

Weller, Christoph (2003): »Perspektiven der Friedenstheorie«, in: *INEF-Report* 68.

Weller, Christoph (2004a): »Einleitung: Aufgabenfelder der Friedenstheorie. Fragen, Ansätze, Perspektiven«, in: Calließ, Jörg/ders. (Hg.): *Friedenstheorie. Fragen - Ansätze - Möglichkeiten, Loccumer Protokolle 31/03, 2. überarbeitete Auflage*, Rehberg-Loccum: Evangelische Akademie Loccum, 11-46.

Weller, Christoph (2004b): »Gewalt - politischer Begriff und friedenswissenschaftliche Konzepte. Eine Kritik der Gewaltfreiheit des Friedens«, in: Calließ, Jörg/ders. (Hg.): *Friedenstheorie. Fragen - Ansätze - Möglichkeiten, Loccumer Protokolle 31/03, 2. überarbeitete Auflage*, Rehberg-Loccum: Evangelische Akademie Loccum, 485-512.

Weller, Christoph (2005): »Gewalt, Frieden und Friedensforschung. Eine konstruktivistische Annäherung«, in: Jahn, Egbert/Fischer, Sabine/Sahm, Astrid (Hg.): *Die Zukunft des Friedens. Band 2: Die Friedens- und Konfliktforschung aus der Perspektive der jüngeren Generation*, Wiesbaden: VS Verlag für Sozialwissenschaften, 91-110.

Werthes, Sascha/Bosold, David (2006): »Caught between Pretension and Substantiveness - Ambiguities of Human Security as a Political Leitmotif«, in: Debiel, Tobias/Werthes, Sascha (Hg.): *Human Security on Foreign Policy Agendas. Changes, Concepts and Cases*, INEF-Report 80, 21-38.

Werthes, Sascha/Debiel, Tobias (2006): »Human Security on Foreign Policy Agendas. Introduction to Changes, Concepts and Cases«, in: Debiel, Tobias/Werthes, Sascha (Hg.): *Human Security on Foreign Policy Agendas. Changes, Concepts and Cases*, INEF-Report 80, 7-20.

Williams, Robert E./Caldwell, Dan (2006): »Jus Post Bellum: Just War Theory and the Principles of Just Peace«, in: *International Studies Perspectives* 7, 309-320.

Wolbert, Werner (2005): »Vom gerechten Krieg zum ›Just Peacemaking‹«, in: *Salzburger Theologische Zeitschrift* 9, 66-76.

Zanetti, Véronique (2001): »Global Justice: Is Interventionism desirable?«, in: *Metaphilosophy* 32 (1/2), 196-211.

Zürn, Michael (1998): *Regieren jenseits des Nationalstaates. Globalisierung und Denationalisierung als Chance*, Frankfurt a.M.: Suhrkamp.

Zwahlen, Sara M./Lienemann, Wolfgang (Hg.) (2006): *Kollektive Gewalt*, Bern u.a.: Peter Lang.

Jean-Daniel Strub
Stefan Grotefeld (Hrsg.)

Der gerechte Friede zwischen Pazifismus und gerechtem Krieg

Paradigmen der Friedensethik im Diskurs

2007. 288 Seiten. Kart.
€ 28,–
ISBN 978-3-17-019508-0

Die Idee des gerechten Friedens stößt innerhalb der friedensethischen Diskussion seit einigen Jahren auf lebhaften Zuspruch. Was jedoch unter einem gerechten Frieden zu verstehen ist und was eine friedensethische Theorie, die dieses Konzept in den Mittelpunkt stellt, zu leisten vermag, ist nach wie vor ungeklärt und umstritten. Der vorliegende Band profiliert das Konzept des gerechten Friedens gegenüber den etablierten friedensethischen Paradigmen des Pazifismus und des gerechten Krieges. Dabei greift er aktuelle Fragen der internationalen Friedens- und Sicherheitspolitik auf. Er enthält Beiträge von Autorinnen und Autoren aus Philosophie, Theologie, Politikwissenschaft und Friedensforschung.

Jean-Daniel Strub ist wiss. Assistent am Institut für Sozialethik der Universität Zürich. **Dr. Stefan Grotefeld** ist Privatdozent für Systematische Theologie an der Universität Zürich.

▶ www.kohlhammer.de

W. Kohlhammer GmbH · 70549 Stuttgart
Tel. 0711/7863 - 7280 · Fax 0711/7863 - 8430